汉语语法史
断代专书比较研究

何乐士 著

河南大学出版社

图书在版编目(CIP)数据

汉语语法史断代专书比较研究/何乐士著.—开封：
河南大学出版社,2007.9
ISBN 978-7-81091-436-9

Ⅰ.汉… Ⅱ.何… Ⅲ.汉语史－语法－对比研究
－文集 Ⅳ.H14－09
中国版本图书馆 CIP 数据核字(2005)第 139439 号

责任编辑　王兴业
封面设计　马　龙

出　版	河南大学出版社			
	地址:河南省开封市明伦街 85 号		邮编:475001	
	电话:0378-2825001(营销部)		网址:www.hupress.com	
排　版	河南第一新华印刷厂			
印　刷	河南省诚和印制有限公司			
版　次	2007 年 9 月第 1 版		印　次	2007 年 9 月第 1 次印刷
开　本	690mm×960mm　1/16		印　张	26
字　数	374 千字		定　价	50.00 元

(本书如有印装质量问题请与河南大学出版社营销部联系调换)

前　言

　　自1961年从北京大学中文系毕业后,几位同班好友就相约为编写一部汉语史而奋斗。这项计划由多才多能的程湘清主持,他又招兵买马,把队伍扩大一些。由于种种原因,到"文化大革命"之后才得以正式启动。由1980年到1993年,先后共出了五本书,即程湘清主编的汉语史断代语言研究丛书:《先秦汉语研究》、《两汉汉语研究》、《魏晋南北朝汉语研究》、《隋唐五代汉语研究》、《宋元明汉语研究》。这套丛书在1993年荣获国家图书奖。

　　丛书的每一本都包括语法、语音、词汇几个方面,每一方面都有几个人负责供稿。我是语法方面的撰稿人之一。为了信守诺言,不负约定,多年来在湘清同志不懈的鞭策下,不管工作多忙,多苦多累,我都咬牙挺住,硬是把这十几年坚持下来。结果是每本书里都有我的一篇拙文。现在第一篇《〈左传〉单复句语法研究》、第二篇《〈史记〉语法特点研究》都分别以专书形式出版了,其余三篇就集结为本书。

　　这三篇是:《〈世说新语〉语法特点研究——从〈史记〉与〈世说新语〉的比较看〈世说新语〉的若干语法特点》、《敦煌变文语法特点研究——从〈敦煌变文集〉与〈世说新语〉的比较看敦煌变文的语法特点》、《元杂剧语法特点研究——从〈关汉卿戏曲集〉与〈敦煌变文集〉的比较看元杂剧的若干语法特点》。

　　还有两篇文章——《从〈史记〉和〈世说新语〉名词作状语的比较看〈世说新语〉的某些语言特色》、《敦煌变文"於"和"在"的比较》,是1998年以后写的,一起收入本书,分别与本书第一篇、第二篇文章糅为一体。

　　由于这些文章采用的都是以专书为主的比较研究的方法,所以书名定为《汉语语法史断代专书比较研究》。

我觉得比较研究的确是一种好方法。比较的方法易于发现问题；语言的变化和特色，在比较之中也能看得更清楚。我在专书的比较研究中看到汉语的发展变化，看到汉语因时因人而异的特色，看到汉语丰富多彩的表现力。我为之震惊，为之激动，深深体会到研究汉语的趣味。恨只恨自己的学力笔力太差，不能作充分的表达！只希望这些探索性的文章能对读者多少有点吸引力，使他们对研究祖国语言发生兴趣，用他们的聪明才智把汉语发展演变的历程充分展现出来，把汉语的发展规律实事求是地揭示出来，那就是我最大的快乐！怀抱着这样的期待，我不揣浅陋地把这本书献给大家。同时也殷切地期待着批评与指正。

程湘清同志在《汉语史断代专书研究方法论》（见《宋元明汉语研究》一书的"代序"）一文中，总结了我们这套断代研究丛书的主要研究方法。他在写作过程中曾充分征求每位作者的意见，因此他这篇文章也代表了我的主要研究方法和认识。现在我征得湘清同志同意，把它附在本书之后，供大家参考，同时也作为我们几人多年合作的纪念。

在这里，我首先要感谢中国社科院语言所领导为出版本书所给予的关怀和资助。我也要感谢为出版此书付出许多辛劳的河南大学出版社和责编王兴业同志。河南是我出生的地方，把这本书交给故乡的出版社，倍觉亲切。

我衷心感激在漫长的岁月中始终如一关心爱护帮助鼓励我的师友们。

我深深感激我的患难伴侣张秦杨，总是那样全心全意地支持我。

何乐士

2003.10.15 于北京延庆燕山脚下

目　　录

前言 ……………………………………………………………（1）
一、《世说新语》语法特点研究
　　——从《史记》和《世说新语》的比较看《世说新语》的若干
　　语法特点 ………………………………………………（1）
　1. 句子成分的比较 …………………………………………（2）
　　1.1　主语的比较 …………………………………………（2）
　　1.2　宾语的比较 …………………………………………（4）
　　1.3　定语的比较 …………………………………………（15）
　　1.4　状语的比较 …………………………………………（19）
　　1.5　补语的比较 …………………………………………（29）
　　1.6　词头、词尾的比较 …………………………………（32）
　2. 句子的谓语结构的比较 …………………………………（37）
　　2.1　两种词类（或短语）组成的谓语 …………………（37）
　　2.2　"是"字句的重大发展 ………………………………（40）
　　2.3　谓语前后修饰语的特点 ……………………………（43）
　　2.4　被动句的比较 ………………………………………（56）
　3. 名词作状语的比较 ………………………………………（58）
　　3.1　《史记》、《世说新语》[NV]中的名状数量比较 ……（59）
　　3.2　《史记》、《世说新语》[NV]的使用情况比较 ………（60）
　　3.3　《世说新语》表比喻的句式有重要发展 ……………（63）
　　3.4　《世说新语》表处所的名状有了重大变化 …………（66）
　4. 复句的比较 ………………………………………………（73）
　　4.1　复句的变化 …………………………………………（73）

· 1 ·

  4.2 复句所含谓语逗(或分布)数量的扩展 ……………… (75)
 5.《世说新语》的语段特点 ……………………………………… (84)
  5.1 语段的不断发展和日趋完备 …………………………… (84)
  5.2 《世说新语》的语段分类 ………………………………… (88)
 6.小结 ……………………………………………………………… (91)

二、敦煌变文语法特点研究
  ——从敦煌变文与《世说新语》的比较看敦煌变文的语法特点
   ………………………………………………………………… (94)
 1.介词阵容及其分布的比较 ……………………………………… (95)
  1.1 分布在D前的介词 ……………………………………… (96)
  1.2 可分布在D前后的介词 ………………………………… (113)
  1.3 介词概述 ………………………………………………… (131)
 2.补语的比较 ……………………………………………………… (133)
  2.1 三补语的运用更加普遍 ………………………………… (133)
  2.2 用作补语的词范围进一步扩大,且更加口语化 …… (135)
  2.3 补语的结构灵活扩展 …………………………………… (135)
  2.4 助词"得"在补语中的运用 …………………………… (137)
  2.5 动词后的助词"将" ……………………………………… (142)
 3.状语的比较 ……………………………………………………… (145)
  3.1 单音副词中同义词或近义词较多 ……………………… (145)
  3.2 复音副词大量增加 ……………………………………… (152)
  3.3 叠音词作状语 …………………………………………… (159)
  3.4 名词短语作状语 ………………………………………… (161)
  3.5 动词及其短语作状语 …………………………………… (165)
 4.定语的比较 ……………………………………………………… (167)
  4.1 体词及体词性短语作定语 ……………………………… (167)
  4.2 形容词及其短语作定语 ………………………………… (171)
  4.3 动词及其短语作定语 …………………………………… (172)
  4.4 各类定语的混合使用 …………………………………… (174)
 5.被动句的比较 …………………………………………………… (175)

- 5.1 两书中"被"字句的比较 …………………………… (176)
- 5.2 "被"字句中动词的宾语 ………………………… (179)
- 5.3 "被"字句中的补语 ……………………………… (181)
- 5.4 "被"字句中动词后的助词"将" ………………… (183)
- 5.5 其他"被"字句及其他被动句 …………………… (183)
- 6. "是"字句的比较 ………………………………………… (185)
  - 6.1 "是"常常受副词修饰 …………………………… (186)
  - 6.2 主语常省略 ……………………………………… (186)
  - 6.3 判断句出现多种变式 …………………………… (186)
  - 6.4 判断句的谓语为动词语或形容词语 …………… (187)
  - 6.5 系词"是"用在句首 ……………………………… (189)
  - 6.6 变文中系词"是"、代词"是"、副词"是"的区别和联系 ………………………………………………… (189)
- 7. 几种复句的标志 ………………………………………… (190)
  - 7.1 假设复句 ………………………………………… (191)
  - 7.2 让步复句 ………………………………………… (193)
  - 7.3 递进复句 ………………………………………… (194)
  - 7.4 并列复句 ………………………………………… (195)
  - 7.5 选择问句 ………………………………………… (197)
  - 7.6 表示转折、因果、条件的复句其形式标志 …… (198)
- 8. 主语与句和语段 ………………………………………… (199)
  - 8.1 形容词谓语句 …………………………………… (199)
  - 8.2 名词谓语句 ……………………………………… (200)
  - 8.3 受事主语句 ……………………………………… (201)
  - 8.4 有施事主语的动词谓语句 ……………………… (202)
  - 8.5 被描述对象作主语的描述谓语句 ……………… (203)
- 9. 小结 ……………………………………………………… (205)

三、元杂剧语法特点研究

——从《关汉卿戏曲集》与《敦煌变文集》的比较看元杂剧的若干语法特点 …………………………………… (208)

1. 有明显特色的几类虚词 …………………………………… (211)
   1.1　助词 ……………………………………………………… (211)
   1.2　语气词 …………………………………………………… (242)
   1.3　介词 ……………………………………………………… (250)
2. 值得特别注意的句子成分——状语 ……………………… (280)
   2.1　表时间的状语 …………………………………………… (280)
   2.2　表状态的状语 …………………………………………… (284)
   2.3　表程度的状语 …………………………………………… (289)
   2.4　表处所的状语 …………………………………………… (293)
   2.5　表范围的状语 …………………………………………… (293)
3. 几种有重要变化的句子结构、句式 ……………………… (294)
   3.1　动补结构 ………………………………………………… (294)
   3.2　被动句 …………………………………………………… (319)
   3.3　比较句 …………………………………………………… (328)
   3.4　"是"字句 ………………………………………………… (337)
4. 从谓语的角度看句型特色 ………………………………… (353)
   4.1　简单的动词谓语句 ……………………………………… (354)
   4.2　连动句 …………………………………………………… (360)
   4.3　并列的动谓句 …………………………………………… (363)
   4.4　兼语句 …………………………………………………… (365)
   4.5　几种特殊的动词谓语句 ………………………………… (370)
   4.6　两种特殊的双宾句 ……………………………………… (374)
   4.7　主谓谓语句与受事主语句 ……………………………… (377)
   4.8　名词谓语句 ……………………………………………… (379)
5. 复句与语段 ………………………………………………… (381)
6. 语言面貌的变化 …………………………………………… (384)
7. 概论 ………………………………………………………… (388)

附：汉语史断代专书研究方法论 ……………………… 程湘清(394)

一、《世说新语》语法特点研究

——从《史记》和《世说新语》的比较看《世说新语》的若干语法特点[①]

这篇文章是在以《史记》与《世说新语》的语法特点进行比较的基础上写成的。《史记》主要取第八册作为代表,必要时参阅其他篇章。《世说新语》则用全书语料。

从文体和内容来看,《史记》共130卷,其中大部分是以人物为中心的传记体,所记人物包括社会各阶层,由帝王将相及统治层中各种重要人物到社会上的名医、侠客、大商贾、刺客、占卜人等等。在每篇之中有叙事,有对话,还有评论。《世说新语》是笔记小说体,自首篇《德行》到末篇《仇隙》共36篇。所记逸闻趣事涉及汉末到魏晋时期由帝王将相到士庶僧道各种人物。每篇由若干语段组成,一个语段记一事,其中有人物、有情节、有对话、有评论。两书记载的人与事,一般来说都有真实性,而在叙述之中又都富于文学色彩,有较强的口语性,因而具有一定的可比性。

同时,《史记》是反映汉代语言的一部不朽的文史巨著,《世说新语》是反映中古汉语的一部重要文献。它们历来为研究汉语史的学人特别关注。选择这样两部在语言上有特殊价值的著作进行比较,是很有意义的。

由《史记》作者司马迁所生活的公元前1世纪(前145—前86?)到

[①] 本文原载《魏晋南北朝汉语研究》(程湘清主编,山东教育出版社,1998年),此次收入本书有所修改。

《世说新语》作者南朝宋临川王刘义庆所生活的公元5世纪(403—444),前后经历了500多年,中华民族经历了由统一走向分裂的动荡时期。在这漫长的岁月里,汉语语法面貌究竟有什么主要变化?本文试图通过两书的对比找到一些回答,至于答案是否正确则有待大家的评说。

文章主要分以下几部分:
1. 句子成分的比较
2. 句子的谓语结构的比较
3. 名词作状语的比较
4. 复句的比较
5.《世说新语》的语段特点
6. 小结

1. 句子成分的比较

句子成分的比较是指在句子的内部,在组成句子的各成分之间的比较。由于谓语有着特殊重要的作用,而且在很多情况下,谓语就是一个句子,因此我们把谓语的比较单列一节。本节先讨论谓语以外的其他成分。

1.1 主语的比较

《史记》与《左传》相比,句子主语有进一步完备的趋势[①],但若把《史记》与《世说新语》相比,就会看到《世说新语》句子的主语更为完备。这主要表现在主语的出现更带规律性:若谓语叙述的对象更换,一般都伴随着出现新的主语。如:

① 荀巨伯远看友人疾,值胡贼攻郡,友人语巨伯曰:"吾今死

[①] 参看拙文《〈史记〉语法特点研究》之"一":"句子成分的进一步完备和名词短语的发达"。载《两汉汉语研究》P.1:P.261。山东教育出版社1985年版。又,《〈史记〉语法特点研究》,商务印书馆2005年版。

矣,子可去!"巨伯曰:"远来相视,子令吾去;败义以求生,岂苟巨伯所行邪?"贼既至,谓巨伯曰:"大军至,一郡尽空,汝何男子,而敢独止?"巨伯曰:"友人有疾,不忍委之,宁以我身代友人命。"贼相谓曰:"我辈无义之人,而入有义之国!"遂班军而还,一郡并获全。"　　(德行)$_{11}$①

例中谓语叙述的对象更换,都有新的主语出现;而没有主语的谓语,一般都是承前同一主语而省,如"遂班军而还"的主语即为上句的"贼",叙述的对象没有更换。

②锺毓兄弟小时,值父昼寝,因共偷服药酒。其父时觉,且托寐以观之。毓拜而后饮,会饮而不拜。既而问毓何以拜,毓曰:"酒以成礼,不敢不拜。"又问会何以不拜,会曰:"偷本非礼,所以不拜。"　　(言语)$_{72}$

此例"既而问毓何以拜"和"又问会何以不拜","问"的主语为"其父",从上文看,叙述的主语已经更换,"其父"应出现,但因事情另一方的主语"毓"、"会"都已出现,文意极为明显,"问"的主语是"其父"乃不言而喻的事,如果不省去,反觉累赘。

③初,注《庄子》者数十家,莫能究其旨要。向秀於旧注外为解义,妙析奇致,大畅玄风。唯《秋水》、《至乐》二篇未竟而秀卒。秀子幼,义遂零落,然犹有别本。郭象者,为人薄行,有俊才。见秀义不传於世,遂窃以为己注。乃自注《秋水》、《至乐》二篇,又易《马蹄》一篇,其余众篇,或定点文句而已。后秀义别本出,故今有向、郭二《庄》,其义一也。　　(文学)$_{206}$

例中"然犹有别本","有"的主语为"秀",承前"秀子"的"秀"而省;"义遂零落"的"义"也承上句"秀子"而省去定语"秀"。

《史记》的谓语或句子,在叙述的对象变换时主语虽然大都随之变

---

① 以下《史记》、《世说新语》例句都只写篇名。《史记》页数据中华书局1959年标点本;《世说新语》页数据《世说新语笺疏》本(余嘉锡撰,周祖谟、余淑宜整理),中华书局1983年版。下同。

换,但叙述的对象变换、主语不出现的情况比《世说新语》多,如:

④秦之群臣曰:"请以赵十五城为秦王寿。"蔺相如亦曰:"请以秦之咸阳为赵王寿。"秦王竟酒,终不能加胜於赵。赵亦盛设兵以待秦,秦不敢动。既罢归国,以相如功大,拜为上卿,位在廉颇之右。　(廉颇蔺相如列传)$_{8.2443}$

"既罢归国","位在廉颇之右",主语应为蔺相如;"以相如功大","拜为上卿",主语应为"赵王"。

⑤秦伐韩,军於阏与。……(赵)王乃令赵奢将,救之。兵去邯郸三十里,而令军中曰:"有以军事谏者死。"　(同上)$_{8.2445}$

"而令军中曰","令"的主语应为"赵奢"。

⑥居顷之,拜贾生为梁怀王太傅。梁怀王,文帝之少子。爱,而好书,故令贾生傅之。　(屈原贾生列传)$_{8.2503}$

"拜"、"爱"的主语应为"文帝";"好书"的主语应为"梁怀王";"令贾生傅之"的主语应为"文帝"。

由此我们可以看出,汉语里,主语出现与否并不是受每一个谓语的制约,从发展趋势来看,主语出现的规律是,谓语叙述的对象变换,新的主语就出现。叙述的对象没有变换,即使连续几个谓语,主语也不一定出现。从《左传》到《史记》,从《史记》到《世说新语》,主语的出现是按照这一总的趋势在发展的。

当然,这并不是说《世说新语》里该有主语的地方都有,不会使人感到费解了,它也还有不完备之处,如:

⑦梁国杨氏子,九岁,甚聪惠。孔君平诣其父,父不在,乃呼儿出,为设果。　(言语)$_{105}$

"乃呼儿出"的主语是谁?肯定不是"父",那么是"母"?是"孔君平"?从上下文意看,似应指其母,但其母在上文并未出现。

1.2　宾语的比较

1.2.1　以句子形式作宾语的"动宾"结构数量进一步增长

《史记》中以"主(之)谓"形式作宾语的"动宾"结构已是所在多

有,常见的带"主(之)谓"宾语的动词有:闻、恐、知、疑、惧、见、视、意、念、如、约等。如:

①汉王闻魏豹反,方东忧楚。　　（魏豹彭越列传）8.2590

②今臣窃闻秦遣使车十乘载黄金百镒以迎孟尝君。
　　　　　　　　　　　　　　　　　（孟尝君列传）7.2361

③冯驩曰:"王亦知齐之废孟尝君乎?"　　（同上）7.2361

④豹谢曰:"人生一世间,如白驹过隙耳。"
　　　　　　　　　　　　　　　　　（魏豹彭越列传）8.2591

⑤秋,匈奴冒顿大围信,信数使使胡求和解。汉发兵救之,疑信数间使,有二心,让人责让信。　　（韩信、卢绾列传）8.2633

⑥赵高欲为乱,恐群臣不听,乃先设验,持鹿献於二世,曰:"马也。"　　（秦始皇本纪）1.273

⑦王念独杀相而内史中尉不来,无益也;即罢相。
　　　　　　　　　　　　　　　　　（淮南衡山列传）10.3093

⑧信度何等已数言上,上不我用。即亡。
　　　　　　　　　　　　　　　　　（淮阴侯列传）8.2611

《世说新语》中带"主(之)谓"作宾语的动词范围进一步扩大,而且其中不少动词出现频率很高。应该强调的是,《世说新语》的这类宾语大多是"主谓"结构,而"主(之)谓"结构明显减少。由这两种结构的互相替代可以看出两者在结构性质上具有一致性。举例如下:

1. 闻

①殷仲堪父病虚悸,闻床下蚁动,谓是牛斗。　　（纰漏）914

②晋武帝问孙皓:"闻南人好作《尔汝歌》,颇能为不?"
　　　　　　　　　　　　　　　　　（排调）781

2. 知

①既还,知母憾之不已,因跪前请死。　　（德行）16

3. 觉

①觉鸟兽禽鱼自来亲人。　　（言行）121

4. 言

①长史曰:"人言会稽王痴,真痴。" （方正）326

5. 说

①郑玄欲注《春秋传》,尚未成时,行与服子慎遇宿客舍,先未相识,服在外车上与人说己注传意 （文学）192

6. 料

①桓公问桓子野:"谢安石料万石必败,何以不谏?"

（方正）329

7. 虑

①朝廷虑其不从命,未知所遣。 （识鉴）400

"其不从命"中的"其"作主语。

8. 想

①刘尹云:"……此想长松下,当有清风耳。" （言语）126

9. 意

①"不意天壤之中,乃有王郎"! （贤媛）697

10. 谓 表"以为"之意。

①贾公闾后妻郭氏酷妒……充自外还,乳母抱儿在中庭,儿见充喜踊,充就乳母手中呜之。郭遥望见,谓充爱乳母,即杀之。

（惑溺）919

11. 悟

①应镇南作荆州,王脩载、谯王子无忌同至新亭与别,坐上宾甚多,不悟二人俱到。 （仇隙）927

12. 以

①郗太尉晚节好谈……以王丞相末年多可恨,每见,必欲苦相规诫。 （规箴）565

②王戎、和峤同时遭大丧,俱以孝称。……武帝谓刘仲雄曰:"卿数省王、和不? 闻和哀苦过礼,使人忧之。"仲雄曰:"和峤虽备

礼,神气不损;王戎虽不备礼,而哀毁骨立。臣以和峤生孝,王戎死孝。陛下不应忧峤,而应忧戎。"　　(德行)₂₀

以上两例中的"以"在句子中作动词,相当于"以为"。例②"以"的宾语为并列复句"和峤生孝","王戎死孝"。

13. 恨

①于时寻阳周馥曰:"恨卿辈不见王大将军。"　　(豪爽)₆₀₂

②时人有称王长史形者,蔡公曰"恨诸人不见杜弘治耳。"

(容止)₆₂₀

14. 怪

①陆太尉诣王丞相咨事,过后辄翻异。王公怪其如此,后以问陆。　　(政事)₁₇₇

15. 疑

①玄亦疑有追,乃坐桥下,在水上据屐。　　(文学)₁₉₆₂

"有追"意即"有人追","有"的宾语是一个表泛指的对象,因而省略。

16. 忧

①王、谢相谓曰:"渊源不起,当如苍生何?"深为忧叹。刘曰:"卿诸人真忧渊源不起邪?"　　(识鉴)₄₀₀

17. 恐

①郑玄在马融门下……(马融)尝算《浑天》不合,诸弟子莫能解。或言玄能者,融召令算,一转便决,众咸骇服。及玄业成辞归,既而融有"礼乐皆东"之叹。恐玄擅名而心忌焉。　　(文学)₁₉₀

18. 爱

①爱乔之有高韵……爱髦之有神检。　　(品藻)₅₀₇

19. 称

①毛伯成既负其才气,常称宁为兰摧玉折,不作萧敷艾荣。

(言语)₁₄₈

"称"的后面由"宁为…"到"不作…"是复句作"称"的宾语。其内部,

7

"兰摧玉折"、"萧敷艾荣"是并列的主谓结构分别作"为"、"作"的宾语。

20. 喜

①庾公大喜小儿对。 （言语）109

21. 听

①刘尹与桓宣武共听讲《礼记》。 （同上）123

22. 见

①王恭从会稽还，王大看之，见其坐六尺簟，因语恭："卿东来，故应有此物，可以一领及我。" （德行）49

23. 如、若

①声如震雷破山，泪如倾河注海。 （言语）147

②公欣然曰："白雪纷纷何所似？"兄子胡儿曰："撒盐空中差可拟。"兄女曰："未若柳絮因风起。" （同上）131

24. 譬如

①殷中军问："自然无心於禀受。何以正善人少，恶人多？"诸人莫有言者。刘尹答曰："譬如写水著地，正自纵横流漫，略无正方圆者。" （文学）231

以上带"主（之）谓"作宾语的动词大致可归为两类，一类表示耳闻目见口述，如"闻"、"见"、"听"、"目"、"言"、"说"、"称"等。所谓"口述"都是写书人的间接叙述而不是直接以引语的形式出现。二类表示心理活动，如"觉"、"料"、"虑"、"想"、"意"、"谓""悟""以（为）"、"恨"、"怪"、"疑"、"忧"、"恐"、"爱"、"喜"等。这类动词数量多，出现频率也高，它一方面反映《世说新语》这部著作的文学色彩较浓，重视对人物的心理描写，这一特点与《史记》一脉相承，正体现了文化遗产的继承性；同时，在另一方面，也反映出汉语句子结构的扩展：在主谓结构内部，宾语可为主谓结构甚至可以是复句。这种句式在表现人的心理活动方面甚为生动活泼，是逐步发展的趋势，在现代汉语里运用得更为普遍。① 它在

---

① 参看李临定《现代汉语句型》，商务印书馆1986年版。

我们汉语的语言宝库中已有近两千年的历史。那种认为我国文学作品中的心理描写是受西方文学影响方才萌生的看法,是不符合汉语的实际情况的。

1.2.2　表示抽象意义的名词(或其短语)充当的宾语有较大发展

表示抽象意义的名词宾语在《史记》中也有,但出现频率不及《世说新语》,尤其是宾语本身包含的内容不及《世说新语》那么广泛。《史记》的例子如:

①鲁仲连者,齐人也。好奇伟俶傥之画策,而不肯仕宦任职,好持高节。　(鲁仲连邹阳列传)$_{8.2459}$

②今汉王慢而侮人,骂詈诸侯群臣如骂奴耳,非有上下礼节也。　(魏豹彭越列传)$_{8.2590}$

③使万民耕织射猎衣食,父子无离,臣主相安,俱无暴逆。

(匈奴列传)$_{9.2902}$

④规小节者不能成荣名,恶小耻者不能立大功。

(鲁仲连邹阳列传)$_{8.2467}$

⑤鲁君而知礼,孰不知礼!　(仲尼弟子列传)$_{7.2218}$

在《世说新语》里,这类宾语所表达的内容甚为丰富。带这类宾语的动词主要有以下一些:

1. 有

①简文入华林园,顾谓左右曰:"会心处,不必在远。翳然林水,便自有濠、濮间想也。"　(言语)$_{120}$

②二人并有愧色。　(同上)$_{127}$

③王右军与谢太傅共登冶城。谢悠然远想,有高世之志。

(同上)$_{129}$

④荀中郎在京口,登北固望海云:"虽未睹三山,便自使人有凌云意。"　(同上)$_{135}$

⑤鹤轩翥不复能飞,乃反顾翅,垂头视之,如有懊丧意。

⑥江山辽落,居然有万里之势。　　(同上)₁₄₀
⑦天地四时,犹有消息,而况人乎?　　(政事)₁₇₁
⑧王夫人神情散朗,故有林下风气。　　(贤媛)₆₉₉

2. 无

①王中郎令伏玄度、习凿齿论青、楚人物。临成,以示韩康伯。康伯都无言,王曰:"何故不言?"韩曰:"无可无不可。"
(言语)₁₃₃

②孝武将讲《孝经》,谢公兄弟与诸人私庭讲习。车武子难苦问谢。谓袁羊曰:"不问则德音有遗,多问则重劳二谢。"袁曰:"必无此嫌。"　　(言语)₁₄₄

③颇有嫉己者於坐问张:"北方何物可贵?"张曰:"……淳酪养性,人无嫉心。"　　(同上)₁₄₇

④孔愉有公才而无公望,丁潭有公望而无公才。
(品藻)₅₁₁

3. 忘

①当由忘情故不泣,不能忘情故泣。　　(言语)₁₁₀

②晋武帝每饷山涛恒少。谢太傅以问子弟,车骑答曰:"当由欲者不多,而使与者忘少。"　　(同上)₁₃₇

③谢灵运好戴曲柄笠,孔隐士谓曰:"卿欲希心高远,何不能遗曲盖之貌?"谢答曰:"将不畏影者,未能忘怀。"　　(同上)₁₅₉

4. 解

①陶公性检厉,勤於事。作荆州时,敕船官悉录锯木屑,不限多少,咸不解此意。　　(政事)₁₇₉

5. 问

①顾长康从会稽还,人问山川之美。　　(言语)₁₄₃

6. 从

①范宁作豫章,八日请佛有板。众僧疑,或欲作答。有小沙弥

在坐末,曰:"世尊默然,则为许可。"众从其义。　　（同上）$_{149}$

7. 嗟咏、辩

①但共嗟咏二家之美,不辩其理之所在。　　（文学）$_{227}$

8. 道

①谢粗道其意,高便为谢道形势。　　（言语）$_{139}$

9. 论、决、执

①许意甚忿,便往西寺与王论理,共决优劣。苦相折挫,王遂大屈。许复执王理,王执许理,更相覆疏;王复屈。　　（文学）$_{225}$

10. 致

①秦任商鞅,二世而二亡,岂清言致患邪?　　（言语）$_{129}$

11. 异

①庾子嵩读《庄子》,开卷一尺许便放去,曰:"了不异人意。"

（文学）$_{204}$

12. 集

①风霜固所不论,乃先集其惨澹。　　（言语）$_{146}$

13. 忍

①谢太傅与王文度共诣郗超,日旰未得前,王便欲去。谢曰:"不能为性命忍俄顷?"　　（雅量）$_{371}$

14. 寄

①郗嘉宾钦崇释道安德问,饷米千斛,修书累纸,意寄殷勤。

（同上）$_{372}$

表抽象意义的名词宾语大量出现反映了思维的发展和语言表达能力的加强,也反映了带这类宾语的动词在功能上的扩展。语言的表达不仅限于对事实的叙述、人物的对话或自白,也不仅限于表达各派学说的争鸣,它进而表达人们各种细致入微的思想、感情、感觉。比如"有愧色"、"有说色"、"有懊丧意"、"有凌云意"、"无嫉心"、"忘情"、"忘怀"、"忍俄顷"、"寄殷勤"等等,很多富于表现力的说法世代沿用以至于今。值得注意的是带这类宾语的动词大多是常用动词,如"有"、"无"、"忘"、"问"等,是语言里的基本词汇。运用语言的人往往利用这些具有较大稳定性的成分,给与一些新的用法或赋予一些新的含义,使之在稳定性之中包含着变异和新意,易于为人们所接受,体现出语言作为人类交际工具的发展特点。

1.2.3 否定句中宾语的位置

《世说新语》中否定句的代词宾语不前置的趋势较之《史记》有进一步发展。具体情况如下:

1. 不

本书中否定副词"不"用于动词前,共出现1017次,其中代词作宾语的共17例,宾语前置的仅一例:

①桓玄诣殷荆州,殷在妾房昼眠,左右辞,不之通。

(言语)[157]

2. 未

"未"作否定副词用于动词谓语前共163次,凡代词"之"作宾语时一律前置,如:

①谢公云:"贤圣去人,其间亦迩。"子侄未之许。　(言语)[135]

②坐者未之信。　(术解)[704]

③王大将军执司马愍王,夜遣世将载王於车而杀之,当时不尽知也。虽愍王家,亦未之皆悉。　(仇隙)[926]

而其他代词作宾语则一律不前置。

3. 弗

书中共有两例:

①桓宣武作徐州,时谢奕为晋陵。……及桓还荆州,将西之间,意气甚笃,奕弗之疑。　(简傲)[773]

②魏文帝忌弟任城王骁壮,因在卞太后阁共围棋,并啖枣。文帝以毒置诸枣蒂中,自选可食者而进,王弗悟,遂杂进之。

(尤悔)[895]

例①代词宾语"之"前置,例②无宾语。

4. 莫

用作否定副词6次,有一例宾语为代词"之",前置;宾语为其他代词则不前置。如:

①时彦同游者,连镳俱进。唯东亭一人常在前,觉数十步,诸人莫之解。　（捷悟）$_{585}$

由以上情况可以看到几点:

第一,在《世说新语》的否定句里,除代词"之"作宾语外,其他代词宾语都不前置。

第二,代词"之"作宾语,否定副词为"未"、"莫"、"弗"时,都前置;否定副词为"不"时,有1例前置,有7例不前置。

周光午先生在《先秦否定句代词宾语位置问题》一文中,根据对先秦时期16部古籍的调查,具体总结了四点:

1. 在否定词"莫"字句和"未"字句里,逆序句式占最大优势,不过顺序句也有相当数量;

2. 在"不"字句里,代词宾语的顺序句比逆序句的数量几乎多到三倍,占压倒优势;

3. 其他如"弗"、"勿"、"毋(无)"等字句中,都是顺序的多于逆序的,同时差距还相当大;

4. 就整个的发展倾向讲,"不"字句的代词宾语位置是由顺序、逆序并存而日益趋向于顺序;而"莫"、"未"字句中的代词宾语位置则基本上保持着逆序句式而继承下来。①

周光午先生总结的先秦时期否定句代词宾语的位置,到《世说新语》中仍有表现:在否定词"莫"字句和"未"字句里,逆序句较多;而在"不"字句里,逆序句较少。看来"不"字句的词序变化较其他否定词所在句要快得多。

应该补充的是,各类代词在词序上的变化也是不平衡的,代词

---

① 周光午:《先秦否定句代词宾语位置问题》载《语法论集》(三),P.128,P.192。中国语文杂志社编,中华书局1959年版。

"之"的逆序句保留的时间最长;其他代词在否定句中作宾语,到《世说新语》里已经没有逆序的了。而在《史记》里,虽然否定句的逆序句已经比先秦大大减少,但不仅"之"的逆序句时有所见,就是其他代词的逆序句也还可以见到。如:

①故能荤然独行恣睢之心而莫之敢逆。　　(李斯列传)$_{8.2557}$

②法修术明而天下乱者,未之闻也。　　(同上)

③於是公子光谓专诸曰:"此时不可失,不求何获!且光真王嗣,当立,季子虽来,不吾废也。"　　(刺客列传)$_{8.2517}$

1.2.4　疑问句中代词宾语的位置

《世说新语》中疑问代词有"何"、"安"、"焉"、"孰"、"谁"、"恶"六个①。在问句中用作宾语时一般都前置,远不及否定句中的代词宾语位置变化快。但也已有少数不前置者,如:

①王珣疾,临困,问王武冈曰:"世论以我家领军比谁?"武冈曰:"世以比王北中郎。"　　(品藻)$_{544}$

②魏明帝为外祖母筑馆于甄氏,既成,自行视,谓左右曰:"馆当以何为名?"　　(言语)$_{73}$

③殷荆州曾问远公:"《易》以何为体?"答曰:"《易》以感为体。"　　(文学)$_{240}$

疑问代词作动词"云"的宾语,一般都位于"云"后,自《诗经》即已如此,如《扬之水》的"既见君子,云何不乐";《论语·子张》"子夏云何?"等。本书的例子:

④谢公问孙僧奴:"君家道卫君长云何?"孙曰:"云是世业人。"　　(品藻)$_{536}$

《史记》疑问代词作宾语大都遵循着前置的规律,但已不像先秦那样严格,特别是"何"作宾语,不前置者较其他疑问代词多,如:

---

① 另有一例有疑问代词"胡":"胡为乎泥中"(文学)。因系《诗经》原句,未计算在内。

⑤汤武与天下之心而诛桀纣,桀纣之民不为之使而归汤武,汤武不得已而立,非受命为何? （儒林列传）10.3123

⑥王曰:"妇言谓何?"孟曰:"妇言慎无为,楚相不足为也。"

（滑稽列传）10.3201

⑦右将军苏建尽亡其军,独以身得亡去,自归大将军。大将军问其罪正闳、长史安、议郎周霸等:"建当云何?"

（卫将军骠骑列传）9.2927

⑧元王见而怪之,问卫平曰:"龟见寡人,延颈而前,以何望也?" （龟策列传）10.3230

"谁"作宾语不前置者,如:

⑨陛下与谁取天下乎? （留侯世家）6.2041

看来疑问代词作宾语的前置情况,《史记》与《世说新语》基本上一致。出现次数最多的"何"在词序变化上居于领先地位,"谁"次之。总的来说,疑问代词作宾语,其位置的变化比否定句要缓慢得多。

1.3 定语的比较

定语中最值得注意的有两点:一是从发展趋势上看,带定语的名词成分有增长的趋势。我们对《史记》、《世说新语》各调查1000个名词成分,《史》带定语的占37%,不带定语的占63%。《世》带定语的占48%,不带定语的占52%。同时,定语趋于精悍短小,字数减少。二是从词性及语法结构上看,体词及体词性短语作定语大有增长,内容也更丰富。《世说新语》里可作定语的有体词、形容词、动词及"主谓结构"等,定语使用的频率高,用法灵活。其中数量最多的是体词定语。下面就专门谈谈体词作定语,体词包括代词、方位词、时间词、名词、数词和它们的部分短语。

1.3.1 代词作定语

在《史记》中代词作定语虽然有,却不多见。《世说新语》中较多。如:

①不忍见行此事。　　（仇隙）$_{929}$

②儿悲思啼泣,不饮它乳,遂死。　　（惑溺）$_{610}$

③谈者以为此死,贤於让扬之荆。　　（尤悔）$_{906}$

④简文见田稻不识,问是何草?　　（同上）$_{905}$

1.3.2　方位词或其短语作定语较《史记》有更大发展

①後会诸吏,闻寿有奇香之气,是外国所贡,一著人,则历月不歇。　　（惑溺）$_{921}$

②唯东北角如有人迹。　　（同上）$_{921}$

③荀奉倩与妇至笃,冬月妇病热,乃出中庭自取冷,还以身熨之。　　（同上）$_{918}$

④中宵慨然曰:"大丈夫乃为庾元规所卖!"　　（尤悔）$_{903}$

⑤陶公自上流来。　　（假谲）$_{857}$

⑥我自是天下男子,厌,何预卿事而见唤耶?　　（同上）$_{858}$

⑦面如凝脂,眼如点漆,此神仙中人。　　（同上）$_{620}$

⑧此不复似世中人。　　（同上）$_{624}$

1.3.3　时间词（或其短语）作定语较《史记》有发展的趋势

①诸葛玄在西朝,少有清誉,为王夷甫所重,时论亦以拟王。

（黜免）$_{864}$

②大为时贤所笑。　　（仇隙）$_{929}$

③王右军素轻蓝田,蓝田晚节论誉转重,右军尤不平。

（同上）$_{928}$

④後秀为中书令,岳省内见之,因唤曰:"孙令,忆畴昔周旋不?"　　（同上）$_{924}$

⑤王珣当今名流。　　（逸险）$_{892}$

⑥有人叹王恭形茂者,云:"濯濯如春月柳。" （容止）₆₂₆

⑦元皇初见贺司空,言及吴时事。 （纰漏）₉₁₀

1.3.4 表示事物性质或特征的名词（或其短语）作定语,其中包括相当数量的专有名词

①刘尹道桓公:鬓如反猬皮,眉如紫石棱。 （容止）₆₂₀

②此必黄须鲜卑奴来? （假谲）₈₅₄

③不见一黄须人骑马度此邪? （同上）₈₅₄

④晋明帝以英武之才,犹相猜惮。乃著戎服,骑巴賨马,赍一金马鞭,阴察军形势。 （同上）₈₅₄

⑤林公道王云:"著腻颜帢,绣布单衣,挟《左传》,逐郑康成后,问是何物尘垢囊!" （轻诋）₈₄₁

⑥石崇为客作豆粥。 （汰侈）₈₈₀

⑦大将军曰:"自杀伊家人,何预卿事!" （汰侈）₈₇₇

⑧刘伶身长六尺,貌甚丑顇,而悠悠忽忽,土木形骸。

（容止）₆₁₃

⑨王敦初尚主,如厕,见漆箱盛乾枣,本以塞鼻,王谓厕上亦下果,食遂至尽。既还,婢擎金澡盘盛水,瑠璃盌盛澡豆,因倒著水中而饮之,谓是乾饭。 （纰漏）₉₁₀

以上有的短语要分几个层次分析,如"黄须鲜卑奴","黄须"修饰"鲜卑奴","黄"修饰"须","鲜卑"修饰"奴"。又如"一金马鞭","一"修饰"金马鞭","金"修饰"马鞭"。在"马鞭"这个名词短语内部,"马"修饰"鞭"。又如"绣布单衣","绣布"修饰"单衣","绣"修饰"布","单"修饰"衣"。"金澡盘","金"修饰"澡盘","澡"修饰"盘"。

在这类定语中,专有名词非常引人注意,数量很多,是《世说新语》定语的一个特色。如:

①谢中郎是王蓝田女婿。 （简傲）₇₇₃

②卫君长为温公长史,温公甚善之。　(任诞)$_{745}$

③南阳翟道渊与汝南周子南少相友,共隐于寻阳。

(栖逸)$_{658}$

此例以地方专名修饰人名。

④王安丰妇,常卿安丰。安丰曰:"妇人卿婿,于礼为不敬,后勿复尔。"妇曰:"亲卿爱卿,是以卿卿。我不卿卿,谁当卿卿!"遂恒听之。　(惑溺)$_{922}$

⑤韩寿美姿容,贾充辟以为掾。充每聚会,贾女於青琐中看,见寿,说之。　(同上)$_{921}$

注意这种专名定语常在给了第一次信息后即省略,如上面例④,下文的"妇"即指王安丰妻。例⑤下文未引出的"女"共有五个,都指贾充女。

在表处所的"许"、"所"前,常用专名或其短语作定语,如:

⑥王司州尝乘雪往王螭许。　(忿狷)$_{887}$

⑦许文思往顾和许。　(排调)$_{799}$

⑧荀有宝剑,可直百万,常在母钟夫人许。　(巧艺)$_{718}$

⑨殷中军尝至刘尹所,请言良久。　(文学)$_{222}$

1.3.5　数(量)词作定语

①王君夫有牛,名"八百里驳"。　(汰侈)$_{881}$

②每以此三事为搤腕。　(同上)$_{880}$

③殷中军废后,恨简文曰:"上人著百尺楼上,儋梯将去。"

(黜免)$_{867}$

④支道林入东,见王猷兄弟。还,人问:"见诸王何如?"答曰:"见一群白颈乌,但闻唤哑哑声。"　(轻诋)$_{848}$

"一群"修饰"白颈乌","白颈"修饰"乌","白"修饰"颈"。

1.3.6　《世说新语》中定语的字数

从各类定语(体词、形容词、动词、主谓作定语)总的情况来看,《世说新语》的定语以两字、三字组的短语居多,四字短语次之,四字以上的短语较少,主谓结构定语更为少见。

如像下面的例子就很少:

①王右军年减十岁时,大将军甚爱之。　（假谲）$_{855}$

②司徒王戎,既贵且富,区宅僮牧、膏田水碓之属,洛下无比。

（俭啬）$_{873}$

《史记》的定语三字、四字短语较多,四字以上的也有不少,如:

①有席卷天下、包举宇内、囊括四海之意,并吞八荒之心。

（秦始皇本纪）$_{1.278}$

②然则怪迂阿谀苟合之徒自比兴,不可胜数也。

（封禅书）$_{4.1369}$

③上病益甚,乃为玺书赐公子扶苏曰:"与丧会咸阳而葬。"书已封,在中车府令赵高行符玺事所,未授使者。

（秦始皇本纪）$_{1.264}$

④呜呼,又何其阅览博物君子也!　（吴太伯世家）$_{5.1475}$

1.3.7　体词及其短语作定语的情况由《左传》到《史记》到《世说新语》一直持增长趋势

表明古汉语里,用作定语是体词的一项基本功能。这是汉语体词的一个重要特色。

1.4　状语的比较

《史记》的状语内容本已相当丰富,除了"介、宾"状语（我们在下面另作专题讨论）外,还包括:副词,名词,方位词,时间词,数（量）词,动词,形容词,代词,叠音词,"形（动、副）+'然'"以及多层状语等。这些内容在《世说新语》状语里大都有所继承。但要着重指出的是,在《世》的状语里,最引人注目的是大量副词的运用。我们在这里主要介绍《世说新语》副词的几个特点。

1.4.1 副词的使用频率高

《史记》中原有的副词,绝大多数都由《世说新语》继承下来,而且多数副词出现频率都很高,因为在《世说新语》里,平均每四个谓语里,有三个是有状语修饰的,而状语中约有 70% 左右都是副词。我们这里从书中随便举出几段,就可看到副词使用率是相当高的:

①华歆、王朗俱乘船避难,有一人欲依附,歆辄难之。朗曰:"幸尚宽,何为不可?"后贼追至,王欲舍所携人。歆曰:"本所以疑,正为此耳。既已纳其自託,宁可以急相弃邪?"遂携拯如初。世以此定华、王之优劣。　　(德行)$_{14}$

例中"欲"为助动词,未计入副词。又如:

②桓玄初并西夏,领荆、江二州,二府一国。于时始雪,五处俱贺,五版并入。玄在听事上,版至即答。版后皆粲然成章,不相揉杂。　　(文学)$_{277}$

③孙秀降晋,晋武帝厚存宠之,妻以姨妹蒯氏,室家甚笃。妻尝妒,乃骂秀为"貉子"。秀大不平,遂不复入。蒯氏大自悔责,请救於帝。时大赦,群臣咸见。既出,帝独留秀,从容谓曰:"天下旷荡,蒯夫人可得从其例不?"秀免冠而谢,遂为夫妇如初。

(惑溺)$_{920}$

1.4.2 《世》中有些副词或有些副词的新的用法很有特色,为《史记》所无

1. 都 作为副词的几种用法①:

①阮籍当葬母,蒸一肥豚,饮酒二斗,然后临诀。直言"穷

---

① 参看李行建:《〈世说新语〉中副词"都"和"了"用法的比较》,载《语言学论丛》第二辑,北京大学中文系主编,上海新知识出版社 1958 年版。

又,刘凯鸣:《〈世说新语〉里"都"字的用法》,《中国语文》1982.5,P.386~P.387。

矣!"都得一号,因吐血,废顿良久。　　　(任诞)₇₃₂

"都"表示"总共"之意。

②须臾食下,二王都不得餐,唯属羊不暇。　　(雅量)₃₈₁

"都"表示"皆"、"全",所总括的对象不止一个。

③裴郎又云:"谢安目支道林如九方皋之相马,略其玄黄,取其俊逸。"谢公云:"都无此二语,裴自为此辞耳。"　(轻诋)₈₄₃

"都"表示"全"、"完全",在这里表示对宾语范围的总括。

④王经……为尚书,助魏,不忠于晋,被收,涕泣辞母,曰:"不从母敕,以至今日。"母都无慽容。　　(贤嫒)₆₇₈

"都"表示程度之甚,有"完全"一类意思。

2. 了　本为动词,表"结束"义,魏晋时引申为"完全"义,在《世》中常用于表示程度之甚。如:

①魏明帝于宣武场上,断虎爪牙,纵百姓观之,王戎七岁,亦往看。虎承间攀栏而吼,其声震地,观者无不辟易颠仆,戎湛然不动,了无恐色。　(雅量)₃₅₀

②孔融被收,中外惶怖。时融儿大者九岁,小者八岁。二儿故琢钉戏,了无遽容。　(言语)₅₈

在《世》中"了"也有用作动词的,表"明白"、"懂得"之义。如:

③虽神气不变,而心了其故。　　(雅量)₃₄₃

3. 寻　"寻"在上古表示"长度"或"重温"之义。① 大约由表示"长度"之义引申出表示时间长度,汉以后有副词用法,表示"不久(之后)"、"接着"、"随即"一类意思。如:

①初,荧惑入太微,寻废海西。　　(言语)₁₁₈

②孔融被收……融谓使者曰:"冀罪止于身。二儿可得全

---

① "寻"表示长度,如:公孙挥命其徒曰:"人寻约,吴发短。"(左传哀公11年)4.1662。表示重温、重申之义,如:"寡君以为苟有盟焉,弗可改也已;若犹可改,日盟何益?今吾子曰:'必寻盟,若可寻也,亦可寒也。'"(左传·哀公12年)4.1671

不?"儿徐进曰:"大人岂见覆巢之下复有完卵乎?"寻亦收至。

(言语)$_{58}$

4. 垂 本有"边缘"、"边陲"之义,在《史记》中有表示边疆的用法,如:

①保西垂。 (秦本纪)$_{1.177}$

在魏晋时引伸表示时间的"边缘",有"将要"义,如:

②刘玙兄弟少时为王恺所憎,尝召二人宿,欲默除之。令作坑,坑毕,垂加害矣。 (仇隙)$_{926}$

5. 初 本表"开始"义,在《史记》中有这种用法:

①陈涉之初起王楚也,使周市略定魏地,北至狄,狄城守。

(田儋列传)$_{8.2643}$

魏晋时期引伸有"从来"义,如:

②谢公夫人教儿,问太傅:"那得初不见君教儿?"答曰:"我常自教儿。" (德行)$_{38}$

6. 脱 魏晋一种习惯用法,表示"偶或"、"偶然"义。《史记》中未见到这种用法,《世》中则有,"脱时"连用作状语,如:

①王汝南既除所生服,遂停墓所。兄子济每来拜墓,略不过叔,叔亦不候。济脱时过,止寒温而已。 (赏誉)$_{428}$

7. 酷 在《史记》中用作形容词,如:

①当是之时,吏治若救火扬沸,非武健严酷,恶能胜其任而愉快乎? (酷吏列传)$_{1.3131}$

②高后时,酷吏独有侯封。 (同上)$_{10.3132}$

魏晋时期引伸作表示程度之甚的副词,有"极其"、"最"义。《世》中多见,如:

③陶公少有大志,家酷贫,与母湛氏同居。 (贤媛)$_{690}$

④魏武有一妓,声最清高,而情性酷恶。 (忿狷)$_{532}$

"酷"与上文的"最"呼应,表示程度之甚。

⑤贾公闾后妻郭氏酷妒。 (惑溺)$_{937}$

8. 偏 本有边侧、偏远、辅佐等义,用作形容词或名词,如:

①郑伯使许大夫百里奉许叔以居许东偏。

（左传·隐公11年）

②偏国寡臣幸甚。 （史记·扁鹊仓公列传）9.2790

魏晋时引伸有"特别"、"最"义，《世》中常见：

③殷中军虽思虑通长，然於才性偏精。 （文学）222

④谢公因子弟集聚，问《毛诗》何句最佳。遏称曰："昔我往矣，杨柳依依；今我来思，雨雪霏霏。"公曰："訏谟定命，远猷辰告。"谓此句偏有雅人深致。 （文学）235

"偏"与上文的"最"相呼应，表示程度之甚。

9. **盛** 本作形容词，表示"众多"、"旺盛"等义，如：

①民以殷盛，国以富强。 （史记·李斯列传）8.2542

②物盛则衰。 （又，范睢蔡泽列传）7.2422

《世》中引伸表示行动积极的状态，作副词。如：

③羊不大应对之，而盛进食，食毕便退。 （雅量）381

"盛"有"尽力"、"大量"义。

④贾女於青琐中看，见寿，悦之。……自是，充觉女盛自拂拭，说畅有异于常。 （惑溺）921

"盛自拂拭"表示极力打扮自己。

10. **定** 本有"安定"或"平定"义，用作形容词或动词，如：

①天下大定。 （史记·秦始皇本纪）1.236

②从沛公定魏地。 （又，绛侯周勃世家）6.2066

魏晋时引伸有"到底"、"究竟"义，用作副词，《世》中可见：

③邓艾口吃，语称艾艾。晋文王戏之曰："卿云艾艾，定是几艾?"对曰："凤兮凤兮，故是一凤。" （言语）78

④殷顗、庾恒并是谢镇西外孙，殷少，而率悟，庾每不推。尝俱诣谢公，谢公熟视殷曰："阿巢故似镇西。"於是庾下声语曰："定何似?"谢公续复云："巢颊似镇西。" （轻诋）846

11. **故、故复** 作副词，在《世》中有"仍旧"、"依然"义，如：

①（诸葛靓）与武帝有旧，帝欲见之而无由，乃请诸葛妃呼靓。

·23·

既来,帝就太妃间相见。礼毕,酒酣,帝曰:"卿故复忆竹马之好不?"　(方正)$_{290}$

②周侯深忧诸王,始入,甚有忧色。……及出,诸王故在门。

(尤悔)$_{899}$

同时,"故"还有一些新的用法,有"本来"、"必定"之义,如:

③天命修短,故非所计。　(言语)$_{118}$

④王恭从会稽还,王大看之。见其坐六尺簟,因语恭:"卿东来,故应有此物,可以一领及我。"　(德行)$_{49}$

又有"特地"、"特意"义,如:

⑤王、刘与林公共看何骠骑,骠骑看文书,不顾之。王谓何曰:"我今故与林公来相看,望卿摆拨常务,应对玄言,那得方低头看此邪?"　(政事)$_{182}$

12. 正　"正"作副词,常表"恰恰"或"正在"之义,如:

①故贵之不待其有功,诛之不待其有罪也,此其势正使污吏有资而成其奸险。　(商君书·慎法)

②我思舜,正郁陶!　(史记·五帝本纪)$_{1.34}$

《世》中除仍有"恰恰"义外,还有"仅"、"只"义,这是晋、宋人常语。如:

③许便问主人:"有《庄子》不?"正得《渔父》一篇。

(文学)$_{237}$

④袁悦有口才,能短长说,……语人曰:"少年时读《论语》、《老子》,又看《庄》、《易》,此皆是病痛事,当何所益邪?天下要物,正是《战国策》。"　(逸险)$_{891}$

还有"即使"、"就是"义,用作表让步的连词,如:

⑤非但能言人不可得,正索解人亦不可得。　(文学)$_{185}$

以上举出十余个副词来表示《世》的副词阵容较之《史记》有新的成员或虽为旧的成员却有新的用法,副词随着状语出现频率的提高而有新的发展。

1.4.3 复音副词的发展

《世》复音副词较之《史》已有很大发展,《世》在继承《史》的同时又充实了新的内容,举出以下一些:

1. 正当 表"只应"、"只能"义。如:

① 山公与嵇、阮一面,契若金兰。……他日,二人来,妻劝公止之宿,具酒肉。夜穿墉以视之,达旦忘反。公入曰:"二人何如?"妻曰:"君才致殊不如,正当以识度相友耳。" （贤媛）$_{680}$

又表"只是"、"只不过"义:

② 郗公大聚敛,有钱数千万,嘉宾意甚不同。常朝旦问讯……遂及财货事。郗公曰:"汝正当欲得吾钱耳。"乃开库一日,令任意用。 （俭啬）$_{876}$

又表"还要"、"即将"义:

③ 张(凭)退,刘曰:"卿且去,正当取卿共诣抚军。"

（文学）$_{236}$

2. 由来 表"从来"、"历来"、"向来"之义,用作表时间的副词。如:

① 王子敬病笃,道家上章,应首过,问子敬:"由来有何异同得失?"子敬云:"不觉有馀事,惟忆与郗家离婚。" （德行）$_{40}$

② 王大将军於众坐中曰:"诸周由来未有作三公者。"

（尤悔）$_{901}$

3. 一时 表"同时"、"即时"、"一下子"义。如:

① 初,诞女云:"宜徙於是。"家人一时去。独留女在后。

（假谲）$_{858}$

② (范玄平)尝失官居东阳,桓大司马在南州,故往投之。……范虽实投桓,而恐以趋时损名,乃曰:"虽怀朝宗,会有亡儿瘞在此,故来省视。"桓怅然失望,向之虚伫,一时都尽。

（假谲）$_{861}$

4. 不时 有"不及时"义,如:

· 25 ·

①裴遐在周馥所,馥设主人,遐与人围棋,馥司马行酒。遐正戏,不时为饮,司马恚,因曳遐坠地。　（雅量）$_{353}$

5. 一往　表"一直"、自始至终"义,如:

①桓子野每闻清歌,辄唤"奈何!"谢公闻之,曰:"子野可谓一往有深情。"　（任诞）$_{757}$

也可表"直往"、"径直"义,如:

②庾每诣周,庾从南门入,周从后门出。庾尝一往奄至,周不及去,相对终日。　（尤悔）$_{902}$

6. 直接　表"径直"义,如:

①诸阮皆能饮酒,仲容至宗人间共集,不复用常杯斟酌,以大瓮盛酒,围坐,相向大酌。时有群猪来饮,直接去上,便共饮之。　（任诞）$_{735}$

"间",同"间",表示处所,意即"处"、"那里"。"直接",径直。

7. 小悉　表"少顷"之义,如:

①羊公还洛,郭奕为野王令。羊至界,遣人要之。郭便自往。既见,叹曰:"羊叔子何必减郭太业!"复往羊许,小悉还,又叹曰:"羊叔子去人远矣!"　（赏誉）$_{422}$

8. 何必　有"未必"、"为什么一定"、"哪里一定"义,如上例"羊叔子何必减郭太业",又如:

①羊既去,郭送之弥日,一举数百里,遂以出境免官。复叹曰:"羊叔子何必减颜子!"　（赏誉）$_{422}$

9. 不必　有"未必"、"不一定"义,如:

①谢公尝与谢万共出西,过吴郡。阿万欲相与共萃王恬许,太傅云:"恐伊不必酬汝,意不足尔!"　（简傲）$_{774}$

10. 将无　晋宋口语。有"得无"、"莫非"、"莫不是"义,表示揣度。如:

①王戎云:"太保居在正始中,不在能言之流。及与之言,理中清远,将无以德掩其言!"　（德行）$_{22}$

11. 不翅（不啻）　有"不止"、"不仅"、"无比"义,如:

①王浑与妇钟氏共坐,见武子从庭过,浑欣然谓妇曰:"生儿如此,足慰人意。"妇笑曰:"若使新妇得配参军,生儿故可不啻如此。" （排调）_{788}

②王文度弟阿智,恶乃不翘,当年长而无人与婚。

（假谲）_{860}

12. 未展 有"未及"义。如:

①吴郡陈遗,家至孝,母好食铛底焦饭。遗作郡主簿,恒装一囊,每煮食,辄贮录焦饭,归以遗母。后值孙恩贼出吴郡,袁府君即日便征。遗已聚敛得数斗焦饭,未展归家,遂带以从军。

（德行）_{49}

13. 达旦,永夕 表示"通夜"。如:

①卫玠始度江,见王大将军。因夜坐,大将军命谢幼舆。玠见谢,甚说之,都不复顾王,遂达旦微言,王永夕不得豫。

（文学）_{210}

14. 为是 表示选择的连词。表"还是"义,如:

①王江州夫人语谢遏曰:"汝何以都不复进?为是尘务经心,天分有限?" （贤媛）_{699}

意谓,是因为世事烦心,还是天资有限?

1.4.4 多层状语的连用

《世》多层状语连用的情况甚多,内容丰富,运用灵活,形成语法上的一种特色。《史》虽也不乏这种用法,却不如《世》那样突出。《世》中这样的例子多不胜举,在此介绍几例以见一般:

①明旦去,侃追送不已,且百里许。逵曰:"路已远,君宜还。"侃犹不返。逵曰:"卿可去矣!至洛阳,当相为美谈。"

（贤媛）_{690}

"犹不返","犹"、"不"两个副词连用。"当相为美谈","当"、"相"两个副词连用。"为",介词,省略了宾语"之"、"美"形容词作状语,共同修饰"谈"。

②陶公少时,作鱼梁吏,尝以坩鲊饷母。母封鲊付使,反书责侃曰:"汝为吏,以官物见饷,非唯不益,乃增吾忧也。"

(贤媛)695

"尝以坩鲊饷母",副词"尝"和介宾结构"以坩鲊"作状语。"反书责侃曰",连动结构"反书责侃"作"曰"的状语。"以官物见饷",介宾结构"以官物"和助动词"见"作状语。"非唯不益",复音副词"非唯"和否定副词"不"作状语。

③桓舍入内,奕辄复随去。　　(简傲)773

"随"介词,省略了宾语"之";它和"辄"、"复"两副词共作状语。

④王蓝田性急。尝食鸡子,以箸刺之,不得,便大怒①,举以掷地②。鸡子於地圆转未止③,仍下地以屐齿碾之④,又不得⑤,瞋甚,复於地取内口中⑥,啮破即吐之。　　(忿狷)886

①"便"、"大"两个副词连用。②动词"举",介词"以"(省略宾语"之"——指鸡子)作"掷"的状语。③介宾结构"於地",形容词活用作状语的"圆",作"转"的状语。④副词"仍",动宾结构"下地",介宾结构"以屐齿",共作"碾"的状语。⑤副词"又"、"不"作"得"的状语。⑥副词"复",介宾结构"於地",作"取"的状语。

⑤刘玙兄弟少时为王恺所憎①,尝召二人宿,欲默除之②。令作阬,阬毕,垂加害矣。石崇素与玙、琨善③,闻就恺宿,知当有变,便夜往诣恺④,问二刘所在。恺卒迫不得讳⑤,答云:"在后斋中眠。"⑥石便径入⑦,自牵出,同车而去⑧。语曰:"少年何以轻就人宿!"⑨　　(仇隙)926

①副词性词组"少时",介宾结构"为王恺",助词"所",共作"憎"的状语。②助动词"欲",副词"默"作"除"的状语。③副词"素",介宾结构"与玙、琨",作"善"的状语。④副词"便",时间词"夜",动词"往"作"诣"的状语。⑤副词"卒"、"迫"、"不",助动词"得",作"讳"的状语。⑥介宾结构"在后斋中"作动词"眠"的状语。⑦副词"便"、"径"作"入"的状语。⑧介宾结构"同车",用连词"而"连接,作"去"的状语。⑨固定词组"何以",副词"轻",介宾结构"就人",作"宿"的状语。

《世》中多层状语的大量运用,反映了人们运用语言能力的发展,能够更加具体、生动地从各方面描绘客观事物,同时也使语法结构更为丰富多彩。

1.5 补语的比较

《史》补语占第一位的是"介宾"补语,约占补语的55%。如"於宾"、"以宾"、"自宾"等,表示动作行为的处所、工具、时间、原因、范围,表示有关的对象如比较的对象、动作的施事者或受事者等等。其中最大量的是引进处所。占第二位的是不用介词引进的结果补语、趋向补语和程度补语。《世》这两大类补语的数量相反,居第一位的是程度补语以及结果补语、趋向补语、时间补语,约占补语的75%,居第二位的是介宾补语,约占补语的25%。

1.5.1 程度、结果、趋向、时间补语

1.5.1.1 程度补语

副词作程度补语:

①魏武将见匈奴使,自以形陋,不足雄远国,使崔季珪代,帝自捉刀立床头。既毕,令间谍问曰:"魏王何如?"匈使答曰:"魏王雅望非常,然床头捉刀人,此乃英雄也。"　　(容止)607

②卫玠从豫章至下都,人久闻其名,观者如堵墙。玠先有羸疾,体不堪劳,遂成病而死。时人谓"看杀卫玠"。　　(同上)614

"看杀卫玠"意即"看死卫玠",把卫玠看死,表示众人围观卫玠达到什么程度。

形容词作程度补语:

③裴令公有俊容姿,一旦有疾至困,惠帝使王夷甫往看。

(同上)612

副词"至"修饰形容词"困",作程度补语。

④王长史病笃。　　(伤逝)642

⑤王子猷、子敬俱病笃,而子敬先亡,子猷……便径入坐灵床

上,取子敬琴弹,弦既不调,掷地云:"子敬!子敬!人琴俱亡。"因恸绝良久,月馀亦卒。　　(伤逝)$_{645}$

"恸绝良久","绝"作"恸"的结果补语,"良久"作"恸绝"的时间补语。

1.5.1.2　结果补语

动词作结果补语:

①庾公乘马有的卢,或语令卖去。　　(德行)$_{33}$

②酒酣后,刘牵脚加桓公颈,桓公甚不堪,举手拨去。(方正)$_{329}$

③祐恶其言,遂掘断墓后,以坏其势。　　(术解)$_{705}$

④卫洗马以永嘉六年丧,谢鲲哭之,感动路人。

(伤逝)$_{639}$

⑤(周)处即刺杀虎,又入水击蛟。　　(自新)$_{627}$

形容词作结果补语:

⑥谢太傅盘桓东山时,与孙兴公诸人泛海戏。风起浪涌,孙、王诸人色并遽,便唱使还。太傅神情方旺,吟啸不言。……於是审其量,足以镇安朝野。　　(雅量)$_{369}$

1.5.1.3　趋向补语

①置使飞去。　　(言语)$_{136}$

②太傅时年七八岁,……谏曰:"阿兄!老翁可念,何可作此。"奕於是改容曰:"阿奴欲放去邪?"遂遣之。　　(德行)$_{34}$

③文王引进。　　(言语)$_{79}$

④昔羊叔子有鹤善舞,尝向客称之,客试使驱来。

(排调)$_{812}$

⑤(袁)绍遑迫自掷出。　　(假谲)$_{851}$

1.5.1.4　时间补语

如上面例中的"恸绝良久",又如:

①帝嗟慨久之。　　(言语)$_{124}$

②庾风姿神貌,陶一见便改观。谈宴竟日,爱重顿至。

(容止)$_{617}$

③相送累日。　(言语)$_{82}$

④作数曲竟,抚琴曰:……　(伤逝)$_{640}$

⑤使人应接不暇。　(言语)$_{145}$

1.5.2　介宾补语

1.5.2.1　介宾补语表示处所。如:

①吾昔与嵇叔夜、阮嗣宗共酣饮於此垆。　(伤逝)$_{637}$

②简文作抚军时,尝与桓宣武俱入朝,更相让在前。

(言语)$_{116}$

③袁彦伯为谢安南司马,都下诸人送至濑乡。　(同上)$_{140}$

④庾文康亡,何扬州临葬云:"埋玉树著土中,使人情何能已已!"　(伤逝)$_{641}$

1.5.2.2　表示有关的对象。如:

①支道林……常谓人曰:"昔匠石废斤於郢人,牙生辍弦於锺子,推己外求,良不虚也。"　(同上)$_{642}$

1.5.2.3　表示有关的方面。如:

①王夷甫容貌整丽,妙於谈玄。　(容止)$_{611}$

1.5.2.4　表示有关的原因。如:

①何尝见明镜疲於屡照,清流惮於惠风。　(言语)$_{144}$

②中年伤於哀乐。　(同上)$_{121}$

③且苏峻作乱,衅由诸庾,诛其兄弟,不足以谢天下。

(容止)$_{616}$

1.5.2.5　表示比较。如:

①间丘冲优於满奋、郝隆。　(品藻)$_{509}$

1.5.2.6 表示被动。 如：

①沙门虽云俗外,反更束於教。 （轻诋）$_{845}$

1.5.2.7 表示动作行为的条件。 如：

①会稽贺生,体识清远,言行以礼。 （言语）$_{96}$

②穆恭上扇,以好不以新。 （同上）$_{112}$

1.5.2.8 表示动作行为的受事。 如：

①桓即赏以二婢。 （同上）$_{141}$

②桓玄诣殷荆州,殷在妾房昼眠,左右辞不之通。桓後言及此事,殷云："初不眠,纵有此,岂不以'贤贤易色'也。" （同上）$_{157}$

1.5.3 小结

我们说《世》的补语有减少的趋势,是就其与《史》的比较而言。主要是由于"介宾"补语的减少,使补语总的数量下降。若就其他几种补语来看,则它们在补语中所占比重有较大增长,由《史》的45%左右上升到《世》的75%。这一方面固然是因为"介宾"补语的减少导致其他补语所占比例升高,同时也由于其他补语的实际增长。

1.6 词头、词尾的比较

词头、词尾本不属于句子成分的层次,因为在《世》中有特色,我们就附在这一部分之后来介绍。

1.6.1 词头"阿"

《史》中虽已有用在称谓前的"阿"如"阿母"、"阿保"和用在人名前的"阿"如"阿衡"[①]等,但终归是少数;在《世》中"阿"的运用范围扩大,出现频率也较高,有以下几项用法：

1.6.1.1 用作称谓名词的词头。 如：

①周叔治作晋陵太守,周侯、仲智往别……周侯独留,与饮酒

[①] 《史记·殷本纪》："伊尹名阿衡。"

言话。临别流涕,抚其背曰:"阿奴,好自爱!"　　(方正)₃₀₈

②张苍梧是张凭之祖,尝语凭父曰:"我不如汝。"凭父未解所以,苍梧曰:"汝有佳儿。"凭时年数岁,敛手曰:"阿翁,讵宜以子戏父?"　　(排调)₈₀₉

③周伯仁母冬至举酒赐三子曰:"吾本谓度江託足无所,尔家有相,尔等并罗列吾前,复何忧!"周嵩起,长跪而泣曰:"不如阿母言。伯仁为人志大而才短……嵩性狼抗,亦不容於世;唯阿奴碌碌,当在阿母目下耳!"　　(识鉴)₃₉₇

④王平子目太尉:"阿兄形似道,而神锋太俊。"太尉答曰:"诚不如卿落落穆穆。"　　(赏誉)₄₃₅

"阿奴"常用于兄对弟的爱称,可当面呼其为"阿奴"如例①;也可在说话中用"阿奴"指自己的弟弟,把他作为第三者,如例③。"阿翁",称祖父,如例②;"阿母",称母亲,如例③;"阿兄",称兄长,如例④。

1.6.1.2　用在专名前。如:

①桓公语嘉宾:"阿源有德有言。"　　(赏誉)₄₈₃

②王右军道东阳:"我家阿林,章清太出。"　　(同上)₄₈₃

③谢太傅语真长:"阿龄於此事,故欲太厉。"　　(同上)₄₈₇

1.6.1.3　用在指示代词"堵"前。如:

①顾长康画人,或数年不点目精。人问其故,顾曰:"四体妍蚩,本无关於妙处;传神写照,正在阿堵中。"　　(巧艺)₇₂₂

②夷甫晨起,见钱阁行,呼婢曰:"举却阿堵物!"

(规箴)₅₅₇

"阿堵",有"此"、"这个"之义。

"阿"可用在指示代词"堵"前构成复音词"阿堵",这是词头"阿"在用法上的一个新发展。后来,"阿"又进一步发展为姓氏的词头和人称代词的词头。如:

③袁真在豫州,遣女妓纪陵送阿薛、阿郭、阿马三妓与桓宣武。

(搜神后记27)

④鹞鹞隔门遥唤:"阿你莫漫辄藏!"

(敦煌变文集·燕子赋)

而后,"阿"还可用于"那"前表示远指,用于数词前表示排行的顺序,如:

⑤垂杨一径深深去,阿那人家住得奇。

(杨万里:《过南荡》)

⑥(帝)大悦,谓曰:"阿六,汝生活大可。"

(南史·临川靖惠王宏传)

1.6.2 词头"第"

"第"用在数词前表示序数,《史记》已有,如"本纪第一"。在《世》中,"第"的用法有发展。

1.6.2.1 "第"加"数词"用在名词前作定语,构成偏正短语。如:

①(桓玄)问王桢之曰:"我何如卿第七叔?" (品藻)$_{545}$

②自过江来,尚书郎正用第二人。 (方正)$_{323}$

1.6.2.2 "第"加"数词"用在抽象名词如"流"前。如:

①世论温太真,是过江第二流之高者。 (品藻)$_{517}$

②桓大司马下都,问真长曰:"闻会稽王语奇进,尔邪?"刘曰:"极进,然故是第二流中人耳!"桓曰:"第一流复是谁?"刘曰:"正是我辈耳!" (同上)$_{522}$

1.6.3 词头"有"

"有"作词头出现在名词前,主要见于先秦,自《史》至《世》趋于消失。《世》仅见一例:

①原宪桑枢,不易有官之宅。 (言语)$_{68}$

1.6.4 词尾"然"

形容词(或动词、副词)加"然"构成复音词作状语,《史》中多见,如：

①齐威王勃然怒曰：…　（鲁仲连邹阳列传）8.2462

②若朋友交游,久不相见,卒然相觌,欢然道故,私情相语,饮可五六斗径醉矣。　（滑稽列传）10.3199

《世》中这类用法仍不少,如：

③帝默然无言。　（方正）305

④周侯方慨然愧叹曰：……　（同上）305

⑤王丞相见卫洗马曰："居然有羸形,虽复终日调畅,若不堪罗绮。"　（容止）614

⑥庾子嵩长不满七尺,腰带十围,颓然自放。　（同上）614

⑦桓怅然失望,向之虚伫,一时都尽。　（假谲）

⑧版后皆粲然成章,不相揉杂。　（文学）277

⑨有一老夫毅然仗黄钺,当军门立。　（方正）283

《史》中叠音词加"然",如：

⑩夫子循循然善诱人。　（孔子世家）6.1941

这种用法在《世》中没有见到。

《史》中还有以词尾"焉"、"乎"构成的复音词作状语,在《世》中没有见到。

1.6.5 词尾"尔"

先秦时用作词尾的助词除了"然"、"焉"、"乎",还有"尔"、"如"、"若"等,其中除"然"外,都有逐步减少的趋势。《世》中只见到"然",还有3例"尔"：

①觊亦即晓其旨,尝因行散,率尔去下舍,便不复还。

（德行）44

②卫君长为温公长史,温公甚善之,每率尔提酒脯就卫,箕踞相对终日。　（任诞）475

③贺司空入洛赴命……在船中弹琴。张季鹰本不相识,……问贺："卿欲何之?"贺曰："入洛赴命,正尔进路。"　（同上）741

1.6.6　词尾"地"

"地"用在"如馨"后作词尾,表示"这样地"。

　　①桓大司马诣刘尹,卧不起。桓弯弹弹刘枕,丸迸碎床褥间。刘作色而起曰:"使君如馨地,宁可斗战求胜?"　　（方正）$_{323}$

1.6.7　词尾"子"

　　名词+词尾"子",构成复音名词。"子"作为词尾在汉代已经发生,《汉书》里有这样的例子:"乌弋……而有桃拔、师子、犀牛。"（西域传上）至于象"君子"、"天子"、"黑子"……等,复音词中的"子"都有实际含义,因而都不可以看成词尾。《世》中有下例:

　　①士衡正色曰:"我父祖名播海内,宁有不知?鬼子敢尔!"

（方正）$_{299}$

"子"无实义,是词尾。在魏晋时期,词尾"子"还可与非生物名词组合,如:

　　②即命取床后合子开之,取金枕一枚,与度为信。　（搜神记）

可知词尾"子"的用法到魏晋时有进一步发展。

1.6.8　小结

　　从以上对《世》词头词尾的分析可以看到,《世》的词头词尾较之先秦有很大变化,呈现出一个新的面貌,而较之《史记》,则不能说是一个新面貌,大多是在《史》或汉代其他古籍中已经萌芽,而在《世》中有进一步的发展,如"阿"、"第"、"然"、"子";个别是在实词的基础上逐步演变为虚词如"地";有的则是古代助词的遗留,如"尔"、"有"。总之,《世》的这套词头词尾多数在《史》中已经孕育,而《史》中那些继承先秦的助词在《世》中则大都明显减少或者消失,这样就使《世》的词头词尾呈现出新的面貌。可知这种新面貌不是无源之水、无本之木,主要是从《史》脱胎而出。

2. 句子的谓语结构的比较

2.1 两种词类(或短语)组成的谓语

《世》的谓语与《史》相比,最大的共同之处是动词谓语仍占绝对优势,在全部谓语中约占85%。最明显的不同是:一,在谓语的内部结构上,形容词、动词或名词(或它们的短语)联合组成的谓语的发展;二,"是"字谓语有重要发展;三,从谓语的前后修饰语看,谓语前的状语较之后面的补语有大量增长,谓语修饰语的分布呈现出很明显的前多后少的格局。

《世》中由两种词类(或短语)组成的谓语在谓语的总数中虽仅占1.5%左右,但却形成《世》谓语的一个特色。具体情况如下:

2.1.1 〔形容词谓语·动宾结构〕

在这类句子中形容词谓语多由叠音或双声叠韵形容词构成,"动宾"中的"动"一般都为"如"或"若"。如:

① 嵇延祖卓卓如野鹤之在鸡群。　　(容止)$_{612}$

② 时人目夏侯初朗朗如日月之入怀,李安国颓唐如玉山之将崩。　　(同上)$_{609}$

③ 山公曰:"嵇叔夜之为人也,岩岩若孤松之独立;其醉也,傀俄若玉山之将崩。"　　(同上)$_{609}$

④ 裴令公目王安丰烂烂如岩下电。　　(同上)$_{610}$

⑤ 海西时,诸公每朝,朝堂犹暗;唯会稽王来,轩轩如朝霞举。

(同上)$_{625}$

2.1.2 〔动词短语·形容词短语〕

① 华歆遇弟子甚整。　　(德行)$_{12}$

②管宁、华歆共园中锄菜,见地有片金,管挥锄与瓦石不异,华捉而掷去之。　　（同上）₁₃

③王之学华,皆是形骸之外,去之所以更远。　　（同上）₁₃

④卿读《尔雅》不熟。　　（纰漏）₉₁₁

例①动宾短语"遇弟子"与形容词短语"甚整"组成谓语。例②动宾短语"挥锄"与形容词短语"与瓦石不异"组成谓语,在形容词短语中,"介宾"短语"与瓦石"修饰形容词短语"不异"。例③的动宾短语"去之"与形容词短语"更远"之间有连词"所以"连接,共同作谓语。例④动宾短语"读《尔雅》"和形容词短语"不熟"共同作谓语。

2.1.3 〔形容词短语·动词短语〕

①陈太丘诣荀朗陵,贫俭无仆役。　　（德行）₇

②武帝谓刘仲雄曰:"闻和哀苦过礼,使人忧之。"

（同上）₂₀

③此子珪璋特达,机警有锋。　　（言语）₅₂

④顾长康画裴叔则,颊上益三毛。人问其故,顾曰:"裴楷俊朗有识具,正此是其识具。"　　（巧艺）₇₂₁

⑤此数子者,或謇吃无宫商,或尪陋希言语,或淹伊多恣态,或謹讋少智谞。　　（排调）₇₈₂

"謇吃",口吃好言之状。

以上例中的形容词短语大都是由近义或同义的形容词并列构成,动词短语则大都是动宾结构。

2.1.4 〔名词短语·形容词短语〕或〔形容词短语·名词短语〕

①(范)宣洁行廉约,韩豫章遗绢百匹,不受。　　（德行）₃₉

"洁行廉约"不是主谓谓语,因"廉约"不是说明"洁行"的,而是对"范宣"的描述。"洁行"、"廉约"都是对主语"范宣"的描绘。

②周处年少时,凶强侠气,为乡里所患。 (自新)_{627}

"凶强"为形容词短语,"侠气"为名词短语,共同作谓语说明承前省略的主语周处。

以上几种谓语结构较之《史记》都有重要发展。第一种谓语结构,在《史》中只有类似者,即"如·宾"结构前面也是动词结构,如:

①夫秦王有虎狼之心,杀人如不能举,刑人如恐不胜,天下皆叛之。 (项羽本纪)_{1.313}

②今汉王……骂詈诸侯群臣如骂奴耳。

(魏豹彭越列传)_{8.2590}

而"如·宾"前面为形容词(短语)者,则是在此基础上一种新的发展。先用形容词描绘主语的状态,再用"如·宾"结构把这种状态形象化。这是文学语言中一种非常有表现力的句式。可以看出,语言的发展趋势,不仅要表达得清楚,而且进一步要表达得完美、形象、生动。两种词类(短语)构成的谓语,就是适应这种需要而产生的。

这种谓语究竟应如何分析?是形容词谓语带动宾结构作补语?还是动宾结构谓语前面有形容词作状语?还是两种短语共同组成谓语?如果说是形容词谓语带动宾结构作补语,则这种补语的独立性很强,没有形容词谓语也可基本上表达原意,如:"嵇延祖卓卓如野鹤之在鸡群",若改说"嵇延祖如野鹤之在鸡群",似也能使人懂得说话人所要表达的意思。像"面如凝脂,眼如点漆"(容止)_{620},就是"如宾"在主语之后。因此把这种谓语视为动补式好像与这种结构的实际作用不符。那么它是不是动宾结构作谓语、前面有形容词作状语呢?状语一般是不能独立运用的,而这种句式若说成"嵇延祖卓卓,如野鹤之在鸡群"、"双目闪闪,若岩下电"(容止)_{612},似亦无不可。因此第二种分析似乎也欠妥当。基于以上考虑,我倾向于对这种谓语作第三种分析,即两种短语共同组成谓语,它们的关系是互相补充、互相依附。有时很难把它们拆开,如:

①有人哭和长舆曰:"峨峨若千丈松崩。" (伤逝)_{639}

"峨峨",指山陵高峻的样子,比喻和长舆的形象与品德;而"若千丈松崩"比喻他的死带给人的影响。这两种意思合在一起形成一个完整的追悼之意:既赞美他的形象高大,又比喻他的死给人震动、悲恸之深。如果把"若千丈松崩"看成是"峨峨"的补语,或把"峨峨"看作是"若千丈松崩"的状语,显然都不确切。至于《史记》中的例句"杀人如不能举,刑人如恐不胜",则应作动补式分析较好,因为"杀人"与"如不能举"分开说都不能表达一个较完整的意思,"如不能举"是对"杀人"的补充。

第二、三种谓语在《史》中也有所见,如:

①张良曰:"臣为韩王送沛公,沛公今事有急,亡去不义,不可不语。" (项羽本纪)₁.₃₁₁

②高祖为人……仁而爱人。 (高祖本纪)₂.₃₄₂

③何曰:"王素慢无礼,今拜大将如呼小儿耳,此乃信所以去也。" (淮阴侯列传)₈.₂₆₁₁

例①,动词短语"亡去"(动补结构)加形容词短语"不义"。但与《世》的"遇弟子甚整"、"挥锄与瓦石不异"也不同,"亡去不义"可断为"亡去,不义",可理解为"若亡去,则不义";"遇弟子甚整"则不能这样断句和理解,它的前后两部分结合很紧,不可断作"遇弟子,甚整。"

例②、③的"仁而爱人"、"素慢无礼"与《世》的"贫俭无仆役"、"哀苦过礼"结构一致,但《史》的"仁而爱人"有连词在"仁"和"爱人"之间,《世》的这类谓语一般无连词连接,两个词(或短语)结合较紧密。至于第四种谓语,在《世》和《史》中都很少见。

2.2 "是"字句的重大发展

"是"作为表判断的系词,在《史》中已出现,但次数很少,全书仅十来例;《世》中随处可见,"是"已发展为典型的系词。"是"字判断句是《世》判断句的主要形式。

标准的判断句,主、谓齐备,主、谓之间为等同关系,主、谓之间有系词联系,句末的语气词"也"消失。《史》的"是"字判断句处于初期阶段,尚没有发展到这一步,它的例子如:

①乃为帛书以饭牛,详不知,言曰此牛腹中有奇。杀视得书,书言甚怪。天子识其手书。问其人,果是伪书。
(封禅书)4.1388

②於是帝乃诏使邢夫人衣故衣,独身来前。尹夫人望见之,曰:"此真是也。" (外戚世家)6.1984

③客人不知其是商君也。 (商君列传)7.2236

④襄子曰:"此必是豫让也。" (刺客列传)8.2521

⑤其是吾弟与? (刺客列传)8.2525

⑥朱家心知是季布,乃买而置之田。
(季布栾布列传)8.2729

⑦此是家人言耳。 (儒林列传)10.3132

⑧巫妪弟子是女子也。 (滑稽列传)10.3212

大多数例句都有语气词"也",有的无"也",如"果是伪书",无主语;又如"朱家心知是季布","是"前也无主语。《世》的例子如:

①文举至门,谓吏曰:"我是李府君亲。" (言语)56

②昔武王伐纣,迁顽民於洛邑,得无诸君是其苗裔乎?
(言语)84

③果有杨梅,孔指以示儿曰:"此是君家果。"儿应声答曰:"未闻孔雀是夫子家禽。" (同上)105

④张玄之、顾敷是顾和中外孙。 (同上)110

⑤谢郎经曲阿后湖,问左右:"此是何水?"答曰:"曲阿湖。"
(同上)136

⑥殷仲堪是东阳女壻。 (文学)241

⑦桓公见谢安石作简文谥议,看竟,掷与坐上诸客曰:"此是安石碎金。" (同上)268

⑧卢志於众坐问陆士衡:"陆逊、陆抗是君何物?"
(方正)299

⑨陛下龙飞,此是庾水之功,非臣之力。 (同上)321

⑩范是王之舅。　　（方正）₃₄₂

⑪刘粹字纯嘏,宏字终嘏,漠字冲嘏,是亲兄弟。

（赏誉）₄₃₃

⑫许充妇是阮卫尉女,德如妹。　　（贤媛）₆₇₁

⑬王长史是庚子躬外孙。　　（赏誉）₄₄₄

⑭汝是我佳子弟。　　（同上）₄₅₄

⑮何次道往丞相许,丞相以麈尾指坐呼何共坐曰:"来!来!此是君坐。"　　（同上）₄₅₆

以上判断句中,主、谓都是等同关系,主语有专有名词或普通名词,也有代词"此"、"我"、"汝"等。句末都没有语气词"也"。

"是"前受副词修饰的例子也很多,证明"是"已不是指代词而是动词性质。如:

⑯支(道林)在白马寺中,将冯太常共语,因及《逍遥》。支卓然标新理於二家之表,立异义於众贤之外,皆是诸名贤寻味之所不得。　　（文学）₂₂₀

⑰(周侯)指顾(和)心曰:"此中何所有?"顾搏蝨如故,徐应曰:"此中最是难测地。"　　（雅量）₃₆₄

⑱世彦…既为国器,且是杨侯淮之子。　　（赏誉）₄₅₅

⑲康伯少自标置,居然是出群器。　　（同上）₄₇₁

⑳襟怀之咏偏是许之所长。　　（同上）₄₉₂

例⑯的"皆是…"承上文省了主语"新理"、"异义";例⑱"且是…"前省略主语"世彦";例⑲"居然是…"前省略主语"康伯"。从上文都不难看出。

还有省略谓语的,如:

㉑王大将军下,庾公问:"卿有四友,何者是?"……问:"何者居其右?"王曰:"自有人。"又问:"何者是?"庾又王曰:"噫!其自有公论。"　　（品藻）₅₁₂

㉒苏峻乱,诸庾逃散。庾冰时为吴郡,单身奔亡。民吏皆去,唯郡卒独以小船载冰出钱塘口……卒舍船市渚,因饮酒醉还,舞棹

· 42 ·

向船曰:"何处觅庾吴郡?此中便是。" (任诞)[745]

还有少量"是"字句带语气词"也",如:

㉓荀勖尝在晋武帝坐上食笋进饭,谓在坐人曰:"此是劳薪炊也。" (术解)[704]

㉔晋明帝欲起池台,元帝不许。帝时为太子,好养武士。一夕中作池,比晓便成。今太子西池是也。 (豪爽)[599]

此例省略了谓语"此池"一类词语。

由以上分析和例证可以看出系词"是"在魏晋南北朝时期有长足的发展。

2.3 谓语前后修饰语的特点

谓语前后修饰语的分布呈现出很明显的前多后少的格局。这是《世》在语法结构上的一个重要特色。由于汉语的谓语往往就是一个句子或分句,因此谓语的这种格局实际也就是《世》句子的格局。

2.3.1 动词谓语的基本情况

由于动词谓语占绝对优势,所以谓语修饰语也主要指动词谓语的修饰语。在谈修饰语之前,有必要先介绍动词谓语的基本情况。

我们把动词谓语也分为简单谓语和复杂谓语两大类。简单谓语指谓语的中心成分只有一个动词或一个"动宾"结构,包括动词前的单音节词修饰成分,不包括以主谓结构或"主之谓"结构或动词结构为宾语的"动宾"结构,也不包括以"介宾"结构为状语或补语,或有结果补语、程度补语、趋向补语的动词谓语。复杂谓语包括并列的动词谓语、连动式、兼语式、"介宾·动"、"动·介宾"、"动宾"结构带宾语、两种词类(或其短语)共同组成的谓语、"是"字谓语句、带结果补语、趋向补语、程度补语的谓语以及宾语为主谓(或"主之谓",或动词)结构的谓语。

《史》的简单谓语约占40%,复杂谓语约占60%。《世》的简单谓语约占42%,复杂谓语约占58%。如果仅从百分比上看,《世》的简单谓语稍有增多,复杂谓语略有减少。这可能是由于介宾补语的减少所造成的,并不是语法结构在发展中倒退(我们在下面专门讨论)。值得注意的是,简单谓语内部有趋向复杂的趋势:不是简单的一个动词带一个宾语的"动宾"结构,动词前往往都有修饰语(常不止一个层次),宾语也常常不是一个单音节名词或复音名词,而是一个偏正短语。如:

　　　　①并皆暴犯百姓。　　　(自新)$_{627}$

这个"动宾"前有三个修饰语:"并"、"皆"、"暴"。

　　　　②妙析奇致,大畅玄风。　　　(文学)$_{206}$

动词"析"、"畅"前分别有"妙"、"大"修饰,宾语"致"、"风"前分别有"奇"、"玄"作定语。

　　　　③乐(令)叹曰:"此儿胸中当必无膏肓之疾!"　　　(同上)$_{304}$

主语"此儿胸中"为偏正短语,动词"无"前有"当"、"必"两层修饰语,宾语"膏肓之疾"为偏正短语。而在"乐叹曰"这样一个简单的"主·动"式中,"曰"前也有由动词充当的修饰语"叹"。

简单谓语内部这种复杂化的趋势,我们在前面对《史》、《世》定语、状语的比较中已能看出大概,这里不必多说,只需指出这一发展趋势就够了。

2.3.2　动词谓语状语与补语的分布

《世》与《史》相比,最突出的特点是状语出现频率明显提高,增长的幅度超过补语甚多。我们调查两书动词前的状语,结果是,《史》无状语的动词谓语占44%,有状语的占56%;《世》无状语的动词谓语占24%,有状语的占76%。两书相比,有状语的动词谓语所占百分比提高了20个百分点。

我们又对两书动词谓语带补语的情况进行调查,《史》带补语的动谓约占10%,《世》带补语的动谓约占7%。两书相比,补语有减少的趋势。

这样两书谓语的总格局就发生了明显变化:《史》的动谓,前有状语的56%,后有补语的10%;《世》的动谓,前有状语的76%;后有补语的7%。当然,这种变化不是根本上的转折,因《史》的状、补比例已有较大差距,但《世》状语的大量增加,却是十分引人注意的。它使状、补差距更为悬殊,使动词谓语的状、补分布呈现出十分明显的前多后少的格局。

(一)形成这种格局的一个重要原因是副词用作状语的频率大大提高。我们在前面已经谈到。

(二)形成这种格局的又一个重要原因是介宾结构的分布。因为在状语中,介宾短语占有重要的位置。

下面我们以介词在《世》中出现的多少为顺序,与《史》(以第八册为代表,进行比较。主要比较前后分布,目的是为了了解谓语的整个格局的变化,对介词的具体用法不详述。(谓语中心成分用 D 代)

1."与" 《世》共292例,全部在 D 前。

①桓南郡与殷荆州共谈,每相攻难。　　　(文学)$_{243}$

②陈太丘与友期行,期日中。　　(方正)$_{279}$

③刘尹曰:"若安石东山志立,当与天下共推之。"

(赏誉)$_{465}$

④初,法汰北来未知名,王领军供养之。每与周旋,行来往名胜许,辄与俱。　(同上)$_{481}$

《史》(第八册),"与"作介词共265例,也全在 D 前,"与"的宾语有的由复句组成,如:

⑤其游诸侯见尊礼如此,岂与仲尼菜色陈蔡、孟轲困於齐梁同乎哉!　(孟子荀卿列传)$_{7.2345}$

⑥自是之后,名士迭兴……虽不及三代之诰誓,然身宠君尊,当世显扬,可不谓荣焉?岂与世儒闇於大较,不权轻重,猥云德化,不当用兵,大至君辱失守,小乃侵犯削弱,遂执不移等哉!

(律书)$_{4.1241}$

像这样结构复杂、字数甚多的宾语在《世》中没有见到。

2."於" 《世》共281例,142例在 D 前,占50.5%;139例在 D 后,占49.5%。《史》共522例,105例在 D 前,占20%;417例在 D 后,占80%。"於"在《世》中,D 前后数量趋于平衡,比起《史》的前后悬殊,这是一个很大的变化。在 D 前的142例具体内容是:表示动作行为发生的处所,66 例;固定词组"於是"56 例,"於此"8 例;表示有关的对象或方面 10 例;表示有关的时间 2 例。在 D 后的 139 例为:表示动作行为发生的处所 52 例;表示有关的对象或方面 42 例;表示比较的对象 11 例;表示被动 5 例;表示原因 23 例;表示时间 6 例。

由于固定词组"於是"在《史》中就是位于动词之前,在《世》中没有什么变化,因而我们可以清楚看到:表处所的"於·宾"向 D 前移动最多。《史》中这种移动已有表现,如:

①吕后侧耳於东箱听。　　（张丞相列传）$_{8.267}$

②景帝入卧内,於后宫秘戏。　　（万石张叔列传）$_{9.2772}$

但为数很有限,表示处所的"於·宾"绝大多数仍在动词之后;而在《世》中,表处所的"於·宾"在 D 前者已多于在 D 后者(66:52)。这是介词"於"由先秦经两汉到魏晋的一个重要变化。"於·宾(处所)"在动前,《世》中多见,如:

③邓攸始避难,於道中弃己子,全弟子。　　（德行）$_{29}$

④锺会撰《四本论》,始毕,甚欲使嵇公一见。置怀中,既定,畏其难,怀不敢出,於户外遥掷,便回急走。　　（文学）$_{195}$

⑤王东亭到桓公吏,既伏阁下,桓令人窃取其白事。东亭即於阁下更作,无复向一字。　　（同上）$_{273}$

⑥卢志於众坐问陆士衡:"陆逊、陆抗是君何物?"　　（方正）$_{299}$

⑦令於是大遽,不敢移公,便於牛屋下修刺诣公。　　（雅量）$_{359}$

⑧周侯於荆州败绩,还,未得用。　　（赏誉）$_{449}$

⑨汉武帝乳母尝於外犯事。　　（规箴）$_{548}$

⑩世子嘉宾出行,於道上闻信至,急取笺,视竟,寸寸毁裂,便回。　　（捷悟）$_{584}$

⑪(王)於坐振袖而起,扬槌奋击,音节谐捷,神气豪上,傍若无人。举坐叹其雄爽。　　（豪爽）$_{595}$

⑫公徐云:"诸君少住,老子於此处兴复不浅!"　　（容止）$_{618}$

⑬(陆)机於船屋上遥谓之曰:"卿才如此,亦复作劫邪?"

(自新)$_{629}$

⑭有女名络秀,闻外有贵人,与一婢於内宰猪羊。

(贤媛)$_{689}$

⑮诸葛瑾为豫州,遣别驾到台……连往诣恪,恪不与相见。后於张辅吴坐中相遇。　(排调)$_{779}$

⑯谢太傅於东船行。　(尤悔)$_{904}$

至于固定词组"於是",在《史》中已主要用作连词,表示前后两项在情理上或时序上的顺接关系,到《世》中这一特点保持不变。如:

①魏武有一妓,声最清高,而情性酷恶。欲杀则爱才,欲置则不堪。於是选百人一时俱教。少时,还有一人声及之,便杀恶性者。　(忿狷)$_{886}$

《史》有"於是乎"介宾词组表示"在此时"或"在这方面",《世》中不见"於是乎",有"於此"表示"从此时起"或"从此事起"之意,兼有连接上下文的作用。如:

②(卫)玠见谢,甚说之……遂达旦微言。……玠体素羸,恒为母所禁,尔夕忽极,於此病笃,遂不起。　(文学)$_{210}$

③桓公伏甲设馔,广延朝士,因此欲诛谢安、王坦之。……王之恐状,转见於色。谢之宽容,愈表於貌。望阶趋席,方作洛生詠,讽"浩浩洪流"。桓惮其旷远,乃趣解兵。王、谢旧齐名,於此始判优劣。　(雅量)$_{369}$

3. "以"　《世》共218例,在D前203例,占93%;在D后15例,占7%。《史》共613例,在D前576例,占94%;在D后37例,占6%。"以"在两书中的用法变化不大,绝大多数都在D前。《世》的例子如:

①何平叔美姿仪,面至白;魏明帝疑其傅粉。正夏月,与热汤饼。既啖,大汗出,以朱衣自拭,色转皎然。　(容止)$_{608}$

②武帝……尝以一珊瑚树高二尺许赐恺。　(汰侈)$_{882}$

③桓即赏以二婢。　(言语)$_{141}$

4. "为"　《世》共125例,全在D前。与《史》分布同。

①公曰:"为君思之久矣!"　　　（政事）$_{171}$

②号踊哀绝,路人为之落泪。　　（德行）$_{52}$

③於此人人竞写,都下纸为之贵。　　（文学）$_{258}$

5. "在"　《世》共124例,在D前112例,占90%,在D后12例,占10%。《史》第八册仅2例,都在D前。介词"在"有明显增长,且绝大部分在D前,值得注意。同时,约有10%分布在D后。还有一点值得注意的是,《世》的"在"无论在D前、D后,都引进处所;《史》用以引进处所或时间,如：

①赵衰、咎犯乃於桑下谋行,齐女侍者在桑上闻之。

　　　　　　　　　　　　　　　　（晋世家）$_{5.1658}$

②齐、晋、秦、楚,其在成周微甚。　（十二诸侯年表）$_{2.509}$

《世》的用例,如：

③简文在暗室中坐,召宣武。宣武至,问:"上何在?"简文曰:"某在斯。"　（言语）$_{120}$

"在暗室坐","在"为介词。"上何在"、"某在斯","在"后无其他谓语中心词,"在"是动词。

④其在釜下然,豆在釜中泣。　　（文学）$_{244}$

⑤贺司空……在船中弹琴。　　（任诞）$_{740}$

⑥孙长乐兄弟就谢公宿,言至款杂。刘夫人在壁后听之,具闻其语。　（轻诋）$_{839}$

"在"在D后,如：

⑦殷中军被废在信安,终日恒书空作字。　　（黜免）$_{865}$

⑧许玄度隐在永兴南幽穴中。　　（栖逸）$_{661}$

6. "于"　《世》共48例,在D前40例,占83%;在D后8例,占17%。《史》共8例都在D后。

《世》在D前的40例都是固定词组"于时",这个古老的词组《诗经》中已见,如：

①畏天之威,于时保之。　　（诗·周颂·我将）

《诗》中"于时"均用于句首。"时"与"是"通,"于时"有连接作用。有时"时"代处所,"于时"表"在这里(那里)",如:

②京师之野,于时处处,于时卢旅,于时言言,于时语语。

(诗·大雅·公刘)

在先秦诸子中,"于时"大都出现在转引自《诗经》的用例中,且出现次数很少。《左传》中两例"于时"均引自《诗·周颂·我将》。《史》中几乎都用"於是",未见到"于时"这一古老的用法。而到魏晋时期"于时"用得较多,含义与《诗经》时有所不同,"时"都表时间,"于时"表示"(在)当时"、"在这时(那时)"之义。① "于时"大多用于句首,在主谓之前。如:

③于时张年九岁,顾年七岁。 (言语)$_{110}$

④谢万在兄前,欲起索便器。于时阮思旷在坐曰:"新出门户,笃而无礼。" (简傲)$_{773}$

⑤有大牛重千斤,啖刍豆十倍於常牛,负重致远,曾不若一羸牸。魏武入荆州,烹以飨士卒,于时莫不称快。 (轻诋)$_{834}$

少数在主、谓之间,如:

⑥祖(车骑)于时恒自使健儿鼓行劫钞,在事之人亦容而不问。 (任诞)$_{741}$

在D后者,8例中有7例引进处所,如:

⑦七人常集于竹林之下,肆意酣畅,故世谓"竹林七贤"。

(任诞)$_{727}$

有1例引进时间:

⑧许掾尝诣简文,……不觉造膝,共叉手语,达于将旦。

(赏誉)$_{492}$

7."自" 《世》共28例,D前25例,占89%;D后3例,占11%。《史》共33例,D前30例,占91%,D后3例,占9%。两书相比,变化不大。"自"在《世》中引进处所或时间。如:

---

① 参看周法高《中国古代语法·造句篇》P.301。

①陶公自上流来,赴苏峻之难,令诛庾公。　　(假谲)₈₅₆

②王恭随父在会稽,王大自都来拜墓。　　(识鉴)₄₀₇

③弹棋始自魏宫内,用妆奁戏。　　(巧艺)₇₁₂

"自"引进时间,都位于 D 前。如:

④太元末,长星见,孝武心甚恶之。夜,华林园中饮酒,举杯属星云:"长星!劝尔一杯酒。自古何时有万岁天子?"

　　　　　　　　　　　　　　　　　　(雅量)₃₇₈

⑤自我为汝家妇,少见贫贱。　　(贤媛)₆₆₅

8."从"　《世》27 例,全在 D 前。《史》43 例,全在 D 前。《世》中的"从"多数引进处所,少数引进对象或时间,与《史》的用法大致相似。如:

①有人从长安来,元帝问洛下消息。　　(夙惠)₅₉₀

②从公乞一弟以养老母。　　(德行)₄₈

③元帝过江犹好酒,王茂弘与帝有旧,常流涕谏。帝许之,命酌酒,一酣,从是遂断。　　(规箴)₅₆₀

9."被"　《世》共 27 例,都在 D 前。详见两书被动句比较部分。这里从略。

10."因"　《世》共 24 例,全在 D 前。《史》63 例,全在 D 前。"因·宾"常表动作行为的凭借或条件,用法基本与《史》同。例如:

①公欣然曰:"白雪纷纷何所似?"兄子胡儿曰:"撒盐空中差可拟。"兄女曰:"未若柳絮因风起。"公大笑乐。　　(言语)₁₃₁

②潘因此遂作《家风》诗。　　(文学)₂₅₃

11."及"　《世》共 21 例,都在 D 前。《史》75 例,在 D 前。《世》的"及"引进有关的对象或时间,如:

①州府文武及百姓劝淮举兵,淮不许。　　(方正)₂₈₂

②及季坚作相,忌兵畏祸。　　(豪爽)₆₀₀

12."当"　《世》共 19 例,13 例在 D 前,占 68%;5 例在 D 后,占 32%。《史》16 例,全在前。

《世》中"当"引进处所或时间,如:

①有一老夫,毅然仗黄钺,当军门立,军不得出。

(方正)$_{283}$

②梁王赵王,国之近属,贵重当时。　(德行)$_{21}$

③万年游宦,有盛名当世。　(栖逸)$_{659}$

《世》中"当时"、"当世"表示时间,有5例在动词或形容词谓语之后,这种用法在《史》中未见。

13. "向"　《世》共16例,14例在D前,占88%;2例在D后,占12%。《史》第八册未见,其他册有,在D前。

《史》的"向·宾"表示动作行为发生时施动者面对的方向,如:

①於是元王向日而谢,再拜而受。　(龟策列传)$_{10.3236}$

而《世》中的"向·宾"除表示方向外,还表示动作向之而发的对象。表示方向,如:

②裴方向壁卧,闻王使至,强回视之。　(容止)$_{612}$

③东亭转卧向壁,叹曰:"人固不可以无年!"　(品藻)$_{544}$

表示有关的对象,都在D前。《史》无此用法。如:

④干宝向刘真长叙其《搜神记》。　(排调)$_{798}$

⑤有人向张华说此事。　(德行)$_{13}$

14. "由"　《世》共13例,12例在D前,占92%;1例在后,占8%。《史》第八册的14例都在D前,其他册有在后者。《世》中的"由"主要引进原因,如:

①丞相后知周侯救己,叹曰:"我不杀周侯,周侯由我而死。幽冥中负此人!"　(尤悔)$_{900}$

15. 箸(著、着)　《世》共13例,都在D后。《史》无。这是很能反映《世》特色的一个介词。它引进动作行为到达的处所。如:

①长文尚小,载箸车中。……文若亦小,坐箸膝前。

(德行)$_{7}$

②(郑玄)尝使一婢,不称旨,将挞之。方自陈说,玄怒,使人曳箸泥中。　(文学)$_{193}$

③王独在舆上回转,顾望左右移时不至,然后令送箸门外,怡然不屑。　　(简傲)₇₇₇

16."用"　《世》共8例,7例在D前,占88%;1例在后,占12%。《史》5例,都在D前。《世》中的"用"引进动作行为的工具或对象,与《史》用法基本相同,如:

①王君夫以粕糒澳釜,石季伦用蜡烛作炊。　　(汰侈)₈₇₈

②王、庾诸公欲用孔廷尉为丹阳。　　(方正)₃₁₇

《史》中"用·宾"表原因的用法,在《世》中未见。

17."比"　《世》共6例,都在D前。《史》八册无,其他册用例亦在D前。《世》中"比·宾"有"等到……"义,常表示时间。全句常表示动作行为或客观事物到某一时候的状况。如:

①比入至庭,倾身引望,语笑欢甚。　　(假谲)₈₆₁

②於是家人一时去,独留女在后,比其觉,已不复得出。

(同上)₈₅₈

18."对"　《世》共6例。都在前。《史》无此介词。"对"引进动作行为对之而发的对象。如:

①日中不至,则是无信;对子骂父,则是无礼。　　(方正)₂₇₉

②仲智狼狈来,始入户,刁(玄亮)下床对之大泣。

(同上)₃₁₀

19."诸"　《世》共4例。都在D后。《史》八册无,其他册有,在D后。《世》的"诸"引进处所,如:

①古之君子,进人以礼,退人以礼;今之君子,进人若将加诸膝,退人若将坠诸渊。　　(同上)₂₉₆

"诸"引进比喻的对象,如:

②陈仲举尝叹曰:"若周子居者,真治国之器。譬诸宝剑,则世之干将。"　　(赏誉)₄₁₃

以上例中的"诸"相当"之於"。有一例相当于"於":

③文帝以毒置诸枣蒂中。　　(尤悔)₈₉₅

20."乎"　《世》用于D后。《史》4例,用于D后。《世》仅1例,引进有关的方面。如：

①王尚书惠尝看王右军夫人,问:"眼耳未觉恶不?"答曰:"发白齿落,属乎形骸;至於眼耳,关於神明,那可便与人隔?"

(贤媛)₇₀₀

"乎"与下文的"於"相呼应,作用相同。

我们在以上分析的基础上可以看到：

第一,《世》介词出现在 D 前的总次数是 1084,出现在 D 后的总次数是 206。两者的百分比是 84∶16。《史》在 D 前 1447 次,在 D 后 375 次,百分比是 79∶21。由于"於"引进处所的用法大量前移,由于"在"引进处所的用法大量在 D 前出现,由于"于时"固定词组大量用在 D 前,《世》中出现在 D 前的介词数进一步增长。同时也由于"在·宾(处所)"在 D 前的大量出现,"於·宾(处所)"受类化作用的影响,有逐步前移并逐步为"在·宾(处所)"取代的趋势。

第二,动词后出现介词"箸(著、着)"。这是《史》所没有的。动词前出现介词"对",虽然《论衡》、《汉书》中已有少数用例①,但《史记》中未见。这些都是《世》对比《史》来说在介词上的重要特色。正是在介词"箸、著、着"的基础上,逐步发展演变出动词后缀助词"箸(著、着)"。

第三,从两书介词的总面目看,《世》基本上继承了《史》的介词体系。从局部介词看,《世》中"於"、"在"、"箸(著、着)"、"对"等介词的用法最引人注意,它们又是古代汉语向近代汉语变化、过渡的标志。我们可以看到《世》的语法面貌与《史》相比已存有虽不是大量的但却是重要的区别。

2.3.3 用表时间的短语作状语

《史》中表时间的短语常由介词引进,也有不少时间词语是不用介词而直接位于谓语前或主谓前的,如：

①项籍少时学书不成,去学剑,又不成。　　(项羽本纪)₁.₂₉₅

---

① "对"作介词,如:"(原涉)还至主人,对宾客叹息曰:"(汉书·原涉传)。

②其后秦伐赵,拔石城。明年复攻赵,杀二万人。

(廉颇蔺相如列传)[8.2442]

《世》中表时间的短语大多直接位于谓语或主谓前,较少用介词引进。

2.3.3.1 常用"……后"表示某件事情之后。如:

①王长史与刘真长别后相见,王谓刘曰:"卿更长进。"

(言语)[125]

②高去后,谢追曰:"阿酃故粗有才具。"　(同上)[139]

③桓玄、义兴还后,见司马太傅。　(同上)[151]

2.3.3.2 用"……时(日、年)"表示与动作行为相关的时间。如:

①谢仁祖年八岁,谢豫章将送客,尔时语已神悟,自参上流。

(同上)[107]

②孙齐由、齐庄二人小时诣庾公。　(同上)[109]

③支公好鹤……有人遗其双鹤,少时翅长欲飞。

(同上)[136]

注意以上两例中的"小时"与"少时"不同,"小时"表示儿童时期,"少时"表示"过了不久"。"少",音 shāo,平声。

④谢太傅寒雪日内集,与儿女讲论文义。　(同上)[131]

2.3.3.3 有时用介词引进表时间的词语。如:

①王戎云:"太保居在正始中,不在能言之流。" (德行)[22]

②郗公值永嘉丧乱,在乡里甚穷馁。　(同上)[24]

例②"值永嘉丧乱"表时间,在前;"在乡里"表处所,在后。

2.3.4　用表处所的短语作状语

2.3.4.1 处所短语以处所词为中心词,前有修饰成分。如:

①满奋畏风。在晋武帝坐,北窗作琉璃屏,实密似疏,奋有难色。　(言语)[82]

②孝武将讲《孝经》,谢公兄弟与诸人私庭讲习。　(同上)[144]

2.3.4.2 处所短语以方位词为中心词,处所词为定语。有时处所短语位于主、谓之间。如:

①斋前种一株松,恆自手壅治之。　　(言语)$_{140}$

②司马太傅斋中夜坐,于时天月明净,都无纤翳。

(同上)$_{150}$

《世》中有少数方位词如"头"、"末",在《史》中未见。如:

③孔文举有二子,大者六岁,小者五岁。昼日父眠,小者床头盗酒饮之。　(同上)$_{58}$

④有小沙弥在坐末曰:"世尊默然,则为许可。"众从其义。

(同上)$_{149}$

此例的处所短语"坐末"由介词"在"引进。

2.3.5 动词或动词短语作状语

《史》中动词或动词短语作状语的用例已有不少,《世》中更有增长。特别是在"曰"、"云"、"称"、"看"、"视"等动词前,用得更为普遍。仅以"曰"字为例,前面的动词(或动词短语)状语就很丰富,现举数例如下:

①侍中裴楷进曰:……　(同上)$_{81}$

②孙皓问:"卿字仲思,为何所思?"对曰:"在家思孝,事君思忠,朋友思信,如斯而已。"　(同上)$_{83}$

③问左右:"此是何水?"答曰:"曲阿湖。"　(同上)$_{136}$

④叹曰:"非唯使人情开涤,亦觉日月清朗。"　(同上)$_{139}$

⑤顾长康时为客,在坐,目曰:"遥望层城,丹楼如霞。"

(同上)$_{141}$

⑥中宗笑曰:"此事岂可使卿有勋邪?"　(排调)$_{791}$

⑦褚大怒曰:"真长平生,何尝相比数,而卿今日作此面向人!"　(轻诋)$_{833}$

⑧既至,因嘲之曰:"与人期行,何以迟迟?"　(排调)$_{780}$

⑨皓正饮酒,因举觞劝帝而言曰:……　(同上)$_{781}$

⑩魏武行役,失汲道,军皆渴,乃令曰:"前有大梅林,饶子,甘酸,可以解渴。"　(假谲)$_{851}$

⑪荣跪对曰:"臣闻王者以天下为家。"　(言语)$_{92}$

⑫晋文王戏之曰:"卿云艾艾,定是几艾?"　(言语)$_{78}$

⑬士衡正色曰:"我父祖名播海内,宁有不知?"　(方正)$_{299}$

⑭孙举头曰:"使君辈存,令此人死!"　(伤逝)$_{638}$

从以上对"曰"前动词状语的举例可以看出动词或动词短语用作状语的频繁。《世》中表"说"义的"曰"共506例,其中55%,也就是说,平均两例中有一例的"曰"前有动词或动词短语作修饰语。而《史》的"曰"前虽然也有不少类似的状语,如:

⑮宛贵人怒曰:"汉使至轻我!"　(大宛列传)$_{10.3174}$

⑯(條侯)得剧孟,喜曰:"吴楚举大事而不求孟,吾知其无能为已矣。"　(游侠列传)$_{10.3184}$

⑰居三日,宋忠见贾谊于殿门外,乃相引屏语相谓自叹曰:"道高益安,势高益危。"　(日者列传)$_{10.3220}$

但总起来看,"曰"前无修饰语者约占70%,比《世》要少得多。

2.3.6　余论

还有一部分状语是由动词或形容词加词尾"然"、"尔"等构成,请参看"1.6"词头词尾的比较,这里从略。

其他如助动词作修饰语、重叠词作修饰语的情况因与《史》相比,没有大的差异,这里就不一一介绍了。

2.4　被动句的比较

《史》与《左传》相比,被动句的最重要发展是出现了新的被动句式〔为……所……〕式,如:

①高祖击布时,为流矢所中,行道病。　(高祖本纪)$_{2.391}$

②吾闻先即制人,后则为人所制。　(项羽本纪)$_{1.297}$

《世》与《史》相比,除了继承《史》原有的"於"字句、"见"字句、"为…所…"式外,最重要的是在"被"字句上有重要的发展。

"被"作为助词标志被动,萌芽于战国末期①,所见到的句式是〔"被"·动〕,如:

③所被攻者不乐,非或闻之也,神者先告也。

(吕氏春秋·精通)

④今兄弟被侵,必攻者廉也;知友被辱,随仇者,贞也。

(韩非子·五蠹)

⑤国一日被攻,虽欲事秦,不可得也。

(战国策·齐策一)

《史》中的这种被动句式,如:

⑥信而见疑,忠而被谤,能无怨乎? (屈原贾生列传)8.2482

这种句式在《史》中的新发展是用介词"於"在〔"被"·动〕之后引进施动者(或动作行为发生的处所)。如:

⑦自子夏,门人之高弟也,犹云"出见纷华盛丽而说,入闻夫子之道而乐,二者心战,未能自决",而况中庸以下,渐渍於失教,被服於成俗乎? (礼书)4.1159

⑧栗腹以十万之众五折於外,以万乘之国被围於赵。

(鲁仲连邹阳列传)8.2466

大约因为助词"被"不能在动词前引进施动者,因此这种句式没有强大的竞争力,没有得到发展。

《世》中仍保留有〔"被"·动〕式被动句,如:

⑨孔融被收,中外惶怖。 (言语)58

⑩鼠被害尚不能忘怀,今复以鼠损人,无乃不可乎?

(德行)38

但在27例"被"字被动句中有两例为〔"被"·宾·动〕,最值得注意:

---

① 参看王力:《汉语史稿》中册。P.425。

⑪祢衡被魏武谪为鼓吏。　　（言语）₆₄

⑫亮子被苏峻害。　　（方正）₃₀₆

这两例的"被"为介词,它引进了动作的施事者。这种被动句式起源于魏晋,在魏晋时期其他著作中也有,如:

⑬瑒、桢各被太祖辟为丞相掾属。

（三国志·魏志·王粲传）

⑭若官未通显,每被公私使令,亦为猥役。

（颜氏家训·杂艺）

⑮齐竟陵王子良闻而引为法曹行参军。…雅被子良赏狎。

（南史·柳恽传）

这种被动句式到唐而盛行,自唐以后逐渐成为被动句中的主要句式。因此《世》中这两例〔"被"宾·动〕被动句与《史》比较起来,不能不说是一个重要的发展变化。

王力先生在《汉语史稿》中曾指出:"到了中古时期,被动式又有了新的发展。不仅'被'字句用得更普遍了,更重要的是,'被'字句也能插入关系语（施事者）,它在一般口语里逐渐代替了〔为…所…〕式。""这一个发展阶段很重要,因为它为现代汉语被动式奠定了基础;现代汉语的被动式绝大多数是带关系语的。"①

3. 名词作状语的比较②

本节是想通过对两书名词作状语的比较,探讨《世说新语》的某些语言特色。在调查分析《史记》名词作状语情况的同时,着重考察这些情况在《世说新语》中的变化。对两书都是运用全部资料作穷尽的调

---

① 参看王力《汉语史稿》（中册）,P.429。

② 本节曾以《世说新语》的语言特色——《世说新语》与《史记》名词作状语比较"为题刊载于湖北大学学报 2000.6。后收入拙著《古汉语语法研究论文集》,商务印书馆 2000 年版。此次收入本书又有所修订。

查、统计。

本节所指的名词状语是位于主语之后,动词(或极少数形容词)前面,对谓语动词或形容词起修饰作用的普通名词或短语,如"人立"、"狐疑"、"鱼鳞杂沓"中的"人"、"狐"和"鱼鳞"。(本文不讨论单独用作状语的方位词和时间词,也不讨论介乎副词与名词或代词之间有争议的词如"身"、"自"等。)在行文中将名词状语用 N 表示,将它所修饰的动词(或形容词)用 V 表示,名状动词(或形容词)谓语用[NV]表示。下面分三个问题来谈。

3.1 《史记》、《世说新语》[NV]中的名状数量比较

我在拙文《〈左传〉、〈史记〉名词作状语的比较》中曾指出,名词作状语构成的[NV]结构由《左传》到《史记》大量增加:名状个数由《左》的 24 个上升到《史》的 160 个;例句数由《左》的 31 例上升到《史》的 641 例。若以名状出现次数(例句数)与两书总字数相比,则《左》全书共 175,979 字,名状约占五千分之一;《史》全书共 526,500 字,名状约占千分之一。《史》的增长不容置疑。①

从目前调查的情况看,《世》的部分[NV]基本继承了《史》的特点;另一方面,《世》也有一些明显的变化,形成自身的发展特点,我们在下面要专门讨论。这里我们先介绍第一方面。首先让我们看下表:

《史》、《世》名状统计表(按不重复的个数计算)

名状分类	表示比喻、对待等状态	表示工具、方式、依据等	表示处所	共计
史 记	79	59	22	160
世 说	23	14	11	48

我们从表中看到,《史》的名状所分三大类,《世》都保有一定数量。若以例句次数与全书字数相比,《世》的这类例句共 60 例,《世》全书共 60,100 字,则《史》与《世》的名状出现次数大约都占其总字数的

---

① 见郭锡良主编《古汉语语法论集》,语文出版社,1998 年版。

千分之一左右。也就是说,《世》的名状基本上保持了持续不衰的势头。

3.2 《史记》、《世说新语》[NV]的使用情况比较

3.2.1 《世》有的[NV]和《史》完全相同

如:道闻、道逢、箕踞、目送等。

① 四年,(公子)围使郑,道闻王疾而还。　　(史5.1703)①
② 陈仲弓为太丘长,……道闻民有在草不起子者,回车往治之。(世3.2)②

③ 汉王道逢得孝惠、鲁元。　　(史1.322)
④ 谢安始出西,……道逢刘尹。　　(世23.40)

⑤ 高祖箕踞骂之。　　(史9.2775)
⑥ 唯阮籍在坐,箕踞啸歌。　　(世24.1)

⑦ 四人为寿已毕,趋去,上目送之。　　(史6.2047)
⑧ 目送归鸿。　　(世21.14)

3.2.2 有的V同,N不同。如:

① 又间令吴广之次所旁丛祠中,夜篝火,狐鸣呼曰:"大楚兴,陈胜王。"　　(史6.1950)

此例的[NV]"狐鸣"又作"呼"的状语,意谓像狐鸣似地呼叫。

② 王仲宣好驴鸣。　　(世17.1)
③ 顾彦先凤鸣朝阳。　　(世8.19)

---

① "史5.1703"表示《史记》第五册,第1703页。只列册数、页数,省去篇名。下同此体例。《史记》用中华书局1959年版。
② "世3.2"表示《世说新语》第三篇第二段。下同。版本用徐震锷《世说新语校笺》,中华书局1984年版。

3.2.3 有的 N 同, V 不同。如:

1. 蝉蜕; 蝉连
①(屈平)蝉蜕於浊秽。 (史 8.2482)
②父问恭:"何故多日?"对曰:"与阿大语,蝉连不得归。"
(世 7.26)

2. 神速; 神伏, 神解
①河内皆怪其奏,以为神速。 (史 10.3148)
②何平叔注《老子》始成,诣王辅嗣,见王注精奇,乃神伏。
(世 4.7)
③荀勖善解音声,时论谓之"暗解",……阮咸妙赏,时谓"神解"。 (世 20.1)

3. 龙变; 飞龙, 龙跃, 龙摅
①魏豹、彭越虽故贱,……其云蒸龙变,欲有所会其度。
(史 8.2595)
②陛下龙飞,……非臣之力。 (世 5.41)
③君兄弟龙跃云津。 (世 8.19)
④偶遇风云,为我龙摅。 (世 26.15)

4. 壁藏; 壁立
①伏生壁藏之。 (史 10.3124)
②王公目太尉:"岩岩清峙,壁立千仞。" (世 8.37)

5. 手搏, 手格; 手批, 手答, 手谈, 手壅治
①殷纣手搏豺狼。 (史 4.1241)
②帝纣……材力过人,手格猛兽。 (史 1.105)
③刁(玄亮)下床对之大泣,仲智手批之。 (世 5.27)
④简语文手答表曰:……(世 28.7)
⑤支公以围棋为手谈。 (世 21.10)
⑥孙绰……斋前种一株松,恒自手壅治之。 (世 2.84)

3.2.4 有的 N 在《史》中未见,而在《世》中出现。如:

①和峤虽备礼,神气不损;王戎虽不备礼,而哀毁骨立。
（世1.17）
②王长豫为人谨顺,事亲尽色养之孝。 （世1.29）
③桑榆之光理无远照。 （世10.24）
④支作数千言,才藻新奇,花烂映发。 （世4.36）
⑤正值李梳头,发委籍地,肤色玉曜,不为动容。
（世19.21）
⑥于是寇盗处处蚁合。 （世7.4）
⑦顾家妇清心玉映。 （世19.30）
⑧下官……斟酌时宜,笼罩当世,亦多所不及。
（世9.36）
⑨祖(逖)于时恒自使健儿鼓行劫钞。 （世23.23）
⑩刘尹在郡,临终绵惙。 （世1.35）

在以上分析的基础上,我们作了一个统计,在《世》的[NV]中,与《史》完全相同的仅占16%,V 同而 N 不同、N 同而 V 不同的约占27%;《世》的[NV]中,在《史》中未出现过的 N 占57%,高达半数以上。可见名词作状语构成的[NV]结构在《世》中不仅没有消失,还包含着勃勃生机,发挥着它特有的作用。

3.2.5 《世》[NV]中的复音结构 N 增长迅速

我们注意到,在《世》的[NV]中,除了上述单音词 N 之外,还有部分 N 是复音结构,约占《世》[NV]总数的39%,这是不容忽视的。因为《史》的复音结构 N 仅占其[NV]总数的12%,而在《世》中上升到39%,发展得不可谓不迅速!这显然是双音词大量发展的结果。有些N 本身就是复音词,有的 N 则是由于类化作用的影响而形成的词组。如:

①卞公礼法自居。 （世23.27）
②谢公兄弟与诸人私庭讲习。 （世2.90）

③常於众中厉色曰：…… （世7.23）
④我何颜谢桓公？ （世1.43）
⑤仲智狼狈来。 （世5.27）
⑥范宣年八岁，后园挑菜。 （世1.38）
⑦郄（太尉）遂大瞋，冰衿而出，不得一言。 （世10.14）
⑧王东亭……尝春月与石头兄弟乘马出郊。 （世）11.7
⑨周公、孔子、异世而出。 （世3.3）
⑩王辅嗣弱冠诣裴徽。 （世4.8）

以上复音结构为状语的[NV]，大都带有临时组合的性质，N与V的结合一般都比较自由松散，不易形成固定结构，因而大多缺乏长久流传的生命力。

3.3 《世说新语》表比喻的句式有重要发展

3.3.1 《史》、《世》[NV]句中表比喻的名状比较

《史》[NV]句中，名状N的一项重要用法是以N所代表的对象或事物来比喻动作行为的状态。《史》这类N有47个（按不重复的个数计算），如：儿（啼），蚕（食），狼（顾），虎（争），土（崩），瓦（解），囊（括），席（卷）等，例句有140个。如：

①丁状号哭，老人儿啼。 （史10.31101）
②寡人狐疑。 （史6.2006）
③臣闻天下之患在于土崩，不在瓦解。 （史9.2956）
④则天下风走而响应矣，孰敢不听？ （史8.2624）
⑤天下之士云合雾集，……熛至风起。 （史8.2623）

《世》这类N有13个，如：花（烂），玉（亮、举、曜、映），龙（飞、跃、摅），虎（争、视）等，例句24个。如：

①支作数千言，才藻新奇，花烂映发。 （世4.36）
②正值李梳头，发委籍地，肤色玉曜。 （世19.21）
③既已狼噬梁、岐，又虎视淮阴矣。 （世7.22）
④君兄弟龙跃云津，颜彦先凤鸣朝阳。 （世8.19）

⑤方响则金声,比德则玉亮。 （世4.77）
⑥刘万安,即道真从子,庾公所谓"灼然玉举"。
（世8.64）
⑦天下方乱,群雄虎争。 （世7.1）
⑧今犹俎上腐肉,任人脍截耳! （世5.37）
⑨庾中郎与王平子雁行。 （世9.11）
⑩裴令公精明朗然,笼盖人上,非凡识也。 （世8.37）

它们大多出现在四字格式的谓语或字数要求整齐对称的对偶句中,只用一个单音名词作状语,就生动形象地比喻了动作行为或事物的状态,这种简明紧缩的[NV]结构实有其不可替代的作用。

3.3.2 《世》中"如"、"若"比喻句的增长

随着复音词的大量产生和汉语句子的扩展,[NV]这种紧缩的结构形式逐渐从表示比喻的句式主流中退出。在《世》中出现更多用"如"、"若"表示比喻的例子,共约58例,是表比喻[N(单).V]式(24例)的两倍多;而在《史》里,"如"、"若"比喻句仅为[NV]比喻句的三分之一左右。

"如"、"若"比喻句能够较快地发展起来决不是偶然的。① 它的优越性在《史》中已很明显。首先,它把比喻的对象置于"如"、"若"之后,把被比喻的动作行为或状态置于其前,在意义的表达上一目了然。如:

①猛如虎,很如羊,贪如狼。 （史1.305）

再就是用作比喻的成分不仅有单个名词,还可由名词短语来承担,如:

---

① "如"比喻句在《诗经》中已有不少,只不过主要用来表示对名词所代表的对象作比喻,如"有女如玉"（召南·野有死麕）,"周道如砥"（小雅·大东）,"肤如凝脂"（卫风·硕人）等。其中只有少数是对前面动作行为的比喻,如"一日不见,如三秋兮"（王风·采葛）,"泣涕如雨"（邶风·燕燕）等。

②累累若丧家之狗。　　（史6.1921）

更值得注意的是用作比喻的成分跨出了名词的范围,还有动词短语或[主之谓]结构。如:

③陛下用群臣如积薪耳。　　（史10.3109）
④趋时若猛兽鸷鸟之发。　　（史10.3259）

"如"、"若"句式这种运用灵活、明白如话的特点对它的发展自然很有利,在《史》中它比起[NV]句还明显居于弱势,到了《世》中,它不仅在数量上大大超过[NV]式,而且在用法上较之《史》也有重要发展。最惹人注意的用法之一是"如(若)宾"与其前面的形容词短语共同组成谓语。在《史》中这类用法仅有个别例句如上面的"累累若丧家之狗",在《世》中却常可见到。如:

①嵇叔夜之为人也,岩岩若孤松之独立;其醉也,傀俄若玉山之将崩。　　（世14.5）
②嵇延祖卓卓如野鹤之在鸡群。　　（世14.11）
③有人哭和长舆曰:"峨峨若千丈松崩。"　　（世17.5）

这类谓语先用形容词语如"岩岩"、"傀俄"、"卓卓"、"峨峨"等描绘主语的状态,接着用"如宾"或"若宾"通过比喻把这种状态形象化,如上面例中的"若孤松之独立"、"若玉山之将崩"等。可以看出,这是语言中一种非常有表现力的句式,既有对状态的描绘,又有对状态的比喻,表达得完美、形象、生动。两种短语相互配合使人感到前后呼应、音节铿锵、力量加重。

与此同时值得注意的是"如"、"若"宾语的进一步多样化。

有偏正结构,如:

④飘如游云,矫若惊龙。　　（世14.30）

有"主之谓"结构,如上面例中的"玉山之将崩"等。

有主谓俱全的单句,如例③的"千丈松崩"。

还有由偏正分句构成的复句,如:

⑤裴令公目夏侯太初:"肃肃如入廊庙中,不修敬而人自敬。"一曰:"如入宗庙,琅琅但见礼乐器。见钟士季,如观武库,但睹矛戟。……见山巨源,如登山临下,幽然深远。"　　（世8.8）

65

复句充任宾语时,字数和句式往往都没有严格限制,可根据上下文意的需要而延伸,待意尽而后止。这样更显得自由流畅,具有口语特色。

正因为"如"、"若"比喻句具有[NV]比喻式不可能具备的有利条件,随着复音词的大量增加和口语化趋势的日益发展,它就迅速增长起来,成为《世》比喻句的主流。

3.4 《世说新语》表处所的名状有了重大变化

3.4.1 《史》、《世》表处所的名状构成的[NV]比较

在《史》中表处所的名状构成的[NV]共175例。([NV]格式涉及名词作主语和作状语的划界问题。本文采取从严的标准,把易于理解为主谓结构的用例全部剔除出去了。如果采取从宽的标准,则名状构成的[NV]用例将大为增加,占其[NV]总例数641例的27%。)其中不重复出现的N有22个,如:道、郊、廷、家、楼、巷、山、水、川、穴、谷、岩穴等。例如:

①景公与诸大夫郊迎。　　(史 7.2156)
②今儿廷毁我。　　(史 8.2737)
③徒多道亡。　　(史 1.347)

《世》的处所N可分两部分:N_1 和 N_2。N_1 与《史》基本一致,已计算在《世》的[NV]中,所不同的只是《世》的这部分N以复音成分居多:11个 N_1 中,单音词4个:道、廷、云、巷;复音成分7个:千里、二千里、私庭、何处、纵横、林谷、殿庭。例如:

①道逢刘尹。　　(世 23.40)
②谢公兄弟与诸人私庭讲习。　　(世 2.90)
③嵇康与吕善,每一相思,千里命驾。　　(世 24.4)

值得注意的是《世》中还有大量的 N_2 用作处所状语,共约52例,是 N_1 的3倍还多。详细介绍于下。

3.4.2 《世》表处所名状(N_2)的特点

《世》表处所的名状(N_2)的特点是在名词(或其短语)前或后加方

位词构成方位词短语,使其所代表的处所更加具体明确。由于 N_2 的构成是[名词+方位词],与我们所讨论的由普通名词构成的名状 N 有重要差异,我们未把它列入《世》的[NV]中,而是把《世》表处所名状的 N 分为 N_1 和 N_2 两部分, N_1 归入《世》的[NV]中, N_2 分出来专门讨论。下面按 N_2 中的方位词在名词前后的位置分成两类介绍。

3.4.2.1 [名词+方位词]

方位词在名词(或其短语)之后。共52例,约占 N_2 的95%。方位词有:上、下、中、前、外、内、间、头。列举于下(方位词后为例句数):

上6:道上、路上、井上、玉山上、盖头上、碑背上。例如:

①令婢路上担粪。　(世10.10)
②见裴叔则,如玉山上行,光映照人。　(世14.12)
③人饷魏武一杯酪,魏武啖少许,盖头上题"合"字以示众,众莫能解。次至杨脩,脩便啖,曰:"公教人啖一口也,复何疑!"

(世11.2)

下8:月下、屋下、烛下、帐下、长松下、牛屋下、大树下、大夏门下。例如:

①徐孺子年九岁,尝月下戏。　(世2.2)
②每与夫人烛下散筹算计。　(世29.3)
③康方大树下锻。　(世24.3)

中24:其中不重复的 N 共18个:月中、斋中、胸中、此中、车中、管中、体中、水中、山中、帏中、厨中、庭中、口中、吾门中、幽冥中、华林园中、天壤之中、古诗中。例如:

①此郎亦管中窥豹,时见一斑。　(世5.59)
②使母帏中察之。　(世19.12)
③君口中何为开狗窦?　(世25.30)
④幽冥中负此人。　(世33.6)

前2:斋前、听前。例如:

①斋前种一株松。　(世2.84)
②大司马府听前有一老槐。　(世28.8)

内3:东海家内、京陵家内、门内。例如:

· 67 ·

东海家内则郝夫人之法,京陵家内范钟夫人之礼。

(世19.16)

头5:床头、矛头、剑头、东头、西头。例:
①昼日父眠,小者床头盗酒饮之。　　(世2.4)
②矛头淅米,剑头炊。　(世25.61)

外2:门外。例:
①元方时年七岁,门外戏。　(世5.1)
②诸人门外迎之。　(世23.33)

间1:朝廷间。例:朝廷间故有此贤。　(世6.25)
边1:路边。例:路边窥之。　(世16.1)

3.4.2.2 [方位词+名词]

方位词在名词之前,共3例,占 N_2 的5%。

后1:后园。例:范宣八岁,后园挑菜,误伤指,大啼。

(世1.38)

前1:前庭。例:韩康伯病,拄杖前庭消遥。　(世5.57)
中1:中心。例:中心蕴结,余其亡矣!　(世17.11)

通过以上分析,我们特别注意到《世》的 N_2——处所名状中方位词的重要作用。在 N_2 中不同的方位词有十个之多:上、下、中、前、后、内、外、间、头、边。可以说现代汉语中常用的方位词在《世》的处所名状 N_2 中都已出现了。它们在其中扮演着奇妙的角色:表处所的名词或名词短语加上方位词之后好像经过魔术师的点拨,一下子变了面貌,脱下古时服,穿上今时装。真好似由遥远的古代向我们走来,进入到距离我们更近的一个历史阶段。你看:路边、路上;门内、门外;月中、月下;前庭、后园;胸中、口中……,多么接近我们今天的用语啊!比起《史》的处所 N 如宫、廷、郊、道、巷、馆、壁、川……,岂不是旧貌换新颜! 当然,不可否认其中也有名词变化的因素,但方位词的作用的确不容忽视。

3.4.3 《世》的处所名状所代表的处所比《史》宽泛而具体得多

从以上分析我们可以明显看出,《世》的处所名状所代表的处所不仅有道、廷、私庭、林谷等与《史》类似的处所,而且还有井上、船上、车中、帷中、厨中、园中、大树下、长松下、斋前、门外、门内、路边、床头等多种多样的具体处所。更有趣的是还有一些非常灵活的用法,如管中、体中、幽冥中、古诗中、烛下、矛头、剑头等等,这些表处所的短语不仅不使人感到古怪,在具体的上下文中,反而由于其口语性和针对性而使人感到亲切生动。从以上所举诸例以及文章后的附表中可以看到,N_2 所修饰的动词涉及日常生活大大小小各个方面,足可证明《世》代表的是十分接近实际生活的语言。

以上我们从名词作状语这个角度对《史》、《世》进行了比较,我们看到,《世》的情况有明显变化:

(1)从单音词的 N 看,《世》比《史》减少。

一方面,从[NV]结构来看,《史》和《世》的例句与全书总字数的百分比,大致都是千分之一。但从 N 的本身看,《史》的复音成分占 N 总数的 12%,《世》的复音成分占其 N 总数的 39%。《世》的单音词 N 占 61%,而《史》占 88%。因此,若仅从单音词 N 来看,《世》比《史》是减少了。

(2)从名词状语的总数量看,《世》比《史》有明显增加。

这是因为《世》表处所的 N 有 N_1 和 N_2 两部分,N_1 与《史》基本一致,在上面的讨论中,已计算在《世》的[NV]之内。除此之外,《世》还有 N_2,N_2 都是方位词短语,其例句数量接近《世》的 N 总数:$N_2(52)$,N(60)。

(3)《世》表比喻的句式有重要变化。

《史》的[NV]比喻句和"如"、"若"比喻句的比例是 3:1,而《世》为 1:3。我们首先要注意到《世》表比喻的句式有重要变化,同时也应看到两种比喻句各有千秋,各有其用。看来这两种句式谁也不能取而代谁,只能以一种为主,互相补充,长期共存。因单音词 N 与动词构成的[NV]有它独特的优势,它言简意赅,具体生动,适合汉语讲究对称美和节奏美的需要。作为汉语的一种比喻方式,这种特定的[状、动]结构将会永远存在,但随着语言的发展变化,它不可能再居于比喻句的主流地位。

(4)在语言发展变化的过程中,方位词短语作状语直接用于谓语动词(或形容词)前面,是语言发生本质性变化的重要标志之一。

需要说明的是,《史》已有一些方位词短语,但绝大多数用作处所介词的宾语或直接位于动词之后。当方位词短语大量出现而且直接用在动词前作状语时,语言的面貌就有了实质性的变化,因为它是语言进一步口语化的标志。人们在交流思想中要求更准确地表达事情发生的处所和时间。正如古时只说日出而作,日入而息;以后分出晨、朝、旦、夕、暮、夜等;而今要说早上几点(几分)起床,上午几点(几分)上班,晚上几点(几分)就寝。古时只说"道遇"、"郊迎",而今要说在哪条道,在道左、道右或道中,甚至在什么位置。社会的进步,科学的发展,从总的趋势来说,必然要求并促使语言表意更趋精确,尤其是与事态关系密切的处所和时间。因此方位词短语和时间短语对语言发展的标志作用是不言而喻的。(《世》的时间短语也很丰富多样,需另作专文讨论)

(5)汉语的面貌,在历史发展的长河中,由《左传》到《史记》和由《史记》到《世说新语》,这两个历史阶段,究竟哪一段变化更大?从汉语句子的格局,主要指介词在谓语前后的消长来看,由《左》到《史》变化相当明显①;而从句子内部的结构变化(句子由长到短,长句少,语读多;短句内情况复杂多样化)②,从名词状语的变化特别是方位词短语作状语大量出现的情况来看,《世》确实更体现出近代汉语口语化的特色。

附表:

《史记》、《世说新语》全部名词状语③

(一)《史记》名词状语(共 161 个,其中 8 个因跨类而重出,实有 153 个。重出的 8 个在最后一行说明)

---

① 参看拙文《〈史记〉语法特点研究——从〈左传〉与〈史记〉的比较看〈史记〉语法的若干特点》,载《两汉汉语研究》,程湘清主编,山东教育出版社 1985 年版。又,《史记语法特点研究》,商务印书馆,2005 年版。
② 参看本文前面的讨论。
③ 此表均以名状的个数计算,不计其重复出现的次数。名状所修饰的动词放在括弧内以供参考,动词的宾语均省去。

1. 表示比喻(N48个)

儿(啼),人(立),蚕(食),狼(顾),狐(疑、鸣),鹰(击),犬(吠),蝉(蜕),龙(变),虎(争),雕(悍),兽(聚),狙(击),土(崩),席(卷),鼎(沸),翼(蔽),膺(击),鳞(集),风(起),熛(至),毛(挚),星(流),霆(击),棋(置),辐(凑),箕(踞),囊(括),磬(折),响(应),景(从),电(过),神(速),株(送),颖(脱),轮(困),虬(结),雷(起、动),瓦(解、合),鸟(举、散),蜂(起、出、午),雾(除、散、集),环(置、居、封),云(消、合、会、集、专、布、蒸、散),犬牙(相制、相临),鱼鳞(杂沓),爪牙(相用),鼎足(向之)。

2. 表示对待(N18个)

父(事),兄(事),长(事),弟(畜),瓜(分),马(食),房(使),宾(服、从),奴(事、畜、从),师(事、受、尊),臣(事、畜、从),奴房(使),禽兽(畜),夷翟(遇),六畜(葬),儿子(畜),众人(待、遇),国士(待、遇)。

3. 表示身心状态(N14个)

肉(袒),膝(行),腰(经),肩(蔽),耳(语),腹(诽),喙(息),皮(相),目(笑、视、留、摄、睹、挑、送),面(缚、谀、折、相见、欺、对、结、质),口(辩、议、对、受、相结),心(非、谤、意、恐、惭、知、战、结、招),手(搏、格),何面目(见)。

4. 表示工具方式(N39个)

函(封),钬(杀),药(杀),车(裂),武(伤),械(系),城(守),头(会),箕(敛),襁(负),版(筑),脟(割),钱(通),簿(责),户(说),利(导),皮(服),卉(服),血(食),鸡(卜),客(死),陆(攻),鼎(食),策(罢、告),笞(击、辱、掠),囊(盛、载),椎(辟、杀、剽),厚币(赂遗、迎、用、事、说、平、赂、请),五鼎(食),虎符(发兵),强弩(射),单车(来代),火(耕、攻),水(耨、攻),履(行、战),腰(斩),枝(解),节(折),橐(载)。

5. 表示身分特征、依据或原因等(N20个)

朝(服),胡(服),儒(服),绥(服),要(服),荒(服),甸(服),夷(服),宾(服),齐(言),族(灭),功(宜为),师(悖),色(爱),家(怒),

疾(免),病(免),国(除、伐),重法(绳),蛮夷(服)。

6.表示处所(N22个)

巷(议),馆(舍),穴(处),岩(处、居),壁(藏),川(观),地(接),泥(行),张(饮),雨(立),谷(居),楼(居),宫(宿、居),陆(行、沉),水(行、居),山(居、出行),野(战、迎、立),家(居、给、教、听、怒、累),廷(辩、诘、决、辱、争、叱、毁、见、论、治),郊(见、祭、祠、祀、迎、射、劳、迎、谒),道(亡、游、来、宿、病、死、绝、逢、乞、遇、见、闻、涉、有),岩穴(隐)。

以上160N中有8个因跨类而重出:腰、箕、师、水、陆、宾、囊、家。《史》实有N152个。

(二)《世说新语》名词状语之一($N_1$48个,不重复计算)

1.表比喻(N14个)

绵(惙),天(悬),花(烂),玉(亮、举、曜、映),龙(飞、跃、摅),虎(争、视),蚁(合),狼(噬),蝉(连),凤(鸣),笼(罩),壁(立),箕(踞),狼狈。

2.表示依据、对待、原因、工具、方式等(N14个)

宾(从),敌道(戏),角巾(还),火(攻),国(举),锦被(蒙),例(给),理(无),驴(鸣),礼法(自居),单身(奔亡),蓬篨(覆之),门户(计),手(壅、批、取、挥、答)。

3.表示身心状态(N9个)

骨(立),肤(立),心(丧),色(养),目(送),神(伏、解),何颜(谢),厉色(曰),厉声(曰)。

4.表示处所($N_1$11个)

名词加方位词的名状未计算在此,见下面"名状之二"。

二千里(候之),私庭(讲习),何处(来、觅),纵横(流漫),林谷(传响),殿庭(作乐),千里(命驾),道(闻、逢),云(构),廷(争),巷(议)。

(三)《世说新语》名词状语之二($N_2$46个,不重复计算)

1.方位词在名词之后(N46个,不重复计算)

上6:(道上)(路上)(碑背上)(玉山上)(井上)(盖头上)。

下 8：(月下)(屋下)(大夏门下)(北窗下)(烛下)(帐下)(大树下)(日下)。

中 18：(月中)(斋中)(此中)(车中)(管中)(华林园中)(吾门中)(五六十里中)(体中)(义兴水中)(山中)(帷中)(天壤之中)(厨中)(庭中)(口中)(幽冥中)(古诗中)。

前 2：(斋前)(听前)。

外 2：(门外)。

内 3：(东海家内)(京陵家内)(门内)。

间 1：(朝廷间)。

边 1：(路边)。

头 5：(床头)(矛头)(剑头)(东头)(西头)。

2. 方位词在名词之前（N_2 3 个）

后园(挑菜)，前廷(消摇)，中心(蕴结)。

4. 复句的比较

4.1 复句的变化

我们知道，由《左传》到《史记》，语法上的一个重要变化就是句子结构的扩展。由于《左传》和《史记》的动词谓语句在各自的句式中都占绝大多数(约占 85%以上)，因此句子结构的扩展主要表现在动词谓语的扩展。我们曾从《左》、《史》两书中各取 5000 句，对它们的动词谓语作了一个调查统计。大致情况是，《左》的简单谓语句共 3050 句，约占 61%；复杂谓语句共 1950 例，约占 39%。《史》的简单谓语句共 2004 例，约占 40%；复杂谓语句共 2996 例，约占 60%。这里所说的简单谓语是指谓语的中心成分只有一个动词或一个动宾短语，复杂谓语包括并列的动词谓语、连动式、"动宾·宾"兼语式、"介宾·动"、"动·介宾"以及动词带结果补语、趋向补语或程度补语等句式。《史》的复杂谓语所占比例由《左》的 39%上升到 60%，这是《史》的重要变化。我在《〈史记〉语法特点研究》一文中指出以上事实之后接着说："在汉语句子中作为核心的动词谓语,它的基本发展趋势是:谓语结构的逐步扩展,也就是谓语结构的复杂化。"①如果这一结论适合于汉语发展的各个历史阶段,那么由《史记》到《世说新语》就应该是谓语结构的进一步扩展和复杂化。但据我们对两书的调查比较,《世》在谓语结构进一步扩展和复杂化方面虽然有些变化,如由两种词类(或其短语)组成的谓语有所发展,由主谓结构组成的宾语进一步增长等,但总的来说并没有什么突出的表现。而且介宾补语的大量减少还使谓语结构有缩短的趋势,因为介宾补语并非全部原样前移,而是有相当一部分时间短语和处所短语代替了介宾短语的作用。根据我们对两书谓语逗所含字数的统计,《史》平均每个谓语逗的字数约为5.5—6字,《世》平均每个谓语逗约为5—5.2字。也就是说,从谓语逗的平均字数看,《世》还略短于《史》。由此看来,我在《〈史记〉语法特点研究》一文中提出的上述结论具有片面性,它可能适合于某种历史阶段句法结构的发展特点,比如由《左传》到《史记》就是这样的一个发展阶段;但并不能代表每个历史时期句法结构的发展特点。② 因为谓语结构的扩展和复杂化不可能无限制地发展,它必然会受到语言交际内部规律的制约。人们在交际过程中所传递的信息量,不能超越理解和记忆的一般承受能力,因而每一个谓语逗的平均字数不能过多,到一定的阶段,句法上的发展就会自动调节,转换方式。至于转换为什么方式,则要根据各个时期语言发展的具体条件而定。总的来看,可能有以下几种方式:谓语结构本身的扩展(包括谓语结构的复杂化、谓语结构内语逗的增加),复句谓语逗的增加,语段的发展和完备等。

  那么,《史》、《世》两书相比,从句的平面上看,最重要的变化是什么呢?我们初步有这样的看法:由《史记》到《世说新语》,在句法结构上最重要的变化有二:一是句子(主要是复句)所含"谓语逗"的增加,这种"谓语逗"对于复句来说往往就是分句。也就是说,这种扩展的重

---

① 参看拙文《〈史记〉语法特点研究》,载《两汉汉语研究》。又,《〈史记〉语法特点研究》,商务印书馆2005年版。
② 我已在《〈史记〉语法特点研究》的修订稿中对这一观点作了更正。

要表现之一是复句所含"谓语逗"数量的扩展。二是语段的发展和完备。这种扩展使语段作为相对独立的表达语义的单位,它不仅有严密的逻辑思维,而且有丰富的语法标志。它的语义界限和语法界限比某些复句还容易掌握。

4.2 复句所含谓语逗(或分句)数量的扩展

《世》的单、复句总共 3,660 句,其中单句 905 个,约占 25%;复句 2,755 个,约占 75%。为了便于比较,我们从《史》第八册也不加选择地取 2755 个复句,把它们按所含谓语逗(分句)的多少,作如下分类统计(表中把"谓语逗"简称作"谓"):

	二"谓"复句	三"谓"复句	四"谓"复句	五"谓"以上复句
《史》	1415(51.4%)	762(27.6%)	413(15%)	165(6%)
《世》	1067(38.7%)	916(33.2%)	538(19.5%)	234(8.6%)

从表中看出,《史》二"谓"复句占的百分比为 51.4%,是复句的半数还略多;而《世》的二"谓"复句占 38.7%,比《史》减少 12.7 个百分点。《史》的三"谓"复句约占 27.6%,《世》约占 33.2%;《史》的四"谓"复句约占 15%,《世》约占 19.5%;《史》的五"谓"以上复句约占 6%,《世》约占 8.6%。总起来说,《世》的二"谓"复句比《史》有所减少,三"谓"以上复句有所增加。这种发展趋势可从《世》、《史》的具体语段中看出。

4.2.1 《世》复句举例(从全书 1121 个语段中引出 10 段):

(1)南郡庞士元闻司马德操在颍川,故二千里候之。①至,遇德操采桑,士元从车中谓曰②:"吾闻丈夫处世,当带金佩紫,焉有屈洪流之量,而执丝妇之事③"?德操曰:"子且下车。⑪子适知邪径之速,不虑失道之迷。④昔伯成耦耕,不慕诸侯之荣;原宪桑枢,不易有官之宅。⑤何有坐则华屋,行则肥马,侍女数十,然后为奇?⑥此乃许、父所以慷慨,夷、齐所以长叹,虽有窃秦之爵,千驷之富,不足贵也!⑦⑧"士元曰:"仆生出边垂,寡见大义;若不一叩洪钟,伐雷鼓,

则不识其音响也。⑨"⑩　　（言语）$_{67}$

在这段文字里，单句三个：⑧、⑩、⑪。⑧号单句为："德操曰：'……'"，⑩号单句为："士元曰：'……'"，⑪号单句为："子且下车"。

二"谓"复句两个：①、④（指①、④前的几个谓语逗组成的复句。下同。）

三"谓"复句一个：②（"谓曰"后的内容都是"曰"的宾语，②前三个谓语逗是一个三"谓"复句。至于这个"宾"语本身，则另作分析。凡有"曰：'…'"的句式，都是这样处理。）

四"谓"复句四个：③、⑤、⑥、⑦。其中⑦号复句可以有不同分析：若把"此乃许、父所以忼慨，夷、齐所以长叹"看成一个分句，则为三"谓"复句；若把它看作两个分句（"夷、齐所以长叹"承上省了"此乃"），则为四"谓"复句。若在"夷、齐所以长叹"后断为句号，则前为一个单句或二"谓"复句，后为二"谓"复句。

五"谓"复句一个：⑨。这个五"谓"复句是一个表条件与结果的偏正复句。表条件的偏句"仆生出边垂，寡见大义"又是由一个因果复句构成："仆生出边垂"表因，"寡见大义"表果。表结果的正句是由一个表假设和结果的偏正复句构成，"若不一叩洪钟，伐雷鼓"表假设，"则不识其音响也"表结果。

在这个语段里，二"谓"和三"谓"复句3个，如果把⑦号复句变为两个二"谓"复句，则共5个；四"谓"和五"谓"复句5个，如果减去⑦号复句，则共4个。二"谓"和三"谓"复句与四"谓"和五"谓"复句的比例或为3∶5，或为5∶4。无论是哪种比例，四"谓"和五"谓"复句所占份量都是相当大的。

（2）张玄之、顾敷是顾和中外孙，皆少而聪惠。①和并知之，而常谓顾胜，亲重偏至，张颇不忿。②于时张年九岁，顾年七岁，和与俱至寺中，见佛般泥洹象，弟子有泣者，有不泣者。③和以问二孙，玄谓："被亲故泣，不被亲故不泣。⑤"敷曰："不然，当由忘情故不泣，不能忘情故泣。⑥"④　　（言语）$_{110}$

在这个语段里，二"谓"复句二个：①、⑤。⑤号复句指"玄谓"的内容："被亲故泣，不被亲故不泣。"

三"谓"复句二个：④、⑥。④号复句包含"和以问二孙"，"玄谓：'……'"，"敷曰：'……'"三个分句。"谓"和"曰"的内容都作为动词宾语处理。⑥号复句指"敷曰"的内容："不然，当由忘情故不泣，不能忘情故泣。"

四"谓"复句一个：②。

六"谓"复句一个：③。

(3) 陶公性检厉，勤於事。①作荆州时，敕船官悉录锯木屑，不限多少；咸不解此意。②后正会，值积雪始晴，听事前除雪后犹湿，於是悉用木屑覆之，都无所妨。③官用竹，皆令录厚头，积之如山。④后桓宣武伐蜀，装船，悉以作钉。⑤又云：尝发所在竹篙，有一官长连根取之，仍当足，乃超两阶用之⑥。⑦　（政事）179

在这个语段里，单句一个：⑦。即"又云：……"

二"谓"复句一个：①。

三"谓"复句三个：②、④、⑤。②号复句的"作荆州时"是一个表时间的名词性短语。

四"谓"复句二个：③、⑥。③号复句的"值积雪始晴"是一个表时间的介宾短语，不作为谓语逗处理。⑥号复句指"又云"的内容，由"尝发所在竹篙"到"乃超两阶用之"。

(4) 初，注《庄子》者数十家，莫能究其旨要。①向秀于旧注外为解义，妙析奇致，大畅玄风，唯《秋水》、《至乐》二篇未竟而秀卒。②季子幼，义遂零落，然犹有别本。③郭象者，为人薄行，有俊才。④见秀义不传於世，遂窃以为己注。⑤乃自注《秋水》、《至乐》二篇，又易《马蹄》一篇，其余众篇，或定点文句而已。⑥后秀义别本出，故今有向、郭二《庄》，其义一也。⑦　（文学）206

在这个语段里，二"谓"复句三个：①、④、⑤。

三"谓"复句三个：③、⑥、⑦。⑥号复句里，"乃自注《秋水》、《至乐》二篇"为一个分句，"又易《马蹄》一篇"为一个分句，"其余众篇，或定点文句而已"为一个分句。

五"谓"复句一个：②。在这个复句里，表转折的部分"唯《秋水》、《至乐》二篇未竟而秀卒"虽是一逗，却是由两个分句构成，"唯《秋水》《至乐》二篇未竟"表条件,"秀卒"表结果。

(5) 郭淮作关中都督,甚得民情,亦屡有战庸。①淮妻,太尉王凌之妹,坐凌事当并诛。②使者征摄甚急,淮使戎装,克日当发。③州府文武及百姓劝淮举兵,淮不许。④至期,夫遣妻,百姓号泣追呼者数万人。⑤行数十里,淮乃命左右追期人还,於是文武奔驰,如徇首之急。⑥既至,淮与宣帝书曰:"五子哀恋,思念其母;其母既亡,则无五子;五子若殒,亦复无淮。"⑦宣帝乃表,特原淮妻。⑨
(方正)₂₈₃

在这个语段里,二"谓"复句五个:②、④、⑤、⑦、⑨。在⑤号复句里,"至期"是表时间的介宾短语。在⑦号复句里,"书曰"的内容都是"曰"的宾语。

三"谓"复句二个:①、③。

四"谓"复句一个:⑥。

六"谓"复句一个:⑧。此复句即"曰"的内容。由"五子哀恋"到"亦复无淮"。

(6) 褚公於章安令迁太尉记室参军,名字已显而位微,人多未识。①公东出,乘估客船,送故吏数人投钱唐亭住。②尔时吴兴沈充为县令,当送客过浙江,客出,亭吏驱公移牛屋下。③潮水至,沈令起彷徨,问:"牛屋下是何物人?"⑤吏云:"昨有一伧父来寄亭中,有尊贵客,权移之。"⑥④令有酒色,因遥问:"伧父欲食饼不?⑧姓何等?⑨可共语。"⑩褚因举手答曰:"河南褚季野。"⑪⑦远近久承公名,令於是大遽,不敢移公,便於牛屋下修刺诣公,更宰杀为馔具,於公前鞭挞亭吏,欲以谢惭。⑫公与之酌宴,言色无异,状如不觉。⑬令送公至界。⑭　　(雅量)₃₅₉

在这个语段里,单句6个:⑤、⑧、⑨、⑩、⑪、⑭。

三"谓"复句四个:①、②、⑥、⑦、⑬。⑦号复句包含"令有酒色","因遥问:'……'","褚因举手答曰:'……'"三个谓语逗。

四"谓"复句二个:③、④、⑫。④号复句包含"潮水至","沈令起彷徨","问:'……'","吏云:'……'"四个分句。

(7) 王汝南既除所生服,遂停墓所。①兄子济每来拜墓,略不过叔,叔亦不候。②济脱时过,止寒温而已。③后聊试问近事,答对甚有音辞,出济意外,济极愧愕。④仍与语,转造精微。⑤济先略无子侄之敬,既闻其言,不觉懔然,心形俱肃;遂留共语,弥日累夜。⑥济虽俊爽,自视缺然,乃喟然叹曰:"家有名士,三十年而不知!"⑧⑦济去,叔送至门。⑨济从骑有一马,绝难乘,少能骑者。⑩济聊问叔:"好骑乘不?"⑫曰:"亦好尔。"⑬⑪济又使骑难乘马,叔姿形既妙,回策如萦,名骑无以过之。⑭济益叹其难测,非复一事。⑮

(赏誉)233

在这个语段里,单句二个:⑫、⑬。

二"谓"复句七个:①、③、⑤、⑧、⑨、⑪、⑮。⑧号复句指"家有名士,三十年而不知"。

三"谓"复句三个:②、⑦、⑩。⑦号复句包含"济虽俊爽","自视缺然","乃喟然叹曰:'……'"三个谓语逗。

四"谓"复句二个:④、⑭。

六"谓"复句一个:⑥。这个六"谓"复句也可以划为两个复句,前面四个谓语逗为一个四"谓"复句,后面两个谓语逗为一个二"谓"复句。

(8)谢鲲为豫章太守,从大将军下至石头。①敦谓鲲曰:"余不得复为盛德之事矣。"③②鲲曰:"何为其然?⑤但使自今已后,日亡日去耳!"⑥④敦又称疾不朝,鲲谕敦曰:"近者,明公之举虽欲大存社稷,然四海之内,实怀未达。⑧若能朝天子,使群臣释然,万物之心於是乃服。⑨仗民望以从众怀,尽冲退以奉主上,如斯,则勋侔一匡,名垂千载。⑩"⑦时人以为名言。⑪ (规箴)561

在这个语段里,单句五个:②、③、④、⑤、⑪。②号单句为:"敦谓鲲曰:'……'"③号单句为"余不得复为盛德之事矣"。④号单句为"鲲曰:'……'"。⑤号单句为"何为其然"。

二"谓"复句三个:①、⑥、⑦。⑦号复句为:"敦又称疾不朝,鲲谕敦曰:'……'"。

三"谓"复句二个:⑧、⑨。

五"谓"复句一个:⑩。⑧号、⑨号、⑩号三个复句都是"鲲谕敦曰"

的内容。

(9)王大将军年少时,旧有田舍名,语音亦楚。①武帝唤时贤共言伎艺事,人皆多有所知,唯王都无所关,意色殊恶。②自言知打鼓吹,帝令取鼓与之。③於坐振袖而起,扬槌奋击,音节谐捷,神气豪上,傍若无人,举坐叹其雄爽。④　(豪爽)₅₉₅

在这个语段里,二"谓"复句一个:③。

三"谓"复句一个:①。

四"谓"复句一个:②。

六"谓"复句一个:④。

(10)周处年少时,凶强侠气,为乡里所患;又义兴水中有蛟,山中有邅迹虎,并皆暴犯百姓,义兴人谓为三横,而处尤剧。①或说处杀虎斩蛟,实冀三横唯余其一。②处即刺杀虎,又入水击蛟。③蛟或浮或没,行数十里,处与之俱,经三日三夜;乡里皆谓已死,更相庆,竟杀蛟而出。④闻里人相庆,始知为人情所患,有自改意。⑤乃自吴寻二陆,平原不在,正见清河,具以情告,并云:"欲自修改,而年已蹉跎,终无所成。"⑦⑥清河曰:"古人贵朝闻夕死,况君前途尚可。⑨且人患志之不立,亦何忧令名不彰耶?"⑧处遂改励,终为忠臣孝子。⑪　(自新)₆₂₇

在这个语段里,单句一个:⑧,即"清河曰:'……'"。

二"谓"复句五个:②、③、⑨、⑩、⑪。⑨、⑩两复句都是"清河曰"的内容。⑨号复句为:"古人贵朝闻夕死,况君前途尚可。"⑩号复句为:"且人患志之不立,亦何忧令名不彰邪?"

三"谓"复句二个:⑤、⑦。⑦号复句为"并云"的内容:"欲自修改,而年已蹉跎,终无所成。"

五"谓"复句一个:⑥。这个复句的最后一个谓语逗为:"并云:'……'"。

七"谓"复句一个:④。

八"谓"复句一个:①。

4.2.2 《史记》复句的调查分析

下面我们再取《史记》的几个语段,对《史记》复句的情况作点调查分析。

(1)项羽已杀卿子冠军,威震楚国,名闻诸侯。① 乃遣当阳君、蒲将军将卒二万渡河,救鉅鹿。② 战少利,陈馀复请兵。③ 项羽乃悉引兵渡河,皆沈船,破釜甑,烧庐舍,持三日粮,以示士卒必死,无一还心。④ 於是至则围王离,与秦军遇,九战,绝其甬道,大破之。⑤ 杀苏角,虏王离。⑥ 涉閒不降楚,自烧杀。⑦ 当是时,楚兵冠诸侯。⑧ 诸侯军救鉅鹿下者十馀壁,莫敢纵兵。⑨ 及楚击秦,诸将皆从壁上观。⑩ 楚战士无不一以当十,楚兵呼声动天,诸侯军无不人人慴恐。⑪ 於是已破秦军,项羽召见诸侯将,入辕门,无不膝行而前,莫敢仰视。⑫ 项羽由是始为诸侯上将军,诸侯皆属焉。⑬

(项羽本纪)1.307

单句二个:⑧、⑩。
二"谓"复句六个:②、③、⑥、⑦、⑨、⑬。
三"谓"复句二个:①、⑪。
五"谓"复句二个:⑤、⑫。
七"谓"复句一个:④。

(2)於是项王乃上马骑,麾下壮士骑从者八百馀人,直夜溃围南出,驰走。① 平明,汉军乃觉之,令骑将灌婴以五千骑追之。② 项王渡淮,骑能属者百馀人耳。③ 项王至阴陵,迷失道。④ 问一田父,田父绐曰"左"。⑤ 左,乃陷大泽中,以故汉追及之。⑥ 项王乃复引兵而东,至东城,乃有二十八骑。⑦ 汉骑追者数千人。⑧ 项王自度不得脱,谓其骑曰:"吾起兵至今八岁矣,身七十馀战,所当者破,所击者服,未尝败北,遂霸有天下。⑩ 然今卒困於此,此天之亡我,非战之罪也。⑪"⑨ 乃分其骑以为四队,四嚮。⑫ 汉军围之数重。⑬ 项王谓其骑曰:"吾为公取彼一将。⑮"⑭ 令四面骑驰下,期山东为三处。⑯ 於是项王大呼驰下,汉军皆披靡,遂斩汉一将。⑰ 是时,赤泉侯为骑将,追项王,项王瞋目而叱之,赤泉侯人马俱惊,辟易数里,与其骑会为三处。⑱ 汉军不知项王所在,乃分军为三,复围之。⑲ 项王乃驰,复斩汉一都尉,杀数十百人,复聚其骑,亡其两骑耳。⑳ 乃谓其骑曰:"何如?㉒"㉑ 骑皆伏曰:"如大王言。㉔"㉓

(项羽本纪)₁.₃₃₄

单句八个：⑧、⑬、⑭、⑮、㉑、㉒、㉓、㉔。⑭号单句为："项王谓其骑曰：'……'"。⑮号单句为："吾为公取彼一将。"㉑、㉒、㉓、㉔号单句的情况与⑭、⑮同。

二"谓"复句七个：②、③、④、⑤、⑨、⑫、⑯。

三"谓"复句五个：⑥、⑦、⑪、⑰、⑲。

五"谓"复句一个：⑳。

六"谓"复句二个：⑩、⑱。

（3）李斯已死，二世拜赵高为中丞相，事无大小辄决於高。①高自知权重，乃献鹿，谓之马。②二世问左右："此乃鹿也?"④③左右皆曰："马也。"⑥⑤二世惊，自以为惑，乃召太卜，令卦之。⑦太卜曰："陛下春秋郊祀，奉宗庙鬼神，斋戒不明，故至于此。⑨可依盛德而明斋戒。"⑩⑧於是乃入上林斋戒。⑪日游弋猎，有行人入上林中，二世自射杀之。⑫赵高教其女婿咸阳令阎乐劾不知何人贼杀人移上林。⑬高乃谏二世曰："天子无故贼杀不辜人，此上帝之禁也。⑮鬼神不享，天且降殃，当远避宫以禳之。⑯"⑭二世乃出居望夷之宫。⑰

（李斯列传）8.2562

单句十个：③、④、⑤、⑥、⑧、⑩、⑪、⑬、⑭、⑰。

二"谓"复句一个：⑮。

三"谓"复句四个：①、②、⑫、⑯。

四"谓"复句二个：⑦、⑨。

（4）减宣者，杨人也。①以佐史无害给事河东守府。②卫将军青使买马河东，见宣无害，言上，征为大厩丞。③官事办，稍迁至御史及中丞。④使治主父偃及治淮南反狱，所以微文深诋，杀者甚众，称为敢决疑。⑤数废数起，为御史及中丞者几二十岁。⑥王温舒免中尉，而宣为左内史。⑦其治米盐，事大小皆关其手。⑧自部署县名曹实物，官吏令丞不得擅摇，痛以重法绳之。⑨居官数年，一切郡中为小治辨，然独宣以小致大，能因力行之，难以为经。⑩中废。⑪为右扶风，坐怨成信。⑫信亡藏上林中，宣使郿令格杀信。⑬吏卒格信时，射中上林苑门。⑭宣下吏诋罪，以为大逆，当族，自杀。⑮而杜周任用。⑯

(酷吏列传)10.3152

单句五个:①、②、⑪、⑭、⑯。
二"谓"复句六个:④、⑥、⑦、⑧、⑫、⑬。
三"谓"复句一个:⑨。
四"谓"复句三个:③、⑤、⑮。
五"谓"复句一个:⑩

(5)孝文时中宠臣,士人则邓通,宦者则赵同、北宫伯子。①北宫伯子以爱人长者;而赵同以星气幸,常为文帝参乘;邓通无伎能。②邓通,蜀郡南安人也。③以濯船为黄头郎。④孝文帝梦欲上天,不能。⑤有一黄头郎从后推之上天,顾见其衣裻带后穿。⑥觉而之渐台,以梦中阴目求推者郎,即见邓通,其衣后穿,梦中所见也。⑦召问其名姓,姓邓氏,名通。⑧文帝说焉,尊幸之日异。⑨通亦愿谨,不好外交,虽赐洗沐,不欲出。⑩於是文帝赏赐通巨万以十数,官至上大夫。⑪文帝时时如邓通家游戏。⑫然邓通无他能,不能有所荐士,独自谨其身以媚上而已。⑬上使善相者相通,曰"当贫饿死。⑮"⑭文帝曰:"能富通者在我也,何谓贫乎?⑰"⑯於是赐邓通蜀严道铜山,得自铸钱,"邓氏钱"布天下。⑱其富如此。⑲

(佞幸列传)10.3192

单句六个:③、④、⑫、⑮、⑯、⑲。
二"谓"复句六个:⑤、⑥、⑨、⑪、⑭、⑰。
三"谓"复句四个:①、⑧、⑱、⑬。
四"谓"复句二个:②、⑩。
五"谓"复句一个:⑦。

从以上的分析比较可以看出,《世》的单句和二"谓"复句比起《史》都有比较明显减少的趋势,而三"谓"以上复句则有增加的趋势,表现出复句所含谓语逗数量的扩展。

5.《世说新语》的语段特点

5.1 语段的不断发展和日趋完备

《史》的大多数篇章几乎都是人物的完整的传记,《世》的每篇中的一段段,有许多则很像今天一个个的小小说。《世》每篇中的一个个语段组织严密、层次清楚,且有较为丰富的形式标志。《世》在语法上另一个显著的特点是语段的发展和完备。每个语段围绕各篇的中心内容,通过所叙说的轶闻趣事表达一个比较完整的意思。《世》的每篇是按内容来编撰的,不像《史记》,是以人物作为每篇的中心线索。《世》每篇的内容通过十几个或数十个或上百个语段来体现,每个语段的人物或故事情节相互之间没有必然的联系,因此表现出比较明显的相对独立性。在这样的基础上就为语段的发展和完备创造了较好的条件。而且通过《世说新语》等笔记小说体裁,也充分显示出语段在汉语里的特殊重要性。

语段,也可叫句组或句群。它在语言中的层次位于复句之上,篇章之下。篇章是由语段组成的。语段是由两个以上的单句或复句组成的,表达一个相对完整的意思。语段并非始自《世说新语》,自从有文字记录语言、用文字构成篇章以来,就有语段。甲骨文记录的语言,常常是以自然的语段为单位。先秦诸子的著作也是以语段来组成篇章,《史记》为人物所立的传记也是由多个语段构成。但语段也有一个形成和发展的过程,它并不是一开始就那么丰满和完备,就有那么清楚的界限。《世说新语》的语段正是在继承过去的基础上才能发展到一个新的阶段。

汉语的句子,无论是单句或复句,并没有一套确定的、完整的形式标志。就拿"主语"来说,有些语言,其句子有一套完整的形式标志,句子的首要条件是主、谓齐备,而且主、谓相互之间的制约在性、数、格诸方面都有明确表现,主语是辨认句子的重要依据。汉语则不是如此。当然,主语是动作行为的施事者,或是谓语论述的主题,它的重要性是不容置疑的,但这并不等于说主语是句子的必备成分。在古汉语里,远不是每个谓语结构都有一个相应的主语。以西周金文为例,动词谓语句有主语的与没有主语的大约各占半数。当谓语所陈述的对象已见于上文或不用说明就可以知道的时候,主语往往就不再出现。有些简短的铭文,只一句话,也有不用主语的,如"司母戊"、"乍父癸卣"。① 再以《左传》为例,根据我们对部分例句(不加选择地取 2000 个谓语句,包括句和逗。)的初步调查,有主语的约占 47%,无主语的约占 53%。一直到现代汉语里,没有主语的句子还是相当多,根据有的学者对大量的书面语特别是口语的调查分析可以看出,缺主句在数量上简直和主谓句不相上下。② 对于汉语这一自古至今具有一贯性的特点,我们必须予以充分注意。由于主语并不是汉语句子的必备成分,单句和复句的界限就不是很容易掌握。如果说以意义作为划分单、复句的主要条件,这就难免有很大的主观随意性。我们是尽量把形式和意义的标准结合起来划分单、复句的,基本上以一个谓语逗作为一个分句,一主多谓逗和多主多谓逗都是复句。但在复句内部,如何区别复句的组成是二"谓"、三"谓"或四"谓"、五"谓"……? 为什么这是一个五"谓"复句,而不是一个二"谓"复句加上一个三"谓"复句? 为什么那是两个二"谓"复句而不是一个四"谓"复句? 在复句内部的这种划分中,意义因素似乎更为重要,因而也就更难具有客观的划分依据。我们把手头的《世说新语笺疏》(余嘉锡撰,周祖谟、余淑宜整理,中华书局 1983 年版)和《世说新语校笺》(徐震堮著,中华书局 1984 年版)拿来比较,就会发现,两书对大多数语段的断句标点,在单句、复句的划分以及复句所含谓语逗(分句)数量的划分上,几乎都存在分歧。随便举出几例如下:

(1)许允妇是阮卫尉女,德如妹,奇丑。交礼竟,允无复入理,家人深以为忧。会允有客至,妇令婢视之,还(,)答曰:"是桓郎。"桓郎者,桓范也。妇云:"无忧,桓必劝入。"桓果语许云:"阮家既

---

① 参看管燮初《西周金文语法研究》P.32
② 参看陈建民《现代汉语句型研究》P.28

嫁丑女与卿,故当有意,卿宜察之。"许便回入内。(,)既见妇,即欲出。妇料其此出,(×)无复入理,便捉裾停之。许因谓曰:"妇有四德,卿有其几?"妇曰:"新妇所乏唯容尔。然士有百行,君有几?"许云:"皆备。"妇曰:"夫百行以德为首,(。)君好色不好德,何谓皆备?"允有惭色,遂相敬重。　　(贤媛)672,(366)

以上标点符号和出处页码,不带括号者为《笺疏》本,带括号者为《校笺》本不同处,"×"表示《校笺》本无此标点。下同。

(2)桓宣武平蜀,以李势妹为妾,甚有宠,常著斋后。主始不知,既闻,与数十婢拔白刃袭之。正值李梳头,发委藉地,肤色玉曜,不为动容。(,)徐曰:"国破家亡,无心至此。(,)今日若能见杀,乃是本怀。"主惭而退。　　(同上)693(375)

(3)刘公荣与人饮酒,杂秽非类,(。)人或讥之。(,)答曰:"胜公荣者,(×)不可不与饮;(,)不如公荣者,(×)亦不可不与饮;(,)是公荣辈者,(×)又不可不与饮。"故终日共饮而醉。

(任诞)730(391)

(4)刘道真少时,常渔草泽,善歌啸,闻者莫不留连。有一老妪,识其非常人,甚乐其歌啸,乃杀豚进之。道真食豚尽,了不谢。妪见不饱,又进一豚,(。)食半余半,乃还之。后为吏部郎,妪儿为小令史,道真超用之。(,)不知所由,问母;母告之。(,)於是赍牛酒诣道真,(。)道真曰:"去!去!无可复用相报。"

(同上)737(396)

(5)荀鸣鹤、陆士龙二人未相识,俱会张茂先坐。张令共语。(,)以其并有大才,可勿作常语。陆举手曰:"云间陆士龙。"荀答曰:"日下荀鸣鹤。"陆曰:"既开青云(,)睹白雉,何不张尔弓,布尔矢?"荀答曰:"本谓云龙骙骙,定是山鹿野麋。(,)兽弱弩强,是以发迟。"张乃抚掌大笑。　　(排调)789(424)

(6)袁虎、伏滔同在桓公府。(,)桓公每游燕,辄命袁、伏,(。)袁甚耻之,桓叹曰:"公之厚意,未足以荣国士!(,)与伏滔比肩,亦何辱如之!"　　(轻诋)836(447)

(7)温公丧妇,(。)从姑刘氏,(×)家值乱离散,唯有一女,甚

有姿慧,(。)姑以属公觅婚。(,)公密有自婚意,答云:"佳婿难得,但如峤比(,)云何?" (假谲)857(458)

(8)王丞相俭节,帐下甘果,(×)盈溢不散。(,)涉春烂败,(。)都督白之,公令舍去。(,)曰:"慎不可令大郎知!"
(俭啬)875(467)

(9)郗公大聚敛,有钱数千万。(,)嘉宾意甚不同,(。)常朝旦问讯。(,)郗家法:(,)子弟不坐。(,)因倚语移时,遂及财货事。
(同上)876(467)

(10)谢无奕性粗强。(,)以事不相得,自往数王蓝田,肆言极骂。王正色面壁不敢动,(。)半日。(,)谢去(,)良久,转头问左右小吏曰:"去未?"答云:"已去。"然后复坐。时人叹其性急而能有所容。 (忿狷)883(474)

以上10段文字,由于断句不同,单句及各类复句数量也不同,总数如下:(二"谓",指二"谓"复句。其余类此)

	单句	二"谓"	三"谓"	四"谓"	五"谓"	六"谓"	七"谓"
笺疏	34	18	14	7	0	1	0
校笺	32	14	12	11	2	0	1

不仅各类复句的数量不同,而且在同类复句中所指对象也不尽相同,比如《笺疏》的二"谓"复句18个,《校笺》的二"谓"复句14个,所指的具体复句也有些是不同的。由此可见单、复句的划分,界限的掌握确实是汉语语法上的一个难题。同时也使我们不能不考虑这样一个问题:从汉语的发展特点来看,是否"语段"应是更值得注意的对象。无论从它所表达的相对独立的意义来看,还是从语法标志来看,它都比复句更容易掌握。

当然,如果拿一篇没有划分语段的古文交给两个人去区分语段,他们的结果也会有差异,但在判断他们区分的正误时却有更多客观标准可以作为依据。因此我们认为应对语段给以充分的重视。古汉语的语段,由先秦到两汉而魏晋,语法标志有日趋完备的趋势,《世说新语》的语段就显示出这种发展趋势,反映出人们在运用语言的过程中赋与语言的一种自我完善的创造性功能。

5.2 《世说新语》的语段分类

《世》的语段大致可分为并列式、连贯式、偏正式三大类。

5.2.1 并列式语段

并列式语段常以多个同类句式(单句或复句)并列作为标志,构成一个意义相对完整的语段。如:

(1)有问秀才:"吴旧姓何如?"答曰:"吴府君,圣王之老成,明时之俊乂。朱永长,理物之至德,清选之高望。严仲弼,九皋之鸣鹤,空谷之白驹。顾彦先,八音之琴瑟,五色之龙章。张威伯,岁寒之茂松,幽夜之逸光。陆士衡、士龙,鸿鹄之裴回,悬鼓之待槌。凡此诸君,以洪笔为鉏耒,以纸札为良田;以玄默为稼穑,以义理为丰年;以谈论为英华,以忠恕为珍宝;著文章为锦绣,蕴五经为缯帛;坐谦虚为席荐,张义让为帷幕;行仁义为室宇,修道德为广宅……" (赏誉)$_{431}$

(2)王君夫以粘糒澳釜,石季伦用蜡烛作炊。君夫作紫丝布步障碧绫裡四十里,石崇作锦步障五十里以敌之。石以椒为泥,王以赤石脂泥壁。 (汰侈)$_{878}$

有时以几组问答句构成一个语段,如:

(3)抚军问孙兴公:"刘真长何如?"曰:"清蔚简令。""王仲祖何如?"曰:"温润恬和。""桓温何如?"曰:"高爽迈出。""谢仁祖何如?"曰:"清易令达。""阮思旷何如?"曰:"弘润通长。""袁羊何如?"曰:"洮洮清便。""殷洪远何如?"曰:"远有致思。""卿自谓何如?"曰:"下官才能所经,悉不如诸贤;至於斟酌时宜,笼罩当世,亦多所不及。然以不才,时复托怀玄胜,远咏《老》、《庄》,萧条高寄,不与时务经怀,自谓此心无所与让也。" (品藻)$_{521}$

5.2.2 连贯式语段

连贯式语段常以时间的先后或事理上的层次为顺序排列。这类语段中常见到表示时间或事理顺序的词语作为标志,这些词语有很多是副词,如:始、初、首、次、恒、既、既而、后、遂、即、便、乃、方、尝等,它们常出现在单句或分句的谓语之前,在修饰动词谓语的同时兼有连接上下文的作用。还有不少是连词,如:而、而后、然后等,它们常在复句或语段中起连接作用。还有些词语主要在语段中起连接和标志作用,如:"……时"、"诸"、"各"、"须臾"、"顷之"、"久之"、"凡此……"、"于是"、"於是(乎)"等等。如:

(1)王右军年减十岁时,大将军甚爱之,恒置帐中眠。大将军尝先出,右军犹未起。须臾,钱凤入,屏人论事,都忘右军在帐中,便言逆节之谋。右军觉,既闻所论,知无活理,乃阳吐污头面被褥,诈熟眠。敦论事造半,方意右军未起,相与大惊曰:"不得不除之!"及开帐,乃见吐唾从横,信其实熟眠,於是得全。于时称其有智。 (假谲)₈₅₅

"于时"是六朝时用得较多的一个副词性短语,常用于动谓前表示时间,有时它所在句用于语段之末,也有总括上文、标志语段的作用。

(2)魏武尝过曹娥碑下,杨脩从,碑背上见题作"黄绢幼妇,外孙齑臼"八字。魏武谓脩曰:"解不?"答曰:"解。"魏武曰:"卿未可言,待我思之。"行三十里,魏武乃曰:"吾已得。"令脩别记所知。脩曰:"黄绢,色丝也,於字为'绝'。幼妇,少女也,於字为'妙'。外孙,女子也,於字为'好'。齑臼,受辛也,於字为'辞'。所谓'绝妙好辞'也。"魏武亦记之,与脩同,乃叹曰:"我才不及卿,乃觉三十里。" (捷悟)₅₈₀

这个语段主要是按事情的过程来叙述。虽然表连接的词语不算多,前后连接却很紧密。在连接成分中除副词"尝"、"乃"、"亦"外,动宾短语"行三十里"、"乃觉三十里"作为故事的时间线索,也起到启下承上的重要作用。

(3)林下诸贤,各有俊才子:籍子浑,器量弘旷。康子绍,清远雅正。涛子简,疏通高素。咸子瞻,虚夷有远志。瞻弟孚,爽朗多所遗。季子纯、悌,并令淑有清流。戎子万子,有大成之风,苗而不秀。唯伶子无闻。凡此诸子,唯瞻为冠,绍、简亦见重当世。

(赏誉)$_{437}$

这个语段主要以事理作为叙述的顺序,先总起,然后分述,最后又加以总评。"诸贤"、"各有"、"凡此诸子"、"唯"、"亦"等词语,都配合文义起了重要的标志作用。

5.2.3 偏正式语段

这种语段意义的侧重点往往在后。内部又可有因果、假设、转折、让步、逼进等多种关系。这里略举几例:

(1)人有问殷中军:"何以将得位而梦棺器,将得财而梦矢秽?"殷曰:"官本是臭腐,所以将得而梦棺尸。财本是粪土,所以将得而梦秽污。"时人以为名通。　　(文学)$_{233}$

在这个语段里,问句问原因,答句表结果。在答句里,又有两个因果复句。就整个语段来看,问、答句总合起来表原因,最后一句"时人以为名通"表结果。

(2)陵云台楼观精巧,先称平众木轻重,然后造构,乃无锱铢相负揭。台虽高峻,常随风摇动,而终无倾倒之理。魏明帝登台,惧其势危,别以大材扶持之,楼即颓坏。论者谓轻重力偏故也。

(巧艺)$_{715}$

这个语段先表结果,后表原因,在末句"论者谓轻重力偏故也"前的部分都表结果,末句表原因。

(3)阮宣子常步行,以百钱挂杖头,至酒店,便独酣畅。虽当世贵盛,不肯诣也。　　(任诞)$_{737}$

这个语段以后面的一个让步复句表示转折。

(4)康僧渊目深而鼻高,王丞相每调之。僧渊曰:"鼻者,面之山;目者,面之渊。山不高则不灵,渊不深则不清。"　　(排调)$_{799}$

这个语段以"僧渊曰"的内容表示逼进。

(5)王文度、范荣期俱为简文所要。范年大而位小,王年小而位大。将前,更相推在前。既移久,王遂在范后。王因谓曰:"簸之扬之,穅秕在前。"范曰:"洮之汰之,沙砾在后。" （排调）811

这个语段用"因谓曰:"以后的内容表示对前面行为的议论。这样的语段在《世》中多见。又如:

（6）谢遏夏月尝仰卧,谢公清晨卒来,不暇著衣,跣出屋外,方蹑履问讯。公曰:"汝可谓前倨而后恭。" （同上）817

语段的内部结构关系丰富多样,一个语段不一定只表示一种逻辑关系,像下面的语段前面按故事情节作顺序,"殷曰"后面以因果关系作结束:

（7）桓南郡与殷荆州语次,因共作了语。顾恺之曰:"火烧平原无遗燎。"桓曰:"白布缠棺竖旒旐。"殷曰:"投鱼深渊放飞鸟。"次复作危语。桓曰:"矛头淅米剑头炊。"殷曰:"百岁老翁攀枯枝。"顾曰:"井上辘轳卧婴儿。"殷有一参军在坐,云:"盲人骑瞎马,夜半临深池。"殷曰:"咄咄逼人!"仲堪眇目故也。

（同上）821

总之,语段的逻辑关系更加紧密,形式标志更加完备,这是语言发展,人们思维复杂化、表达精密化的一个重要标志。

6. 小结

由上面的比较分析,可知《世》的主要语法特点是:

（1）从句子成分看,状语有明显增长。状语中以副词居首位。《世》在继承《史》副词的同时产生一批新的单音、复音副词。

方位词短语作状语,在《史》中只有少量;在《世》中大量增加,还有一些用作补语。大量方位词短语的运用,是语言口语化的一种标志,它使语言的面貌悄悄地在发生变化。

（2）从句子的动词谓语的结构看,在修饰语分布上的一个重要特点是状语远超过补语的出现频率。这与副词以及时间短语、处所短语作状语的大量运用,介宾结构的前移都有密切关系,同时与动词后引进补语的助词"得"尚未产生也有关系。助词"得"的产生为补语的发展开创了一个新阶段,使补语空前丰富而多彩。《世》正处于"介宾"大量前移,而"得"尚未产生的历史阶段,它的补语较《史》有所减少是合乎情理的。

(3)从复句的比较看,《世》的复句所含谓语逗的情况与《史》有所不同。《世》的二"谓"复句较《史》减少,而《世》的三"谓"以上复句较《史》增加。同时复句内部各逻辑关系的形式标志进一步完备。吕叔湘先生在《汉语语法分析问题》中曾指出,句中结构的扩展可以表现在三个方面:添枝加叶,局部发达,前后衔接。① 《世》的语法现象充分体现出"前后衔接"这一扩展方式从《史》到《世》有重要的发展。

(4)《世》的语段具有严密的逻辑关系和较多的语法标志。它继承汉语语段的各种类型和特点并有进一步的发展。它运用多种虚词如副词、连句、介词(介宾短语)以及一些短语作为前后连接的标志。事实证明,语段(或句群)在汉语里有特殊作用,它应该作为语法研究的一个重要内容。

(5)总起来看,古汉语句法结构的发展,由先秦的《左传》到汉的《史记》,是以谓语结构的扩展为主要方式;由《史记》到南北朝时期的《世说新语》则是以状语的增多、复句所含谓语逗数量的增多、谓语逗之间的衔接以及语段的进一步完备为主要方式。句法结构在各个历史时期的主要发展方式,受到语言内部发展规律的制约。

《世》的语法特点表示《世》处于由古代汉语向近代汉语的过渡阶段。它的许多具体特征是承继汉代语言而进一步发展,如"是"字句,被动句,部分词头词尾,谓语前后修饰语的分布,介词"在"引进处所进一步增多,取代介词"於"的趋势更趋明显,复句和语段的发展等等。而《史》中包含的先秦汉语的某些古老的语法特点如否定句代词宾语的前置,在《世》中则有明显减少的趋势,有的用法则已消失。因此《世》的语法面貌比起先秦时期有较大变化,而较之《史记》则没有很多实质性的、明显的区别。看起来汉、魏时期语言在语法史上似宜视为一个过渡时期,是由古代汉语到近代汉语的过渡时期。当然,在它的内

---

① 参看吕叔湘《汉语语法分析问题》,P.80。

部,以《史记》为代表的汉代语言和以《世说新语》为代表的魏晋南北朝语言又有各自的一些特点,反映出汉语在自己的发展里程中又向前推进到了新的一站。但总起来看,由《史》到《世》语言的变化似不及由《左》到《史》的变化那样显著,如果把两汉、魏晋南北朝时期视为一个过渡时期,名之曰中古汉语,似乎是比较符合汉语发展的实际情况的。不知当否,提出来供大家讨论。

总之,由《左传》到《史记》,由《史记》到《世说新语》,汉语就是这样一步一步发展着、变化着。它不是突变,而是渐变。比较了《史记》和《世说新语》,再参考其他一些古籍,我们就大致可以知道先秦西汉汉语是如何逐步演变到魏晋南北朝这个阶段的。①

---

① 本节在写作过程中还参考了:
潘允中:《汉语动补结构的发展》,《中国语文》,1986.4,P.53—P.60;
詹秀慧:《〈世说新语〉语法探究》。此次收入本书,部分词语的释义参照张万起、刘尚慈《世说新语译注》(中华书局,1998年)作了些修订。

二、敦煌变文语法特点研究

——从《敦煌变文集》与《世说新语》的比较看敦煌变文的语法特点[①]

公元1899年,在我国敦煌千佛洞的藏经洞发现了两万多卷藏书。其中有不少说唱体作品是用接近当时口语的文字写成的。它们的内容多取材于佛经,也有不少取材于民间传说和历史故事。这些作品的年代大约从公元4世纪末到10世纪末。这是研究唐代语言的珍贵资料。本文试以《敦煌变文集》与《世说新语》[②]的语法进行比较,着重探讨唐代汉语语法的若干特点。文中《敦煌变文集》简称《变文》,《世说新语》简称《世》。本文有以下几部分:1.介词阵容及其分布的比较;2.补语的比较;3.状语的比较;4.定语的比较;5.被动句的比较;6."是"字句的比较;7.几种复句的标志;8.主语与句和语段;9.小结。

在《变文》的各种谓语中,动词谓语仍居绝对优势,在全部谓语中约占80%。这一基本情况从《左传》经《史记》、《世说新语》直到《变文》,始终比较稳定。但也要看到,《变文》的动词谓语所占百分比与《世》相比,略有下降,《世》的动词谓语在各种谓语中约占85%。这是

---

① 本文原载《隋唐五代汉语研究》(程湘清主编,山东教育出版社1990年),此次收入本书有部分修改。
② 《敦煌变文集》根据人民文学出版社1957年版。我以该书上册为主要依据,兼及下册;但有的问题是做的全书统计,详见文中说明。《世说新语》根据余嘉锡撰,周祖谟、余淑宜整理的《世说新语笺疏》,中华书局1983年版。

因为《变文》的形容词谓语句、主谓谓语句和名词谓语句都有所增长的缘故。

由于动词谓语占有特别重要的地位,自然应该是我们讨论的重点。《变文》与《世》相比,动词谓语结构最明显的变化是:1.介词的更新和介宾短语的分布上有重要变化;2.动词谓语后的补语有上升的趋势;3.状语的内容相当丰富,有自己的显著特色。下面,我们专节予以讨论。

动词谓语中的简单谓语是指谓语的中心成分只有一个动词或一个"动宾"结构,包括动词前的副词修饰语。复杂谓语则包括并列的动词谓语,连动式,兼语式,"介宾·动","动·介宾",两种词类或其短语共同组成的谓语,"是"字谓语句,带结果、趋向、程度补语和"得"补语的谓语,以及动词宾语为主谓(或"主·之·谓",或动词)结构的谓语。《世》的简单谓语句占42%,复杂谓语句占58%;《变文》的简单谓语句占38%,复杂谓语句占62%。《变文》的复杂谓语不冗长,谓语动词本身结构并不复杂,主要是介宾短语、补语、状语的变化,因此我们选了以上几个问题来谈。《变文》的简单谓语并不简单,主要是状语和定语等修饰语在起作用,我们将在状语、定语部分介绍。

被动句和"是"字句本可列入动词谓语范围之内,但因它们在汉语发展历史中有特殊重要意义,在《变文》中颇有特色,应有专节讨论;主语与句、语段的关系在《变文》中表现得也很突出,因此我们也列了专节;复句与语段在《变文》中的情况很值得注意;而形容词谓语、主谓谓语、名词谓语和部分问句则在"主语与句、语段"节内谈及。

1. 介词阵容及其分布的比较

我们把介词按其分布分为两类:只在谓语中心词(简称D)前者,可在D前也可在D后者。对于只在D前出现而用法单一的介词,只举一二例介绍。

1.1 分布在 D 前的介词

1.1.1 与

《世》中介词"与"全部在 D 前,如:
①桓南郡与殷荆州共谈,每相攻难。 (文学)$_{243}$
②初,法汰北来未知名,王领军供养之,每与周旋。
(赏誉)$_{481}$

《变文》的介词"与"也全部在 D 前。而在用法上更为灵活。值得指出的是,"与"的用法有时与介词"以"相当,如:
①天知至孝,自有群猪与觜①耕地开垄。 (舜子变)$_{133}$
②舜子拭其父泪,与舌舐之,两目即明。 (同上)$_{134}$
③南与天门作镇,北以淮海为关,东至日月为边,西与佛国为境。 (伍子胥变文)$_1$

"与"有"为"、"替"意,如:
④钟离末答曰:"臣启陛下,与陛下捉王陵去。"
(汉将王陵变)$_{40}$
⑤皇帝闻奏,拍按(案)大惊:"与寡人诏张良"。
(同上)$_{46}$
⑥待到村中与诸多老人商量,却来与和尚造寺。
(庐山远公话)$_{168}$
⑦佛语难陁道:"我缘今日斋去,是汝且与我看院。"
(难陁出家缘起)$_{397}$

---

① 在本篇的"校记"所列之注〔十五〕中说:"'与觜',即'以觜',谓用觜耕地也。"又,蒋礼鸿先生在《敦煌变文集校记录略》中也指出这点,他举了《舜子变》中的例句:瞽叟便即与大石填塞。后母一女把着阿爷,……阿爷不听,拽手埋井。(132 页)他说"即与"就是"即以"。见《敦煌变文字义通释》附录二,(408 页)

这种用法的"与"似乎是为有同类用法介词"给"的产生准备了条件。

至于以下用法的"与",如:

⑧送与西楚霸王。　　(汉将王陵变)$_{36}$

⑨赠与宰彼。　　(伍子胥变文)$_{26}$

"送与"、"赠与",则是两个动词连用,与前面列举的"与"不同。

1.1.2 从

"从"作为介词,《世》和《变文》全都用在 D 前。《世》中的"从"多数引进处所,少数引进对象或时间。《变文》中的"从"用法更为灵活,引进处所的仍较多,如:

①陵母从楚营内乘一朵黑云,空中惭谢皇帝。

(汉将王陵变)$_{46}$

②卿是何人,从吾狗门而入?　　(晏子赋)$_{244}$

有时处所词表示一种并非实有的处所,如:

③将士初从梦里惊。　　(汉将王陵变)$_{38}$

用方位词表示处所的用例常可见到,如:

④从东扫向西。　　(难陀出家缘起)$_{398}$

⑤夜叉从后赶来。　　(同上)$_{402}$

⑥臣适来从彼看回。　　(叶净能诗)$_{223}$

"从彼",指"从那里"。

有时同一方位词既可表处所,也可表时间,如:

⑦把搭马索从头缚取。　　(李陵变文)$_{85}$

⑧从头老病总无常。　　(破魔变文)$_{345}$

上例的"头"表处所,下例的"头"表时间。

疑问代词"何"作宾语,已不前置,如:

⑨君子从何至此间?　　(伍子胥变文)$_9$

⑩老人从何而来?　　(舜子变)$_{129}$

这里出现奇怪的现象,疑问代词"何"作介词"为"的宾语时,在《变文》里仍然前置(见下文1.2.1),而作介词"从"的宾语时,却都不前置了。

似乎疑问代词"何"词序变化的快慢,与它所结合的介词(或动词)有直接关系。这是一个有待进一步深入研究的问题。

"从"还有"任意"、"任从"之意,如:

⑪冬天野马从他瘦,夏月牸牛任意肥。　　(王昭君变文)$_{100}$

"从他",表"任他"。与下文的"任意"相对应。

"从"的词组也很值得注意:

"从兹","从此后","从今以(已)后":

⑫从兹朱解心怜惜。　　(捉季布传文)$_{63}$

⑬从此后阿爷两目不见。　　(舜子变)$_{133}$

⑭姑从今已后亦失妇,妇亦失姑。　　(韩朋赋)$_{138}$

"从前"、"从…已来":

⑮仆恨从前心眼昏。　　(捉季布传文)$_{60}$

⑯从昨夜已来,明妃渐困。　　(王昭君变文)$_{103}$

"从…到…","从…至…":

⑰把舜子头发,悬在中庭树地,从项决到脚腂,鲜血遍流洒地。　　(舜子变)$_{131}$

⑱从昔至今,只闻车避城,岂闻城避车?

(孔子项托相问书)$_{231}$

"自从"、"一从":

"自从"的宾语常为动词词组,如:

⑲自从一别音书绝,忆君愁肠气欲绝。　　(伍子胥变文)$_{10}$

从上下文看,"一别音书绝"都是"自从"的宾语。也可作另一种分析:"一别"是"自从"的宾语,表示"音书绝"的时间。

⑳自从封为宰相,有孝有忠。　　(秋胡变文)$_{157}$

"自从"带动词词组的用法,大约是从"从"的这种用法变化而来,如:

㉑吾从养汝,只是怀愁。　　(八相变)$_{337}$

"一从"的用法与意义与"自从"基本相同,但出现次数比"自从"少,如:

㉒一从骂破高皇阵,潜山伏草受艰辛。　　(捉季布传文)$_{56}$

㉓太子一从守道,行满六年。　　(八相变)₃₄₁

1.1.3　对

"对"在《世》中仅6例,引进动作行为对之而发的对象,在《变文》中出现较多,且用法更为灵活。可引进动作行为对之而发的对象,如:

①对三百员战将,四十万群臣,仰酾大设列馔珍羞,祭其王陵忠臣之母。　　(汉将王陵变)₄₆

"对"也常引进动作行为对之而发的处所,如:

②感得王陵对天子面前披发哭其慈母。　　(同上)

③面对天阶见至尊。　　(捉季布传文)₆₇

④对皇帝前缓步徐行。　　(叶净能诗)₂₂₆

⑤老母如何对臣前头骂詈楚王!　　(汉将王陵变)₄₂

有时"对·宾"表示一种方式,如:

⑥对掌开弦。　　(伍子胥变文)₁₉

⑦对面即为婚。　　(燕子赋)₂₆₅

"对"所引进的宾语虽然较前灵活多样,但是"对·宾"的位置却只出现在 D 前,即使是在唱词中也无例外。

1.1.4　因

"因"在《世》中都位于 D 前,在《变文》中仍是如此。但在用法上有所不同。《世》中的"因"大多引进动作行为的凭据或条件,在《变文》中除保留这些用法外,主要是引进动作行为的原因。

"因·宾"表示动作行为的原因,如:

①因他得活,岂得孤(辜)恩?　　(伍子胥变文)₂₂

②高丽遂灭,因此立功。　　(燕子赋)₂₅₃

③镬汤诸处见有,因甚唯此空闲。　　(难陁出家缘起)₄₀₂

④此是西王母支几玉石,因何至此?

　　(前汉刘家太子传)₁₆₂

⑤每日八人齐来,君子因何后到?　　(韩擒虎话本)₁₉₆

"因何"表示"因为什么",疑问代词"何"在"因"之后,值得注意。但仍有在"因"之前,作"何因"的。如:

⑥逆贼今既至门,何因不捉? （伍子胥变文）[8]

⑦何因六载不皈? （秋胡变文）[156]

⑧姜因地而生,不因地而辛;女因媒而嫁,不因媒而亲;子亦可因我而生,不因我而贤。三年不保士者,子自不才,何怨我也!

（前汉刘家太子传）[163]

⑨汉哀帝爱（董）贤……因诸臣大会,而欲舍天位与贤。

（同上）[163]

⑩官人夜游戏,因便捉窠烧。 （燕子赋）[263]

"因·宾"表示动作行为的凭据或条件,"因诸臣大会"和"因便"的"因",有"趁"意。至于"姜因地而生,不因地而辛,……"例中的"因",有"凭据"义,也含"因为"意。或可认为前者主要表凭藉,后者主要表原因。正因为有凭据、藉着、趁着等表示条件、因果的用法,才引申出"因为"的用法。

1.1.5 将

介词"将"在《史记》中较多,在《世》中未见,而在《变文》中又时有所见,都出现在 D 前。

"将·宾"表示动作行为进行时带着或带领的对象。如:

①越王将兵北渡江口,欲达吴国。 （伍子胥变文）[28]

②当时舜子将父母到本家庭。 （舜子变）[134]

③随身并将从骑桑中而过。 （秋胡变文）[157]

④今朝将汝看天官去。 （难陁出家缘起）[399]

"将·宾"表示动作时携带之物,如:

⑤西王母将桃五枚在殿上奉帝。 （前汉刘家太子传）[162]

⑥舜……便将米往本州。 （舜子变）[133]

⑦远公迤逦而行,将一部《涅槃》之经来往庐山修道。

（庐山远公话）[67]

"将·宾"表示动作时利用的工具或手段,如:
⑧争肯将金诏逆臣! （捉季布传文）$_{68}$
⑨将刀以杀后母。 （舜子变）$_{134}$

部分"将·宾"有"把…"义,"将"不是实际上的"带领"、"携带"之义,而是一种引申出去的较虚泛之义。如:
⑩莫怪将哀当面报,夫人自刎楚营门。 （汉将王陵变）$_{46}$
⑪不期自己遭狼狈,将此情由何处申! （捉季布传文）$_{64}$
⑫将战斗为业,以猎射为能。 （王昭君变文）$_{99}$

例中"将…为…"与下文的"以…为…"并用,作用相同。

"将·宾"还有一种用法是"身"、"残命"、"草命"作宾语,构成一种固定词组,"将"也表"把"意。如:
⑬我今更无眷恋处,恨不将身自灭亡! （伍子胥变文）$_{8}$
⑭特将残命投仁弟,如何垂分乞安存。 （捉季布传文）$_{56}$
⑮虞臣计有弥天罪,今将草命献三(王)前。
（李陵变文）$_{92}$

"何"作"将"的宾语,总位于其后而不前置,如:
⑯於后忽尔儿来,遣妾将何申吐? （秋胡变文）$_{156}$
⑰蒙赐一餐堪充饱,未审将何得相报? （伍子胥变文）$_{6}$

有时"何"作定语,如:
⑱今朝塞外浑输失,更将何面见京华! （李陵变文）$_{89}$

有时"将"的宾语省去,如:
⑲唯有一毛〔羽〕,甚好端正,宋王得之,〔遂〕即磨拂其身,大好光彩。唯有项上未好,即将磨拂项上,其头即落。
（韩朋赋）$_{141}$

"将"后省略了宾语"毛〔羽〕"。

看来"将"的用法比之《史记》有较大的发展变化,最重要的是由实指的"带领"、"携带"等义,引申出较虚泛的"把"义,因而使"将"的用法更为广泛。

1.1.6 把

《变文》中出现了介词"把",这是《世》所没有的。《变文》中的"把"有三类:动词、量词、介词。

动词如:

①帝食桃,手把其核如不弃之。　　(前汉刘家太子传)162

量词如:

②第一把火是阿得(后)孃。　　(舜子变)132

介词"如":

③即三具火把铛脚且烧。　　(舜子变)132

④舜子恐大命不存,权把二个笠子为鸼,腾空飞下仓舍。

(舜子变)132

"把铛脚且烧","铛脚"是"烧"的宾语;"把"的作用是把宾语提前,是典型的介词"把"用法。下列"把二个笠子为鸼",表示"把二个笠子当作鸼","把"的动作性也较小。

还有些用例中的"把",尚不是典型的介词"把"用法,有一定的动作性,表现了由动词"把"向介词"把"的过渡。如:

⑤把草遮面。　　(韩朋赋)139

⑥把镜照看。　　(破魔变文)353

1.1.7 捉①

"捉"与"把"同义,是典型的介词"把"的用法,都位于 D 前,起着把动词的宾语提前的作用。如:

①良由画匠,捉妾陵持。　　(王昭君变文)102

"捉妾陵持",意谓"把我折磨"。

②胥是捉我支配。　　(燕子赋)250

---

① 参看蒋礼鸿《敦煌变文字义通释》(增订本),第 344 页"捉"条的解说及举例。上海古籍出版社 1981 年版。

③夺我宅舍,捉我巴毁。　　（同上）$_{251}$

"捉我巴毁",意谓把我打伤。

④向吾宅里坐,却捉主人欺。　　（燕子赋）$_{262}$

⑤凤凰嗔雀儿:"何为捉他欺!"　（同上）$_{264}$

⑥官人夜游戏,因便捉窠烧。　　（同上）$_{263}$

⑦外道捉我苦刑持。　（降魔变文）$_{380}$

"捉我苦刑持"是"把我苦苦折磨"之意,"刑持"与"陵持"之意同。

1.1.8 共

介词"共"在《世》中没有出现。它在《变文》中只在 D 前,有"与"义,如:

①与子娶妇,自纳为妃;共子争妻,可不惭於天地!

（伍子胥变文）$_2$

上文的"与"与下文的"共"互相配合,用法与意义都相同。

②子胥领兵共越兵交战。　（伍子胥变文）$_{26}$

③陵母若无,共大夫却归汉朝,伏事圣体之君。

（汉将王陵变）$_{45}$

④阿爷若取得计(继)阿孃来,也共亲阿孃无二!

（舜子变）$_{129}$

⑤共君作誓,各守其躯。　（韩朋赋）$_{137}$

介词"共"所引进的都是与动作行为有关的对象,"共·宾"只出现在 D 前。

"共"也可用作连词,表"和"义,如:

⑥(董)贤共妇俱时自倒而死也。　（前汉刘家太子传）$_{163}$

但"共"作副词表示"共同"、"都"的用法,则是"与"所没有的,如:

⑦闲来每共论今古。　（捉季布传文）$_{63}$

⑧公王共执手,韩野悉知名。　（燕子赋）$_{263}$

"共"作副词的这种用法自古已有,如:

⑨凡我父兄、昆弟及国子姓,有能助寡人谋而退吴者,吾与之

共知越国之政。　　（国语·越语上）

⑩其后诸侯共击楚,大破之。　　（史记·屈原贾生列传）

这个在历史上以用作副词为主的"共",到了隋唐时期,却逐渐有了介词用法,它出现在口语中,与古老而有强大生命力的介词"与"争夺一席之地。

1.1.9　和①

介词"和"在《世》中没有。它和宾语一起用在动词前,表示与动作行为有关的事物,有"连"义。《变文》中已有所见,如:

①言讫捻刀和泪剪。　　（捉季布传文）60

②在生恨你极无量,贪爱之心日夜忙；老去和头全换却,少年眼也拟椀(挽)将。　　（地狱变文）762

介词"和"在唐人诗中也可见到,如:

③枕上酒容和睡醒,楼前海月伴潮生。

（白居易集·饮酒夜醒）

宋人词中更多一些,如:

④芳草姑苏台下路,和泪看,小屏山。

（辛弃疾·和陈仁和韵）

⑤梦魂纵有也成虚,那堪和梦无。

（晏几道·阮郎归）

1.1.10　即

介词"即"《史记》有,《世》中无。变文中"即"只用在动词前,引进与动作行为有关的时间,有"当"义。如:

---

① 蒋礼鸿先生在《敦煌变文字义通释》中说:"'和'作介词用,是唐宋习语,宋词更多。"他还引《太平广记》卷437引唐人薛用弱《集异记》:"裴令公度性好养犬,…所食物馀者,便和椀与犬食。"以及《景德传灯录》、《资治通鉴》等例,见蒋书344页。

①即日兴兵报父仇。　　（伍子胥变文）₃

"即日"的用法在《史记》已有，如：

②於是高帝即日驾，西都关中。　　（史记·留侯世家）

为什么《史记》、《变文》有，而《世》无？原因之一可能是《变文》中的历史故事取自《史记》等古籍者较多，因而语言成分上也有所吸收、继承。

1.1.11　会

介词"会"在《史记》中即已出现，常以句子作为宾语，表示恰好遇上了某一事件。在《变文》中有关汉代历史故事的演唱中仍可见到，如在《前汉刘家太子传》中，最后两段的开头就有"《史记》曰：……"、"《汉书》云……"，在其下面的叙述中就有这样的用例：

①会汉哀既崩，皇后遣安〔汉〕公王莽，禁（董）贤狱中。₁₆₃

很明显也是从史籍中继承下来的用法。

1.1.12　于

在《变文》中"于"与"时"构成固定词组"于时"，表示"（在）当时"或"在这时（那时）"之义，都出现在 D 前，而且位于句首，如：

①〔于时〕鹡鸰在傍，乃是雀儿昆季，颇有急难之情，不离左右看侍。　　（燕子赋）₂₅₁

②于时风师使风，雨师下雨。　　（降魔变文）₃₈₁

③于时帝王惊愕，四众忻忻。　　（同上）₃₈₃

④于时六师失色，四众惊嗟。　　（同上）₃₈₅

⑤于时见者，莫不惊嗟。　　（同上）₃₈₇

⑥于时地卷如绵，石同尘碎。　　（同上）₃₈₈

还有一例"于今"：

⑦臣闻佞臣破六国，佞妇斗六亲，须达祇陁，于今即是。

（同上）₃₇₄

以上数例，除第一例外均出自《降魔变文》，第一例的"于时"，校者加注:"'於时'(应为'于时'——何)两字据甲、乙、戊三卷补。"可见原卷没有。值得注意的是"于时"、"于今"都出现(或绝大多数都出现)在《降魔变文》中。魏晋时期"于时"用得较多,《世》中就有40例。《变文》中的"于时"当是继承魏晋时期的用法,但不知为何集中在《降魔变文》中,有待进一步探讨。

1.1.13 临

介词"临"《世》中无,《史记》中有,用以表示与动作行为有关的处所或时间。在《变文》中用于表示时间。"临"的宾语可以是动词或名词及其短语,如:

①临去传语我王,今夜且去,明夜还来。　　(汉将王陵变)$_{40}$
②临至捉到萧墙外。　(捉季布传文)$_{70}$
③我皇每临美膳,尝念耕夫。
　　　　　　　　(长兴四年中兴殿应圣节讲经文)$_{418}$
④临时必请定门旗。　(王昭君变文)$_{100}$
⑤临死之时悉(怨)为情。　(李陵变文)$_{95}$
⑥临推入火坑之时,〔新妇〕索香炉发愿。
　　　　　　　　　　　　　(太子成道经)$_{295}$

1.1.14 闻①

《世》中无此介词。"闻"有"趁"义。"闻·宾"表示"趁…之时"。如:
①闻健直须知觉悟,当来必定免轮回。
　　　　(频婆娑罗王后宫綵女功德意供养塔生天因缘变)$_{765}$
②"比来梦恶,定知不活。闻我精好之时,汝等即报内外诸亲,在近者唤取,将与分别。"　(搜神记一卷)$_{866}$

1.1.15 连

用于D前,表示与动作行为有关的时间或数量。如:

---

① 参看蒋礼鸿先生《敦煌变文字义通释》349页。

①连年战败江河沸。　　（捉季布传文）₅₁

②黄金白玉莲(连)车载。　　（王昭君变文）₁₀₅

1.1.16　累

用于 D 前,表示与动作行为有关的时间。与"连"的用法相当。但未见到表数量的用法。如:

①连年战败江河沸,累岁相持日月昏。　　（捉季布传文）₅₁

"累岁"与"连年"相配合。

②朕遣诸州寻季布,如何累月音不闻?　　（捉季布传文）₅₇

1.1.17　自

《世》中的"自"位于 D 前者占89%,位于 D 后者占11%。《变文》中的"自"都在 D 前。《世》中的"自"引进处所或时间,《变文》中的"自"主要引进时间。从形式上看,《变文》中主要用复音介词"自从",而且有不少固定格式。

"自·宾"的用法,例如:

①大夫自隔阔,寒暑频移度数春。　　（捉季布传文）₅₆

②秋胡自到魏国,经历数年。　　（秋胡变文）₁₅₆

"自从"表示"自"或"从",如:

③自从挥剑事高皇,大战曾经数十场。　　（汉将王陵变）₃₇

④自从楚汉争天下,万姓惶惶总不安。　　（汉将王陵变）₄₂

⑤自从夫去辽阳,遣妾勾当家事。　　（舜子变）₁₃₀

固定格式"自(此)……(以)后",如:

⑥遇(愚)臣自别龙颜后,匪懈之心中(终)不忘。

　　（伍子胥变文）₂₅

⑦自夫游学已后,经历六年。　　（秋胡变文）₁₅₆

⑧朕自别卿之后,恋念不离心怀。　　（伍子胥变文）₂₅

⑨自此以后,王阁不得入。　　（前汉刘家太子传）₁₆₃

固定格式"一自",与"自从"意义基本相同,如:

⑩一自汉王登九五,黎庶昭苏万姓忻。　　(捉季布传文)$_{55}$

与"一从"用法一致,如:

⑪一从骂破高皇阵,潜山伏草受艰辛。　　(捉季布传文)$_{56}$

固定格式"自古"、"自古至今",如:

⑫自古人情有离别。　　(伍子胥变文)$_{15}$

⑬自古至今耳闻,今时目前交见。　　(秋胡变文)$_{158}$

疑问代词"何"作"自"的宾语时位于"自"之后,如:

⑭此肝自何而来?　　(叶净能诗)$_{222}$

1.1.18　用

《世》中的"用",88%在D前,12%在D后;《变文》中的"用"都在D前。《世》中"用"引进动作行为的工具或对象,《变文》中的"用"仍有此用法,如:

①用水头上攘之,将竹插於腰下,又用木剧(屐)倒着,并画地户天门。　　(伍子胥变文)$_8$

②用霹雷为战鼓。　　(破魔变文)$_{347}$

另一方面,《变文》中"用"的用法也更为灵活,如:

③下马存身用耳听。　　(汉将王陵变)$_{40}$

④侧耳用心听!　　(燕子赋)$_{263}$

"用耳听"、"用心听"都是表示听话时的全神贯注,很难说是工具,特别是"用心",更不能说"心"是"用"的工具。

"何"作"用"的宾语,仍位于"用"前,如:

⑤陵母於霸王面前,口承修书招儿。霸王闻语,龙颜大悦,"陵母招儿,何用咨陈?""不用别物,请大王腰间太哥(阿)宝剑!"

　　(汉将王陵变)$_{45}$

从下文的回答可以看出,"何用咨陈"即"用何咨陈"。

1.1.19　就

《变文》中介词"就"只用在D前,《世》中无。

"就·宾"表示动作行为的处所,如:

①蹔屈就岸相看。　　（伍子胥变文）
②子胥控马笼鞭,就水抢得小儿。　　（同上）$_{22}$
③请来就船而食。　　（同上）$_{22}$

有少数用例表示动作行为涉及的对象,如:

④吾当不用弟语,远来就父同诛。　　（伍子胥变文）$_3$

1.1.20　兼

《变文》中介词"兼"用在 D 前,有"连"义。《世》中无。

"兼"引进动作行为涉及的对象。如:

忽若尧王勑知,兼我也遭带累。　　（舜子变）$_{131}$

1.1.21　依

《世》中无此,《史记》中有少数用例,只用于 D 前,引进动作行为所依据的对象(包括人或事物)。《变文》中介词"依"出现较多,位置仍在 D 前。如:

①依卿所奏千金诏。　　（捉季布传文）$_{69}$
②依实说事状。　　（燕子赋）$_{264}$
③越从吴贷粟四百万石,吴王遂与越王粟,依数分付其粟。

（伍子胥变文）$_{27}$

"一依"常连用,表示"完全依照……",如:

④一依鱼人教示,披发遂入市中。　　（伍子胥变文）$_{17}$
⑤一依前计具咨闻。　　（捉季布传文）$_{61}$

1.1.22　据

"据"作介词在《世》中未见,《史记》也无。《变文》中有少数用例,作用与"依"相似。如:

①据卿所奏大忠臣!　　（捉季布传文）$_{51}$
②据君可以拨星辰。　　（同上）$_{68}$

1.1.23 触

《世》中未见此介词。在《变文》中也不多,用于 D 前,表示动作行为的处所。如:

①触处寻声访觅。　　（伍子胥变文）[5]

1.1.24 并

《世》中无此介词,《史记》中有,《史记》中的介词"并",都在 D 前,引进动作行为进行时所傍依的处所或与动作行为密切相关的时间。《变文》中的"并"亦在 D 前,引进与动作行为有关的对象,如:

①子尚郑国之臣,并父同时杀讫。　　（伍子胥变文）[4]

②取得平王骸骨,并魏陵昭帝,并悉总取心肝。　　（同上）[21]

1.1.25 背

"背·宾"表示动作行为的方向,与"向"相对。如:

管敢怕李陵斩之,背军逃走。　　（李陵变文）[88]

这个介词直到今天在现代汉语里仍用得很多。在《世》中没有见到。

1.1.26 沿

"沿·宾"表示与动作行为有关的处所,如:

弓刀器械沿身带。　　（孔子项託相问书）[235]

1.1.27 应

《世》中无介词"应"。《史记》中有,"应·宾"表示动作发生之快,有"应时"、"应手"等习惯用法,它们与动词之间常有"而"连接,如"应时而皆动"《平津侯主父列传》、"应手而倒"《儒林列传》等。在《变文》中仍保留这一用法,如:

应时便开库藏。　　（降魔变文）[370]

所不同的是"应·宾"与动词或动词短语之间无"而"连接,而是有意义更为明确的副词如"便"等,出现在"应·宾"与动词之前。

值得注意的是在《变文》中"应时"还与"应是"相通,有"凡是"、"所有"之义,请看状语部分。二者在句中的位置不同,介宾短语"应时"都在动词谓语前,表"凡是"的"应时"都在主语前;再加上下文义,是不难区别它们的。

1.1.28 及乎(复音介词)

复音介词"及乎"表示"到……"表示动作行为的时间。如:
未降孩儿慈母怕,及乎生了似屠羊。

(父母恩重经讲经文)[680]

1.1.29 况[①]

"况"与"向"通假,用作介词"向"。《世》中无,在《变文》中都用在D前,如:

①交(教)我将你,况甚处卖得你? (庐山远公话)[175]

②忽见一雕从北便(边)来,王子亦(一)见,当时便射,箭既离弦,不东不西,况雕前翅过。 (韩擒虎话本)[205]

③忽有双雕争食飞来。余(擒)虎亦(一)见,喜不自胜……当时来射。……箭既离弦,世(势)同僻(劈)竹,不东不西,况前雕咽喉中箭,突然而过,况后雕僻(劈)心便著,双雕齐落马前。

(韩擒虎话本)[205]

1.1.30 望

《世》中无此介词。《变文》中的"望"引进动作行为朝向的方向,

[①] 蒋礼鸿先生在《敦煌变文字义通释》中指出这些用例中的"况"应作"向"。"况"、"向"《广韵》同属去声四十一漾韵,声母同属晓母,可以通借。而且在《韩擒虎话本》中,上文有:"箭发离弦,势同僻(劈)竹,不东不西,恰向鹿脐中箭。"语例完全相同,足以证明这几例的"况"就是"向"。请参看蒋书第351页。

都出现在 D 前。如：

①忽然起立望门问。　　（捉季布传文）₅₅

②夜望西北，晓望东南，取路而行，故望得脱。

（李陵变文）₈₆

③失路迷津望月奔。　　（同上）₉₁

④下马望乡拜皇帝。　　（同上）₉₅

⑤遂即收兵，即望沙州而返。　　（张义潮变文）₁₁₆

⑥燕子到来，……望风恶骂。　　（燕子赋）₂₅₂

⑦於是道安闻语，作色动容，嗔（责）善庆曰："亡空便额，我佛如来妙典……非君所会。"……於是善庆闻语，转更高声，遥指道安怒声责曰："……贱奴拟问经文，座主忘空便额……座主莫谩生人。"　　（庐山远公话）₁₈₅₋₁₈₆

陈治文先生在《敦煌变文词语校释拾遗》一文中指出："亡"为"忘"字之讹。"忘"与"望"字同音（"巫放切"）。……"额"为"敓"之替代字，训"击也"。"望空便敓"乃朝空中抡拳挥掌作打击状之动作。"作色动容"下接"望空便敓"，此二者皆是道安之表情动作。道安之言语自"我佛如来妙典"始，原标点亦宜相应改正，"望空便敓"应与"责善庆曰"互应。（见《中国语文》1982 年第 2 期 121 页）我认为陈先生的意见是对的。从下文看，善庆的答语明白无误地说"座主忘空便额"，显然"忘空便额"是座主道安的动作行为。再与上例《燕子赋》中的"望风恶骂"比较，可知两者属于同一句式，含义也大致相当。在《庐山远公话》中，善庆在后面还说了一句"座主莫谩生人"，"谩"是谩骂之意，可能"忘（望）空便额（敓）"表示道安一边朝空中挥拳击掌，指手画脚，一边怒骂善庆；与"望风恶骂"意义相近。善庆责骂道安的姿态和声音是："於是善庆闻语，转更高声，遥指道安怒声责曰："实际也含有"作色动容，望空便额"的意思，"遥指怒骂"可以说就是对"望空便额"的形象化的解释。为什么说"望空……"，因为这样更生动地表现出"遥指"而高声怒骂的动作与表情。

1.2 可分布在 D 前后的介词

1.2.1 为

《世》中的介词"为"全部位于 D 前。《变文》中的"为"绝大多数仍在 D 前,如:

① 为子取食到来。　　(伍子胥变文)$_{13}$
② 直为人多手众,至晓即至江西。　　(同上)$_{20}$
③ 为朕解其善恶。　　(同上)$_{17}$

"为"的宾语常省略,用得灵活,如:

④ 乃为歌曰:……　　(同上)$_{24}$
⑤ 为报我王知。　　(汉将王陵变)$_{45}$

"比为"连用,作介词,表示"本来因为"。"比"表"本来"的意思,一般都用作副词。在这里却与介词"为"连接,起修饰介词的作用,这可能也是介词与动词关系密切的一种反映。如:

⑥ 比为势力不加,所以蹉跎年岁。　　(伍子胥变文)$_{21}$

值得注意的是"比为"与"所以"互相配合,"所以"是表结果的连词,"比为"已带有从介词向连词过渡的性质。由于"比为"出现得很少,没有把握说它已成为连词。其它几例"所以",上文均无虚词与之呼应。如:

⑦ 大王遂问太子,有何不乐。殿下奏大王曰:"宫中谋闷。所以不乐。"　　(太子成道经)$_{291}$
⑧ 我皇帝国奢示人以俭,国俭示人以礼。所以兢兢在位,惕惕忧民。　　(长兴四年中兴殿应圣节讲经文)$_{419}$

疑问代词"何"作"为"的宾语,都位于"为"前,值得注意。如:

⑨ 为当别有他情,何为耻胥不受?　　(伍子胥变文)$_{24}$
⑩ 何为今见儿来,忽尔今朝不喜?　　(秋胡变文)$_{158}$

有时"何为"单独成句,如:

⑪ 子胥曰:"臣解此梦,是大不祥……"王曰:"何为?"子胥直

词解梦……　　（伍子胥变文）₂₆

特别值得注意的是"为"及其宾语有时出现在谓语动词之后,如:

⑫王陵斫营为高皇,直拟项羽行无道。　　（汉将王陵变）₄₂

这种句子出现在七字一句的唱词中,"皇"虽不是韵脚,但可能是七字句内部四、三结构的需要,把"为高皇"放在后边,与下句的"行无道"相对称,同时也通过词序变换起强调作用。它反映出"为·宾"在唐代语言中虽然绝大多数出现在谓语动词之前,但并非只能出现在谓语动词之前,它可以根据不同文体中句子结构或语意表达的需要,放在谓语动词之后。具有更大的灵活性。

1.2.2　以

《世》中的介词"以"在 D 前者占 93%;在 D 后者占 7%;《变文》中"以"在 D 前的比例进一步增长,约占 95%,在 D 后者约占 5%。如:

①以舌舐眼再还明。　　（舜子变）₁₃₄

②以土埋却。　　（同上）₁₃₃

③尧帝闻之,妻以二女。　　（同上）₁₃₄

"以"的用法比较灵活,其宾语前置,如:

④怀中璧玉,以赠船人。　　（伍子胥变文）₁₄

动词也可作"以"的宾语,如:

⑤臣以傍观的审监貌可知。　　（同上）₁₇

"之"作"以"的宾语,如:

⑥天女以之酬恩。　　（秋胡变文）₁₅₆

"以"的词组"何以"、"是以"在《变文》中仍常见,如:

⑦帝曰:"卿不见彭祖,何以知其醜也?"

（前汉刘家太子传）₁₆₂

⑧子胥曰:"王殿上荆棘生,刺臣脚,是以褰衣而下殿。"

（伍子胥变文）₂₆

词组"以为"在《变文》中不仅常用,且可有"不"修饰,成为否定式,如:

⑨我念子不以为言。　　（秋胡变文）$_{158}$

1.2.3　於[①]

在《世》中,"於"的分布在 D 前后各占 50% 左右,与《史记》的"於"在 D 前者占 20%,在 D 后者占 80% 相比,有很大变化。而在《变文》中,"於"的分布与《世》相比,没有太大变化,在 D 前者约占 45%,在 D 后者占 55%。

《变文》中分布在 D 前的"於",其用法若与《史记》相比有很大不同。《史记》中位於 D 前的"於"大多引进与动作行为有关的对象或范围,或有关的时间等,至于引进动作行为发生的处所的用例,只占很少数。在《世》中,表示处所的"於·宾"大量前移,这是十分值得注意的。在《变文》中虽然在 D 前的"於"比《世》的比例略有下降,但首要用法仍是引进动作行为发生的具体处所,与《世》一致。如:

①久於阛阓受饥贫。　　（捉季布传文）$_{52}$

②遂掩(阉)司马迁,并陵老母妻子於马市头付法。

（李陵变文）$_{94}$

③先於树下潜藏。　　（董永变文）$_{112}$

④当时於阵面上生擒。　　（张义潮变文）$_{115}$

⑤舜子便於泥埏中置银钱。　　（舜子变）$_{132}$

⑥遂於磻陁石上而坐。　　（前汉刘家太子传）$_{160}$

⑦忽於中途逢着六师外道。　　（降魔变文）$_{372}$

这些"於·宾"前大都有副词修饰,从副词的含义可以看出是对"於·宾"——动作行为发生的处所——的强调。

有时在问话中,把所要询问的处所置于 D 前,如:

⑧"先於何处立功?"　　（燕子赋）$_{253}$

---

① 关于"《敦煌变文》中的'於'和'在'"一文,我曾于 1991 年应平山久雄教授之邀,在日本东京大学中文系作过报告;过后将此文与《敦煌变文语法特点研究》糅为一体。

⑨且於何处待机缘？　（破魔变文）$_{346}$

有时同一"於·宾"在叙述中位于 D 后,在口语中则位於 D 前,如:

⑩女子泊(拍)纱於水,举头忽见一人,……知是子胥,乃怀悲曰:"……我虽贞洁,质素无亏,今於水上泊纱,有幸得逢君子。"

（伍子胥变文）$_5$

"於·宾"在 D 前的第二个用法是表示对某一对象或相关的某一方面,如:

⑪瞽叟唤言舜子:"阿耶见后院仓,三二年破碎;我儿若修得仓全,岂不是儿於家了事！"　（舜子变）$_{131}$

⑫后母闻言,於瞽叟诈云:"是你怨(冤)家有言,不得使我银钱……"　（舜子变）$_{132}$

⑬阿婆唤言新妇:"我儿於国不忠,岂得官荣归舍？若於家不孝,金綵亦不合见吾。"　（秋胡变文）$_{159}$

以上例句中的"於"为"对"义。有时"於"的宾语是动作行为的施事者,如:

⑭父曰:"刘家太子,逃逝多时,不知所在。汝乃莫令人知,往彼看探。"其子於父言教,至於彼处磻陁石上,有一太子,端严而坐。　（前汉刘家太子传）$_{160}$

"其子於父言教"意谓其子被父言教。

"於·宾"在 D 前的第三项用法是表示与动作行为有关的时间,如:

⑮於今见在亳州境内东南一百廿里有馀,后世莫知。

（伍子胥变文）$_{21}$

⑯其新妇闻婆此语……向前启言阿婆:"新妇父母足配,本拟恭勲阿婆；婆儿游学不来,新妇只合尽形供养,何为重嫁之事,令新妇痛割於心……於后忽尔儿来,遣妾将何申吐？"

（秋胡变文）$_{156}$

⑰燕子於先语:"听臣作一言。"　（燕子赋）$_{264}$

"於先语"表示说在前。

⑱太子愁忧不散,於前来日游於散闷,巡於北门。

(太子成道经)₂₉₃

⑲忽於一日,难陁共妻饮次。 (难陁出家缘起)₃₉₅

"於"在 D 前的第四项用法是构成固定词组"於是",表示上下文的连接,用作连词。如:

⑳吴王即立子胥为元帅大将军行兵节度。上承天子之教,为父报仇侠冤。於是广杀牛羊,城南宴设。 (伍子胥变文)₁₉

㉑是日也,远公早先至阁门领取勅旨,於是皇帝知道远公到来,便出宫门,千回瞻礼,万遍虔恭。 (庐山远公话)₁₉₂

《世》中除了表连接的"於是"之外,还有词组"於此",表示"从此时起"(或"从此事起"),兼有连接上下文的作用,《变文》中未见"於此",但有"从兹"、"从此"、"从此以后"等词组,代替了"於此"的用法。请参看有关"从"的介绍。

下面介绍 D 后的"於·宾"。

"於·宾"在 D 后,最主要的用法是表示处所,如:

㉒与之日夜卧於殿上。 (前汉刘家太子传)₁₆₃

㉓千灾不降於门庭。 (破魔变文)₃₄₅

㉔青石埋於道东,白石埋於道西。 (韩朋赋)₁₄₁

应指出的是"在於",两个介词连用,引进处所。如:

㉕帝得此石,在於殿前募及国内,谁能识之?

(前汉刘家太子传)₁₆₁

㉖当此之时,东方朔在於殿前过见,西王母指东方朔云……

(前汉刘家太子传)₁₆₂

㉗其净能在於侧近店上宿,忽闻哭声甚切。

(叶净能诗)₂₁₇

㉘观看之次,忽见一人尪瘦,置其药椀在於头边。

(太子成道经)₂₉₂

㉙若採花胡蝶盘旋,只在虚空,忽见一窠牡丹,将身便採芳蘂。不觉蜘蛛在於其上,团团结就,百匝千遭,胡蝶被裹在於其中,万计

· 117 ·

无由出得。　　（庐山远公话）[181]

这种现象的产生可能有两个原因,一是当"在"作动词时,其后面的介词常为"於",如:

㉚秋胡唤言道:"……暂请娘子片时在於怀抱,未委娘子赐许以不?"　（秋胡变文）[157]

㉛新妇必有私情在於邻里。　　（秋胡变文）[158]

㉜其时遂有汉帝丈人王莽在於宫中。

（前汉刘家太子传）[160]

而当"在"作为介词时,如果需要对介词的宾语表示强调,也常"在於"连用。

二是由于介词"於"用法灵活,自古以来常兼有多种介词的功能,因此它可以和多个介词连用,如"在於"、"从於"、"向於"、"到於"等,一来有强调作用;二来避免单独用"於",意义不大准确;三来这既是"於"的多种功能的证明,同时也是其多种功能逐步为多个介词取代的表征。

"於·宾"在 D 后的第二项用法是引进与动作行为有关的对象,如:

㉝天恩赐金……桑间已赠於人。　　（秋胡变文）[159]

㉞便令美人勿说於人。　　（叶净能诗）[226]

㉟怀恨於君,故来相伐。　　（伍子胥变文）[23]

㊱诛陵老母妻子了手,所司奏表於王。　　（李陵变文）[94]

值得注意的是"於"用于被动句,引进动作行为的施事者,这项用法大大减少。请看"被动句的比较"部分,这里从略。

"於·宾"在 D 后的第三种用法是"於"所引进的是动词的直接宾语。本可不用"於",但却出现"於"。这种用法的"於"在《左传》中已有不少,在《世》中较少见到,到《变文》又大量出现。如:

㊲楚王捕逐於子。　　（伍子胥变文）[14]

㊳自从束发,远劫单于,一入虏庭,二千余里,誓拟平於沙漠。

（李陵变文）[89]

㊴况我今日五千步卒,敌十万之军,何得蚊蚋拒於长风,蝼蚁捊於大树!　　（同上）₈₉

㊵道东生於桂树,道西生於梧桐。　　（韩朋赋）₁₄₁

这个例句究竟应分析作"於"位於动词"生"与宾语"桂树"之间;还是认为这是一种倒装句,原词序应为"桂树生於道东,梧桐生於道西"? 我在这里暂作前一种分析,因《变文》中在动词与宾语之间加"於"的用例较多,此例也可能是为了表示对宾语的强调而用"於"标志。但也不能绝对排除后一种分析,即这是一种倒装句,其目的也是为了表示强调。

㊶合掌鞠躬,再礼辞於和尚,便登长路。

（庐山远公话）₁₆₇

比较下文的"我当初辞师之日",更可看出"於"是加在动宾之间,起强调介词的作用。

㊷"昨日游观西门,见於何物?"太子奏大王曰:"昨日游玩,不见别物,见一病儿。"　　（八相变）₃₃₇

上文是"见於何物?",下文是"不见别物,见一病儿"。对比之下可以看出,"见於何物"即相当于"见何物"。

㊸父王闻太子入内,亲唤至於面前,遂乃出於善言,亲自劝勉。

（八相变）₃₃₈

"出於善言",即"出善言"。

㊹高峰常保於千秋,海内咸称於无事。　　（破魔变文）₃₄₅

"咸称於无事",即"咸称无事"。

㊺明君面礼於三身,满殿亲瞻於八彩。

（长兴四年中兴殿应圣节讲经文）₄₁₄

以上两例的"於",显然是因行文需要与上句相对称,而加上了"於"。《变文》的文体虽然有多种,但有其共同之处,即大多是成偶的骈句,字数相等,结构相当。不仅在唱词或骈体文中如此,就是在散文般的说词中亦是如此,这样就常常要求上下两句"门当户对"。为了字数相等,说唱时音节配合得当,虚词就显示出它的特殊作用。当然,这并不是说虚词可以任意地随手拈来随处使用,运用虚词凑足音节的必要条件是:

不歪曲上下文原意，并对文意有渲染烘托作用。

〔於·宾〕在D后的第四个用法是表示与动作作为有关的时间。如：

㊻至於明旦，具以梦状告白其父。　（前汉刘家太子传）160

㊼牧女献乳於此时，四王捧钵於是日。　（破魔变文）346

〔於·宾〕第五个用法是表示比较，“於”引进比较的对象。如：

㊽钱财如粪土，人义重於山。　（燕子赋）265

㊾出言易於反掌，收气难於拔山。　（降魔变文）370

〔於·宾〕第六个用法是“於”引进表原因的成分，如：

㊿其国大治，由错於“举烛”之字也。

（前汉刘家太子传）163

第七个用法是表示有关的方面或范围，如：

(51)犹恐义未合於圣心，理或乖於中道。　（降魔变文）361

(52)懿哉若人！非独诱进於空门，抑亦俾兴於王化。

（长兴四年中兴殿应圣节讲经文）418

(53)威名播起於万里。　（秋胡变文）157

1.2.4　在

《世》中的“在”，在D前者占90%，在D后者仅占10%。《变文》的“在”，在D前者约占34%，在D后者约占66%。位于D后的“在”有明显增长。

〔在·宾〕位於D前，主要是表示动作行为的处所，如：

①即纳秦女为妃，在内不朝三日。　（伍子胥变文）2

②在道失路乃迷昏。　（同上）9

③在路相逢从乞食。　（同上）23

④此怒蜗在道努鸣，遂下马抱之。　（同上）27

⑤且在深草潜藏。　（汉将王陵变）37

⑥贱妾只生一个子，只合在家养亲老。　（汉将王陵变）41

⑦况在君家藏一月,送仆先忧自灭门! （捉季布传文）65
⑧纵汝在外得达,…… （秋胡变文）154
⑨身着紫袍,在娘前立。 （同上）158
⑩君是何处之人？姓名是甚？在此而坐？

（前汉刘家太子传）161

其次是表示动作行为的时间,如：

⑪傥若在后得高迁,唯赠百金相殡葬! （伍子胥变文）7
⑫在夜甚人斫营？ （汉将王陵变）40
⑬在后不来,臣即甘心鼎镬。 （李陵变文）93
⑭公主时亡仆亦死,谁能在后丧孤魂？ （王昭君变文）103

D 后的〔在·宾〕绝大多数表示动作行为发生的处所,如：

⑮潜身伏在芦中。 （伍子胥变文）12
⑯放在城东水中。 （同上）21
⑰住在绥州茶城村。 （汉将王陵变）41
⑱只今葬在黄河北,西南望见受降城。 （王昭君变文）105
⑲病卧在床。 （韩朋赋）138
⑳梁伯父子,配在边疆。 （同上）141
㉑尝见一鼠作窟在社树之下。 （前汉刘家太子传）163

有时"在"引进有关的对象：

㉒生死嘱在大王,去住宁由小子！ （李陵变文）93

还有少数用例表示动作发生的时间：

㉓仆应自杀在今晨。 （捉季布传文）58

还有个别例句表示动作的原因：

㉔臣闻虎毛未霸,食床之气以存；鸣鹄一舒,起在排云之力。

（秋胡变文）155

《世》中的"在",无论在 D 前 D 后,都是引进处所。而《变文》中的"在",用法比较多样：位于 D 前者可表示处所和时间；位于 D 后者可表示处所、对象、时间、原因等。表现出介词"在"取"於"而代之的发展趋势,不可不予重视。虽然在《变文》中,"在"的使用频率还不及"於",但与《世》比较,无论在数量上或用法上都是上升和发展的趋势。

1.2.5 向

《世》中的"向",作介词,在 D 前者占 88%,在 D 后者占 12%。《变文》中的"向"在 D 前者约占 80%,在 D 后者约占 20%。

〔向·宾〕在 D 前,大多表示动作进行时施动者动作的方向和位置。如:

① 渐向树间偷眼觑。　　（伍子胥变文）
② 嬾向庭前觐明月。　　（同上）$_{11}$
③ 向市中迎召贤臣。　　（同上）$_{17}$
④ 今受困厄天地窄,更向何边投奔人？　　（捉季布传文）$_{57}$
⑤ 向吾宅里坐,却捉主人欺。　　（燕子赋）$_{262}$
⑥ 皆向此中住止。　　（降魔变文）$_{365}$

"向"的宾语有很多是方位词,如:

⑦ 向前启言阿婆。　　（秋胡变文）$_{156}$
⑧ 向北远行。　　（李陵变文）$_{85}$
⑨ 李陵闻言,向南即走。　　（同上）$_{85}$
⑩ 有三条黑气向上冲天。　　（同上）$_{86}$
⑪ 看看日落向西斜。　　（破魔变文）$_{354}$

这种用法在《世》中未见。

〔向·宾〕在 D 前,有少数表示动作行为向之而发的对象。如:

⑫ 此人向我道家中取食。　　（伍子胥变文）$_{13}$
⑬ 周氏向妻申子细。　　（捉季布传文）$_{57}$
⑭ 莫向人说。　　（庐山远公话）$_{171}$
⑮ 依实向我说看看。　　（降魔变文）$_{373}$

还有少数用例表示动作行为的时间,如:

⑯ 那堪向老更亡妻！　　（王昭君变文）$_{106}$

⑰但贱奴能知人家已前三百年富,又知人家向后二百年贫。

(庐山远公话)$_{176}$

⑱更有向前相识者,从头老病总无常。　(破魔变文)$_{345}$

此例的"向前"有"从前"之意。与表示方向和位置的"向前"义不同。

〔向·宾〕在D后大多表示动作行为的方向和处所,如:

⑲即差勇猛之人往向吴国。　(伍子胥变文)$_{27}$

⑳各自排兵向北山。　(王昭君变文)$_{101}$

㉑净能便对皇帝书符,吹向空中。　(叶净能诗)$_{225}$

有少数用例表示动作对之而发的对象。如:

㉒厅堂夸向往来宾。　(捉季布传文)$_{62}$

㉓从兹朱解心怜惜,时时夸说向夫人。　(捉季布传文)$_{63}$

㉔过失推向将军上。　(李陵变文)$_{95}$

"将军上",意为"将军身上",既表示对象,也表示处所。

有时〔向·宾〕在前后两项谓语动词之间,如:

㉕阿莽两步并作一步,走向狱中看去。　(燕子赋)$_{251}$

"向狱中"先作"走"的补语,然后"走向狱中"与"看去"构成连动式。

㉖走向此间坐睡。　(降魔变文)$_{380}$

此例的结构与上同。

㉗须达舍利乘白象,往向城南而顾望。　(降魔变文)$_{366}$

此例的结构与上基本相同,但在连动之中有"而"连接。

"向"与介词"从"互相呼应,构成"从……向……"固定格式,如:

㉘从东扫向西。　(难陀出家缘起)$_{398}$

这种用法一直保留至今。

总起来看,"向"的用法较之《世》有很大发展,数量也有较大增长。

1.2.6　至

《变文》中的"至"在D后者约占70%,在D前者约占30%。

〔至·宾〕在D后绝大多数都表示动作行为到达的处所,如:

① 子胥行至莽荡山间。　　（伍子胥变文）[4]
② 遂乃诏至殿前。　　（汉将王陵变）[46]
③ 走至单于大帐前。　　（李陵变文）[91]

有少数用例表示动作行为延续的时间,如:

④ 暗听点漏至三更。　　（汉将王陵变）[41]
⑤ 至今逆贼未藏身。　　（捉季布传文）[57]

在 D 前的〔至·宾〕大都表示动作行为发生的时间,如:

⑥ 至晓即至江西。　　（伍子胥变文）[20]
⑦ 至采桑之时,行至本国。　　（秋胡变文）[157]
⑧ 至七月七夕,西王母头戴七盆花,驾云母之车,来在殿上。

（前汉刘家太子传）[162]

⑨ 秋胡至第九载三月三日早朝,忆母泣泪含悲。

（秋胡变文）[156]

《变文》中"至"后表时间的宾语丰富多样,由单个词到较长的名词短语都有。还有两个"至"互相配合呼应的,如:

⑩ 直至二月七日夜至三更已来,忽见四个神人空中言道:"……"。　　（太子成道变文）[325]

在 D 前的〔至·宾〕表示处所,如:

⑪ 东至日月为边,西与佛国为境。　　（伍子胥变文）[1]

"至"与下句的介词"与"相配合。

1.2.7　缘

"缘"在《变文》中作介词都引进动作行为的原因。在 D 前者约占 85%。在 D 后者约占 15%。《世》无此介词。

在 D 前的用例,如:

① 岂缘小事,败我大仪。　　（伍子胥变文）[12]
② 我缘急事,不能设计相留。　　（同上）[23]
③ 汝缘年少,或若治国不得,有人夺其社稷者,汝但避投南阳

郡。　（前汉刘家太子传）₁₆₀

④我不缘贤臣范蠡之言,越王合国死矣。　（伍子胥变文）₂₆

此例"缘"前有"不",意谓我若不因为范蠡所说的话,就要把越国全部消灭。

"缘甚"介宾词组表示"因为什么",如：

⑤缘甚於家不孝？　（舜子变）₁₃₁

⑥缘甚此汤空闲,里许几人受罪？镬汤诸处见有,因甚唯此空闲？　（难陀出家缘起）₄₀₂

此例中,"缘甚"与"因甚"互相配合,用法相同。

有时也作"缘甚事",如：

⑦缘甚事得到此间？　（汉将王陵变）₃₈

"缘何"也表示"因为什么",如：

⑧缘何今日自来降！　（李陵变文）₉₂

有时也作"缘何事"、"缘何急事",如：

⑨王缘何事,抱此怒蜗？　（伍子胥变文）₂₇

⑩缘何急事？步涉长途？　（同上）₅

"缘没"也表示"为什么","没"即"什么"。如：

⑪缘没不攒身入草？　（李陵变文）₈₆

⑫缘没横罗（罹）鸟灾？　（燕子赋）₂₄₉

⑬缘没事谩语？　（大目乾连冥间救母变文）₇₃₃

此例的"缘没事"即"缘何事"之意。

D 后的〔缘·宾〕也都表示原因,如：

⑭买得典仓缘利智,厅堂夸向往来宾。　（捉季布传文）₆₂

⑮王军国灭,都缘宰彼之言。　（伍子胥变文）₂₆

"缘"的宾语有时是动宾结构,如：

⑯大丈夫儿遭此难,都缘不识圣明君。　（捉季布传文）₅₅

"缘"的宾语有时是主谓结构,如：

⑰小儿却问夫子曰："鹅鸭何以能浮？鸿鹤何以能鸣？松柏

何以冬夏常青?"夫子对曰:"鹅鸭能浮者缘脚足方,鸿鹤能鸣者缘咽项长,松柏冬夏常青者缘心中强。"　　(孔子项讬相问书)₂₃₃

《史记》中已有介词"缘",它表示动作行为的依据,有"依照"之义,如"缘人情而制礼"(礼书);还表示动作行为所沿依的处所,有"沿(着)"之意,如"缘边亦各坚守以备胡寇。"(匈奴列传)这两项用法在唐宋时期的文人作品中仍能见到,如:

⑱因其言,经之以六义;缘其声,纬之以五音。

(白居易集·与元九书)

"缘其声",根据其声音。与上句的"因其言"互相配合。

⑲缘溪行,忘路之远近。　　(陶渊明集·桃花源记)

但在《变文》中却没有见到这两项用法,可以看出当时文人写作还努力保持词的古义与古用法,而人民大众在口语中、在反映口语的说唱文学中已赋予它新的意义和用法。这也许可以作为唐宋时文人的书面语与口语存有差异的一个佐证吧。

1.2.8　经

"经"在《变文》中引进与动作行为相关的时间。在《世》中未见。

D 前的〔经·宾〕。如:

①经冬若不死,今岁重回还。　　(燕子赋)₂₆₂

②更经一日过街,亦乃不听打鼓。　　(前汉刘家太子传)₁₆₁

D 前的"经"常有否定词"不"修饰,如:

③不经旬月之间,即至吴国。　　(伍子胥变文)₁₇

④走出军门,不经旬月,便到两军界首。　　(汉将王陵变)₄₅

⑤不经旬日归朝阙,具奏东齐无此人。　　(捉季布传文)₆₂

⑥不经两三日中间,后妻设计得成。　　(舜子变)₁₃₁

"不经……"表示"不到……",意谓在此时间之内,动作行为即已完成,意在表示动作迅速。

D 后的〔经·宾〕大多表示动作行为或状态已经持续了多长时间,未见受"不"修饰的用例。如:

⑦百姓乏少饥虚,经今五载。　（伍子胥变文）[27]
⑧青塚寂辽(寥),多经岁月。　（王昭君变文）[106]
⑨舜来历山,俄经十载。　（舜子变）[133]
⑩臣别家乡以(已)经九载。　（秋胡变文）[156]
⑪游奕经馀一月,行程向尽。　（伍子胥变文）[20]

1.2.9　由

"由"在《世》中位于 D 前者约占 92%,位于 D 后者约占 8%;在《变文》中位于 D 前者约占 40%,位于 D 后者约占 60%。

〔由·宾〕的用法与《世》大致相同,主要表示动作行为的原因。D 前的用例如:

①楚帝闻此语,怕(拍)陛大嗔:"勃逆小人,何由可耐!"
　　　　　　　　　　　　　　　　　　　　（伍子胥变文）[3]
②良由所托处强使然也。　（前汉刘家太子传）[163]

D 后的用例如:

③要其捨罪收皇勅,半由天子半由臣。　（捉季布传文）[67]
④所是交兵由汉帝,奉使何增(曾)敢自专。　（李陵变文）[91]

"由"有时有"听任"意,如:

⑤生死嘱在大王,去住宁由小子!　（李陵变文）[93]

1.2.10　随

《世》中无此介词,而《史记》中有。在《史》中〔随·宾〕都用于 D 前,主要表示动作行为依随的对象,其次表示动作发生之迅速,有"随即"之义。在《变文》中仍然主要表示动作行为依随的对象。如:

①息棹停竿,随流水上。　（伍子胥变文）[13]
②重斩平王白骨;其骨随剑血流,状似屠羊。
　　　　　　　　　　　　　　　　　　　　（伍子胥变文）[21]
③随君出入往来频。　（捉季布传文）[60]

少数用例表示动作之迅速,如:

④陵左手搅发,右手抬刀,头随刃落,含血洒流四方。

(汉将王陵变)$_{38}$

在《变文》中"随"在一定上下文中也有用于 D 后的,用法更为灵活。如:

⑤念君神识逐波涛,游魂散漫随荆棘。 (伍子胥变文)$_{23}$
⑥出门入户随周氏,邻家信道典仓身。 (捉季布传文)$_{61}$

1.2.11 当

"当"在《世》中共 19 例,13 例在 D 前,占 68%,5 例在 D 后,占 32%。用于引进处所或时间。在《变文》中"当"绝大多数用于 D 前,且大都与"时"构成固定的介宾词组"当时"。如:

①当时便拟见官。 (舜子变)$_{130}$
②后阿孃闻道苦嗷(謈嗖)到来,心里当时设计。

(舜子变)$_{130}$

③太子当时脱指环。 (太子成道经)$_{291}$

"当时"大都表示"当即"、"立即"之意。"当此之时"表示"在这个时候",如:

④当此之时,处有东方朔在於殿前过见,西王母指东方朔云…… (前汉刘家太子传)$_{162}$

或用其他表具体时间的词组作"当"的宾语,表示"在……的时候",如:

⑤当腊月八日之时,下山於熙连河沐浴。 (八相变)$_{341}$

还有"当夜"、"当年"等表示时间的介宾词组,如:

⑥五万人当夜身死。 (汉将王陵变)$_{44}$
⑦当年初婚新妇时,少卿深得君王意。 (李陵变文)$_{94}$

有少数〔当·宾〕表示动作行为的处所,如:

⑧取火烧之,当风飏作微尘。 (伍子胥变文)$_{21}$
⑨莫怪将哀当面报,夫人自刎楚营门。 (汉将王陵变)$_{46}$
⑩当心而坐,其富如云。 (王昭君变文)$_{99}$

值得注意的是在唱词中有个别用例的〔当·宾〕位于 D 之后:

⑪一朝自到青云上,三岁飞鸣当此时。 (燕子赋)$_{253}$

从《世》的用例看,"当时"、"当世"都有用于 D 后者,如:

⑫梁王赵王,国之近属,贵重当时。 (德行)$_{21}$

⑬万年游宦,有盛名当世。 (栖逸)$_{659}$

"当时"、"当世"都是"在那(这)时"之意,《变文》中"当此时"的用法有无可能是《世》这种用法的遗留呢?而《变文》中的"当时"都表"当即"之义,就都位于 D 前了。

1.2.12 到

〔到·宾〕大多用在动词后表示动作行为到达的处所。在《变文》中出现较多,如:

①走到下坡而憩息。 (捉季布传文)$_{53}$

②来到濮阳公馆下。 (同上)$_{58}$

③瞽叟入到宅门。 (舜子变)$_{130}$

在个别用例中,〔到·宾〕不是表示动作行为实际到达的处所,而是用夸张的手法表示动作行为的程度之甚。如:

④纵使黄金积到天半,乱綵垛似丘山,新妇宁有恋心,可以守贫取死。 (秋胡变文)$_{157}$

赵大明先生在《汉语处所介词的发展》一文中,认为这是〔到·宾〕的一种引申用法,他说近代汉语中的"到"有很多这种用法,因而《变文》中的个别例子可以视为这种引申用法的早期用例①。

有的〔到·宾〕出现在前后两个谓语动词(或词组)之间,如:

⑤归到壁前看季布。 (捉季布传文)$_{58}$

⑥走到佛前说豆流。 (难陁出家缘起)$_{401}$

〔到·宾〕的作用是作前面动词的补语,然后〔动·到·宾〕与后面的动

---

① 见陕西师范大学中文系《研究生毕业论文及硕士学位论文集》赵大明《汉语处所介词的发展——兼论"介词+处所"短语在句中位置的历史演变》61 页。

词短语构成连动式。

有少数〔到·宾〕用于动词之前,如:

⑦此小儿三度到我树下偷桃。　　(前汉刘家太子传)[162]

⑧到将军帐前唱喏便报。　　(韩擒虎话本)[200]

在 D 前的〔到·宾〕有时表示到什么时间,"到"的实际动作性很弱,如:

⑨叩头与脱,到晚衙不相苦。　　(燕子赋)[252]

1.2.13　往

"往"作介词的用法与"望"同,表示动作行为朝向的方向。所不同的是"往"可用于 D 前后,"望"只用于 D 前。在《世》中"往"作动词,至《变文》衍化为介词。如:

①帝释变作一黄龙,引舜通穴往东家井出。　　(舜子变)[133]

②法华和尚闻语,逐(遂)袖内取出合(盒)子,已(以)龙仙膏往顶门便涂。　　(韩擒虎话本)[196]

也可用于 D 后,如:

③今欲进发往江东。　　(伍子胥变文)[10]

1.2.14　着(著)

《世》中有介词着(著),都在 D 后,引进动作行为到达的处所。《变文》中的"着(著)"在 D 后的有"在"、"到"义,引进动作行为到达的处所,如:

①即捉剑斩昭王,作其百段,掷着江中。　　(伍子胥变文)[21]

②埋着地中,莫令贼见。　　(李陵变文)[91]

③老母便与衣裳,串(穿)着身上。　　(舜子变)[133]

④此小儿三度到我树下偷桃,我捉得,系著织机脚下。

(前汉刘家太子传)[162]

在 D 前的有"用"意,和介词"以"相当①。如:

---

① 参看蒋礼鸿先生《敦煌变文字义通释》第 339 页—340 页。

⑤道由言讫,便奔床卧,才著锦被盖却。

(韩擒虎话本)$_{206}$

⑥阿姊无计,思寸(忖)且著卑辞报答王郎。

(丑女缘起)$_{793}$

⑦是时〔太子〕,四天王捧马足,便即逾城。以手即着玉鞭指其耶输腹有胤。① (太子成道经)$_{295}$

1.3 介词概述

1.通过以上分析介绍,我们看到在《变文》中共有介词44个。出现在 D 前的介词有30个:与、从、对、因、将、把、捉、共、和、即、会、于、临、闻、连、累、自、用、就、兼、依、据、触、并、背、沿、应、及乎、况、望。占介词数的68%。

可出现在 D 前 D 后的介词有14个:为、以、於、在、向、至、缘、经、由、随、当、到、往、着(著)。占介词数的32%。

没有发现只出现在 D 后的介词。

《世》共有介词20个,出现在 D 前者8个:与、从、为、对、即、因、比、及。占介词数的40%。

出现在 D 后的3个:诸、乎、着(著)。占介词数的15%。

可出现在 D 前、D 后的9个:於、以、在、于、自、当、向、由,用。占45%。

《变文》的介词较之《世》有成倍增长,这也许与《世》的篇幅小、材料少有关。值得注意的是在 D 前介词的百分比由40%上升到68%,还有32%是可前可后。也就是说,所有的介词都可以出现在 D 前的位置上,但其中只有部分介词(32%)可出现在 D 后。有68%的介词只能在 D 前。我们知道,由于敦煌变文是民间的说唱文学,唱词有字数限制,有押韵的要求,说词也讲究对偶,这样就使介宾短语的位置有较大的灵活性:为了使上下两句字数相等,韵律谐调,介宾短语的位置可以前置

---

① 蒋礼鸿先生指出"即"为"却","胤"通"孕"。今从。参看蒋礼鸿《敦煌变文字义通释》(增订本),上海古籍出版社1981年版。

或后移。如介词"为",在《世》中只出现在 D 前,在《变文》唱词中却在 D 后出现了。可以在 D 前 D 后出现的介词所占百分比虽然比《世》下降了一些,但绝对值却上升了,由《世》的 9 个上升到《变文》的 14 个。有些介词如"由"、"随"、"缘"、"至"、"到"等,在《史记》等古籍中只出现在 D 前,在《变文》中却也可位于 D 后。

既然《变文》文体给"介·宾"位置以较大灵活性,而在这样的情况下还有68%的介词只位于 D 前,可见"介·宾"位置有语言内部条件的制约,只在条件允许的范围之内可以灵活移动。

那么在语言内部对〔介·宾〕位置起着制约作用的因素是什么呢?我认为主要是三种因素,其一是内容,其二是结构,其三是语言习惯。从内容上看,位于 D 前的〔介·宾〕大都表示动作行为的前提条件。包括施动者与之一起行动的人物或对之行动的人物,动作行为发生的时间或将发生的时间,动作行为的状态、条件,动作行为所从来之地或所经之地,动作行为处置的对象等。

介宾结构可前可后者大多表示动作行为的既成情况:包括施动者所在之地或动作行为所到达之地;动作行为的结果;动作行为的工具、方法、原因;动作经历的时间或结束的时间;比较的对象、动作行为的施动者或为之而行动的对象。有的介词在前或在后,所表达的意义不同,如於、于、着(著)。

从结构上看,介宾结构可前可后的句子,动词谓语本身结构大都比较简单。如果谓语为并列、连动、兼语、动补等结构,"介宾"若放在后面就会远离它所修饰的对象而影响人们对文意的准确理解。

从语言习惯来看,各介词位置之在前在后,由语言内在规律的制约,似乎已形成一种习惯势力。有时同一意义,如表示原因,介词"因"只在前,介词"为"可前可后;又如表示施动者动作朝向何方时,介词"望"、"况"只在前,介词"向"、"往"可前可后;表示被动,介词"被"、"为"只在前,介词"于"、"於"只在后;表示比较,介词"比"只在前,介词"於"只在后。

总的看来,汉语"介·宾"结构总的发展趋势是向 D 前移动,并且大部分固定在前。

2.《变文》介词有几个重要特点:介词"把"("捉")、"望"、"往"的出现;"与"、"对"、"为"、"用"、"从"、"着(著)"等介词的灵活运用;介词"在"的逐渐增长;大量复合词组及固定格式的形成;D后介词"诸"、"乎"、"于"的消失等。这些特点显示着汉语介词的发展进入一个新的阶段。

3.《变文》中的部分介词在《世》中虽然没有,在《史记》中却可以找到,它反映了汉语发展的历史继承性;同时也可看到,像以《史记》为代表的伟大的文史巨著对汉语发展所产生的巨大影响。

4.《变文》中的很多介词在唐人诗、文或《新唐书》、《旧唐书》中也能找到①,这一事实证明《变文》与所谓正统的书面语相比,并不是泾渭分明、异军突起,而是你中有我,我中有你。但是《变文》中的口语成分更多,大体上反映了唐代口语的基本面貌,这是必须看到的。

2. 补语的比较

介宾补语有专节讨论,这里只谈结果补语、趋向补语与程度补语(简称三补语)。在《世》里,三补语约占补语总数的75%,介宾补语约占25%;在《变文》里,三补语约占补语总数的73%,介宾补语约占27%。从百分比看,似乎变化不大,实际上《变文》中的补语比《世》中的补语有明显特点,且有重要发展。在《世》中,程度补语最多,在《变文》里三种补语出现频率都很高,而以结果补语居首位,结果补语约占50%,趋向补语14%,程度补语9%,合计73%。下面我们从几方面来谈:

2.1 三补语的运用更加普遍

在《世》中三补语已有不少,常在一小段文字中即可见到一两处用补语者,如:

①卫玠从豫章至下都,人久闻其名,观者如堵墙。玠先有羸

---

① 蒋礼鸿先生在《敦煌变文字义通释》中列举了大量例句,可以参看。

疾,体不堪劳,遂成病而死。时人谓"看杀卫玠"。 （容止）
"看杀卫玠"意即"看死卫玠",把卫玠看死。表示众人围观卫玠以至达到把他累死的程度。

②王子猷、子敬俱病笃,而子敬先亡,子猷……便径入坐灵床上,取子敬琴弹,弦既不调,掷地云:"子敬!子敬!人琴俱亡。"因恸绝良久,月馀亦卒。 （伤逝）

"病笃","笃"表示"病"的程度。"恸绝良久","绝"作"恸"的结果补语,"良久"表示"恸绝"的时间,也可认为表示程度。

在《变文》中常可见到一段中多处补语,请看下面几例：

③"自从夫去辽阳,遣妾勾当家事,前家男女不孝,东院酒市（席）常开,西院书堂常闭,夜夜伴涉恶人,不曾归来宅里。买（卖）却田地庄园,学得甚祟祸术魅！大杖打又〔不〕死。三具火烧不敛,忽若尧王勅知,兼我也遭带累。" （舜子变）$_{132}$

"归来"——趋向补语；"买（卖）却"、"学得"、"不死"、"不敛"——结果补语；"……来"——结果或趋向补语。

④"者（这）贼无赖,眼恼蠹害,何由可奈（耐）。胥是捉我支配,捋出脊背,拔却左腿,揭却恼（脑）盖。"雀儿被吓胆碎,口口惟称死罪,请唤燕子来对。 （燕子赋）$_{250}$

"捋出"、"拔却"、"揭却",结果补语；"胆碎",结果或程度补语。

⑤"我缘今日斋去,是汝且与我看院。有四个水瓨与添满,更有院中田地,并须扫却。待我到来,一任汝去。世尊道了,便即付（赴）斋。这难陀在院闷了不已,思量道,"阿谁能待得世尊！"心中道了,又怕世尊嗔责。连忙取得四个瓶来,便着添瓶。才添得三个,又到（倒）却两个；又添得四个,到（倒）却三个。十遍五遍,总添不得。难陀恶发不添,尽打破。 （难陀出家缘起）$_{398}$

"斋去",趋向补语；"添满"、"扫却",结果补语；"到来",趋向补语；"闷了",结果补语；"不已"程度补语；"待得"、"道了"、"取得",结果补语；"添得"、"倒却"、"不得"、"打破",结果补语。

我们姑且把以上三段文字中用逗号或句号隔开的一小句叫做一个谓语逗。则共有48个谓语逗,其中用补语的有22个,几占半数！虽然

《变文》中就总体来说,运用三个补语的百分比并没有全部谓语逗的半数,但三个补语出现次数确实较多,这是《变文》的一个重要特点,也是唐代汉语口语的重要标志之一。

2.2 用作补语的词范围进一步扩大,且更加口语化

值得注意的像动词"了"、"作"、"着"、"脱"、"穿"、"罢"、"煞",副词"频",形容词"真"、"尽"、"全"等。各举一、二例,说明于下:

①学问晚(完)了,辞先生出山。　　　(秋胡变文)$_{155}$
②其凳子便变作一个道士。　　(叶净能诗)$_{221}$
③天人答言:"我交一瞌睡神下界,令百人尽皆昏沉,即便相随,有何不得。"言之已了,宫人并总睡着。　　(八相变)$_{339}$
④鸟入网中难走脱。　　(张淮深变文)$_{121}$
⑤衣香路远风吹尽,朱履途遥蹴镫穿。　　(王昭君变文)$_{101}$
⑥自去开讲即坐,讲罢方始归去。　　(庐山远公话)$_{170}$
⑦说着来由愁煞人!　　(同上)$_{64}$
"愁煞人",愁死人。
⑧武士遂奏大王,其新妇推入火坑,并烧不煞。
　　(太子成道经)$_{296}$
"烧不煞",烧不死。
⑨皇帝闻言情大悦:"劳卿忠谏奏来频!"　　(捉季布传文)$_{69}$
⑩具说《汉书》修制了,莫道词人唱不真!　　(同上)$_{71}$
⑪我儿若修得仓全,岂不是儿於家了事!　　(舜子变)$_{131}$

像这些用作补语的词在唐代口语里出现很多,在后代口语里也一直沿用不衰。除少数词语如"不煞"、"频"外,大多数在现代汉语的补语里仍然十分活跃。

2.3 补语的结构灵活扩展

在《世》中有少数表程度的补语由复音词语充当,如"有疾至困"(容止),"恸绝良久"(伤逝)等。《变文》中补语的结构有进一步灵活扩展的趋势。并列结构作补语,如:

①其兵吃食饱足。　　（伍子胥变文）$_{23}$

②闷心数四,忧苦再三。　　（八相变）$_{338}$

偏正结构作补语,如:

③今取你父骸骨及你生身,祭我父兄灵魂始得。

（伍子胥变文）$_{21}$

④其时李陵忽遇北风大吼,吹草南倒。　　（李陵变文）$_{86}$

主谓结构作补语,如:

⑤去时只道壹年,三载不归宅李（里）,儿逆（忆）阿耶长段（肠断）。　　（舜子变）$_{129}$

⑥至七月七夕,西王母头戴七盆花,驾云母之车,来到殿上。空中而游。帝见之心动,遂不得仙。　　（前汉刘家太子传）$_{162}$

动宾结构作补语,如:

⑦诛陵老母妻子了手,所司奏表於王。　　（李陵变文）$_{94}$

⑧武子为国远从征,母病餐人肉始轻,新妇闻之方割股,阿家吃了得疾平。　　（孝子传）$_{910}$

"得疾平",动词"得",补语"疾平"。

动补结构作状语,修饰补语。如:

⑨扑柶卧於枪下倒,失声不觉唤娇儿。　　（汉将王陵变）$_{43}$

"卧於枪下",动补结构作状语修饰补语"倒"。

另见"被动句比较"一节,也有主谓结构和动词的偏正结构作补语的例子。值得注意的是这些补语大都是结果或程度补语,说明这两种补语是具有很大灵活性的句子成分。至于动补结构中的宾语,它的变化主要表现在宾语的位置和结构上,如:

⑩打却前头双板齿。　　（伍子胥变文）$_{24}$

⑪随即打其齿落。　　（同上）$_{12}$

⑫即打韩朋双板齿落。　　（韩朋赋）$_{139}$

从宾语的位置看,上例的宾语在动补"打却"之后,下两例的宾语在动词"打"与补语"落"之间。从宾语的结构看,有"其齿",所有格代词"其"加名词"齿";有"前头双板齿","双板"修饰"齿",表明"齿"的特征,"前头"修饰"双板齿",表示它的位置;还有"韩朋双板齿","双板"

表特征,"韩朋"表所属。

《变文》中的趋向补语变化不大,但也有些生动的修饰语,如:

⑬莫遣波逃星散去。　　（张淮深变文）[121]

名词"星"作状语,十分形象。

带趋向补语的"动补"中,宾语结构也有灵活的变化,如:

⑭解士（事）把我离书来,交〔我〕离你眼去。　　（舜子变）[131]

⑮李乹风□□真共你是朝庭,岂合将书嘱这箇事来?

（唐太宗入冥记）[210]

"我离书",双宾语;"我"和"离书"是"把"的两个宾语。"你眼",第二人称代词"你"作定语表示所属;"这箇事",指示代词"这"加量词"箇"作定语修饰"事"。这些用法在《世》中尚未见到。它们无疑表现出唐代口语的一些特征。正如吕叔湘先生在《近代汉语指代词》一书中指出,"大概'你'的写法也是南北朝的后期就已经出现,隋唐之际已经相当通行:到了修史的文人或眷写的钞胥敢于录用的程度"。①

此外,少数用作补语的动词如"却"、"得"、"了"、"讫"等大量出现,广泛地与众多动词结合,使动补结构大大增加,也是值得注意的语言现象。

2.4 助词"得"在补语中的运用

《世》的动词谓语句,在修饰语分布上的一个重要特点是状语远远超过补语的出现频率。我在《从〈史记〉和〈世说新语〉的比较看〈世说新语〉的若干语法特点》一文中曾说,"这种现象与副词及时间短语、处所短语作状语的大量运用,以及介宾结构的前移都有密切关系。同时大概与动词后引进补语的助词'得'尚未产生也有关系。助词'得'的产生为补语的发展开创了一个新阶段,使补语空前丰富而多彩。《世》正处于'介宾'大量前移而'得'尚未产生的历史阶段,它的补语较

---

① 《近代汉语指代词》,3—4页。

《史》略有减少是合乎情理的。"①

《变文》的补语中出现了助词"得",上下册共出现 44 例,占全部补语的 2% 左右。从百分比看来,《变文》中的助词"得"似还处于初期阶段,但内容已很生动丰富。在介绍助词"得"的情况前我想对上面所引的一段话补充说明一点,"得"的出现决不是孤立的语言现象,伴随着"得"的到来,一个令人瞩目的语言现象是三个补语的大量运用,以及补语结构的多样化;它们反映了补语有进一步向前发展的客观需要。同时,"得"在补语中的出现和发展也有它自己的历史过程,不可能在它出现的初期阶段就使补语面貌有很大变化。下面介绍"得"的情况。

2.4.1 "得"引进的绝大多数是表示程度的补语

①是经声朗朗,远近皆闻,法韵珊珊,梵音远振。敢(感)得大石摇动,百草亚身,瑞鸟灵禽,皆来赞叹。 (庐山远公话)168

"得"后面都是补语,表示远公讲经的效果达到什么程度。

②子胥治国一年,风不鸣条,雨不破块。治二年,食库盈益,天下清太(泰),吏绝贪残,官僚息暴。治国三年,六夷送款,万国咸投。治国四年,感得景龙应瑞,赤雀咸(衔)书,芝草并生,嘉和(禾)合秀。耕者让畔,路不拾遗。三教并兴,城门不闭。更无呼唤,无摇(徭)自活。子胥治国五年,日月重明,市无二价,猫鼠同穴,米麦论分,牢狱无囚。 (伍子胥变文)18

在这段文字里,描写了子胥治国五年的效果。对每年的描写,既可说是取得了什么结果,也可说是达到了什么程度。除第四年外,都是用的并列复句。可能第四年是叙述的高潮,作者想用句式的变化来加强语言的感染力:先用了一个动补式,把"景龙应瑞……嘉和(禾)合秀"作为"得"的补语,表示子胥治国之好达到使自然界出现各种祥瑞景象的程度。接下去是用并列复句叙述他治国的实际效果。

---

① 见《魏晋南北朝汉语研究》,程湘清主编,山东教育出版社 1988 年版,176 页。

③骏马彫鞍穿镄甲,旗下依依认得真。　　（捉季布传文）53

④生时百骨自开张,唬得浑家手脚忙。

（父母恩重经讲经文）680

这两例的补语似可认为表示结果,但细推文意,仍可认为表示程度。从意义上品味,用"得"引进的补语,似乎都有表示到达什么程度的作用。

2.4.2 "得"前的常用动词

《变文》中"得"前常用的动词有敢（感）[30]、直（致）（置）[8]、叉[1]、恼[1]、嗽（喊）[1]、认[1]、赞[1]等。下面分别例举,剖析它们的用法上的特点。

《变文》中的"得"绝大多数用在"感"后引进补语,而且大多表示宗教与神灵的作用能达到什么程度。上面已见两例,再举两例如下:

①是时摩耶夫人梦想有孕……举手攀枝,释迦真身从右胁诞出。……太子既生之下,感得九龙吐水,沐浴一身。

（八相变）331

②目连见母罪灭,心甚欢喜,启言:"阿娘,归去来……西方仏国最为精。"感得天龙奉行其前,亦得天女来迎接。

（大目乾连冥间救母变文并图一卷并序）744

"得"前的动词为"直"（致）①时,补语大多表示某一行为在人世间的实际效果达到什么程度,如:

③远公便为众宣扬《大涅槃经》义,直得诸方来听,雨骤云奔,竞来听法。　（庐山远公话）171

④伏惟我府主僕射……自临井邑,比屋如春,皆传善政之歌,共贺昇平之化。致得岁时丰稔,管境谧宁。

（破魔变文）345

或者表示由于某种原因,致使某人得到什么样的结果,这种结果大

---

① 蒋礼鸿先生在《敦煌变文字义通释》中指出,"直得"是"致得"的假借。因"直"是"值"的声符,古代"直"、"值"多通用,而"值"、"致"字音最为相近,因此"直"亦可借作"致"。（311页）

多是消极方面的,在叙述中也带有夸张色彩,表示程度,如:

⑤朱解当时心大怪,愕然直得失精神。　　（捉季布传文）[63]

⑥十月满足,生产欲临,百骨节开张,由如锯解。直得四支体折,五脏疼痛,不异刀伤,何殊剑切。　　（庐山远公话）[179]

⑦李陵闻诮,直得身皮骨解。　　（苏武李陵执别词）[848]

⑧龃龉新妇甚典砚,直得亲情不许见。　　（龃龉书一卷）[858]

由此看来,"感"与"直"(致)虽然都常带助词"得"引进表程度(同时也表结果)的补语,但在用法上各有所侧重,"感得"后面的补语大多表示神灵的玄妙与威力,或人与自然界受感动后所产生的积极（或消极）效果;"直(致)得"后面的补语大多表示人世间的某种实际效果,或某种行为给某人所造成的消极结果。当然,这只是指它们各有所侧重,并不是说它们的区别泾渭分明,实际上它们都有个别例外的情况。如:

⑨解歌音,能律吕,箫韶直得阴云布。

（维摩诘经讲经文）[629]

"直得阴云布",属于神灵性的效果。当描述到远公讲经感动神灵而出现各种变化时,就用"感得"。

⑩轻慢圣贤之业,感得面儿丑陋。　　（丑女缘起）[800]

这里若用"直(致)得"似更恰当。

"得"前为其他动词时,所带都是程度（也表结果）补语。"认（得）"、"唬（得）"的例子已列于上。其他几个动词各有一例:

⑪㘉（喊）得山崩石烈（裂）,东西乱走,南北奔冲,齐入寺中,唯称活捉。　　（庐山远公话）[172]

⑫远公曰:"不知甚生道安,讲赞得尔许多能解。"

（庐山远公话）[178]

⑬铁砲砲来身粉碎,铁叉叉得血汪汪。　　（目连变文）[757]

⑭千约万来不取语,恼得老人肠肚烂。　　（龃龉书一卷）[859]

2.4.3 "得"后的补语,结构十分灵活

"得"后的补语有单音的形容词,如"真"（例见上,不再举）；有主

· 140 ·

谓结构,如"血汪汪"、"阴云布"、"老人肠肚烂"、"浑家手脚忙""面儿丑陋"……等;有动词的偏正结构,如"尔许多能解";有动宾结构,如"失精神";有两个分句组成的并列复句、多个分句组成的并列复句(均见上例);也有多个分句组成的因果复句或顺承复句,各举一例于下:

①是日也,感得天起阵云,地生战雾,凶奴倾败,当即抽〔军〕。
（苏武李陵执别词）$_{849}$

②净能年幼,专心修道,感得大罗官帝释差一神人,送此符本一卷与净能,令静能志心慗而学,勿遣人知也。
（叶净能诗）$_{216}$

有的补语是由几个并列复句组成的语段,如:

③是时远公才开经之题目,便感得地皆六种震摇,五色常(祥)云长空而遍;百千天众,共奏宫商;无量圣贤,同声梵音;经声历历,法韵珊珊。　（庐山远公话）$_{191}$

由此我们可以看到,补语中"得"这个助词的出现,确实为补语迎来一个新天地。在《变文》中这类补语出现的次数还不算多,结合的动词范围也还较小,而补语的情况已相当丰富生动,它有力地预示着补语在未来将有大的发展。

2.4.4　动词后的动词"得"与助词"得"的界限

动词后常带动词"得"作补语,与动词后的助词"得"如何区别?最重要有三点:

第一,作补语的动词"得"可单独位于动词之后,"得"后无其他成分。这样的例子在《变文》里有不少,如"捉得"、"夺得"、"救得"等。

第二,"动·得"后带宾语,这些宾语绝大多数是名词或其短语,如:

①阿妹(姊)抱得弟头,哽咽声嘶。　（伍子胥变文）$_7$

②仆且如何救得君?　（捉季布传文）$_{67}$

③远公出得寺门。　（庐山远公话）$_{192}$

而助词"得"后的补语没有体词。

第三,"动·得(动)"后的宾语也有"主谓"或其他动词结构;如:

④屈得夏侯萧相至,登筵赴会让尊卑。　（捉季布传文）65

⑤远公忽因一日,忆得阿阅如来有言,遂便辞皇帝。

（庐山远公话）192

这就要从形式和意义两方面来辨别。从形式上看,带程度补语的助词"得"所在的句子,都是因果复句或语段中表"果"的部分,(其实这类复句或语段也可以叫做程度复句或语段);在"动·得·补"前,可能出现与上文相承接的连词、副词、或其他短语,如"今"、"即"、"便"、"须臾之间"等。从意义上看,这类复句或语段的大意是,由于上面的原因,"动"的程度如此高,以至于产生了"得"后面补语所说的情况。补语说明"动"的程度而不是"动"的受事。而"动·得·宾"从形式上看,它不是一定在表因果的复句或语段中出现;从意义上看,若把宾语当作补语理解,就会与原义不符甚至相背。就拿上面的"屈得夏侯萧相至"来说,若理解成"'屈'到这样的程度以至于夏侯萧相都来了"就与原意大相径庭。

但另一方面,由于动词"得"总是位于动词后做结果补语,而且可以带主谓结构或动词结构作补语,有可能助词"得"就是由它逐渐演变而来的。从历史的发展情况来看也是动词"得"作补语在前,《史记》中已有①;助词"得"引进补语在后。但这是一个很复杂的问题,需有专门研究,这里姑妄言之,有待方家指正。

2.5　动词后的助词"将"

《变文》上下册共有助词"将"84例,其中"唱将来""唱将罗"共62例,其他22例。有以下几种情况:

2.5.1　〔动·将〕共9例:动词后带助词"将","将"后无其他成分

①天下鬼神,尽被净能招将。　　（叶净能诗）216

---

① 参看拙文《〈史记〉语法特点研究》,《两汉汉语研究》(程湘清主编),220页。

②燕有宅一所,横被强夺将。　　　(燕子赋)₂₆₄
③门徒尽被诙将。　　(降魔变文)₃₇₄
④咸贺有於(相)能平正,也被无常暗取将。

(欢喜国王缘)₇₇₄

这4句均为被动句,还有几例如下:
⑤好事恶事皆抄录,善恶童子每抄将。　　(董永变文)₁₀₉
⑥财物库藏,任意般将。　　(八相变)₃₃₈
"般"通"搬"。
⑦陈王见随驾兵到来,遂乃波逃入一枯井……将士亦见,当下擒将。　　(韩擒虎话本)₂₀₃
⑧陈王闻语,启言军于:"容某修书与周罗侯降来,乞(岂)不好事。"……罗侯得书,满目泪流,心口思量:"我主上由(犹)自擒将,假饶得胜回弋(戈),公(功)归何处?"　　(同上)₂₀₃

我们看到,"将"前的动词都是及物动词。动词的逻辑宾语都在上文出现。但"将"不是代词性质,如果它的作用是代词性质复指前面的逻辑宾语,例⑧就无法解释:"我主上由自擒将",意思是说我主上尚且被擒,这句实际含有被动意,若"将"为代词性质,则与原意相背。从下面的一些例句还可以看到在"动"与"将"之间有受事宾语,因此我认为"将"这个助词的性质是用于动词之后有表示和强调动作结果的作用。在动词后带"将",是当时的口语。

2.5.2 〔动·将·去〕共3例:"去"表示动作的结果或趋向

①忽然买仆身将去,擎鞭执帽不辞辛。　　(捉季布传文)₆₀
②窠被夺将去。　　(燕子赋)₂₆₄
③黑绳系项牵将去。　　(太子成道经)₂₉₄

从第1例看出在"动·将·去"中,"将"与后面的动词关系似更紧密,因宾语位于动词之后,而不在"动将"之后。可能由于"将"有强调动作行为结果的作用,因而当动词后出现表示结果或趋向(趋向可视为动作的持续和结果)的动词时,"将"就和它结合得更紧一些。

2.5.3 〔动·将·来〕共9例:"来"表示趋向或结果

①遂将生杖引将来。　　（汉将王陵变）₄₂

这例中的第一个"将"字是介词,第二个"将"是助词。

②"与寡人将领一百识文字人,抄录将来!"

（汉将王陵变）₄₀

③织得锦成便截下,撵将来,便入箱。　　（董永变文）₁₁₁

④蚕家辛苦尚难裁,终日何曾近镜台;叶似蝇头□得大,蚕如蚁脚养将来。　（长兴四年中兴殿应圣节讲经文）₄₁₉

还有两例动词后带宾语:

④"缘我当时掳许你将来,一为不得钱物,二为手下无人,所得恶发,掳你将来"。　　（庐山远公话）₁₇₅

当"动·将·来"中动词有宾语时,"将"与"来"连在一起。

2.5.4 〔动·将·动宾〕1例:

①新妇启言阿母:"儿若于慈孝,天恩赐金,交将归舍,报娘乳哺之恩。"　（秋胡变文）₁₅₉

从以上情况看,"将"是唐代口语中一个助词成分,用在动词后,起补语作用,表示和强调动作的结果和趋向。和"来"、"去"结合时,作用不变。"来"、"去"用作补语,可以表结果,也可表趋向,不宜笼统地把它们视为趋向补语。

至于在讲解佛经的篇章中出现的很多"唱将来"以及部分"唱将罗"等,"将"的作用仍未变。"来"、"罗"似都表示动作的结果,"将"起加强的作用。

助词"将"在明清小说中出现很多,因此它在唐代口语中的运用是很值得重视的。

3. 状语的比较

《世》中带状语的动谓约占76%，《变文》中带状语的动谓约占70%，百分比有所下降，可能与《变文》的文体有关，因上下句的字数常须互相对应，若句中名词的定语较多，就会影响状语的运用。实际上《变文》的状语内容非常丰富，与《世》比较起来有以下几个特点：

3.1 单音副词中同义词或近义词较多

这些同义词或近义词或是有文白之分，有的代表了唐代口语的某些特色；或是用在上下句，意同而不重复；或是在表达意义的细微差别上有分工，大大充实了副词的阵容。例子很多，我们只能举出数组作为代表。

3.1.1 咸、胥、悉、皆、例、俱（具）、齐、都、全、浑等

这些词都可表示对象的全部范围。如：

① 勅既下行，远近咸知，各悉投名。 （伍子胥变文）[19]

② 诸坊各有监官，每有人来，胥遣打布鼓，都无音响。
　　　　　　　　　　　　　　　　　（前汉刘家太子传）[161]

③ 齐唱太平，俱称万岁。 （伍子胥变文）[17]

④ 有一人上王瓠之酒，王饮不尽，倾在河中〔曰〕："兵事（仕）共寡人同饮。"其兵总饮河水，例闻水中有酒气味，兵吃河水，皆得醉。 （伍子胥变文）[28]

⑤ 今朝塞外浑输失，更将何面见京华！ （李陵变文）[89]

⑥ 其柱约一半以上，转起分明，全无净能踪由。
　　　　　　　　　　　　　　　　　（叶净能诗）[227]

3.1.2 并、合、共、同、重

这组词常用以表示不同的主语有共同的动作或状态。例如：

① 治国四年，感得……芝草并生，嘉禾合秀。

(伍子胥变文)₁₈

②子胥治国五年,日月重明,市无二价,猫鼠同穴。
(同上)₁₈

③人之屈厄,鱼鳖同群;君子迍邅,龙蛇共处。　(同上)₁₄

例②的"重"为副词,"同"为动词;例③的"同"为动词,"共"为副词,互相配合呼应。"重"在这里也有"同"义。

3.1.3　实、定、必、的、真

这组副词常用以表示肯定。但在用法上有微小差异。如:

①方知后生实可畏也。　(孔子项讬相问书)₂₃₃
②王今伐吴,定知自损。　(伍子胥变文)₂₆
③倘若在后被追收,必道女子相带累。　(同上)₇
④但请阿郎勿怀忧虑,的无此事。　(庐山远公话)₁₇₅
⑤汉下谋臣真似雨。　(捉季布传文)₅₁

"实"、"的"、"真"常表示对已有事实的肯定,"定"、"必"常表示对未来事实的判断。

3.1.4　雅、甚、深、极、最、大、恶、太、偏、生、能、顿、苦、硬、死

这一组词多用以表示程度之甚。如:

①太子遂生忿怒,雅责须达大臣。　(降魔变文)₃₆₈
②遥见一园,花果极多,池亭甚好。　(同上)₃₆₄
③汉王闻语深怀怒。　(捉季布传文)₅₃
④无忧花色最宜观。　(太子成道经)₂₈₉
⑤帝与东方朔曰:"卿大短命!"　(前汉刘家太子传)₁₆₂
⑥燕子到来,……望风恶骂。　(燕子赋)₂₅₂
⑦平王太剧,唱叫称冤。　(伍子胥变文)₁₆
⑧偏怜鹊语蒲桃架,念燕双栖白玉堂。　(同上)

"偏"表程度之甚,在《世》中已有:殷中军虽思虑通长,然于才性偏精。(文学)

⑨心惊恐怕牛羊吼,头痛生憎乳酪饘。　(王昭君变文)₁₀₁

生憎,很憎。

⑩朱唇旖旎,能赤能红,雪齿齐平,能白能净。

(维摩诘经讲经文)$_{373}$

能,如此。表示程度之甚①。蒋礼鸿先生在《敦煌变文字义通释》中指出,"能"、"恁"在语源上应该是同一个词。现在浙江平湖一带方言说"这样"时仍用"能"字。

⑪语已含啼而拭泪,君子容仪顿憔悴。 (伍子胥变文)$_6$

⑫苦见陵母不招儿,遂交转队苦陵迟。 (汉将王陵变)$_{43}$

⑬硬努拳头,偏脱胳膊,燕若入来,把棒撩脚。

(燕子赋)$_{249}$

⑭雀儿被禁数日,求守狱子脱枷,狱子再三不肯。雀儿……叩头与脱……死相邀勒。 (同上)$_{252}$

3.1.5 方、始、初、纔(才)

这组词常用来表示动作行为发生在某种条件之后,或表示动作行为发生不久,或即将发生。例如:

①魔王登时观下界,方知如来出世中。 (破魔变文)$_{347}$

②吴王曰:"不然,但将九十万人,始可相伐。"

(伍子胥变文)$_{19}$

③白日纔沉形,红日初生,拟杖才行,天下晏静。

(太子成道经)$_{288}$

3.1.6 佯、诈、假

表示动作行为是虚假的。例如:

①难陁出门见佛,便乃佯作喜欢。 (难陁出家缘起)$_{396}$

②巧言利语,诈作朋书。 (韩朋赋)$_{138}$

③髡发剪头披短褐,假作家生一贱人。 (捉季布传文)$_{60}$

---

① 参看蒋礼鸿先生《敦煌变文字义通释》373页。

3.1.7 恒、永、长、常、镇

表示长久,常常。

①子胥为臣志节,恆怀匪懈之心。　　（伍子胥变文）$_{18}$
②伏愿长悬舜日,永保尧年。　　（破魔变文）$_{345}$
③三界众生多爱痴,致令烦恼镇相随。

（左街僧录大师压座文）$_{840}$

④镇闻妙法,常历耳根。　　（无常经讲经文）$_{657}$

"镇"表示"长久"、"常常",为唐时习用语①。

3.1.8 更、复、重(chóng)、再、却

这组词都可表"再"义。如:

①车破更造,必得其新;妇死更娶,必得贤家。

（孔子项讬相问书）$_{233}$

②今遭落魄,知复何言!　　（伍子胥变文）$_{15}$
③悲歌已了,更复前行。　　（同上）$_{15}$

"更"、"复",意同而连用。

④单于重祭日月,再求山川。　　（王昭君变文）$_{103}$
⑤今投甚处,兴得军兵,却得父业?

（前汉刘家太子传）$_{161}$

"却"为"再"义,李商隐《夜雨寄北》诗:"何当共剪西窗烛,却话巴山夜雨时。"

3.1.9 昔、当

表示从前。如:

①昔周国欲末,六雄竞起,八囗诤(争)侵。

（伍子胥变文）$_1$

②吾当不用弟语,远来就父同诛,奈何,奈何!　　（同上）$_3$

---

① 参看蒋礼鸿先生《敦煌变文字义通释》336 页—337 页。

③我儿当去,元期三年,何因六载不皈? （秋胡变文)$_{156}$①

3.1.10 虚、徒、枉、空、乾

这组词都可表示"白白地"、"徒然"、"枉然"之义。"乾"为唐时习用语。② 如:

①仆恨从前心眼昏,枉读诗书虚学剑,徒知气候别风云。
(捉季布传文)$_{60}$

②时王启言和尚:"朕比日以来,虚加敬重,广施玉帛,枉费国储。" (降魔变文)$_{388}$

③即至牙帐,更无城郭,空有山川。 （王昭君变文)$_{99}$

④赞叹佛已,复作是言:"自念我昔,积於白骨,过于须弥。涕泣雨泪,多於巨海。乾竭血肉,徒丧身命。终无利益。
(频婆娑罗王后官彩女功德意供养塔生天因缘变)$_{767}$

3.1.11 广、多、剩

这组词可表示数量多或程度甚。如:

①多赐绢帛,广立功勋。 （伍子胥变文)$_{20}$

②事须广造殿塔,多建堂房。 (降魔变文)$_{364}$

③无限难思意味长,速须觉悟礼空王;三八士(事)须断酒肉,十斋真要剩烧香。 （欢喜国王缘)$_{780}$

"剩烧香",即"多烧香"之义。"剩"与"多"、"盛"义同,是唐时习用语。③ 在《世》里有"盛"作副词:"盛进食"。(雅量)$_{381}$

3.1.12 盖、元、比、本

这组词都可表示"本来"、"原来"之类意思。如:

①皇帝与高力士见一条紫气,升空而去。皇帝追悔不及。朝廷将相皆言皇帝匆匆纳力士之〔□〕,致使天师不住人间,却归于

---

①②③ 参看蒋礼鸿先生《敦煌变文字义通释》275 页—276 页,273 页,330 页—332 页。

上界。盖非净能之过矣。　　（叶净能诗）$_{227}$

②瞽叟……将刀以杀后母,舜子叉手启大人:"若杀却阿孃者,舜元无孝道。大人思之。"　　（舜子变）$_{134}$

③比望我子受快乐,因何愁苦转悲伤?　　（八相变）$_{338}$①

④昔本吾王殿,燕子作巢窟。　　（燕子赋）$_{263}$

3.1.13　不、勿、无、休、莫、未、罢……等

这是一组表否定的副词。其中以"不"、"莫"用得最多。其中特别值得注意的是"不"常用作语助词,加强对谓语的肯定而不是否定。如:

①酒便赐尊师,其道士苦不推辞,奏曰:"臣恐失朝仪而亏礼度。"净能曰:"知上人是大户,何用推辞?"道士奏曰:"其酒已劣,贯(实)饮不得!"净能见苦推辞,对皇帝前乃作色怒:"恩此道士,终须议斩首!"　　（叶净能诗）$_{222}$

从下文看,净能问道士"何用推辞",道士答"实饮不得",净能见他"苦推辞",就要求皇帝下令斩他。可知"苦不推辞"即"苦推辞"之义。

②雀儿烦恼,两眉不皱。　　（燕子赋）$_{250}$

"两眉不皱"意即两眉皱。

③数中拣出一条粗竻,约重三两便不是。　　（舜子变）$_{131}$

"便不是",意即便是。

④瞽叟问言:"娘子前后见我不归,得甚能欢能喜?今日见我归家,床上卧不起。"　　（舜子变）$_{130}$

"不归",意即"归"。

⑤瞽叟报言娘子:"……有计但知说来,一任与娘子鞭耻。"后妻报言瞽叟:"不鞭耻万事绝言,鞭耻者全不成小事。"

（同上）$_{131}$

"全不成小事",意谓"全成小事"。"不"表示肯定。而上句"不鞭耻"中的"不"表示否定。

---

① 参看蒋礼鸿先生《敦煌变文字义通释》,280 页。

"不",类似以上用例在《变文》中不少,需结合上下文义加以辨别。

"勿"出现的次数也还较多,常用于劝戒,如:

⑥伏乞大王,勿生疑阻。　　(太子成道变文)$_{323}$

⑦去即早来,勿令我怪。　　(庐山远公话)$_{173}$

"无"可表示对"有"的否定,如:

⑧吴与楚国数为征战,无有贤臣,得子甚要。

(伍子胥变文)$_{15}$

"休"与"罢"用得虽不多,但也能起到同义(或近义)词替换使用的修辞作用。如:

⑨晓镜罢看桃李面,钳云休插凤凰钗。　　(太子成道经)$_{296}$

"莫"大量用作表劝戒、禁止的否定副词,如:

⑩父曰:"……汝乃莫令人知,往彼看探。"

(前汉刘家太子传)$_{160}$

除此之外,"莫"还常用在问句中,值得注意。如:

⑪项羽遂乃高喝:"帐前莫有当值使者无?"

(汉将王陵变)$_{37}$

问句末有"无"与之配合。意谓帐前有没有当值使者。

还有值得注意的是否定词"不"、"否"与"以"或"已"结合成"以(已)不(否)",用在问句末尾,"以(已)"与"与"通用,"以(已)不(否)"即"与不(否)"之义。这种问句是唐时习用语,值得注意。如:

⑫其秋胡妻,自夫游学以后,经历六年,书信不通,音符隔绝。其妻不知夫在已不?"　　(秋胡变文)$_{156}$

意谓不知丈夫在世还是不在世。

⑬秋胡唤言道:"……仰赐黄金二两,乱彩一束,蹔请娘子片时在于怀抱,未委娘子赐许以不?"　　(秋胡变文)$_{157}$

⑭相公问远公曰:"昨夜念经,是汝已否?"远公曰:"是贱奴念经之声。"　　(庐山远公话)$_{177}$

⑮须达敛容叉手启言和尚:"前者既言不堪,此园堪住已不?"

(降魔变文)$_{365}$

⑯子胥心口思惟:"此人向我道家中取食,不多唤人来捉我以

否?" （伍子胥变文）[13]

"否"、"无"等否定词也可单独用于问句之末。如：

⑰舜子问曰："冀郡姚家人口,平善好否?" （舜子变）[133]

⑱"帐前莫有当直使者无?" （汉将王陵变）[37]

3.1.14 欲、拟、要

这是一组助动词,附在这里介绍。"欲"在《变文》里也有副词用法,表示某种客观情况的将临,如"行程向尽,欲至楚邦"。（伍子胥变文）[20]这里指的是表示主观上的愿望或打算的助动词用法。如：

①见此世间,有贫有富,有老有亡,其太子更欲雪山修行。

（太子成道变文）[325]

②师曰:汝今既去,拟往何山？" （庐山远公话）[167]

③净能曰："我要归大罗宫去。" （叶净能诗）[227]

"要"作为助动词,《变文》中已时有所见,后来逐渐发展,在现代汉语里成为一个十分重要的助动词。

3.2 复音副词大量增加

单音副词中同义词和近义词的大量运用为复音副词的进一步孳生和发展提供了良好的物质基础。词的双音化趋势自《史记》至《世》以来就以不可阻挡之势向前发展。到了唐代,在《变文》中这种趋势已非常明显。我们从本文的例句就可看到,无论是词汇或短语,大都是双音节或偶数音节。《变文》中的复音副词或词组很多,特别是一些常用副词,同义的或近义的有不少,比起《世》来有重要的发展。这些复音词中,既有历代流传下来的,也有新出现的更接近口语的,还有表现唐代习用语或地区特色的。例子举不胜举,我们也只能举出几组最常见的或具有唐代特色的作为代表,从中可大致看出其全貌。

3.2.1 表范围的复音副词或词组

《变文》中表范围的复音副词或词组很多,如：尽皆、悉皆、并皆、并悉、皆总、并总、例总、例皆、各悉、都来、一时、一例、一齐、一概、应是、应时、应有、所是①、并悉总等。举数例于下：

①令百人尽皆昏沉。　　（八相变）$_{339}$

②应是山间鬼神,悉皆到来。　　（庐山远公话）$_{169}$

"是"作"所有"解,这一用法在唐宋时多见①,《变文》里亦有不少用例。"应是"与"是"的意义相同,表示范围的全体。大多用在作主语的名词或名词短语前,如此例的"应是山间鬼神";在谓语前常有表范围的副词与之配合,如此例的"悉皆"。又如：

③应是山林树下,例皆寻遍,不见一人。

（庐山远公话）$_{168}$

"应是"修饰主语,"例皆"修饰谓语动词。

"应是"有时也用于动词谓语前,如：

④身手应是如瓦碎。　　（大目乾连冥间救母变文）$_{726}$

意谓身手全部如瓦碎。

"应是"也作"应时",如：

⑤天堂地狱乃非虚,行恶不论天所罪,应时冥零(灵)亦共诛。

（大目乾连冥间救母变文）$_{722}$

"不论"是"不但"义。意谓行恶的人不但上天要加罪,凡是冥间神灵也要共同诛罚。"应时"与上文的"不论"互相配合。

"应有"表示"所有",如：

⑥应有大宙(宙)长者之女队队如(而)过,太子并惣(总)不看。　　（太子成道变文）$_{327}$

"应有"表示"所有",与下文的"并总"互相配合。

"所是"表示"所有"、"凡是",如：

⑦所是交兵由汉帝,奉使何增(曾)敢自专!　　（李陵变文）$_{91}$

"都来"有"总共"之义,如：

⑧经说比丘之众,其数都来多少? 经："千二百五十人俱。"

（佛说阿弥陀讲经文）$_{454}$

---

① "都来"、"应是"、"应时"、"应有"、"所是",采用蒋礼鸿先生所选例及解释,见《敦煌变文字义通释》323 页,357—358 页。

153

"一时"表示"全部"、"一齐",如:

⑨老母妻子一时诛,旷古以来无此事。 (李陵变文)₉₄

"一例"表示"尽皆",无例外,如:

⑩太子又问:"生者只是一人,人间总有?"其人道:"一例如状"。 (八相变)₃₃₄

"一例如状",意谓全都像这样。

"一齐"也表示"尽皆","全都",如:

⑪太子在于宫中,欲往巡历四门,游玩花木。遂遣官监及诸从人,一齐相随,同往观看。 (八相变)₃₃₄

"一概"也表示全部,无例外,如:

⑫酒有千斛,肉乃万斤,一概均分,食无高下。

(伍子胥变文)₁₉

还有三个单音节的范围副词组成一个复音副词的,如:

⑬子胥……取得平王骸骨并魏陵、昭帝,并悉总取心肝,行至江边,以祭父兄灵曰…… (伍子胥变文)₂₁

"并悉总"用在这里很有加强语气、渲染子胥报仇气氛的作用。

从以上范围副词的情况看,"应是"、"应时"、"应有"、"所是"等多用于修饰作主语的名词语,其他多修饰谓语。它们在运用上有所分工,常在上下文中互相配合。

3.2.2 表程度的复音副词或词组

《变文》中表程度之甚的复音副词或词组很多,如:极其、极甚、非常、异常、分外、甚大、好不、深加、优加、更加、转更、非甚、非分、非不、不方、不妨、无妨、可畏、甚生、大瞰、大晒、大㬠等,都可表程度之甚。举例如下:

①使者晏子,极其丑陋。 (晏子赋)₂₄₄

②迷闷忧烦,极甚不悦。 (八相变)₃₃₅

③殿下见之,非常惊怪。 (太子成道经一卷)₂₉₁

"非常"还可与"大"、"最"连用,加强其程度,如:

④霸王非常大怒。 (汉将王陵变)₄₄

⑤阿孃见后园果子,非常最好。　　（舜子变）$_{130}$

⑥唇口异常干燥。　　（降魔变文）$_{385}$

"非常"、"异常"都可用在谓语之后作补语,如:

⑦大王闻说,欢喜非常。　　（太子成道经一卷）$_{288}$

⑧生平未见,惊愕异常。　　（降魔变文）$_{362}$

"分外"、"甚大"、"好不"作状语,如:

⑨宋王见之,甚大欢喜。　　（韩朋赋）$_{139}$

⑩臣是小人,虚沾大造,蒙王收录,早是分外垂恩。

（伍子胥变文）$_{18}$

⑪者汉大痴,好不自知,恰见宽纵,苟徒过时。

（燕子赋）$_{250}$

"深加"、"优加"、"更加"、"转更"作状语,表程度之甚,如:

⑫今闻将军伐楚,臣等喜贺不胜,遥助(祝)快哉,深加踊跃。

（伍子胥变文）$_{23}$

⑬所有功勋,朕自忧(优)加处分。　　（同上）$_{25}$

"非甚"、"非不"、"非分"作状语,表程度之甚,有"非常"意。如:

⑭太子闻语,非甚惊惶。　　（降魔变文）$_{367}$

⑮将书来苦嘱,非不殷勤。　　（唐太宗入冥记）$_{212}$

⑯须达忸怩反侧,非分仿偟。　　（降魔变文）$_{365}$

"可畏"、"甚生"作状语,表"非常"之义,如:

⑰我适离处,别却道场,甚生富贵端正,可畏光花(华)炽盛。

（维摩诘经讲经文）$_{610}$

例中"甚生"与"可畏"互相配合,表示程度之甚,有"非常"之义。①

"不方"、"不妨"、"无妨"作状语,表程度之甚,有"非常"、"很"义,如:

⑱门前有一儿郎,性行不妨慈善。　　（丑女缘起）$_{792}$

⑲初闻道著我名时,心里不妨怀喜庆。

（维摩诘经讲经文）$_{605}$

⑳输者自合甘心,赢(赢)者无妨感激。

---

① 此数例采用蒋礼鸿先生《敦煌变文字义通释》中的例子。参看该书 321 页。

(佛说阿弥陀经讲经文)₄₅₇

"大瞰"、"大晒"、"大睭"①作状语表程度之甚,有"非常"之义,如:

㉑起坐共君长一处,拟走东西大瞰难。

(妙法莲华经讲经文)₄₉₂

㉒殿下大晒尊老(高),老相亦复如是。　　(太子成道经)₂₉₂

㉓只是众生恶业重,敬信之心大睭希。　　(三身押座文)₈₂₇

以上这些副词,有些一直沿用至今,如"极其"、"非常"、"分外"、"好不"、"更加"等,都是日常口头用语,我们可以看到它们都有悠久的历史根源,而其他有些词语则逐渐淘汰,有的可能还保留在今天的某些方言里。

3.2.3　表示后一行为与前一行为紧相连接的复音副词或词组

《变文》中表示前后行为紧相连接的复音副词或词组很多,如:遂即、遂乃、乃即、即乃、便即、即便、遂便、便遂、便乃、乃便等,有"立即就……"一类的意思。举例如下:

①(子胥)登山入谷……虎狼满道,遂即张弦。

(伍子胥变文)₇

②昭王闻子胥兵马欲至,遂乃征发天兵。　　(同上)₂₀

③知他窠窟好,乃即横来侵。　　(燕子赋)₂₆₂

④其贼不敢拒敌,即乃奔走。　　(张义潮变文)₁₁₄

⑤天女当时文(闻)语,便即却报难陁。

(难陁出家缘起)₄₀₀

⑥太子作偈已了,即便归宫。　　(八相变)₃₃₅

⑦谋冈之次,便乃睡着。　　(太子成道经)₂₈₈

⑧慈耶得患先身故,后乃便至阿嬢亡。　　(董永变文)₁₁₀

⑨遂于街衢教示儿童作童谣。歌曰:"王莽捉天下,竹节生铜马。"遂便不放外人知闻,便称帝位。　　(前汉刘家太子传)₁₆₀

---

① 此数例采用蒋礼鸿先生《敦煌变文字义通释》中的例子。参看该书321页。

3.2.4 表示各种时态的复音副词或词组

《变文》中表示时态的复音副词呈现异彩纷呈的局面。表示昔日、过去,有:古来、从来、从前、比来等。例如:

①古来久住令人贱,从前又说水烦昏。　　（捉季布传文）$_{58}$

②老人从来见事多,直言劝谏均平理。　　（降魔变文）$_{369}$

"从来"有从过去到现在之义。

③娘子比来是兽头,交我人前满面羞;今日因何端正相,请君与我说来由。　（丑女缘起）$_{798}$

此例的"比来"与"今日"对照,"比来"表"过去"的意思甚明。

表示刚才,有:适来,才始等。例如:

④我适来于此庙中,忽觉山石摇动,鸟兽惊忙。

（庐山远公话）$_{168}$

⑤孩童才始睡着,未得觉来。　（太子成道变文）$_{323}$

表示短暂的时间、片刻,有:须臾、逡巡,逡速,斯须。例如:

⑥周氏夫妻飡馔次,须臾敢(感)得动精神。

（捉季布传文）$_{55}$

⑦若是冤家讬荫来,阿娘身命逡巡失。

（父母恩重经讲经文）$_{678}$

⑧(李陵)……逡巡欲语恐畏嗔。　（李陵变文）$_{91}$

例⑦的"逡巡"表示在很短的时间内就会死去,强调时间短暂,例⑧的"逡巡"表示犹豫一会儿,强调犹豫的状态。同一词语在不同的语言环境里,有不同的作用。

⑨如来告讫见神通……逡速已到青云里。

（难陁出家缘起）$_{399}$

⑩今日总须摽贼首,斯须雾合已霓霓。　（张义潮变文）$_{114}$

表示立即,有:登时,立时,劣时,应时,立地,当得,当乃,当即,当时,当便等。

⑪皇帝登时闻此语,回嗔作喜却交存。　（捉季布传文）$_{70}$

⑫岳神见使者上殿,忙惧不已,莫知为计,劣时便走。

⑬须达应时顺命,更无低昂,当处对面平章,立地便书文契。 (叶净能诗)₂₁₈

……应时便开库藏,般(搬)出紫磨黄金。 (降魔变文)₃₇₀

"应时"可与"应是"通用,表示"凡是",多用于作主语的名词短语前,起修饰作用。不与"应是"通用者,表示"立即",用于动词谓语前,作状语。

⑭侯婴当得心惊怪,遂与萧何相顾频。 (捉季布传文)₆₅

"当得",表示"当下","当时","立时"。

⑮探知有贼,当即申上。 (张淮深变文)₁₂₅

⑯鱼人闻唤,当乃寻声。 (伍子胥变文)₁₃

⑰"若诸贤圣不许,愿笔当时却下。" (庐山远公话)₁₇₀

⑱太子闻说,当便欢喜。 (太子成道经)₂₉₅

表示"忽然"、"突然",有:忽然,忽即,忽尔,忽硉,倏忽等。例如:

⑲皇帝捲帘看季布,思量骂阵忽然嗔。 (捉季布传文)₇₀

"忽然"、"忽尔"在《变文》中也有"如果"义,见《复句》节。

⑳子胥祭了,发声大哭,……忽即云昏暗,地动山摧。
(伍子胥变文)₂₁

㉑凤凰嗔雀儿:"何为捉他欺?彼此有窠窟,忽尔辄行非。"
(燕子赋)₂₆₄

㉒燕子忽硉出头,曲躬分疏。 (燕子赋)₂₅₀

㉓舍利弗倏忽现神通,勇(踊)身直上在虚空。
(降魔变文)₃₈₉

表示将来或长久,有:将来,当来,来日,镇长等。例如:

㉔念佛座前领取偈,当来必定座莲花。 (破魔变文)₃₅₄

"当来",表"将来"。还可叠用:

㉕贱奴若有此意,机谋阿郎,愿当来当来世,死堕地狱,无有出期。 (庐山远公话)₁₇₅

㉖大王遂遣太子,来日却往巡游。 (八相变)₃₃₇

"来日",表"明日"。

㉗镇长烦恼相拘牵。 (无常经讲经文)₆₆₈

3.2.5 表示肯定的复音副词或词组

有:必定、的定、的毕等。例如:
① 若着此卦,必定身亡。　　(伍子胥变文)₉
② 若是祯祥于本主,的定妖邪化为尘。　　(八相变)₃₃₃
③ 净能奏曰:"臣见陛下饮似不乐,臣与陛下邀得一箇饮流,此席的毕欢矣。"　　(叶净能诗)₂₂₁

"毕"与"必"通用。"的毕",相当于"的必"。

3.2.6 表示急忙的复音副词或词组

有:连忙、火急、急手等。例如:
① 连忙取得四个瓶来,便着添瓶。　　(难陀出家缘起)₃₉₈
② 火急须去,恐王怪迟。　　(燕子赋)₂₅₀
③ 急手出火,烧却前头草。　　(李陵变文)₈₆

3.2.7 表示打算做什么的复音副词或词组

有:意欲、拟欲等。例如:
① 意欲寄书与人,恐人多言;意欲寄书与鸟,鸟恒高飞;意欲寄书与风,风在空虚。　　(韩朋赋)₁₃₇
② 远望沙傍白露(鹭),博(薄)暮拟欲归林。

(伍子胥变文)₁₄

"意欲"、"拟欲",应视为助动词,举一例附于此,以看出当时助动词的复音化。

3.3　叠音词作状语

《变文》中叠音词作状语较《世》明显增多,这些叠音词大多是两个单音词连用,有的是两个词素构成一个词,我们把它们统称为叠音词。叠音词作状语大致有以下几种情况:

3.3.1　表示数量

大多由数词或可表示数量的词组成。有:一一、两两、三三、五五、下下、重重、各各、头头、事事等。例如：

①所得钱物，一一阿郎领取。　　（庐山远公话）_176

意谓阿郎一一领取那些钱物。

②天使两两相看，一时垂泪。　　（张淮深变文）_124

③是时看人三三作队，五五成行。　　（庐山远公话）_175

④夫子共项讬对答，下下不如项讬。

（孔子项讬相问书）_233

"下下"与"一一"意同。

⑤着刀者重重着刀，着箭者重重着箭。　　（李陵变文）_85

⑥将军马上卓红旗，兵士各各依条贯。　　（伍子胥变文）_19

⑦心能了处头头了，心若精时事事精。

（维摩诘经讲经文）_521

"头头"与"事事"相对应，意义相当。"头头"，表事事，样样，件件。

3.3.2　表示时态

大多由表示时间的副词或有关的词组成。有：常常、时时、渐渐、转转、日日、每每等。如：

①一串数珠长在手，常常相续念弥陁。

（难陁出家缘起）_403

②鬼神云里皆勇猛，魔王时时又震威。　　（破魔变文）_348

③红颜渐渐鸡皮皱，绿鬓看看鹤发仓(苍)。

（破魔变文）_343

④老翁蒙攫笑呵呵，说道："我辈凡夫，高下共同一体空，不是吾之衰老，转转便到后生。"　　（八相变）_336

⑤梁伯迅速，日日渐远。　　（韩朋赋）_139

⑥此是高皇八九年，自从每每事王前，宝剑利拔长离鞘，彤弓每每换三弦。　　（汉将王陵变）_36

3.3.3　表示状态

大多由表示状态的动词或形容词、副词构成，有：兢兢、忙忙、惕惕、垂垂、弯弯、好好、翩翩、洋洋等。如：

① 我皇帝国奢示人以俭,国俭示人以礼。所以兢兢在位,惕惕忧民。　（长兴四年中兴殿应圣节讲经文）$_{419}$

② 忙忙走到加盘(伽蓝)外,早见师兄队仗来。
　　　　　　　　　　　　　　　（难陀出家缘起）$_{398}$

③ 武士拥至火坑旁,垂垂泪落数千行。　（太子成道经）$_{300}$

④ 对掌开弦,弯弯如写月。　（伍子胥变文）$_{19}$

⑤ 前头事,须好好祇对。　（庐山远公话）$_{176}$

⑥ (鱼人)随流水上,翩翩歌清风而问曰：　（伍子胥变文）$_{13}$

⑦ 陛下洋洋问法。　（叶净能诗）$_{226}$

3.3.4　表示程度

大多由形容词或动词构成。有：明明、恰恰、了了等。例如：

① 密报先从朱得,明明答谢濮阳恩。　（捉季布传文）$_{71}$

② 峻岭高岑总安致,恰恰遍布不容针。　（降魔变文）$_{370}$

③ 太子胸前万字,了了分明。　（太子成道变文）$_{323}$

3.3.5　表示声音

由象声词充任。如：

① 溃溃如鼓角之声。　（伍子胥变文）$_{13}$

3.4　名词短语作状语

《世》中名词短语作状语的情况较多,大多是表时间或处所,《变文》在此基础上有进一步的发展。

3.4.1　表时间

《变文》中名词短语表时间的有：今岁、去岁、终日、今朝、是日、是时、每日、今生、一生、一代、一世、万代、蹔时、夜半、今日、昨日、日夜、一冬、春夏秋冬、少时、将后、别后、三馀、须臾之间、荏苒之间、今日之下、电转之间、当尔之时、一杀那间、倾（顷）刻之间、××年等等（介宾短语

表时间的用例请看介词部分),举数例於下:

①汝不如忍意在家,深耕浅种,广作蚕功,三馀(余)读书,岂不得达？ （秋胡变文）154

三馀(余),见《三国志·魏志·王肃传》裴松之注,谓"冬者岁之余,夜者日之余,阴雨者时之余也。"

②荏苒之间,又经数月,远公忽望高原,乃唤(援)此上。

（庐山远公话）193

③今日之下,乞与些些方便。 （燕子赋）252

④世尊天眼早观见,电转之间到树所。

（难陀出家缘起）398

⑤一刹那间遍布了,圣力明知实甚深。 （降魔变文）370

⑥王母谓帝曰："陛下何不弃其核？"帝曰："朕见桃美味,欲种之后园。"西王母笑而应之曰："此桃种之,一千年始生,二千年始长,三千年始结花,四千年始结子,五千年始熟。陛下受命不过一百年,〔欲〕种此桃,与谁人食之？" （前汉刘家太子传）162

我们可以看到,《变文》里表时间的短语在继承历代用语的同时又有新的发展,出现一些更为具体生动或更具有口语色彩的词语。时间词语的运用不仅表示一般的时间,而且可以有很强烈的修辞效果。

3.4.2 表处所

《变文》中名词短语表处所在《世》中主要有两种情况,一种是以处所词为中心,前有修饰成分,如:北窗、私庭等,《变文》中仍有这种用法,如:山野、幽岩、本窠、石窟、万里、暗地、里许等,特别是以处所词"处"为中心,构成:何处、诸处、是处、到处,或"处"叠用作"处处",用得很多。如:

①佛经是处皆尊重,王勑何人不敬崇。

（长兴四年中兴殿应圣节讲经文）417

②彼此无宅舍,到处自安身。 （燕子赋）264

③若不要贱奴之时,但将贱奴诸处卖却,得钱与阿郎沽酒买肉,得之已否？ （庐山远公话）175

④适来奉将军处分寺内寺外搜寻僧人,处处并总不逢。

(庐山远公话)[172]

"是处"、"到处"、"诸处"都表示"处处"之义。

《世》中处所短语的另一种情况是以方位词为中心词,以表处所的词为定语组成的短语,这在《变文》中有很大发展。以方位词中、上、下、前、后、内、外、头、里、间、方、面、边、底等为中心词广泛地与表处所的词结合构成各种表处所的短语,用法十分灵活。这些处所短语如:空中、郡中、云中、蘘中、狱中、房中、芦中、幕中、池水中、心中、眼中、口中、情中、彼中、台上、水上、波上、马上、脊上、疮上、经上、天下、足下、马前、人前、人后、门后、城头、门外、门内、家里、云里、空里、禽里、心里、口里、语里、人间、四边、四面、两面、周围、边方、腹底等。这些方位词神通广大,几乎可以与任何名词结合成为表处所的短语,这些处所不限于人间实际处所,从"空中"、"经上"到"心里"、"情中"都可表示。充分显示出口头用语的丰富与灵活。同时这些表处所的短语大多不用介词引进,且多数位于谓语前或句之首,少数位于谓语之后。这一趋势由《史记》经《世》到《变文》一直是持续发展,在《变文》中形成一个明显的特色。现将这类处所短语举例于下:

⑤惟须口中念佛,心中发愿。　　(燕子赋)[252]

⑥子胥见人不受,情中渐觉不安。　　(伍子胥变文)[14]

⑦(远公)於一峻岭上,权时结一草庵。彼中结跏敷坐。

(庐山远公话)[193]

彼中,在那之中。"彼"指上句的"草庵"。注意代词亦可与方位词结合,构成处所短语。

⑧既见雀儿困顿,眼中泪下如雨,口里便灌小便,疮上还贴故纸。　　(燕子赋)[251]

这几个处所短语配合下文,把雀儿困顿狼狈的情状表现得栩栩如生。

⑨经上分明亲说着,观音菩萨作仁王。　　(破魔变文)[354]

经上,很明显是表示处所。

⑩远公既出长安,足下云生如壮士展臂,须臾之间,便至庐山。

(庐山远公话)[193]

⑪与将军为奴,情愿马前驱使。 （同上）172

⑫㘁（喊）得……东西乱走,南北奔冲……白庄比入寺中,望其大收资财,应是院院搜集,寺内都无一物……白庄处分左右:"与我寺内寺外处处搜寻。" （庐山远公话）172

东西、南北,方位词并列作处所短语;院院,处所词并列;最后一处是三个处所短语连用:寺内、寺外、处处。

⑬白庄曰:"僧在何处?"左右启言将军:"见在寺东门外禅庵中坐。" （庐山远公话）172

此例"寺东门外"与"禅庵中"两个处所短语作介词"在"的宾语,由介宾短语作状语。

⑭波上唯见一人,唱讴歌而拨棹。 （伍子胥变文）13

⑮人间大有相似者。 （同上）11

⑯燕子灾难及……禽里更无过。 （燕子赋）262

⑰薿中逢一鸟,称名自雀儿,摇头径野说,语里事哼唭。
　　　　　　　　　　　　　　　　　　（同上）262

⑱结集狂兵侵汉土,边方未免动烟尘。 （捉季布传文）68

⑲凤凰台上坐,百鸟四边围。 （燕子赋）264

⑳周围扫,又被祇风吹四面。 （难陀出家缘起）398

㉑水上吞浮蛾,空里接飞虫。……海龙王第三女,发长七尺强,衔来腹底卧,燕岂在称扬? （燕子赋）263

3.4.3 表状态

名词短语表状态,在《变文》中也很生动。如:

①高声直㘁（喊）呼"刘季!" （捉季布传文）52

②遥指道安怒声责曰…… （庐山远公话）186

③子胥直词解梦。 （伍子胥变文）26

④欲行三里二里时,虽是四回五回歇。 （八相变）336

"四回"、"五回",数量词,在这里表示年老体衰的状态。

⑤父放母命以后,一心一肚快活,天下传名。 （舜子变）134

⑥衾虎十步地走马,二十步把臂上捻弓,三十步腰间取箭,四

十步搭阔(括)当弦,拽弓叫圆,五十步翻身倍(背)射,箭既离弦,世(势)同僻(劈)竹,不东不西……双鵰齐落马前。

(韩擒虎话本)205

例中"十步"、"二十步"……主要目的不是表示处所,而是表示奓虎骑马射雕的英姿,读来如见其人,十分生动。第一处用"十步地",后面的几个短语省了"地"字。当然,若说这几个短语表示处所也是可以的。还有值得提一笔的是,单音名词作状语,表示动作行为的状态或特征,在《史记》中用得很多,如"兽聚而鸟散"、"云合雾集"之类,在《世》和《变文》中都没有进一步增多的趋势。《变文》中虽继承了《史记》的用法,可见到类似用例,如:

⑦潜於西桐海畔,蚁聚云屯,远侦烽烟。

(张淮深变文)125

⑧所由将过城外,排立雁行。　(伍子胥变文)19

⑨匈奴丧胆,麋鼠周诸。　(张淮深变文)125

但在用法上有些新的变化,以这类词作比喻、在句中作谓语(动词宾语)用的较多,如:

⑩飞腾千里,恰似鱼鳞;万卒行行;犹如雁翅。　(伍子胥变文)19

这样意义更明确,也更通俗易懂一些,这恐怕也是语言进一步口语化的一种表现吧!

3.5　动词及其短语作状语

《变文》中动词及其短语作状语出现频率较高。

3.5.1　动词作状语

动词作状语十分常见,如:

①勒召国内勇夫。　(伍子胥变文)18

②行至门外,良久立听。　(燕子赋)250

③死事一夫。　(韩朋赋)137

3.5.2 动词短语作状语

动宾结构作状语的较多见,如:
① 谎得皇帝洽背汗流。 (汉将王陵变)$_{36}$
② 在后不来,臣即甘心鼎镬。 (李陵变文)$_{93}$
③ 燕闻拍手笑。 (燕子赋)$_{263}$
④ 燕子即回,踏地叫唤。 (同上)$_{249}$
⑤ 含蹄缓步,徐下山来。 (八相变)$_{340}$
⑥ 切齿伴瞋须达。 (降魔变文)$_{370}$

动词并列作状语:
⑦ 灌婴揭幕纵横斫。 (汉将王陵变)$_{39}$
⑧ 迁延不去,望得脱头。 (燕子赋)$_{250}$

动宾结构并列作状语:
⑨ 马乃击电奔星行至子胥妻舍。 (伍子胥变文)$_{24}$

动宾结构的否定式作状语:
⑩ 不离左右看侍。 (燕子赋)$_{251}$
⑪ 夜静无人但说真。 (捉季布传文)$_{56}$

此例中,"夜静",主谓结构;"无人",动宾结构。并列作状语。

3.5.3 主谓结构并列作状语

例如:
① 日来月往已经半年。 (叶净能诗)$_{226}$
② 年来年去暗更移。 (破魔变文)$_{344}$
③ 晓日照身归远舍,晓莺啼树去开荒。

(长兴四年中兴殿应圣节讲经文)$_{419}$

3.5.4 在动词状语与中心词之间常有"而"连接

例如:
① 季布鞠躬而启曰:…… (捉季布传文)$_{67}$
② 子胥良久,揽发而言。 (伍子胥变文)$_{17}$

③忽见鱼人覆船而死。　　（同上）₁₅
④季布惊忧而问曰：　　（捉季布传文）₅₉
⑤拔马挥鞭而便走。　　（同上）₅₃

附带在这里介绍一下，其他状语与动词中心词之间也常用"而"连接，如：

①汉军勇猛而乘势。　　（张义潮变文）₁₁₄
②季布幕中而走出。　　（捉季布传文）₆₆
③何不草绳而自缚。　　（同上）₅₂
④项羽乌江而身刎。　　（同上）₅₄

这些"而"字很可能是为了使句子凑足七字或使所在的短语变成偶数音节。但它位于状语与中心词之间却起了区别作用。

4. 定语的比较

《世》中的名词成分中，带定语的约占 48%，不带定语的约占 52%。《变文》带定语的约占 46%，不带定语的约占 54%，定语的丰富多彩形成《变文》的一大特色。同时使《变文》的简单谓语句也具有与《世》共同的特点，即简单谓语句不简单：除了状语的出现频繁外，名词主语和宾语几乎半数有定语，使语言的面貌五彩缤纷。复杂谓语句当然就更可观了。不过《变文》的句子字数一般有限，平均不超过七字，因而句子结构尽管内容丰富，却并不冗长。

从《史》到《世》，定语中体词及体词性短语作定语很多，《变文》中继承了这一传统；同时也有新的变化，即数量词作定语、形容词作定语和动词及其短语作定语有明显增加。我们从以下几方面介绍：

4.1　体词及体词性短语作定语

4.1.1　代词作定语

《变文》中代词作定语，举例如下：

①其父王与夫人言说:"我此太子,且与世间不比。"

(太子成道变文)325

"我此太子",我这个太子。"此"修饰"太子","我"修饰"此太子"。

②汉高皇帝大殿而坐,招其张良附近殿前。

(汉将王陵变)44

③皇帝……诏王陵附近殿前:"卿母见在营中,受其苦楚,放卿入楚,救其慈母,卿意者何?" (同上)45

"其"在《变文》里用得很活,像上例的"招其张良","其"似乎是指示代词起加强的作用,下例的"救其慈母","其"是用作第二人称代词,表示"你的"。又如:

④灌婴谓王陵曰:"请大夫说其此计!" (汉将王陵变)39

⑤皇帝闻奏,便诏卢绾,送其战书。卢绾奏曰:"前后送书,万无一回,愿其陛下,造其战书,臣当敢送。" (同上)44

⑥皇帝问曰:"卢绾有何伎艺?"张良曰:"其人问一答十,问十答百,问百答千……" (同上)44

⑦其子胥上知天文,下知地理。 (伍子胥变文)26

"说其此计"、"其"和"此"修饰"计",很少见。"愿其陛下","其"在此似有"您"的作用。"其人"、"其子胥"的"其"都有加强后面名词的作用,兼有夸张的语气,如说"那个人"、"那子胥"。看这类主语的下文,大都是对主语的夸张描写。

⑧此箇老人前后听法来一年。 (庐山远公话)170

"此"修饰量词"箇","此箇"修饰老人。

⑨有何别理,以自明白? (燕子赋)252

"何"、"别"修饰"理"。

⑩何惜此之一餐? (伍子胥变文)5

在修饰语"此"与被修饰的"一餐"之间有结构助词"之"。例很少见。

4.1.2 名词及其短语作定语

举例如下:

①鸡皮鹤发身憔悴,耳聋眼暗不能行。 (八相变)335

②佛以圣心观弟子,人将肉眼见牟尼。
(长兴四年中兴殿应圣节讲经文)$_{414}$
③遍体浑身刀箭疮。 (汉将王陵变)$_{37}$
"刀"、"箭"并列修饰"疮"。
④州县长官,瓜萝亲戚。 (燕子赋)$_{249}$
"州"、"县"并列修饰"长官";"瓜"修饰"萝","瓜萝"修饰"亲戚"。
⑤行至门外,良久立听。正闻雀儿窟里语声。
(燕子赋)$_{250}$
"窟里"修饰"语声"、"雀儿"修饰"窟里语声"。"窟"修饰"里","语"修饰"声"。"正闻雀儿窟里语声",是一个动词带宾语的简单谓语句;但宾语的结构却不是那么"简单"。
⑥取谋臣钟离末一言。 (汉将王陵变)$_{44}$
"谋臣"修饰"钟离末";"谋臣钟离末"修饰"一言"。
⑦是我孝顺新妇功课。 (秋胡变文)$_{158}$
"孝顺"修饰"新妇","我"修饰"孝顺新妇","我孝顺新妇"修饰"功课"。

在名词修饰语与中心词之间往往有"之"联接,如:
⑧其王见女,姿容丽质,忽生狼虎之心。 (伍子胥变文)$_2$
⑨宋王大喜,即出八轮之车,爪(骅)骝之马……三日三夜,往到朋家。 (韩朋赋)$_{138}$
⑩前安阀阅之门,外列长戈之铁。 (降魔变文)$_{363}$

4.1.3 数量词作定语

《变文》中数量词作定语,比《世》有较明显的增加,量词运用亦较多。举数例于下:
①单醪投河;三军告醉。 (伍子胥变文)$_{28}$
②世尊千方万便,教化令教出家。 (难陀出家缘起)$_{395}$
"千"修饰"方","万"修饰"便"。
③非但一生如是,百千万亿劫,精练身心。

(太子成道经一卷)285

"百"、"千"、"万"、"亿",四个数词修饰"劫"。

有时数词与中心词之间用"之",如:

④於千灯亦为千万亿之灯。 (庐山远公话)183

数量词作定语,如:

⑤五尺大蛇怯蜘蛛,三寸车辖制车轮。 (晏子赋)244

⑥乘一朵黑云。 (汉将王陵变)46

⑦眼中千道泪落。 (太子成道变文)323

⑧有一群贼。 (庐山远公话)171

⑨百味饮食将来,一般都不向口。 (八相变)336

⑩殿后密排五百口剑。 (叶净能诗)226

⑪一寸愁肠似刀割。 (伍子胥变文)15

⑫卸下一子头发,封在书中。 (汉将王陵变)45

⑬皇帝与高力士见一条紫气升空而去。 (叶净能诗)226

⑭千山白雪分明在,万树红花暗欲开。 (破魔变文)345

⑮忽闻大内打四下鼓。 (叶净能诗)224

以上例中,数量词词组"五尺"修饰"大蛇","三寸"修饰"车辖","一朵"修饰"黑云","千道"修饰"泪","一群"修饰"贼","百味"修饰"饮食","五百口"修饰"剑","一寸"修饰"愁肠","一子"修饰"头发","一条"修饰"紫气","千山"修饰"白雪","万树"修饰"红花","四下"修饰"鼓"。

可以看到,数量词在名词前时,都是"数词·量词·名词"的顺序。在《变文》中,数词与名词之间,凡是可用量词的,大都有量词。其中一些量词在《世》以前未见,如"头"、"条"、"朵"、"道"、"味"、"口"、"子",动量词"下"……等等,如《史》中说"十二牛",《变文》中用量词"头",如:

⑯化出一头水牛。 (降魔变文)383

《世》中说"一金马鞭",《变文》中用量词"条",如:

⑰与阿耶三条荆杖来! (舜子变)131

《世》中说"二儿",《变文》中用量词"筒",如:

⑱路逢三筒小儿。 (孔子项讬相问书)231

170

表示约数,常用"些些"等,如:

⑲阿耶暂到辽阳,沿路觅些些宜利。　　（舜子变）$_{129}$

⑳些些小事,何得纷纭。　　（燕子赋）$_{253}$

数量词作修饰语也有用于名词后面的,如:

㉑堂梁一百所。　　（燕子赋）$_{263}$

㉒身上燃灯千盏。　　（太子成道经一卷）$_{285}$

㉓遗却汗衫子一领。　　（叶净能诗）$_{224}$

"一百所"修饰"堂梁","千盏"修饰"灯","一领"修饰"汗衫"。

4.2 形容词及其短语作定语

《变文》的形容词比较丰富,如:

①美女无穷,岂妨大道。　　（伍子胥变文）$_2$

②子胥狂语……风里野言。　　（同上）$_3$

③意似狞龙拟吐云。　　（捉季布传文）$_{52}$

④各将轻骑后随身。　　（同上）$_{52}$

⑤边云忽然闻此曲,令妾愁肠每意归。　　（王昭君变文）$_{100}$

⑥黄金白玉莲(连)车载,宝物明珠尽库倾。　　（同上）$_{105}$

⑦祥云瑞盖满虚空,白凤青鸾空里飏。　　（降魔变文）$_{366}$

⑧加以长缨广袖。　　（同上）$_{373}$

⑨乾言强语,千祈万求。　　（燕子赋）$_{250}$

⑩莫言空手冷面。　　（同上）$_{252}$

以上是单音节形容词作定语,还有复音形容词及单音节形容词连用作定语的,如:

⑪圣明天子堪匡佐。　　（捉季布传文）$_{70}$

⑫见一空闲窟,破坏故非新。　　（燕子赋）$_{264}$

⑬雀儿漫落谎,亦是穷奇鸟。　　（同上）$_{264}$

⑭不是寻常等闲事。　　（太子成道经一卷）$_{287}$

"寻常"、"等闲"两个复音形容词作"事"的定语。

叠音形容词作定语,如:

⑮堂堂罗汉,落落真僧。

(长兴四年中兴殿应圣节讲经文)416

⑯况复小小轻财,敢向佛边吝惜。　　(降魔变文)371

"小小"、"轻"作"财"的定语。

在并列或偏正形容词短语与中心词之间常用助词"之",如:

⑰为扬俭素之名……约除奢侈之患。　　(降魔变文)373

⑱权设诡诈之词。　(同上)367

⑲有何不祥之事?　(伍子胥变文)2

⑳空留百丑之形,不见千娇之貌。　　(破魔变)353

"俭素"、"奢侈"、"诡诈"为形容词的并列短语;"不祥"、"百丑"、"千娇"为偏正短语。它们与中心词之间都有助词"之",构成四字词组。

有时在单音节形容词与中心词之间也用"之":

㉑其时天地失瑕之光而为转说。　　(汉将王陵变)45

"之"在修饰语"瑕"与"光"之间,似是起加强修饰的作用。

4.3　动词及其短语作定语

《变文》中动词及其短语作定语的情况比较丰富。

单音节动词作定语,如:

①成谋不说,覆水难收。　(伍子胥变文)2

②人如电掣,马似流星。　(汉将王陵变)37

③便诏卢绾,送其战书。　(同上)44

④叹念之次,看人转多。　(庐山远公话)176

动宾短语作定语,如:

⑤耕田人打兔,蹑履人吃臞。　(燕子赋)249

⑥腰曲脚长,一似过秋穀鹤。　(破魔变文)352

⑦并乃有一多事鸿鹤。　(燕子赋)253

⑧唤风伯雨师作一营,呼行病鬼王别作一队。

(破魔变文)347

以上例中,"耕田"、"蹑履"修饰"人","过秋"修饰"穀鹤","多事"修

·172·

饰"鸿鹤","行病"修饰"鬼王"。这些动词短语都表示中心词语的特征或职业、身份。又如：

⑨陵母见送书卢绾，却回到来，恐怕儿来；儿若到来，儿又死，母亦死。　（汉将王陵变）₄₅

⑩霸王便问："汉主来时万福?"（卢绾）答曰："臣主来时万福!""卿等远来上帐，赐其酒饮!"霸王遂诏钟离末，领取陵母，……驱至殿前……见卢绾帐中不问，霸王非常大怒："帐中饮酒飡卢绾，适来见驱过人否?"　（汉将王陵变）₄₄

像这两例中的"送书"、"帐中饮酒飡"并不表示中心词"卢绾"的职业或身份，而是从当事人或说话人的角度看卢绾，抓住与自己关系最密切的一点突出出来。王陵母见送书的卢绾到来，马上想到自己的儿子可能来不？霸王见卢绾不问驱过殿前的老妇是什么人，心想你这个人吃了我的酒食怎么装作没看见，不闻不问？非常生气，高喊"帐中饮酒飡卢绾！……"意即"坐在帐中(那个)吃了我酒食的卢绾！……"通过对定语的灵活运用，非常生动地表现了说话人的心理状态与性格特征。

还有动补短语作定语的，如：

⑪其时有往年败没将李绪教单于兵马法。　（李陵变文）₉₃

"败没"，动补结构，"往年"作"败没"的状语。"往年败没"作名词"将"的定语。

⑫僧(昨)夜念经，更不是别人，即是新买到贱奴念经之声。　（庐山远公话）₁₇₇

"买到"，动补结构，修饰"贱奴"，"新"修饰"买到"。"新买到"修饰"贱奴"，作其定语。

主谓结构作定语，如：

⑬天生意气，不与凡同。　（庐山远公话）₁₉₁

⑭悲喜交集处若为陈说。　（降魔变文）₃₆₄

主谓结构"天生"修饰"意气"，"悲喜交集"修饰"处"。

在动词短语与中心词之间也常有助词"之"，如：

⑮闻有打纱之声。　（伍子胥变文）₄

⑯并无贪俗之事。　（太子成道变文）₃₂₅

⑰假使有拔山举鼎之士,终埋在三尺土中。

（破魔变文）$_{344}$

又如上面例⑫的"新买到贱奴念经之声"。

4.4 各类定语的混合使用

《变文》中各类定语常混合使用,使修饰语十分丰富,如前面例中的"帐中饮酒飣卢绾",是名词短语"帐中"和动宾短语"饮酒飣"作定语;又如：

①汉下谋臣真似雨,楚家猛将恰如云。 （捉季布传文）$_{51}$

"汉下",名词短语;"谋",动词;共同修饰"臣"。"楚家",名词短语;猛,形容词;共同修饰"将"。

②总是敦煌豪侠士。 （张淮深变文）$_{126}$

"敦煌",专名;"豪侠",形容词;共同修饰"士"。

③遍看下方诸世界。 （八相变）$_{330}$

"下方",名词短语;"诸",指示代词;共同修饰"世界"。

④海龙王第三女。 （燕子赋）$_{263}$

"海龙王",名词短语;"第三",序数词短语;共同修饰"女"。

⑤打却前头双板齿。 （伍子胥变文）$_{24}$

"前头",名词短语;"双板",名词短语;共同修饰"齿"。

以上例中,第一层次的定语大多表所属、处所或方位,第二层次的定语多表人事物的特征或数量、顺序。又如：

⑥薄媚黄头鸟,便漫说缘由。 （燕子赋）$_{264}$

"薄媚",形容词短语;"黄头",名词短语;共同修饰"鸟"。表示抽象性质的修饰语在前,表示具体特征的修饰语在后。

⑦那是阎浮提内①,五天印土之中②,迦毗罗国城中③,净饭皇王太子④,释迦如来⑤亲⑥弟。 （难陁出家缘起）$_{400}$

修饰语共六个,①、②、③表处所,一处一处由大至小,④与⑤是同位语,表示中心词"弟"的所属,⑥是形容词"亲",表示中心词的性质,这性质是从他与释迦如来的关系的角度而说的。这六个修饰语共分四个层次：

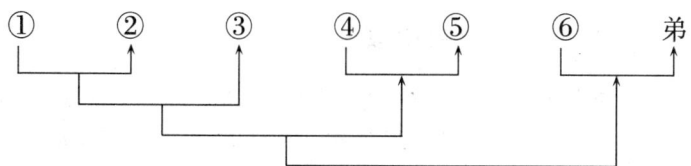

①修饰②,①、②修饰③,①、②、③修饰④⑤,①—⑤修饰"⑥弟",⑥修饰"弟"。

总之,由于《变文》的定语丰富,《变文》句子中的主语和宾语或系词"是"句中的谓语常常有富于表现力的修饰语,因而语言面貌显得丰满而生动,简单谓语句也并不因其骨架的简单而逊色于复杂谓语句。

5. 被动句的比较

我在这里把《世》和《变文》中具有虚词标志的被动句分为以"於"字为标志,以"为"字为标志,以"见"字为标志,以"被"字为标志等几个大类,以便于了解两书被动句的总面貌。《敦煌变文集》我统计的是上册①,《世》统计全书。请看下表:

	"於"字句	"为"字句	"见"字句	"被"字句	共　计
世说新语	2	31	6	27	66
敦煌变文	5	2	1	95	103

在《世》里,"为"字句最多,占有虚词作标志的被动句的47%;"被"字句次之,占41%;"见"字句占9%;"於"字句占3%。

在《变文》里,"被"字句居压倒优势,占92%;"於"字占5%;"为"字句占2%;"见"字句占1%。

我们可以清楚地看到,"被"字句由《世》的41%上升到《变文》的92%;"为"字句由《世》的47%下降到《变文》的2%。由此可见,《变文》中,被动句的面貌有了根本性质的变化。

---

① 在下册中查阅了是否有上册未包括的被动句式。

5.1 两书中"被"字句的比较

"被"字句在《变文》中占被动句的92%,居于首位,当然是我们应着重讨论的。《世》中27例"被"字句,有25例是〔被·V(动词)〕式,如"孔融被收"(言语),"鼠被害"(德行)之类。其中有两例为〔被·宾·V〕式,"被"引进了宾语,实即动作行为的施事者:

① 祢衡被魏武谪为鼓吏。　　(言语)
② 亮子被苏峻害。　　(方正)

《变文》的"被"字句我们想从以下几方面来谈:"被"不带宾语的被动句,"被"带宾语的被动句,动词的宾语。

5.1.1 "被"不带宾语的被动句

共有47例,占"被"字句的49%。具体情况如下(出现次数标在右上角):

5.1.1.1 "被"后紧跟一个单音动词:〔"被"·V〕[23]。如:

① 阎罗王被骂。　　(唐太宗入冥记)[209]
② 燕子被打。　　(燕子赋)[249]

5.1.1.2 "被"后紧跟的是一个双音动词或是两个并列的单音动词:〔"被"·VV〕[9]。

值得注意的是这类用例在"被"前都有修饰语(而〔被·V〕23例中只有4例在"被"前有修饰语)。如:

① 忠臣谏言,遂被诛戮。　　(伍子胥变文)[20]
② 父兄枉被诛戮,痛切奈何!　　(同上)[21]
③ 鸿鹨好心,却被讥刺。　　(燕子赋)[253]

以下三例,"被"前的修饰语不止一个:

④ 子胥即欲前行,再三苦被留连。　　(伍子胥变文)[6]
⑤ 倘若在后被追收,必道女子相带累。　　(同上)[7]
⑥ 到处即被欺陵,终日被他作祖。　　(降魔变文)[374]

以上例中的"再三"、"苦"、"倘若"、"在后"、"到处"、"即",都是"被·动"前的修饰成分。

有一例前面的修饰语为助词"所":

⑦所被伤损,亦不加诸。　　（燕子赋）$_{250}$

"所"修饰"被伤损",把它变成名词性的结构,在这里表示"被伤损的东西"。

看来双音动词的运用可能与修饰语有关,因"被"前已有修饰成分;"被"后的动词若是双音,在语感上才显得对称而平衡。

5.1.1.3 动词带宾语。仅3例,如:

①横被强夺窜。　　（燕子赋）$_{264}$
②遂被撮头拖曳。　　（同上）$_{249}$
③被侵宅舍苦。　　（同上）$_{264}$

"强夺窜",动宾;"撮头拖曳",连动;"侵宅舍苦",动宾补。

5.1.2 "被"带宾语的被动句

共48例,占"被"字句的51%。我们从"被"的宾语、动词、动词带状语几方面来看:

5.1.2.1 "被"的宾语构成

大部分是单音或双音名词,如"卿"、"妻"、"燕"、"君王"、"雀儿"等,有的是专名如"单于"、"舍利佛",有的是偏正结构如"狂贼"、"野狐精"、"北方天王",有的是并列结构,如"州县"、"山川"、"唇口"等。还有三例是代词:

①到处即被欺陵,终日被他作祖。　　（降魔变文）$_{374}$
②朱解被其如此说,惊狂转转丧神魂。　　（捉季布传文）$_{65}$
③垂烟吐炎之辈反被自烧。　　（破魔变文）$_{348}$

"被"所引进的宾语,结构多样,字数多者已有四字组成,表现出在这个位置上的成分具有相当的灵活性。这也是由于被动行为的施动者有时需要特别加以说明。

还有一点值得指出的是,有少数例句中"被"所引进的并不是动作行为的施动者本身,而是用施动者所造成的结果或所运用的工具来代替,如:

④登时草木遭霜箭,是日山川被血荼。　　（李陵变文）$_{89}$
⑤无事破啰啾唧,果见论理官府,更被枷禁不休,於身有阿没

好处？　（燕子赋）$_{251}$

5.1.2.2　动词可分不带宾语和带宾语两大类

前者共35例，后者14例。

不带宾语的动词有单音和双音动词两类，形成〔"被"·宾·V〕^{14}、〔"被"·宾·VV〕^{8}句式，如：

①陵闻老母被君诛。　（李陵变文）$_{96}$

②行至小江，遂被狂贼侵欺。　（伍子胥变文）$_5$

带宾语的动词中，其动词与宾语的结构有四种情况："动宾"、"动宾动"、"动宾·动宾"、"动补宾"。如：

〔"被"·宾·动宾〕：遂被楚帝诛身。　（伍子胥变文）$_{17}$

〔"被"·宾·动宾·动〕：遂被单于放火烧。

（李陵变文）$_{86}$

〔"被"·宾·动宾·动宾〕：被舍利佛化火遮之。

（祇园因由记）$_{408}$

〔"被"·宾·动补·宾〕：旋被流沙剪断根。

（王昭君变文）$_{98}$

以上各例〔"被"·宾〕与〔动宾〕之间都是直接联接起来，但有一例特殊：

①被浮云之障日。　（庐山远公话）$_{183}$

在〔"被"·宾〕与〔动·宾〕之间出现表示连接的"之"，我认为这是在"被"后面出现了一个"主语·之·谓语"结构。这就显示出"被"所引进的成分在语法关系上是动词的主语。

5.1.2.3　状语大多位于"被"前

动词前带状语的不多，仅7例。如：

①遂被妇人相识。　（伍子胥变文）$_{12}$

②朱解被其如此说，惊狂转转丧神魂。　（捉季布传文）$_{65}$

③皇帝见使人久不出来，心口思惟，应莫被使者於催判官说朕恶事？　（唐太宗入冥记）$_{210}$

④被神人以手指却一匝。　（太子成道变文）$_{326}$

这类状语虽不多,但它出现在"被"与动词之间,却很值得注意。因为"被"字句的状语绝大多数出现在"被"字前面,《变文》中的这些例子反映出"被"字句在结构上的重要变化。袁宾先生在《〈祖堂集〉"被"字句研究》①一文中曾说到,"被"字句的动词前"若能自由地插入多种作用的状语,则表明'被V'之间结构的宽松灵活,且可以增加动词的表现力,这也是'被'字句发展、成熟的标志之一。"他说得很有道理。

《变文》中这些状语虽不算多,却已显示出它的特殊作用,我们若比较"朱解被其说"和"朱解被其如此说";"应莫被使者说朕恶事"和"应莫被使者於催判官说朕恶事";"被神人却一匝"和"被神人以手指却一匝",就会感到加上这些状语后在语义表达上的特殊效果,因而能够体会到动词前的状语是"被"字句中很有发展前途的一个成分。唐钰明先生在《唐至清的"被"字句》中就专门谈到"被"字句中动词状语在发展过程中的复杂化问题,并指出,"元明清时期,状语进一步复杂化,常常超出一个词组的范围。"②因而《变文》的这几个例句也许标志着"被"字句的动词具有较复杂状语的初期阶段,是很值得重视的。

5.2 "被"字句中动词的宾语

从上面的分析可知在["被"·V]式47例中,动词带宾语者3例,占6%;在["被"·宾·V]式48例中,动词带宾语者12例,占25%。在["被"·宾·V]中,动词带宾语的比例比["被"·V]式要高得多。

下面我们要讨论的是动词所带宾语与施动者或受事者的关系。

5.2.1 宾语为受事者所有,或为受事者的一部分

共5例,如:

① 刘家太子被人篡位。　　（前汉刘家太子传）[161]
② 横被强夺窟。　　（燕子赋）[264]
③ 被侵宅舍苦。　　（同上）[264]

---

① 《中国语文》1989年第1期,61页。
② 《中国语文》1988年第6期,464页。

"位"、"窟"、"宅舍"都属于受事者所有。

④纵有衰蓬欲成就,旋被流沙剪断根。　（王昭君变文）$_{98}$

⑤燕子不分(忿),以理从索,遂被撮头拖曳。

（燕子赋）$_{249}$

"根"、"头"都是受事者的一部分。

5.2.2 宾语为名词"身",或受事者的职务名称,实际就是受事者自己

共4例。如:

①臣父兄事君不谨,遂被楚帝诛身。　（伍子胥变文）$_{17}$

②被秦差充筑城卒。　（孟姜女变文）$_{34}$

5.2.3 宾语为代词"之",指代受事者

共2例,如

①燕子语雀儿:"……一冬来居住,温暖养妻儿。计你合惭愧,却被怨辩之!"　（燕子赋）$_{262}$

②又彼被趁急,遂失脚走,被舍利弗化火遮之。

（祇园因由记）$_{408}$

5.2.4 宾语为动词"说"、"谤"、"喝"、"宣"、"道"的宾语

共6例,如:

①应莫被使者於催判官说朕恶事?　（唐太宗入冥记）$_{210}$

②百姓雀儿被燕傍(谤)夺宅。　（燕子赋）$_{250}$

③泥神被北方天王唱(喝)一声。　（八相变）$_{333}$

④被汉将诈宣:"我王有勅。"　（汉将王陵变）$_{40}$

⑤其时被诸大臣道:"大王!……"　（八相变）$_{332}$

⑥白庄曰:"我早晚许你念经?"远公当即不语,被左右道:"将军实是许他念经。"　（庐山远公话）$_{175}$

前三例中,宾语为动词"说"、"谤"、"喝"的内容,后三例中,宾语是动词"宣"、"道"的直接引语。在《祖堂集》和《变文》之前,未发现这种带直接

引语作动词宾语的被动句,因此这也是一种新产生的"被"字句式。①

5.2.5 宾语与受事者无关

共 3 例,如:
① 被浮云之障日。　　（庐山远公话）₁₈₃
② 遂被单于放火烧。　　（李陵变文）₈₆

5.2.6 宾语的结构

大都为单音或双音名词,有两例为代词"之"。有一例很特殊,即"应莫被使者於催判官说朕恶事"中的"朕恶事","恶事"为偏正结构,它与受事者本无任何必然联系,但在它前面加了修饰语、人称代词"朕",在具体上下文里就把"恶事"与受事者联系在一起了。这种"被"字句动词带领属性宾语的句型,主要见于唐以后的白话文。

5.3 "被"字句中的补语

在〔"被"V〕式被动句中,动词后带补语者共 11 例,占该类句子的 23%。在〔"被"·宾·V〕式中,带补语者共 7 例,占该类句子的 15%。共计在 95 例被动句中,带补语者 18 例,占 19%。较之《世》的"被"字句有长足的发展。

《变文》中"被"字句的补语内容丰富,有表示时间、处所、数量、结果、程度、趋向等各种补语,按顺序各举例于下:
① 雀儿被禁数日。　　（燕子赋）₂₅₂
② 蝴蝶被裹在於其中。　　（庐山远公话）₁₈₀
"在於其中","在於"两个介词连用,《变文》中多见。
③ 被神人以手指却一匝。　　（太子成道变文）₃₂₆
④ 脊被揎破,更何怕惧。　　（燕子赋）₂₅₁
⑤ 彼被趁急,遂失脚步。　　（祇园因由记）₄₀₈
⑥ 朕被卿追来。　　（唐太宗入冥记）₂₁₀

---

① 参看袁宾先生《〈祖堂集〉"被"字句研究》。

特别值得注意的是出现数个用动词结构或主谓结构作补语来表示程度或情况或结果的例子：

⑦雀儿被吓胆碎。　　（燕子赋）$_{250}$
⑧六师被吹脚距地，香炉宝子逐风飞。　　（降魔变文）$_{388}$
⑨更被枷禁不休。　　（燕子赋）$_{251}$
⑩虽有师兄身是佛，被妻缨绊嬾来修。　　（难陁出家缘起）$_{395}$

"胆碎"，主谓结构作补语，表示"被吓"的程度。"脚距地"，主谓结构作补语，表示"被吹"的程度。"不休"，动词的偏正结构作补语表示"被枷禁"的情况。"嬾来修"，动词的偏正结构作补语，表示"被妻缨绊"的程度或结果。这些补语究竟在表程度或是表结果或是表情况，可以进一步讨论，有时在它们之间很难有一清二楚的界限。但在这里想强调的是这些补语的结构，不管它们叫什么补语，重要的是它们的结构不同于由单词充当的补语，也不同于由名词或数量词如前面例中的"数日"、"一匹"所充当的补语，也不同于由介宾词组如前面例中的"在於其中"所充当的补语。这些补语是由汉语里构成句子的最重要成分所充当，即由动词结构或主谓结构作补语。唐钰明先生在《唐至清的"被"字句》一文中说："大约从宋代开始，出现了以助词'得'为标志的补语，由于'得'的帮助，元明清时期的补语开拓了一条广阔的路子，不仅可以带单词，而且可带各类词组，其中包括主谓词组。"①我很同意他说助词"得"的出现为补语开拓了一条广阔的路子。但我认为可能不是由于有了"得"，被动句的补语才出现各类词组（特别是动词词组和主谓词组），而是各类词组在被动句补语中的运用酝酿着对助词"得"的需要，准备着"得"在被动句中出现的条件。事实上是在"被"字句的程度补语中先有这些词组的出现，特别是有动词词组和主谓词组的出现，然后有"得"的到来，因为"得"后带的主要是动词词组和主谓结构。关于以助词"得"为标志的补语，本文有专节讨论，这里从略。

还有一个例子，分析起来感到棘手：

⑪汉王被骂牵宗祖，羞看左右耻君臣。　　（捉季布传文）$_{53}$

---

① 《中国语文》1988年第6期，464页。

"牵宗祖",是结果补语还是程度补语？它与上面两例有些不同,"胆碎"和"脚距地"前都可加上助词"得",此例就有些勉强。暂且作为程度补语,求正于大家。

5.4 "被"字句中动词后的助词"将"

在"被"字句有4例,动词后有助词"将"。
　　①燕有宅一所,横被强夺将。　　（燕子赋）$_{264}$
　　②门徒尽被该将。　　（降魔变文）$_{374}$
　　③天下鬼神,尽被净能招将。　　（叶净能诗）$_{216}$

这几例的"将"都出现在动词之后,并位于全句的末尾,"将"似乎有结果补语的作用,但不大明显。还有一例是:
　　④窠被夺将去。　　（燕子赋）$_{264}$

"将"出现在动词"夺"和表结果的补语、动词"去"之间。这表明"将"的词性是位于动词后的助词,如果"将"后没有其他动词作补语,它可以起补语的作用;如果有其他动词作补语,它则位于谓语动词和补语动词之间起加强补语的作用。

在《世》中没有见到带助词"将"的被动句,《变文》中的这类例句虽然不多,却反映了"被"字句的一个新的发展,看出"被"字句的进一步丰富和变化。这也是它富有生命力的表现。随着时代的推移,带"将"的被动句在一定的时期里,曾有所发展。

5.5 其他"被"字句及其他被动句

5.5.1 其他"被"字句

在《变文》中还有〔被……见 V〕式1例和〔被……所……〕式被动句2例:
　　①今被平王见寻讨。　　（伍子胥变文）$_6$
　　②心都被符所损。　　（叶净能诗）$_{216}$
　　③其弟今被贼所杀。　　（搜神记一卷）$_{877}$

〔被……所……式〕"被"字句最早见于《史记》,〔被……见 V〕式

"被"字句在唐宋时出现。

5.5.2 其他被动句

在《变文》中还有少数以"於"、"为"、"见"为标志的被动句。以"於"为标志的被动句有4例，如：

①昔者齐晏子使於梁国为使。　　　（晏子赋）$_{244}$

②古者三公厄於狱卒,吾乃今朝自见。　　（燕子赋）$_{252}$

以"为"字为标志的被动句2例,举一例于下：

③(韩)朋得此书,便即自死。宋王闻之,心中惊愕,即问诸臣:"若为自死? 为人所煞?"　　　（韩朋赋）$_{140}$

以"见"字为标志的被动句共2例：

④净能见大内一官人,美貌殊绝,每见帝宠。　　（叶净能诗）$_{226}$

"见"后带入了施动者"帝"。这种例子很少见。

还有一例：

⑤其太子见於父母识知毫相,便欲波逃。

（太子成道变文）$_{325}$

"见於"连用,从上下文看,其意义可相当於"见"。与上例比较,"见於父母识知毫相"即"见父母识知毫相",意即被父母认出真相。

从"被"字句本身的发展情况看,它的句式发展的大致轮廓似是：①〔被·V〕→②〔被·宾V〕→③〔被宾·动宾〕→④〔被宾·〈状·V(动宾)·补〕→⑤〔被宾·将宾·〈状 V·补〕→⑥〔被宾·把宾·〈状·V 补〕。《变文》大致反映了它的③④发展情况。但从《变文》中可以看到①—④各种句式。

在这里要特别指出的是:"被"字句在《世》中占被动句的41%,到《变文》中一跃而占92%①；"为"字句在《世》中占被动句的47%,到

---

① 若按唐钰明先生在《唐至清的"被"字句》一文中的计算,则"被"字句在《变文》被动句中的比例是97%。见《中国语文》1988年第6期第465页的统计表。

《变文》中一降而为2%。"被"字句在唐代口语中居于被动句的绝对优势,这是汉语发展史上具有里程碑意义的大事。

6. "是"字句的比较

"是"作为表判断的系词,在《史》中已出现少数用例。在《世》中,"是"字判断句已成为判断句的主要形式,"是"发展成为典型的系词,有不少标准的判断句,即主、谓齐备,主、谓之间为等同关系,主、谓之间有系词联系,句末的语气词"也"消失。如:

①我是李府君亲。 (言语)
②殷仲堪是东阳女婿。 (文学)
③汝是我佳子弟。 (赏誉)

《变文》中这样标准的判断句很多,如:

④雀儿是课户。 (燕子赋)$_{265}$
⑤朕是百鸟主。 (同上)$_{265}$
⑥云野鹊是我表丈人,鹁鸠是我家伯。 (同上)$_{924}$
⑦臣是小人,滥蒙恩宠。 (伍子胥变文)$_{18}$

值得注意的是系词"是"用法灵活,出现的频率很高。我们着重介绍以下几点:

6.1 "是"常常受副词修饰

《变文》中,经常用在系词前的副词有"实"、"定"、"还"、"正"、"比"、"只"、"不"、"更"、"皆"、"总"、"乃"、"并"等。例如:

①吾今知汝实是能人。 (庐山远公话)$_{187}$
②此乃是吾庄。 (燕子赋)$_{263}$
③燕子文牒并是虚辞。 (同上)$_{250}$
④微臣道法皆是符录之功。 (叶净能诗)$_{226}$
⑤斫营比是王陵过。 (汉将王陵变)$_{42}$
⑥玉漏相传,二更四点,临入三更,看看则是斫营时节。

(同上)34

"看看"和"则"修饰"是"。此"则"是副词,"就"义。

6.2 主语常省略

《变文》中出现在对话中的"是"字句,其主语常常省略。如:

①项羽遂乃高唱:"帐前莫有当直使者无?"季布握刀:"奉霸王当直!""既<u>是</u>当直,与寡人领将三百将士,何不巡营一遭?"

(汉将王陵变)37

"既是当直"意谓"汝既是当值",从上文可以看出。

②太子忽从睡觉,报言空中:"如此唤呼,<u>是</u>何人也?"即时空中报曰:"我是金团天子,遣助太子修行。正<u>是</u>去时,何劳懈怠。"

(八相变)339

"是何人也",省了主语。"正是去时",省了主语"这"或"现今"。

③问讫萧何而奏曰:"昨朝二将骋顽嚣,凌毁大王臣等辱,骂触龙颜天地嗔。骏马彫鞍穿鑱甲,旗下依依认得真,只<u>是</u>季布、锺离末,终之更不<u>是</u>馀人。" (捉季布传文)53

"只是"、"更不是"前,承上文省了主语"二将"。

"是"后省略谓语的例子少见。

6.3 判断句出现多种变式

《变文》中除大量标准的判断句外,还有不少变式,如:

①阵前立马摇鞭者,骂詈高声是甚人? (捉季布传文)53

在主语"阵前立马摇鞭者"与谓语"是甚人"之间夹有"骂詈高声"。这是《世》中未见的句式:判断句主语有两个谓语,前一个谓语"骂詈高声"是对主语特征的描绘,后一个谓语"是甚人"以问句的形式表示判断。

②"蕃中行兵将是阿谁?"……"蕃中行兵马,不<u>是</u>馀人,<u>是</u>我李陵。" (李陵变文)93

判断句主语之后有反、正两个表判断的谓语,有加强正面判断的作用。

③"不知夫主是何人?""若说我家夫主,不<u>是</u>等闲之人。如今

说着姓名;凡是人皆总识。那是阎浮提内,五天印土之中,迦毗罗国城中,净饭皇王太子,释迦如来亲弟,那是姨母所生。"

(难陀出家缘起)400

主语是"我家夫主",判断谓语是一反二正。否定判断是"不是等闲之人"。肯定判断是"那是……释迦如来亲弟","那是姨母所生",这是两个主谓谓语。而在第一个主谓谓语中,又有很长的修饰语(我们在"定语"一节中已分析了这个修饰语)。同时在否定判断与肯定判断之间又有一个复句,对肯定判断起加强和渲染作用。像这样复杂而生动的判断句大概是文学作品、说唱文学的一种特色吧。

④霸王谓曰:"不是别人,则是前月廿五日夜,王陵领骑将灌婴斫破寡人营乱,廿万人各著刀箭,五万人当夜身死。取谋臣锺离末一言,头取陵母,适来驱过者便是陵母。" (汉将王陵变)44

否定判断"不是别人"的主语承上文的问话"适来见驱过人否?"而省,即"适来驱过(之)人"。肯定判断是一个主谓句"适来驱过者便是陵母"。在否定判断与肯定判断之间插入一个语段,说明事情的来由,这个语段由"则是"引进,为肯定判断作必要的说明和解释。

6.4 判断句的谓语为动词语或形容词语

《变文》中有很多"是"字判断句谓语为动词或形容词,表示对主语的动作行为或性质状态的判断。

谓语为动词语的例子如:

①远公曰:"将军当日掳贼奴来时,许交念经。"白庄曰:"我早晚许你念经?"远公当即不语,被左右道:"将军实是许他念经。"

(庐山远公话)175

从上文可以看出,"将军实是许他念经",表示对"许他念经"的肯定判断,"是"前还有"实"字修饰以加强这种判断。

②太子……年登十九,早知自身,合是有天圣地神助膺取吾。

(太子成道变文)325

"合是"意谓"应是"、"须是"。"合"对"是"字起加强肯定的作用。

187

③范蠡启言王曰:"宰彼好之金宝,好之美女,得此物必是开路,更无疑虑。"　　(伍子胥变文)27

此例"得此物必是开路"承上文省略了主语"宰彼"。意谓宰彼得此物必定是要开路。"是"前有副词"必"修饰,此句下文还有"更无疑虑",足证这是一个对"开路"这一行为的肯定判断句。

④今年定是有来年,如何不种来年谷;今生定是有来生,如何不修来生福。　　(庐山远公话)181

这是对"今年"、"今生"之后将有什么事情发生的判断,"是"也有副词"定"修饰,对这种判断加强肯定。

⑤斫营拟是传天下,万代我儿是门眉。　　(汉将王陵变)43

"拟是"有"将是"、"应是"义。此例上下两句都是判断句,上句是对"斫营"必将"传天下"的判断;下句是对"我儿"万代是"门眉"的判断。

⑥"久住人增贱,希来见喜欢;为此经冬隐,不是怕饥寒。"

(燕子赋)264

这是"燕子自咨嗟"的话,因此"不是怕饥寒"省略了主语"我"。这是表示否定的判断。

谓语为形容词语的例子如:

⑦此言并是实,天下亦知闻。　　(燕子赋)263

"并是实"表示对"此言"性质的判断。"并"有"皆"义。

⑧言词总是虚。　(同上)263

"总是虚"表示对"言词"性质的判断。"总"修饰"是"。

⑨日轮之内,乃见一孩儿,十相具足,甚是端严。

(太子成道经一卷)288

"甚是端严"表示对孩儿相貌的特征进行判断。"甚"修饰"是"加强这种判断。

从以上例句可以看到,谓语前有"是",无论谓语是动词语或形容词语,副词修饰语都在"是"前。

在《变文》的系词"是"句里,还有以动词谓语判断句或形容词谓语判断句构成的选择问句,如:

⑩鼙叟问言:"今日见我归家,床上卧不起。为复是邻里相争,为复天行时气?" （舜子变）130

"邻里相争"、"天行时气"都是动词谓语句表示判断。"天行时气"前承上句省略了系词"是"。

⑪夫子语小儿曰:"汝知夫妇是亲？父母是亲？"

（孔子项託相问书）233

这是以形容词"亲"作谓语的选择问句。

6.5 系词"是"用在句首

系词"是"对动词谓语或形容词谓语的判断有时不在主语和谓语之间,而在主语之前。如:

①尚书闻贼犯西桐,便点偏师过六龙。总是敦煌豪侠士,□曾征战破羌戎。 （张淮深变文）126

"总是"用在主语"敦煌豪侠士"之前。这是把加强判断的重点放在主语身上了。若是加强判断动词谓语,则本句似应为"敦煌豪侠士总是（或曾是）征战破羌戎"。系词"是"在这里是对全句起判断作用。

②心念未能诛季布,常是龙颜眉不分。 （捉季布传文）54

这句本来可以说成"龙颜常是眉不分",但却放在句首,强调这是汉王心中大事。

6.6 变文中系词"是"、代词"是"、副词"是"的区别和联系

《变文》中有大量的系词"是",还有一些代词"是"和副词"是",它们在历史演变和所含意义上自然是有内在关联的,但在用法上则是有区别的。代词"是"常构成一些固定词组如"是日"、"是时"等,"是"起指示代词的作用。副词"是"与"凡"用法大致相同,如:

①是人皆老,贵贱亦同。 （庐山远公话）179

②地水火风,一脉不调,是病俱起。 （同上）179

③是政已归於太子,凡事皆不自专。

（维摩诘经讲经文）582

表示"凡"意的"是",谓语前常有表示范围的副词"皆"、"俱"与之配合。它指"所有的"、无例外的。与系词"是"在句中对具体的对象表示肯定不同。系词"是"用于句首,前面都有副词修饰,但若把系词"是"改为"凡是"之义,就与上下文义不相符合。同时,"是人皆老",也不能理解作"这个人皆老",把"是"当作(指)代词;也不能把它理解作系词,它前面不能有副词修饰。

至于"应是"、"应时",是表"凡是"意的固定词组,它们与副词"是"用法相同,如:

④应是山林树下,例皆寻遍。　　（庐山远公话）168
⑤应是山间鬼神悉皆到来。　　（同上）169
⑥应是文武百寮大臣总在殿前。　　（韩擒虎话本）198

它们的谓语几乎都有范围副词"总"、"皆"、"悉皆"等的修饰,它们表"凡是"之义是不言而喻的。

系词"是"在复句和语段中也很活跃,并有多种问句,我们将放在这些篇章去谈。

7. 几种复句的标志

我在《从〈史记〉和〈世说新语〉的比较看〈世说新语〉的语法特点》①一文中,曾从《世说新语笺疏》②和《世说新语校笺》③中取出十段文字,对两书的标点进行比较,说明汉语单复句的划分缺乏形式上的标志,其界限不是很容易掌握。这种情况随着虚词的进一步发展特别是复音词的大量出现有所改善。在《变文》里有几种复句标志比较明显,这几种复句是:假设复句,让步复句,递进复句,并列复句,选择问句等。这里我们着重介绍作为这几种复句主要标志的复音虚词。

---

① 载《魏晋南北朝汉语研究》,山东教育出版社,1988年版。又,见本书第一部分。
② 余嘉锡撰,周祖谟、余淑宜整理。中华书局1983年版。
③ 徐震堮著,中华书局1984年版。

7.1 假设复句

假设复句的连接标志大多在偏句之首。表假设的复音连词有:傥若、傥如、或若、忽若、忽期、忽尔、忽而、忽然、必若、毕若、若是、若也、必其、毕期、可中、假令等。它们都可表"傥若"或"如果"义。① 如:

①傥若今夜逢项羽,斩首将来献我王。　　(汉将王陵变)$_{37}$

②傥如得称圣情,万国和光善事。　　(伍子胥变文)$_2$

③或若王陵知了,星夜倍程入楚,救其慈母。

(汉将王陵变)$_{44}$

④可中修善到诸天,居处生涯一切全。……忽若共君生那里,寻常自在免忧煎。

(佛说观弥勒菩萨上生兜率天经讲经文)$_{654}$

"可中"与"忽若"互相呼应,表示"如果"。

⑤可中论房课,定是卖君身。　　(燕子赋)$_{265}$

⑥忽期南面称尊日,活捉纷(粉)骨细飏尘。

(捉季布传文)$_{54}$

"忽期",同"忽其",表示"如果"。

⑦吾死之后,愿弟得存。忽尔天道开通,为父仇冤杀楚。

(伍子胥变文)$_3$

"忽尔",表"倘或"、"如果"。

⑧忽而一朝夫至,遣妾将何申吐?　　(秋胡变文)$_{157}$

⑨忽然起立望门问:"阶下千当是鬼神?若是生人须早语,忽然是鬼奔丘坟。"　(捉季布传文)$_{55}$

此例有两个"忽然",第一个"忽然"表示"突然";第二个"忽然"表"如果",与上句的"若是"配合。

⑩季布乃言:"今有计……待伊朱解迥(回)归日,扣马行头卖仆身。朱解忽然来买口,商量莫共苦争论;忽然买仆身将去,攀鞭执帽不辞辛。天饶得见高皇面,由如病鹤再凌云。"

---

① "忽然"、"忽尔"等作为副词表"突然"义,在《状语》节有介绍。

(捉季布传文)₆₀

此例中两个"忽然"都表"如果"。

⑪(雀儿)仰答:"但雀儿去贞观十九年……因此立功,一例蒙上柱国,见有勋告数通。必其欲得磨勘,请检《山海经》中。"

(燕子赋)₂₅₃

"必其",表"如果"。

⑫居士曰:"毕期有意亲闻法,情愿相随也去来。"

(维摩诘经讲经文)₅₅₄

"毕其",与"必其"通用,表"如果"。

⑬必若有人延得命,与王齐受(寿)百千年。

(欢喜国王缘)₇₇₅

"毕若"与"必若"通用,都表"如果",例不再举。

⑭"自从夫去辽阳,遣妾勾当家事,前家男女不孝,见妾后园摘桃,树下多埋恶刺,刺我两脚成疮,疼痛直连心髓。当时便拟见官,我看夫妻之义。老夫若也不信,脚掌上见有脓水。"

(舜子变)₁₃₀

从上文可知"若也"表示"如果","也"没有"亦"义。

⑮若是儿夫血与骨,不是杞梁血相离。　(孟姜女变文)₃₃

例中"若是"与下文的"不是"相对照,"不是"在这种语言环境中也是一种假设,表示"若不是"。"是"也可单独表示假设,如:

⑯此言并是实,天下亦知闻。是君不信语,乞问读书人。

(燕子赋)₂₆₃

"是",意谓"若是"。

"若"、"如"、"傥"单用作假设连词的例子如:

⑰燕若入来,把棒撩脚。　(燕子赋)₂₄₉

⑱如能捉获送身,赏金千斤,户封千邑户。

(伍子胥变文)₄

⑲傥逢天道开通日,誓愿活捉楚平王。　(伍子胥变文)₈

从以上用例可以看出,这些假设连词绝大多数位于句首;有时在主谓之间,如"朱解忽然来买口","燕若入来"。连词在句首的那些分句,多数是无主句,部分有主语。这些假设复句,上句表假设,下句表结果,它们互相紧密相连,很自然地形成一个有假设、有结果的复句,它们的标准和起止界限都很清楚,是客观存在,大多不需要别人去主观判断加以划分。这些假设复句大多是由偏、正两个分句构成,偏句表假设,正句表结果。但也有的由两个以上分句组成,如例(3)的偏句是"或若王陵知了";正句是"星夜倍程入楚,救其慈母",其间假设与结果的界限还是容易区别的。

7.2 让步复句

这类复句的连接标志也在偏句之首,正句或以意义与偏句相连,或有"状"、"尚"等副词相与配合呼应,复句的起止界限也较清楚。在偏句的连词有:纵使、纵虽、假使、设使、遮莫、纵等。它们都可表"即使"之义。如:

①纵使求船觅渡,在此寂绝舟船。　　（伍子胥变文）[13]

②西王母〔闻此〕莫然笑曰:"盟津河在崐峑山腹壁出,其山举高三阡三百六十万里;①纵虽卿一生如去,犹不能至。"

（前汉刘家太子传）[161]

西王母的话,全段总合起来是一个条件复句,这个条件复句由前后两个复句构成,在分号前是条件复句,在分号后是结果复句。结果复句由一个让步复句充当。

③须达曰:"假使身肉布地,尚不辞劳;况复小小轻财,敢向佛边怪(悋)惜?　　（降魔变文）[370]

须达的话总起来是一个条件复句,这个条件复句也由前后两个复句构成:分号前表示条件,分号后表示结果。表示条件的部分由一个让步复句充任,表示结果的部分由一个条件复句充任。让步复句的偏句有复音连词"假使"作为标志,正句有副词"尚"呼应;条件复句的偏句有复音连词"况复"作为标志,正句是一个反问句。两个复句的起止界限都很清楚。

---

① 原书这里是一个逗号,我觉得用分号较好。

④设使这身归大夜,是伊不作也无忧。

(无常经讲经文)_{666}

偏句的"设使"与正句的"也"互相配合。

"假使"、"设使"本是假设连词,但在《变文》中多作让步连词。①"假使"用作"即使"之义,在唐代其他文献中不多见。

⑤遮莫金银盈库藏,死时争岂与君将? (破魔变文)_{344}

"遮莫"表"即使"、"尽管"之义,是唐人习语。此例的偏句有"遮莫"作为标志,正句有"争岂"与偏句呼应,起止界限甚为明白。

"遮莫"又作"遮不"、"占不",②如:

⑥直饶珠宝如山岳,遮不绫罗满殿堂;煞鬼忽然来到后,阿谁能替我无常。 (妙法莲华经讲经文)_{490}

"直饶"与"遮不"都表示"即使"意,是两个表纵予的分句;后面两个分句构成一个表结果的复句,在这个复句内部,"煞鬼"偏句表条件,"阿谁"正句表结果。

"纵"单用作让步连词的例子如:

⑦远公进步向前启白注:"曰此寺先来贫虚,都无一物。纵有些些施利,旋总盘缠齐斋供。实无财帛,不敢诳妄将军。"

(庐山远公话)_{172}

7.3 递进复句

这类复句在偏句中有"非但、非论、不论、不唯"等连词作为标志,在正句中常有"亦"、"亦乃"、"假使"等虚词与偏句呼应;或在意义上紧密衔接。复句的起止界限也很清楚。如:

①此园非但我本师释迦牟尼爱乐此处,过去尘沙诸佛③亦住此中。 (降魔变文)_{367}

---

① 参看胡竹安先生《敦煌变文中的双音连词》一文,载《中国语文》1961年第6期。

② 参看蒋礼鸿先生《敦煌变文字义通释》306页—307页。

③ "佛"后本有逗号,应无。

偏句有"非但"作为标志,正句有"亦"相配合。

②非但殃身招祸,亦乃辱及先宗。　　　(同上)₃₆₈

偏句的"非但"与正句的"亦乃"互相呼应。

③非但无面见天王,黄泉地下羞见祖。　　(李陵变文)₉₀

偏句有"非但"作为标志,正句虽没有与之相呼应的虚词,但在内容上"天王"与"黄泉地下"互相对应。

④行恶不论天所罪,应时冥零(灵)亦共诛。

(大目乾连冥间救母变文)₇₂₂

"不论",表"不但"之义,唐时多用。不但《变文》中用,唐代文人诗词亦多见。① 此例的"不论"与"亦"相对应。

⑤剑南人吏百姓②皆言皇帝通神宇宙,天下周游;③非论蜀川境,诸州府不敢辄行法令。　　(叶净能诗)₂₂₄

这例总体是一个因果复句。分号前的偏句表原因;分号后表结果,表结果的部分由递进复句充任。

⑥更有大小便利,脓血交流④。不唯一日三时,以皂荚水浣濯,未得果位间;假使百千万年以沧海水洗之,亦不能净。

(维摩诘经讲经文)₅₈₅

此例由"不唯"到分号前,是一个表让步的复句,它的内部,偏句表让步,正句表结果。自分号后到结束是一个表结果的复句,它的内部,偏句以"假使"标志表纵予,正句"亦不能净"表结果,"亦"与"假使"相对应。"假使",纵使、即使之义。

7.4 并列复句

《变文》有些并列复句有比较明显的标志。大多是以"也"、"又"、"亦"、"不"、"是"等为标志,亦有不少以其他形式作为标志的。

---

① 参看蒋礼鸿先生《敦煌变文字义通释》341页—343页。
② "百姓"后本有逗号,应无。
③ "周游"后本为逗号,似以分号为宜。
④ "交流"后本为逗号,似以句号为宜。

以"也……也……"为标志

注意这个"也"不是古汉语里的语气词,而是近代、现代汉语里的副词。如:

①道这笛老人,来也不曾通名,去也不曾道字。

(庐山远公话)170

由"也……也……"标志的并列复句作谓语,说明这个老人的某种行为特征。

②汝也莫生颇我之心,吾也不见汝过。　(同上)187

以"又……又……"作标志

例如:

③又不见五逆之男,又不见孝顺之子。　(破魔变文)347

④人又衔枚,马又勒辔。　(汉将王陵变)41

以"亦……亦……"或"又……亦……"为标志

例如:

⑤我亦不缘聚会,亦不谙屈帝王;欲拟请佛延僧,精心供养。

(降魔变文)363

⑥儿若到来,儿又死,母亦死。　(汉将王陵变)45

并列复句表示排除的方面,分号后的复句表示抉择的方面;"儿若到来"表假设,并列复句"儿又死,母亦死"表示结果。

以"不……不……"作为标志

例如:

⑦鞍不离马背,甲不离将身。　(汉将王陵变)36

⑧子胥治国一年,风不鸣条,雨不破块。　(伍子胥变文)18

⑨鱼鳖有水,不乐高堂;燕雀群飞,不乐凤凰;妾是庶人之妻,不乐宋王之妇。　(韩朋赋)139

上例为条件复句,"子胥治国一年"为条件分句,两个并列的分句表示结果。下例也是一个条件复句,在这个条件复句内部有三个"小"条件复句,前两个并列的"小"条件复句表示条件,后一个"小"条件复句表示结果。

⑩"又不是时朝节日,又不是远来由喜。正午间跪拜四拜,学得甚鬼祸术魅!"　(舜子变)130

两个并列的"又不是"分句表示排除。

以"是……是……"作为标志

例如：

⑪ 人是六十万之人，营是五花之营；遭遭傸傸，怖怖惶惶，冷人肝胆，夺人眼光。　（汉将王陵变）$_{37}$

"是……是……"两个并列分句表条件，后面的四个分句表情状和结果。

以上这些复句虽然常常包含在一些大的复句之中，但它们本身作为一个并列的复句则是界限清楚、无庸置疑的。

"是……是……"常组成两个以上的并列复句，如：

⑫ 天雨霖霖是其泪，鱼游池中是其意，大鼓无声是其气，小鼓无音是其思。　（韩朋赋）$_{140}$

⑬ 枝枝相当是其意，叶叶相笼是其思，根下相连是其气，下有流泉是其泪。　（同上）$_{141}$

另一系词"为"也有这种标志作用。如：

⑭ 天为公，地为母，日为夫，月为妇，南为表，北为里，东为左，西为右。　（晏子赋）$_{245}$

7.5　选择问句

这类问句是并列复句的一种，在《变文》中，常用"为复"、"为当"、"为是"作为形式上的标志。表示"还是"之义。如：

① "近日恰似改形容，何故忧其情不乐！为复诸天相恼乱？为复宫中有不安？为复忧其国境事？为复忧念诸女身？"

（破魔变文）$_{350}$

② "秋胡汝当游学，元期三周，何为去今九载？为当命化零落？为当身化黄泉？命从风化，为当逐乐不归？"

（秋胡变文）$_{158}$

③ （昨夜）① 光明倍寻常，照耀竹林及禅房。为是上界天帝释？

---

① 此例采用蒋礼鸿先生在《敦煌变文字义通释》中所选例。见该书345页。

为是梵众四天王?

(频婆娑罗王后宫綵女功德意供养塔生天因缘变)$_{768}$

④为当欲谋社稷?为复别有有情怀? (降魔变文)$_{373}$

"是"亦可用于选择问句,如:

⑤夫子语小儿曰:"汝知夫妇是亲,父母是亲?"

(孔子项託相问书)$_{233}$

⑥阿孃迷闷之间,乃问"是男是女?" (庐山远公话)$_{179}$

7.6 表示转折、因果、条件关系的复句其形式标志

表转折的复句中,偏句的标志有"虽"、"虽然"等连词。如:

①梧桐树虽大里空虚,井水虽深里无鱼。 (晏子赋)$_{244}$

②剑虽三尺,能定四方;麒麟虽小,圣君瑞应;箭虽小,煞猛虎。

(同上)$_{245}$

③一虎虽然猛,不如众狗强。 (燕子赋)$_{264}$

④虽然不饱我一顿,且得喧饥。 (降魔变文)$_{386}$

以上复句中的偏句以"虽"为标志,正句虽然不一定有表示转折的词语如"但"等作为标志,但转折之意却很明显。末例的正句有副词"且"与偏句呼应,表"却"义。

表因果的复句中有"所以"等连词为标志。如:

⑤大王遂问太子,有何不乐。殿下奏大王曰:"宫中谋闷,所以不乐。" (太子成道经一卷)$_{291}$

⑥我皇帝国奢示人以俭,国俭示人以礼。所以兢兢在位,惕惕忧民。 (长兴四年中兴殿应圣节讲经文)$_{419}$

"所以"句表结果,表原因的分句虽无"因为"作为标志,但上下文互为因果之义甚明。

表示条件的复句中有"不以"等连词为标志,意为"不论"、"无论"、"不管"。如:

⑦不以玉石金土,一等燋然;拣甚大地山河,一时倾灭。

(维摩诘经讲经文)$_{583}$

全例是两个并列的条件复句。分号前的条件复句,偏句以"不以"为标

志,"一等燋然"为表示结果的正句。分号后的条件复句,偏句以"拣甚"为标志,表结果的正句是"一时倾灭"。"不以"、"拣甚"义同。

由以上分析可以看到,《变文》中有几种复句的标志比较明显,起止界限也清楚。其中尤以假设复句、让步复句、递进复句、并列复句为突出。这表明《变文》的复句形式标志在继承过去的基础上有重大的进展。随着汉语的不断发展与完善,有些复句是不难识别的,它们既有形式上的标志,也有内在的逻辑关系。识别复句的困难不在这些有明显标志和内在联系的部分,因此对于复句应作历史的、具体的分析。

8. 主语与句和语段

我在《从〈史记〉和〈世说新语〉的比较看〈世说新语〉的语法特点》一文中曾说:"在汉语里,主语出现与否并不是受每一个谓语的制约。从发展趋势来看,主语出现的规律是,谓语叙述的对象变换,新的主语就出现。叙述的对象没有变换,即使连续几个谓语,主语也不一定出现。"①由于《变文》里各种谓语句出现较多,使我们对这个问题看得更全面些,应该说,上述规律主要是动词谓语句和多谓语描述句的规律,而有的谓语句,则情况有所不同。

8.1 形容词谓语句

我们在前面已经说过《变文》里形容词谓语句较《世》有所增加。在《世》里,形容词语与动词语或名词语联合组成的谓语已经比《史》有较大发展,如:

①嵇延祖卓卓如野鹤之在鸡群。 (容止)

形容词谓语"卓卓"加动宾结构"如野鹤之在鸡群"作谓语。

②陈太丘诣荀朗陵,贫俭无仆役。 (德行)

---

① 载《魏晋南北朝汉语研究》,山东教育出版社,1988年版。

形容词谓语"贫俭"加动宾结构"无仆役"作谓语。
　　　③(范)宣洁行廉约。　　　(德行)
名词短语"洁行"加形容词谓语"廉约"作谓语。
　　从中我们可以看出形容词谓语在《世》中已用得较多。在《变文》中,这类混合谓语也很多,如:
　　　④一世似风灯虚没没,百年如春梦苦忙忙。
　　　　　　　　　　　　　　　　　　　　(破魔变文)344
　　　⑤草青青而吐绿,花照灼而开红。　　(降魔变文)365
　　　⑥面比天而更青,目类朱而复赤　　　(同上)387
它们一般都是每个谓语有自己的主语,即谓语所描绘的对象。
　　值得注意的是在《变文》中还有不少形容词谓语句,如:
　　　⑦凤凰云:"燕子下牒,辞理恳切。雀儿豪横,不可称说。"
　　　　　　　　　　　　　　　　　　　　(燕子赋)249
　　　⑧已上之天则极泰,已下之天则极闹。
　　　　　　　　　　　　　　　　　　　　(太子成道经一卷)286
　　　⑨面色粗赤粗黄,唇口异常乾燥。　　(降魔变文)385
　　　⑩闪电乍暗乍明,祥云或舒或卷。　　(降魔变文)386
　　　⑪身轻体健目精明,即欲取别登长路。　(伍子胥变文)6
　　　⑫昨日见汉将卒徒寡鲜,旗鼓继缕,举动迂迴,状貌龙锺。
　　　　　　　　　　　　　　　　　　　　(李陵变文)85
叠音形容词作谓语,如:
　　　⑬只昨日颜边红艳艳,如今头上白丝丝。　(破魔变文)344
　　　⑭井水湛湛,何时取汝?釜灶厐厐,何时吹汝?床席闺房,何时卧汝?庭前荡荡,何时扫汝?园菜青青,何时拾汝?
　　　　　　　　　　　　　　　　　　　　(韩朋赋)138

　　我们从以上例中可以看到,这些形容词谓语都有各自的主语,一主一谓,甚为明确。

8.2　名词谓语句

　　《变文》的名词谓语句出现频率也较《世》高些。名谓句大都与主

· 200 ·

语相配,如:

①南有楚国平王,安仁治化者也。　（伍子胥变文）$_1$
②吴国大相,国之埈首。　（同上）$_{26}$
③大阵七十二阵,小阵三十三阵。　（汉将王陵变）$_{36}$
④南山有树,名曰荆棘,一枝两茎。　（韩朋赋）$_{140}$

"一枝"为主语,"两茎"为名词谓语。"一枝两茎",主谓结构,作"荆棘"的谓语。

⑤有坚牢树神……状如豹雷相似,一头三面。
（庐山远公话）$_{168}$

"一头三面",名词"三面"作谓语的主谓结构,作"树神"的谓语。

⑥州县长官,瓜萝亲戚。　（燕子赋）$_{249}$

"瓜萝"修饰"亲戚",构成本句的名词谓语。

8.3 受事主语句

受事主语句是动词谓语句的一种,在《变文》中出现较多,如:

①成谋不说,覆水难收。　（伍子胥变文）$_2$
②勃逆小人,何由可耐!……子胥狂语,何足可观,风里野言,不须采拾!　（同上）$_3$
③子尚郑国之臣,并父同时杀讫。　（同上）$_4$
④父子二人,同时诛戮。　（同上）$_4$
⑤文经武律,一切鬼神,悉皆通变。　（同上）$_{26}$
⑥营已入得,号又偷得。　（汉将王陵变）$_{38}$
⑦"交(教)卿绥州茶城村捉得王陵母到来,儿又不招,更出无限言语抵忤寡人。　（同上）$_{43}$
⑧我李将军必是捉矣!　（李陵变文）$_{93}$

这种句子,一主一谓,缺一不可。它们虽也常在一个大的复句甚或语段中作一个分句,如例⑦;但其自身主谓关系和起止界限甚为清楚。

至于系词"是"或"为"组成的主谓句,主谓起止界限也很明确,请参看《"是"字句的比较》一节,不赘述。在以上几种句中我们看到,主谓互相制约,二者一般都是同时出现。

在哪些句式里,主语的出现与否不受每个谓语的制约;谓语叙述的对象变换,新的主语才出现呢？从《变文》的情况看,最重要有两种情况,一是有施事主语的动词谓语句,一是有被描述对象作主语的描述谓语句。

8.4 有施事主语的动词谓语句

①皇帝曰:"其计甚善。"力士既奉进言,遂於金吾仗取五百人及剑,悉如雪霜,伏於殿后,不令人知。皇帝遂诏净能;〔净能〕早知伏煞殿后,都不为事,既至殿前,皇帝赐坐,说其道法。皇帝曰:"便有何法？"净能知皇帝逼问术法,其数极多。"陛下若拟遍问之,卒无理尽,臣所见只可如斯！"皇帝闻净能奏,悖然作色,大怒龙威。高力士便遣五百人,一时上殿,拟斩净能。净能见五百人拔剑上殿,都不忙惧,对皇帝前缓兵徐行,"吾亦不将忙矣！"五百人一时举剑,俯临净能。净能思心作法,即变身入殿柱中,莫覩踪由。皇帝惊忙,绕柱数匝看之,连声便唤:"天师！天师！朕无此意,高力士起此异心。幸愿天师察朕诚素。"净能於柱内奏曰:"本愿尽陛下一世,谁知陛下中道起此异心？"皇帝遂遣高力士把剑削柱看之。高力士奉勅削柱。其柱约一半以上,转起分明,全无净能踪由。净能柱内又奏:"臣且归大罗天去也！"皇帝与高力士见一条紫气升空而去。皇帝追悔不及。　　(叶净能诗)$_{226—227}$

在此例内,我们可以清楚地看到主语随谓语叙述对象的不同而更换。像"净能见五百人拔剑上殿,都不忙惧,对皇帝前缓兵徐行,'吾亦不将忙矣！'"这一小段,由于主语都是净能,因此只用一个主语。连"吾亦不将亡矣"前面的"净能曰:"或"曰:"都省去了。又如"力士既奉进言,遂於金吾仗取五百人及剑,悉如雪霜,伏於殿后,不令人知"这一小段,"悉如雪霜"可能指剑之闪光,"伏於殿后"的主语似应为"五百人",但因前面主语是"力士",且有动宾"取五百人及剑",可以把"悉如雪霜"看作插入的一个小句,描写剑;而"伏於殿后"则联上文作"遂於金吾仗取五百人及剑""伏於殿后",这样主语就是"力士"。最后两句,前一句主语是"皇帝与高力士",因两人都"见一条紫气升空而去";后一句主语是"皇帝",因"追悔不及"的是皇帝不是高力士。可见不该省略的主语是不会随便省略的。

我们说谓语叙述的对象变换时会有新的主语出现,不等于说谓语叙述的对象若不变换,原来的主语就不能重复出现。在《变文》中几个谓语连续说到同一对象时,这一主语可能重复出现,如:

②於是<u>远公</u>出庵而望,忽见一寺造成,叹念非常,思惟良久。<u>远公</u>曰:"非我之所能,是他《大涅槃经》之威力。"觐此其希,<u>远公</u>次成偈曰:……於于<u>远公</u>自入寺中,房房巡遍,院院皆行。

(庐山远公话)_{169}

这一段都说远公,而"远公"出现四次。可能是在前段意义告一段落时重新出现。

③后<u>阿孃</u>闻道苦啾到来,心里当时设计,高声唤言<u>舜子</u>:……<u>舜子</u>闻道摘桃,心里当时欢喜。<u>舜子</u>上树摘桃,<u>阿孃</u>也到树底。解散自家头计,拔取金钗手里,刺破自家脚上,高声唤言<u>舜子</u>:"我子是孝顺之男,岂不下树与阿孃看刺。<u>舜子</u>闻言,将为是真无伪,<u>舜子</u>即忙下树。" (舜子变)_{130}

"舜子"重复出现,"后阿孃"和"阿孃"一主多谓。

8.5 被描述对象作主语的描述谓语句

这类句式中的谓语是对主语特征的描绘或评述。谓语不一定只是动词谓语或形容词谓语,作者往往随心所欲地运用各种谓语结构为描述主语服务。如:

①楚之上相,姓伍名奢①,文武附身②,情存社稷③。手提三尺之剑④,请託六尺之躯⑤。万邦受命⑥,性行淳直⑦,仪节忠贞⑧,意若风云⑨,心如铁石⑩,恒怀匪懈⑪,宿夜兢兢⑫。事君□致为美⑬,顺而成之⑭;主若有僭⑮,犯颜而谏⑯ (伍子胥变文)_1

这一段,主语是"楚之上相",这一个主语共有 16 个谓语逗。①,两个并列的动宾结构作谓语;②、③,主谓结构作谓语;④,主谓结构作⑤的状语;⑤,动宾结构作谓语;⑥、⑦、⑧、⑨、⑩,主谓谓语;其中⑥、⑨、⑩为动词谓语,⑦、⑧为形容词谓语;⑪,动宾结构作谓语;⑫,主谓谓语;⑬、⑭为一个复句作谓语;⑮、⑯为一个假设复句作谓语;⑮是表假设的偏句,⑯是表结果的主分句。

　　②臣闻秦穆公之女,年登二八①,美丽过人②。眉如尽月③,颊似凝光④,眼似流星⑤,面如花色⑥。发长七尺⑦,鼻直额方⑧,耳似珰珠⑨,手垂过膝⑩,十指纤长⑪。　　(伍子胥变文)₂

主语"秦穆公之女",拥有11个谓语逗。①,主谓谓语;②,形容词谓语"美丽"带程度补语"过人";③、④、⑤、⑥,主谓谓语,谓语都是动宾结构;⑦形容词"长"作谓语、"七尺"作补语的主谓谓语;⑧,两个主谓结构并列,谓语都是形容词;⑨主谓谓语;⑩主谓谓语,"垂"为动词,"过膝"为补语;⑪主谓谓语,形容词"纤长"作谓语。

　　③舍利见池奇妙①,亦不惊嗟②,化出白象之王③。身躯广阔④,眼如日月⑤,口有六牙⑥,每牙吐七枝莲花⑦。花上有七天女⑧,手搊弦管⑨,口奏弦歌⑩,声雅妙而清新⑪,姿逶迤而姝丽⑫。象乃徐徐动步⑬,直入池中⑭,蹴踏东西⑮,回旋南北⑯。以鼻吸水⑰,水便干枯⑱,岸倒尘飞⑲,变成旱地⑳。于时六师失色㉑,四众惊嗟㉒,合国官僚齐声叹异㉓。　　(降魔变文)₃₈₄

①、②、③的主语是"舍利",①、③为动词谓语,②为形容词谓语。④、⑤、⑥、⑦,主谓谓语,描述"白象之王"。⑧主谓结构,⑨、⑩、⑪、⑫主谓谓语,描述"七天女",其中⑨、⑩为动词谓语,⑪、⑫为形容词谓语。⑬、⑭、⑮、⑯、⑰动词谓语,写"象"的动作。⑱主谓结构,⑲、⑳,动词谓语句,表示"象"以鼻吸水的结果;㉑、㉒、㉓主谓句,写六师、四众、官僚。整个语段的中心是描述白象之王,通过描述它的神通广大来显示舍利佛的非凡本领。为了描述白象之王,除了描绘它本身的形象和能力外,还描绘了花上的七天女、水、岸、尘、六师、四众、合国官僚。描述的对象虽多,却紧紧结合在一起,组成一个语段。

　　需要注意的是,有时谓语描述的对象已经变换,而新的主语并没有出现,原来它承前句的宾语而省略了,如"化出白象之王",下句"身躯广阔"自然是指"白象之王",若再重复,反觉累赘。又如"花上有七天女",下句"手搊弦管",也是同样情况。

我们可以看到,在《变文》里出现许多内容丰富而生动的语段。由许多这样的语段,组成一个个生动的故事。《变文》一个重要特点是它的语段较之《世》有很大进展,特别是对人物的形象性格、心理活动及对话的描绘,对各种环境与各种情节的叙述,十分生动,非常细致。比如《世》对妇女的描绘:"甚有姿慧",而在《变文》里却可以有洋洋洒洒的一段,如上面例中对秦穆公之女的描绘,一个主语有十几个谓语来描绘。在《变文》的语段里,主语有着重要的标志的作用。有时一个主语标志一个语段,有时通过描述数个不同的对象构成一个语段。

总之,汉语里,主语与句、语段有重要关系,它是部分单句复句以及语段的重要标志。我们是否可以这样说,在汉语里,有单句主语,有复句主语,还有语段主语。

9. 小结

总起来看,《变文》与《世》相比,有一些重大的变化:

其一,从动词谓语的前后修饰语分布来看,位于动词后的补语有上升的趋势。《世》的动谓,前有状语的约占76%,后有补语的约占7%;《变文》的动谓,前有状语约占70%,后有补语的约占15%。补语的增长主要是由于结果补语、趋向补语、程度补语的增加和带"得"补语的运用。这是十分值得注意的变化。特别带"得"补语的运用,是汉语发展历史中的一件大事。

其二,在介词的阵容和介宾短语的分布上有重要变化。从介词的阵容上看,一些新的介词特别是"把"("捉")、"望"、"往"的出现;"与"、"对"、"为"、"用"、"从"、"着(著)"等介词的灵活运用;大量复音介词及固定格式的形成;谓语动词后介词"诸"、"乎"、"于"的消失,都是令人瞩目的变化。在这里还要特别提到《变文》的"於"和"在"。"在"在引进处所的用法上正处在逐渐取代"於"的重要过渡时期。在《世》中,引进处所的"於"和"在","於"占66%,"在"占34%;到《变文》中,"於"占57%,"在"占43%。以后到元明时期,"在"就明显居于多数。在元杂剧中,"於"占17%,"在"占83%;明《金瓶梅》中,"於"占3%,"在"占97%;已与现代汉语趋于一致了。从介宾短语的分布来看,66%的介词只在D前出现,34%的介词可前可后,没有固定在后的。这样一来固定在D后的补语就是结果、趋向、程度和带"得"的补语。这种分布从内容上看,在D前的大多表示动作行为前提条件或伴随因素,如与动作行为有关的人物(或其他对象)以及动作行为的工具、方法、状态、条件、原因、时间、处所等,其中少部分可前可后;在D后的大多是动作行为的各种结果。我们说"各种结果",因为"趋向"、"程度"实质上也可以说是动作行为的结果,而带"得"的补语一般也是表示结果或程度。动词后的位置为这些补语的发展壮大提供了必要的条件。《变文》介词在内容和分布上的这些特点是汉语由古代汉语发展到近代汉语在介词上的重要标志。

其三,在《变文》的被动句中,"被"字句已居于绝对优势,这是汉语发展史上具有里程碑意义的大事,是汉语面貌发生了重大变化的又一关键性标志。

其四,系词"是"大量运用,除标准的判断句外,还有多种变式,其中突出的如"不是……是……"句式,动词谓语判断句,形容词谓语判断句,"是"的选择问句,"是"用在主语前、句之首等,形成《变文》的一个显著特点,与《世》相比有重大进展。

其五,从状语来看,单音副词的同义词或近义词很多,古今兼备,在此基础上孳生大量的复音副词,使语言的表达有更多选择的余地,且可避免重复。同时以方位词为中心的处所短语大量用作状语,十分生动,显示了唐时口语的一些特征。

其六,由于大量复音虚词的形成,部分复句具有明显的形式标志和起止界限,如:假设复句、让步复句、递进复句、并列复句等。它们在《变文》中出现频繁,在表达较复杂的逻辑思维方面,起着重要作用。同时也表明在汉语中,部分复句的起止界限是容易识别的,虽然它们常包含在一个更大的复句或一个语段中,但它们自身的界限仍很显明。

其七,《变文》的语段在内容的表达上起十分重要的作用。可以说,在《变文》里,对一个人物或一个情节的叙述往往不是运用一个单句或一个复句,而是运用一个语段。这是《变文》这种说唱文学本身必备的条件。也正是由于客观上对说唱文学的这种要求,促使《变文》的语言在词、短语、句、语段各方面都有重大发展变化。

我们知道,语言在历史发展过程中逐步地发生变化,当它达到阶段性的质变时,总会有一些关键性的标志。我们认为以上几点就可以作为一些关键性的标志,它显示着汉语的发展进入了一个新的阶段,即由古代汉语进入到了近代汉语的阶段。

——1991年写于意大利那坡里东方大学

三、元杂剧语法特点研究[①]

——从《关汉卿戏曲集》与《敦煌变文集》的比较看元杂剧的若干语法特点

序　言

元代是中国文学史上以戏曲为主要文学形式的时代。从 13 世纪中叶到 14 世纪之末,众多的戏曲作家们竞相创作,仅见于书面记载的杂剧名目就有六七百种[②],流传至今的大约有二百多本。元代的戏曲可分为两大部门:一是北方的杂剧,一是南方的南戏。南戏是用南方的歌曲和方言来演唱的一种戏剧体裁,剧中每个角色都要歌唱,比较冗长;杂剧却是一种截然不同的戏曲体裁,有动作,有宾白,有歌曲,再加上脚色化妆以及布景等条件,杂剧就在前代各种讲唱文学和舞曲歌词的基础上演变为真正登场表演的舞台艺术。

元代的戏曲运动是以北方的杂剧为主的,而在这个戏曲运动中起着主要领导作用的人物,就是伟大的戏曲家关汉卿。关汉卿(1227？—1297？)[③]是大都(今北京)人。他深入下层社会,熟悉人民

---

① 本文原载《宋元明汉语研究》(程湘清主编,山东教育出版社 1992 年)。此次收入本书有所修改。

② 参看隋树森《元曲选外编》编校说明,中华书局 1980 年版。他指出,这个数目还远不能说明当时杂剧繁荣的实际情况,如果包括姓名不可考的"书会才人"以及数量众多的民间艺人在内,当时作品的数量少说也在千种以上。

③ 根据刘坚《近代汉语读本》,265 页,上海教育出版社 1988 年版。

生活,擅长歌舞,精通音律,对各种艺术形式极为爱好,创作了大量为人民喜爱的杂剧:其中有历史剧,有反映现实生活的剧本,也有些以男女爱情为主题的剧本。他的著作不仅内容丰富,情节生动,而且语言朴素、清新、活泼,很接近当时的口语,鲜明地表现出戏曲杂剧特有的民间文学的通俗性。刘大杰在他的《中国文学发展史》中也曾说:"文体中使用新语言,是元剧文学的一大特色。但这种新语言用得最广泛、最成熟、最恰当的,无人比得上关汉卿。"① 因而我在这篇文章里选了关汉卿的作品作为研究元代语言的代表,拿它与唐《敦煌变文集》(本文中简称《变文》)作比较,以求突出元代语言的特征。所用的是吴晓铃等编校的《关汉卿戏曲集》,在本文内简称《戏曲》。此书汇辑了现在所能搜集到的关汉卿的全部作品,同时编者根据各种不同的版本作了较精细的校勘。②

变文是散韵结合,以散为主;杂剧有白有曲,以曲为重。两者不仅有相似之处,且对唐代、元代语言都有各自的代表性,正好便于比较。我在分析变文语言时没有排除韵文,因为它们与散文相近,语法上无大差异。同样,在分析杂剧语言时,我也没有把唱曲排斥在外,因为唱曲也非常接近当时口语,不论是词汇或是句子,大都表现了质朴、通俗、口语化的特色。元曲的长短句虽有其内在的规律与要求,却是一种活泼自由的形式。因曲中可用衬字,能在曲谱允许的范围之内给作者一定自由。所以它可有一字二字的短句,也可有长达二三十字的长句。这种自由给作者很大的便利,使他不致因形式的限制而损害戏曲的生命。正如《元曲选》编者臧晋叔所说:"元曲妙在不工而工"。③ 这正是元曲富于口语特色的重要原因。不过由于曲的作者对曲作了较多加工,有的吸收了前代典籍中的语言成分,因而使曲比对白略多些书面语色彩,比如语气词"矣"、"哉"、"乎"、"兮",介词"於"、"以",助词"然"、"其"

---

① 刘大杰《中国文学发展史》下册,839 页,上海古籍出版社 1984 年版。
② 《关汉卿戏曲集》,上、下册,吴晓铃、单耀海、李国炎、刘坚编校。中国戏剧出版社,1958 年版。
③ 见臧晋叔《元曲选》序,中华书局 1961 年版。

等,大多出现在曲中。这是在具体分析时要加以注意的。

我拿《戏曲》与《变文》进行比较,感到在以下一些问题上比较明显地表现了元代语言的语法特点。本文就着重讨论这些问题:

1. 具有明显特色的几类虚词

1.1 助词; 1.2 语气词; 1.3 介词。

2. 特别值得注意的句子成分——状语

2.1 表时间的状语; 2.2 表状态的状语;

2.3 表程度的状语; 2.4 表处所的状语;

2.5 表范围的状语。

3. 几种有重要变化的句子结构、句式

3.1 动补结构; 3.2 被动句;

3.3 比较句; 3.4 "是"字句。

4. 从谓语的角度看句型特色

5. 复句与语段

6. 语言面貌的变化

7. 概论

下面就依次加以讨论。

为了节省篇幅,凡《戏曲》例句都不写篇名,只写册数、页数。如"1.59"指上册59页,"2.702"指下册702页。现将《关汉卿戏曲集》的篇名和页数抄录于下,便于读者对关汉卿的作品有个全面了解并对页数加以参照:〔上册〕单刀会1.1—1.22;关张双赴西蜀梦1.51—1.59;温太真玉镜台1.67—1.87;尉迟恭单鞭夺槊1.123—1.146;山神庙裴度还带1.193—1.231;邓夫人苦痛哭存孝1.251—1.276;刘夫人庆赏五侯宴1.289—1.324;状元堂陈母教子1.343—1.371;包待制智斩鲁斋郎1.385—1.409;钱大尹智宠谢天香1.499—1.521;〔下册〕王闰香夜月四春园2.547—2.577;赵盼儿风月救风尘2.635—2.654;诈妮子调风月2.689—2.703;望江亭中秋切鲙旦2.735—2.755;杜蕊娘智赏金线池2.803—2.817;感天动地窦娥冤2.847—2.869。

1. 有明显特色的几类虚词

1.1 助词

《戏曲》的重要特色之一是具有丰富多采的助词,这些助词有的在句中起作用,有的在短语中起作用,有的在词中起作用,有的既可以在句里也可以在短语或词中起作用。有不少助词是《变文》所没有的。

所谓助词是对词、短语或句子起各种标志作用的词类。助词的独立性最差,意义最不实在,但作用却很广泛,常用于句首、词的首尾或短语之中。①

《戏曲》中的助词大致有三十余个,其中出现次数最多的是"的"、"着"、"了"、"来"等。现依序介绍于下:

1.的,2.着(著),3.了,4.见,5.来,6.箇(個),7.生,8.所,9.里(哩),10.头,11.地,12.儿,13.子,14.老,15.阿,16.家(价),17.然,18.其,19.他,20.你,21.取,22.之,23.上,24.当,25.那個,26.其他。

此外,助词"得"、"将"、"得来"、"得个"等的用法将在"动补结构"部分介绍,这里略去。

1.1.1 的

助词"的"不仅出现频率很高,而且用法非常灵活多样。但在《变文》中却未见到"的"。这是两书十分重要的区别之一。通过以下介绍,可知"的"在《戏曲》中何等活跃。

1.1.1.1 "的"连结修饰语与中心语构成名词性短语

1."的"位于体词性的修饰语与被修饰的名词语中间,构成名词性短语。如:

①俺员外的言语,要和你悔了这门亲事。　　2.548

---

① 对助词的解释参看杨伯峻、何乐士合著《古汉语语法及其发展》一书第十一章第一节,P.474,语文出版社1989年版。

②是佳人的领袖,美女的班头。　　2.741

有的修饰语由名词加方位词构成,如:

　　③我试猜这书中的意咱。　　2.743

　　④则你是柳耆卿心上的谢天香。　　1.510

有的修饰语为代词,如:

　　⑤这大小厮是你的亲儿么?　　1.458

　　⑥三个都是我的孩儿。　　1.458

有的修饰语为代词和序数词,如:

　　⑦将你第二的小厮偿命,怎生又说我胡芦提?　　1.458

从例中可以看出,这些名词短语大都作句中主语、动词或介词的宾语、系词"是"句中的谓语,或名词谓语句中的谓语。

　　2."的"位于动词短语修饰语与中心语之间,把前后两部分组成一个名词性短语。这类名词性短语在《变文》中是以"之"代替"的",如"排云之力"(1.155),"至采桑之时"(1.157),"追捉之事"(1.161)…等。《戏曲》虽也有少数"之"的用例,但绝大多数名词性短语是由助词"的"联结而成。

　　"的"前的修饰语为动宾结构,如:

　　①他有行凶的赃仗么?　　2.564

由于"的"组成的是名词性短语,在修饰语前面常有指示词"这"、"那"或代词"俺"、"你"等对名词短语起指示作用,如:

　　②将俺这有儿夫的媳妇来欺骗。　　2.754

　　③舒你那攀蟾折桂的指头。　　2.811

例②的修饰语"有儿夫"前有指示词"这"和代词"俺",例③的修饰语前有指示词"那"和代词"你"。

　　"的"前的修饰语为偏正结构,如:

　　④我便有那该死的罪,我也不来央告你。　　2.640

　　⑤有什么应审的罪囚,将来我看问。　　1.453

　　"的"前的修饰语为主谓结构,如:

　　⑥愿天下心厮爱的夫妇永无分离。　　2.723

"的"前的修饰语为动补结构,如:

⑦闻知有亡过了的李希颜夫人谭记儿。　2.740

"亡过了"为动补结构。"李希颜"与"夫人"之间若加"的",便更易理解句意。

⑧时遇清明节令,家家上坟祭扫,必有生得好的女人。
　　　　　　　　　　　　　　　　　　　　　1.389

以上例中的名词性短语都是用作动词或介词的宾语,还有的在动补结构中做宾语,位于助词"得"之后,如:

⑨你认得那指腹成亲的王闰香么?　2.552

⑩长街市上不问那里寻得一个有乳食的妇人来。　1.29

有的作句中主语或谓语,如:

⑪强如我十倍儿的声名到处里有。　2.811

⑫我和那个将得你孩儿去的那个官人一张纸上画字的人。
　　　　　　　　　　　　　　　　　　　　　1.312

例⑫中的第一个"的"字短语"那个将得你孩儿去的那个官人"跟"我"一起作句中主语;第二个"的"字短语"一张纸上画字的人"是句中的名词谓语,若理解时在"一张"的前面加系词"是",意思就会使人感到更为显豁。

3."的"前为形容词或形容词短语。如:

①若来迟了,我无那活的人也。　2.642

"活"为形容词,前面有指示词"那"作整个名词短语的修饰语。

②似别的那等勾当我也不做他。　2.554

"的"前为形容词"别"。

③有些胧胧的月儿。　2.556

"胧胧"是双音节形容词。

④我当初也是巨富的财主来。　2.548

⑤你也枉把您这不自由的姐姐来埋怨。　2.725

以上这些名词性短语多数在句中作动词宾语,如例①、②、③;有的作系词"是"字句中的谓语,如例④;有的作介词宾语,如例⑤。

213

1.1.1.2 "的"位于动词、形容词或其短语之后,组成〔××的〕结构

"的"改变它们原来的性质,使之都成为名词性短语。有时也位于体词之后,构成指人或事的名词性短语。如:

①但来告状的就是我衣食父母。　　2.858

应特别指出的是《变文》中没有"的"字结构,只有同类性质的"者"字结构。如:

②适来驱过者便是陵母。　　(汉将王陵变)1.44

在《杂剧》里,这种"者"字结构已很少见了。由"者"字结构变换到"的"字结构,使《杂剧》的语言面貌又有一重要变化。

1. "的"前为动词短语,如:

有的"的"前的动词短语以动宾结构为最多,如:

①做爷的不曾烧一陌纸钱,做儿的又当了罪愆。　　1.465
②便好道杀人的偿命,欠债的还钱。　　1.457
③我常把伊思念,你不将人挂恋。亏心的上有青天。　　2.727
④若有似俺男儿知重我的,便嫁他。　　2.737

此例的"动宾的"中,动词为"似",宾语为主谓结构"俺男儿知重我",结构较复杂。

⑤吃了茶的过去。　　2.568

有的"的"前为动补结构,如:

⑥旦云:"我有两个压被的银子,咱两个拿着买休去来。"卜:"他说来,则有打死的,无有买休卖休的。"　　2.644

"打死"为动补结构,"买休卖休"为两个并列的动宾结构。

⑦那个妇人是我打怕了的,与他一纸休书,那妇人便去了。　　2.650

"打怕了"为动补结构,"打怕了的"这个名词性短语前还有代词"我"作"打"的主语。

有的"的"所在的名词性短语受指示词、代词或数量词修饰,如:

⑧那个出家儿的放刀来。　　2.739

⑨但是那经商客旅做买做卖的都来俺这里吃茶。 2.568

此例的"那"后有两个名词性短语,一个是"经商客旅",一个是"做买做卖的"。

⑩你那读书的,穷酸饿醋有什么好处? 1.195

⑪三个人中必有一个为首的。 1.455

此例有数量词"一个"作修饰语。绝大多数例中的"的"字结构都代表人,还有的表示某种情况。如:

⑫我打死人不偿命,如常的则是坐牢。 1.448

"如常的"表示经常的,时常的。

2. "的"前为形容词或其短语,如:

①既是他母亲说大小厮孝顺……留着大的养活他。 1.457

②可不道三人同行小的苦。 1.458

③本分的从来老成,聪俊的到底杂情。 2.814

在"的"字短语前有指示词或数量词修饰。如:

④张千,拿那小的出去偿命。 1.458

⑤这小的便怎生拿的偌大一把刀子? 2.564

⑥可怜见一个老的被人打死了。 1.462

⑦待嫁一个老实的,又怕尽世儿难相配。待嫁一个聪俊的,又怕半路里相抛弃。 2.637

3. "的"前为体词结构。

"的"在动词、形容词或其短语之后,可以使它们变为名词性短语;"的"在体词之后,使它们也发生一定变化,即在意义上变得更为具体。如:

①(裴旦)云:"这刀子不是俺家的来!"张弘背云:"谁道是俺家的来?这刀子是我卖的。" 2.571

"俺家"加"的",从上下文可知是指"俺家的刀子",若不加"的"而说"这刀子不是俺家来",意思就难捉摸了。

"的"用在序数词和数量词后,构成名词短语,如:

②着大的偿命,你说他孝顺;着第二的偿命,你说他营运生理。

却着谁去偿命？ 1.458

　　　　③我一星星的都索从头儿说。 2.723

"第二"加"的"，从上下文可知是指第二个孩子。"一星"表示一点儿；"一星星"，极言其少。加了"的"，从上下文知道"一星星的"是指一星星的事情。

　　"的"用在几个互不相关的文字前，如：

　　　　④员外云："你是读书人，你说那为人的道理，我是听咱。"旦儿曰："谁听你那之乎者也的。" 1.195

意谓谁听你那之乎者也的一套。这是口语中很灵活的用法。"你"、"那"修饰"之乎者也的"短语。

　　4."这的"、"兀的"、"阿的"、（"兀那"）"恁的"、"甚的"、"怎的"、"无的"等词组。

　　词组"这的"，"的"用在指示代词"这"后，表示"这个"、"这样"或"这"。如：

　　　　①这的是我差了，将来我看。 2.566

意谓这样（或仍作"这"）就是我错了。
比较下句：

　　　　②这是老夫差了。 1.457

可知"这的"与"这"作用相当。"的"用在"这"后，结构上的作用比较弱，在意义上也没有大的变化，因而这一结构没有保留在今天的普通话里。其他例子如：

　　　　③你原来为这的。 2.639

　　　　④这的就是李庆安杀了咱家梅香来。 2.558

　　词组"兀的"，多表示"那个"、"那样"、"那"，有时也表"这"等。常与"不"或"不是"相配合，作反问句。如：

　　　　⑤净上："自家葛彪是也。饮了几杯酒，无甚事，且回家中去来。"三人上："兀的不是那凶徒！拿住这厮。" 1.450

"兀的"后面接"不是"；在"凶徒"前还有"那"做修饰语，与"兀的"配合。

　　　　⑥王员外云："你舒出手来。"李庆安做舒手科云："兀的不是

手！" 2.561

从上下文可以清楚看出,这例的"兀的"有"这"意。

"兀的"也可作状语或定语,如:

⑦咱兀的做夫妻三个月时光。 2.720

⑧觑了他兀的模样,这般身份。 2.692

上例表示"这样地",下例表"这样的"(或那样的)。

有时"阿"与"的"组成"阿的",表示"那"或"这"。如:

⑨早是没外人。阿的是什么言语那! 2.722

"阿的"的用法与"兀的"相近,"阿"、"兀"音亦近。但"阿的"例很少,且未见用于反问句者。

词组"兀那",表示一种肯定的指示作用,修饰中心语。(为了与"兀的"用法比较,附在这里介绍。)如:

⑩净官人云:"兀那李庆安,你是个穷汉家,怎么图财致命,杀了王员外的梅香来?" 2.562

⑪妹子,我和您哥哥厮认得了也,你却召取兀那武举状元呵! 2.727

"兀那"一般不单独用作代人或物的名词短语,只用来作修饰语,与"兀的"在用法上有重要区别。

词组"恁的"中的"恁"是一个指示代词,有"那"、"这"意。"恁的"表"那样"或"这样","那般"或"这般"。常单独使用,表示一种情况或策谋。如:

⑫赵太公云:"正要寻这等一个妇人看我那孩儿。则除是恁的。兀那王嫂嫂,你便要卖这小的,谁家肯要?不如你寻一个穿衣吃饭处,可不好?" 1.291

"除是恁的",意谓除是这样……。

⑬李庆安云:"恁的呵,多谢姐姐。" 2.553

意谓这样啊,我就多谢姐姐了。

词组"甚的",表示什么,什么东西。

⑭量这个直得甚的。 1.80

217

⑮则他那嫡亲娘可是图一个甚的。　　　　　1.318

"甚的"前面有数量词"一个"修饰,可见其名词性质。

词组"怎的",表示"怎么一回事""为什么"之意,询问原因。如:如:

⑯正旦:"想起俺那指腹的这成亲李庆安。"梅香云:"姐姐,你想那穷弟子孩儿怎的?"正旦云:"这妮子,你也嫌他穷。"　　2.551

从上下文可看出"怎的"有"怎么回事""为什么"之意。

⑰衙内云:"张稍也,怎的了?"张稍云:"大人,他吃的,我也吃的。"　　2.747

词组"无的",表示没有什么。如:

⑱我问他借了拾两银子……我又无的还他。　　2.849

1.1.1.3 "的"用在动词或形容词谓语之后,表示谓语叙述的是一种状态

1. 位于动词谓语之后的,如:

①(裴炎)云:"员外,我这件绵团袄值当些钱钞使用。"王员外云:"这厮好无礼也。是麽好衣服拿来当钱!值的多少?我不当!"裴炎云:"我好也要当,歹也要当。"王员外云:"这厮好大胆也!我根前你来我去的。"　　2.554

"我根前",意谓"在我根前"。"你来我去的",表示一种随便、任意的态度和状态。"的"在这里对谓语有变化作用,把这种谓语变成描述性的,形容性的。

②胡说,你也招承,我也招承,想是串定的。　　1.455

2. 位于形容词谓语后的,如:

①大小属官,两廊吏典,休要大惊小怪的!大人歇息里!　　1.453

②奇怪也!这婆婆说的那生时年纪,和我同年同月同日同时,一般般的。　　1.308

1.1.1.4 以"的"作词尾的词组用作状语

这种用法也很丰富,将在"状语"部分介绍,这里从略。

1.1.1.5 "的"出现较晚,但发展却很迅速

"的"不仅在《变文》中未见,就是在五代成书的《祖堂集》中也还未出现。在《变文》中有"之",在《祖堂集》中有"底"。"的"的萌芽可能始于北宋①,在《戏曲》中已大量运用,且用法很灵活。从以上介绍可知很多用法几乎可与现代汉语相比类,这不能不说是元代语言的一个重大特点。同时值得注意的是"的"出现较晚,但却发展迅速。由它的开始出现到广泛运用,即由北宋到元代末年,大约只有三百多年时间,在这一时期,语言的其他方面也发生许多令人瞩目的变化。因而这个阶段的社会历史情况是非常值得注意的,它确实对语言的发展产生了深刻的影响。

再有,《变文》成书的年代,《变文》语言所代表的年代,也是一个值得认真研究的问题。由于现存变文一类的作品,有些卷末署有抄记者的姓名和抄记的时期,多数是五代年号,个别有北宋初年的,因而有的学者据此把变文看作晚唐五代的作品。② 可是抄写的时代与所反映的语言的时代并不一定是一回事。《变文》成书的时代和《变文》所反映的语言的时代很可能是不同的。《祖堂集》中有"底",《变文》中只有"之",结合其他语言现象来考察,我初步看法,《变文》所反映的语言的时代似乎是初唐到中唐。

1.1.2 着(著)

助词"着"位于动词后做后缀,表示动作行为的持续状态。在《变文》中已有这类用法,如:

①皇帝忽然赐匹马,交臣骑着满京夸。

(长兴四年讲经文)$_{2.423}$

"着"(著)原为一个表附着放置等意的动词,如:

②而淮阳之比大诸侯,仅如黑子之著面。

---

① 参看曹广顺《〈祖堂集〉中的"底(地)"、"却(了)""著"》,《中国语文》1986,3,192 页—201 页。
② 参看刘坚《近代汉语读本》30 页。

(汉书·贾谊传)①

③(桓温)命孙盛作文嘲嘉,著嘉坐处,嘉还见,即答之。

(晋书·孟嘉传)②

在《世说新语》中,它可以用于动词后作介词,如:

④长文尚小,载著车中……文若亦小,坐著膝前。

(德行)③

⑤(郑玄)尝使一婢,不称旨,将挞之。方自陈说,玄怒,使人曳着泥中。 (文学)④ 193

可能是在介词"著"("着")的基础上,逐步发展演变出用作动词后缀的"着"。这一变化的过程大约是在唐宋以后,到元代《戏曲》,"着"作为动词后缀的用例已比比皆是,成为足以改变语言面貌的一个因素。当然,作为动词用法的"着"也并没有消失。

"着"的用法主要有以下几种:[动·着(的)]、[动·着·宾]、[动·着·宾·动(宾)]、[动·着$_1$·兼语·动$_2$(宾)]。还有部分"着"位于形容词之后。分别介绍于下:

1.1.2.1 [动·着]、[动·着的]

1. "着"位于动词后,动词后不带宾语。如:

①今日姐姐这般打扮着,可是为何? 2.550

"打扮着",表示动作行为或状态的持续。

②奇怪也,这个婆婆说的他那孩儿和我同年同月同日同时,则争着这一个小名差着。他是王阿三,我是李从珂。其中必有暗昧。

1.309

"争着"意谓"欠着"或"缺着";"差着"表示不同,"着"表示"争"和"差"这种状态的持续。

有时[动·着]表示的动作持续状态尚未发生,但是有关的人要求其发生。如:

---

①② 中华书局点校本,1959 年版。
③④ 余嘉锡《世说新语笺疏》,中华书局 1983 年版。下文引《世说》例不再加注。

③"你若不实说,张千,与我打着者。" 1.458

④"多与他些钱钞,与他几钟酒吃着。他浑家也吃几钟,扶上马就走。" 1.386

⑤"为你受了孩儿锦,母亲着你躺着,要打你里。" 1.368

此例"着你躺着"前一"着"为动词,《戏曲》中用例不少。

例③、④是说话人要求实现"打着"、"吃着"这种状况。

例③意谓若不实说,就继续打。例④意谓给他几钟酒让他吃着,趁这个机会把他妻子灌醉抢走。例⑤是"母亲"要儿子躺着,以便打他。

2. 有时在"动·着"后有"的",表示持续这种状态的人。如:

①我则道坐着的,是那个俊儒流。 2.518

1.1.2.2 [动·着·宾]

"动着"后带宾语,在《戏曲》里这种用法最多。如:

①逼的人卖了银头面,我戴着金头面。送的人典了旧宅院,我住着新宅院。

②正旦云:"梅香,多承你顾爱,我怕不也有此心。争奈我是女孩儿家,一时间耽不下也。"梅香云:"姐姐,放着梅香里,不妨事。" 2.551

③冻的我擎不的绳索拳挛着手。 1.305

④他那里则是举手,我这里忍着泪眸。 1.519

⑤我则是斟量着紧慢迟疾。 1.513

这类带"着"的动词所表示的动作行为大多可有持续性,如以上例中的"戴"、"住"、"放"、"忍"、"拳挛"、"斟量"等。同时这类句中,句首多有表处所的词语,表示动作行为在什么地方持续着。如:

⑥贫姑乃白姑姑是也。在这庵观里做着个住持。 2.735

⑦树上歇着个黄莺儿。 1.393

⑧相公手里拿着一张纸。 2.742

有的用例中有表时间的词组做状语表示动作行为是持续不断的,如:

· 221 ·

⑨着他每按月家请着俸钱。 1.370

1.1.2.3 ［动·着·宾·动（宾）］

这是一种连动式,"动·着"一般都是连动式中的第一动词,它对后面的动词有修饰作用,表示后面动作行为进行时的状态或方式等,如：

①可着谁人救我那？兀的不是韩辅臣！我揣着羞脸儿哀告他去。 2.816

②因街上骑着马闲行。 1.385

③背地里锁着眉骂张敞。 2.509

④等我明日得了官,你就从贡院里鼓着掌,捆着手,叫到我家里来。 1.350

⑤你可不好瞒着父亲母亲送与他些金银钱钞。 2.551

在《戏曲》中这类连动式相当多,它的前一动词有"着"标志,表示后面的动作在进行时,前一动作状态一直在持续着；从而生动地表现了施动者动作时的模样或状态。可知前一动词加"着",后面动词不加"着",这决非一种偶然的语言现象,而是一种有机的组合。

可能是由于这种句式的类化作用,有些由动词演变而来的介词从这一时期始,也逐渐有"着"附在后面,如：

⑥我如今将着一把银壶瓶去他家整理。 1.386

⑦俺绕着这花园内是看咱。 2.551

其他如"望着"、"用着"、"对着"等,请参看《介词》部分。"着"在这些词组中标志了介词对动词的修饰作用和附着性,逐渐成为由动词演变为介词的一个标志。元以后有逐渐增多的趋势。

在现代汉语里有更多这类的介词,如"沿着"、"顺着"、"趁着"、"朝着"、"照着"、"为着"等。

1.1.2.4 ［动·着$_1$·宾·动$_2$（宾）］

这是由"动·着"充任动$_1$的兼语式,如：

①听知的唐元帅领着段志贤观看洛阳城。 1.139

②三兄弟,母亲的言语,说你不过去,待着母亲来接你那!

1.358

"领着"、"待着"都表这一动作的持续。

1.1.2.5 用在形容词后

"着"用于形容词后,有几种情况,例如:

①李从珂云:"原来我便是王阿三,兀的不气杀我也!"(做昏倒科)(众做救科)李嗣源云:"从珂儿也,精细着!" 1.317

②且慢着! 2.650

③这厮是倒聪明着哩! 2.508

④我儿,酾满着。 2.746

⑤老儿也,你放精细着。你扎挣着些儿。 2.856

⑥把这女子摇撼的实着。 2.650

⑦兀的不闲着您。 2.514

⑧那个弟子孩儿闲着那驴蹄烂爪,打过这弹子来。 1.391

例①—③是"着"用在形容词谓语后边,例④—⑥为"着"用在作补语的形容词后边,例⑦例⑧为"着"用在作动词用的形容词后边。

1.1.3 了

助词"了"附着在动词或动词结构之后,有时也附在形容词语后,表示动作或状态的完成貌。"了"在魏晋南北朝时有动词用法,表示"完结"、"完毕"等义。如:

①玄就车与语曰:"吾久欲注,尚未了。"

(世说新语·文学)192

②春花秋月何时了,往事知多少? (李煜词:虞美人)70[①]

动词"了"也常用在动词或"动宾"后作补语,表示动作的结果,如:

③禾秋收了,先耕荞麦地,次耕余地。

[①] 《南唐二主词》,北平来薰阁景印本,1934年版。

223

　　　　　　　　　　　　　　　　　　　　（齐民要术·杂说）①₁₅

　　④作此语了,遂即南行。　　（敦煌变文集·伍子胥变文）₁.₈
　　⑤过江了,向行者云:"你好去!"　　（祖堂集一）₈₆

　　大约从唐代开始,动词"了"出现虚化为助词的趋势,它的位置由动宾后逐渐前移到动宾之间。《变文》的例子,如:

　　⑥见了师兄便入来。　　（难陀出家缘起）₁.₃₉₆
　　⑦拜了起居,再拜走出。　　（唐太宗入冥记）₁.₂₁₁

同时也有[动·了]式,如:

　　⑧一人死了,何时再生。　　（庐山远公话）₁.₁₈₀
　　⑨千忧万虑犹堪忍,十月三年苦更长;既得这身成长了,大须孝顺阿耶娘。　　（父母恩重经讲经文）₂.₆₈₀

在宋代作品中,可见到[动·补·了]式,如:

　　⑩康节从李挺之学数,而曰:"但举其端,勿尽其言,容某思之。"他是怕人说尽了,这便是有志底人。

　　　　　　　　　　　　　　　　　　　　　（朱子语类·卷119）②

也有"了"在"介宾"和趋向补语后边,如:

　　⑪若是不知其病痛所自来,少间自家便落在里面去了。

　　　　　　　　　　　　　　　　　　　　　（朱子语类·卷119）③

有的"动·补·了"后面还带受事宾语,如:

　　⑫他家失去了十五贯钱。

　　　　　　　　　　　　　　　　　（京本通俗小说·错斩崔宁）④₁₅₄

　　到元《戏曲》时,助词"了"的出现频率与《变文》相比,有很大增长,往往一段话之中就能见到数个;而《变文》中则相对较少。"了"在《戏曲》中用法有以下几种:

---

①　《齐民要术校释》,农业出版社1982年版。
②③　（宋）黎靖德编,王星贤点校,中华书局1986年版。
④　缪荃孙1915年影刻,上海亚东图书馆1951年版。

1.1.3.1 ［动·了·宾］

助词"了"用在动词后,"了"后有宾语,表示动作的完体状态。如:

①李庆安这个小弟子孩儿,为我悔了亲事也,他杀了我家梅香。 2.559

②王员外云:"裴炎去了也,着这厮恼了我这一场!无甚事,闭了解典库,后堂中饮酒去来。" 2.555

③往常则为俺不成就一重愁,到今日一重愁番做了两重愁。 2.558

④我见了他扑邓邓火上浇油,恰便似钩搭住鱼腮,箭穿了雁口。 2.810

⑤我骑马一世,驴背上失了一脚。我为娶这妇人呵,磨了半截舌头。今日是吉日良辰,着这妇人上了轿先行,我骑了马,离了汴京。 2.641

⑥两个月今日方才唤了我个丈夫,虽不曾彻胆欢娱,汤着皮肤,听的叫了一声儿夫,教我浑身麻木。 1.85

"唤了我个丈夫","唤了"后为双宾语:"我"和"个丈夫"。

⑦如今是三伏天道,下三尺瑞雪遮了你女儿身尸,果是冤枉了你女儿。 2.867

［动·了·宾］也可表示一种尚未实现的完成貌状态。如:

⑧父亲,…今日个亲蒙圣主差,审问的明白,…万剐了那乔才。 2.868

⑨正旦云:"罢,罢,罢,我依着姑姑,成就了这门亲事罢。……相公也,你就辞了姑姑,咱便索长行也。" 2.739

⑩我心中欲要悔了这门亲事,姆姆,你意下如何? 2.547

⑪他若饶了俺呵,我倒陪三千贯缘房断送与他。 2.575

⑫小姐有顾盼之意,小生怎肯失了信也! 2.554

⑬此一去若有疏失呵,我不道的饶了你哩! 1.139

225

例⑧—例⑪表示主观上希望实现的未来完成貌状态,后两例则表示主观不愿实现的某种状态。有时也用于表示乞求或命令实现某种情况的场合,如:

⑭母亲嫁了您孩儿吧! 2.807

⑮开了那行枷者。 1.452

有的用例在"动·补·了"之后带有宾语,形成[动·补·了·宾]结构,如:

⑯险不绊倒了我哪! 2.557

1.3.1.2 [动·了]

助词"了"用在动词后,表示动作的完成状态。如:

①梅香姐姐,我来了。 2.556

②这妮子兀的不吃酒来,更吐了那! 2.557

③既是招了也,外郎着他画字。 2.563

有时用于命令完成、乞求完成、答应完成某种动作的句中,如:

④官人云:"一个苍蝇落在笔尖上,令史赶了者。" 2.565

⑤老阿者对您孩儿说了吧! 1.317

⑥窦鉴云:"兀那厮,你快招了者。"张弘云:"我打这厮,招了者,招了者。"……裴旦云:"罢,罢,罢,我且屈招了。" 2.572

1.3.1.3 [动·宾·了]

助词"了"出现在"动宾"之后,表示"动宾"所代表状态的存在或出现。如:

①有鬼了!有鬼了! 2.865

②你无事了也! 2.574

1.3.1.4 [动·补·了]

助词"了"在动补之后,其虚化的特点更为明显。如:

①因为李庆安这庄事,我着窦鉴、张弘察访杀人贼去了。 2.573

"察访杀人贼去"为带趋向补语"去"的动补结构。

②张千报复去,道窦鉴、张宏拿的杀人贼来了也。　　2.573

"拿的(得)杀人贼来"为带结果补语"的"(得)和趋向补语"来"的动补结构。

③听得说石和孩儿盆吊死了,他两个哥哥抬尸首去了。

1.466

④因放风筝耍子,不想落在你家梧桐树上抓住了。　　2.552
⑤实指望药死你,不想把他老子药死了。　　2.861
⑥张千也睡着了,我自己剔灯咱。　　2.864

像以上[动·宾·了]和[动·补·了]的用例,"了"已不是附着于某一动词之后作为后缀,而是处在全句之末。这种用法的"了"逐渐失去后缀的性质而成为句末语气词。它与其他语气词的作用相当,试比较:

⑦李庆安云:"有了钱也,我买风筝儿去也"。(下)李老儿云:"孩儿买风筝去了,老汉无甚事,隔壁人家吃疙疸茶儿去也。"

2.549

"我买风筝儿去也","也"表示对自己行为的打算和决断语气,"孩儿买风筝去了","了"表示叙述动作行为已完成的语气。不同的语气,一用"也",一用"了"。可以看出位于句末的"了"已形成语气词。

1.3.1.5　"了"用于形容词之后,表示某种状态的出现或完成

有的用在形容词谓语之后,如:

①大姐,你怎生清减了?　　1.519
②他当初有钱时,我便和他做亲家。他如今消乏了也,都唤他做叫化李家,我怎生与他做亲家。　　2.547
③天色明了,你回去。　　2.869
④实是奇怪也,怎生这灯又不明了?　　2.864

有的用在带"的"(得)的动补式之后,从而构成[动·的(得)·补(形)·了]式,如:

⑤早是我来的早,若来的迟了呵,一阵风吹了这脚踪儿,怎能勾见小姐生得十全也呵! 1.75

⑥气色都转得好了。 1.220

⑦我剔的这灯明了。 2.864

⑧老夫为你啼哭的眼也花了,忧愁的头也白了。 2.865

1.1.4 见

用在固定词组"可怜"之后,构成"可怜见","见"做为一个后缀助词①,对"可怜"起加强作用。用法如下:

1.1.4.1 施事主语在前

①大人可怜见,有杨衙内在半江心里欺骗我来,告大人与我做主。 2.754

②小人急心疼,看看至死。哥哥可怜见,救小人一命咱。 1.388

1.1.4.2 受事者作为介词"将"的宾语而前置

①我其实负屈衔冤,将俺这穷百姓可怜见。 2.754

"俺这穷百姓"为"可怜见"的受事者,由介词"将"前置。

1.1.4.3 "可怜见"后面有受事宾语

①钱:"我只爱惜你那聪明才学,可怜你那烦恼哭啼。"旦:"……不想今朝错爱我才艺,可怜见我哭啼。" 1.516

上文为"可怜你那烦恼哭啼",下文为"可怜见我哭啼",比较之下,可知"见"不是动词,"可怜见"的作用与"可怜"相当,只是加了"见"之后更有强调意味。

②哥哥怜悯,可怜见一个老的被人打死了,三个孩儿又在死囚牢内。 1.462

1.1.4.4 有时前有施事主语,后有受事宾语

①正旦云:"公公可怜见俺父亲咱。"李老儿云:"孩儿也,不干

---

① 张相《诗词曲语辞汇释》P.633:"可怜见,犹云可怜得或可怜着也"。

你事,我饶不过他。" 2.576

1.1.5 来

"来"作为助词的用法在《变文》中未见,主要是动词用法,如动词"来"用作谓语动词:

①须臾白庄领诸徒党来到寺下。 (庐山远公话)1.172

动词"来"用作趋向补语:

②若也捉得师僧,速领将来见我。 (同上)1.172

③寺中有甚钱帛衣物,速须搬运出来。 (同上)1.172

"来"与其他词组成的固定词组,如"商来"(意同"向来"),"已来"(同"以来"),"当来"(意同"将来")等,其中的"来"都还是动词。

在元《戏曲》中,"来"的动词用法有增无减,固定词组也有不少。但助词用法更令人注意,因为出现频率较高,足以使《戏曲》语言添上一种新的特色。《戏曲》中"来"的助词用法主要有以下几种:

1.1.5.1 用在序数词之后,表示一种历数的语气

这种用法很像古汉语中"……一也;……二也;……三也"的用法。如:

①第一来恶业相缠,第二来也是那神天报应。 2.572

②今日是吉日良辰,一来探望他母亲,二来题这门亲事,走一遭去。 2.635

这种用法在现代汉语里常用。

1.1.5.2 用在表程度或表比况的格式中,构成[×来·形]式

这种句式可以加强这种表程度或比况的语气。如:

①许来大江面,俺接应的人可怎生接应? 1.14

②许来大官员,恁来大职位,发出言词忒口疾。 1.516

"许"、"恁"表示"那么"或"这么","许来大江面"表示"那么(这么)大江面";"恁来大职位"表示"那么(这么)大官职"。"来"在"许"、"恁"之后,加强表程度的语气。又如:

③这愁烦恰便似海来深。 2.736

④说那个鲁斋郎,胆有天来大。　　　　1.389

"海"、"天"在这里用作表比况的词,"来"用在"海""天"后,加强这种比况的语气。表示"深"、"大"的程度,意谓"天那么大","海那么深"。又如:

⑤我在这轿儿上,倒大来稳便,前后何曾侧,左右不曾偏。

1.369

"来"在表程度的副词"大"之后,加强语气。"大来稳便"表示很稳便。

在《变文》里有"许"类似"来"的用法,如:

⑥"皇帝"问从者:"第六曹司内有两人哭为何事得尔许哀?"

(唐太宗入冥记)1.211

"尔"表示"这"或"那","哀"为形容词,"尔许哀"表示"这么(那么)悲哀"。"许"的作用与"来"相似。《变文》中未见"来"的这种用法。

《戏曲》中的[×来·形]中,"来"前的"×"有名词,如"海"、"天"…等;有代词性的成分,如"许"、"恁";还有形容词,如"大来稳便"的"大"等,"×"用法灵活,虽然以名词居多,但不仅限于名词。

1.1.5.3 "来"用在介宾词组与谓语动词之间

表示前者是方法、态度或处置的对象,后者是目的或结果。如:

①我也曾把一个邓天王来旗下斩,我也曾把孟截海马上挟,我也曾将大虫打的流鲜血,我也曾双挝打杀千员将。　　1.271

在这段曲中有四个"也曾"句,表达的内容基本相似,但四句结构互不雷同,除"我也曾"是相同的部分外,其他都有些变化,第一句的特点就是有"来"附在介宾结构"把一个邓天王"之后。

有时并列的两句唱曲中都有助词"来",如:

②把门来关了,将人来似邀拦。　　2.738

有时"来"在两句的介宾结构之后,面的动词结构表目的。如:

③你暗埋伏隐藏着谁家汉,将我来紧遮拦。　　2.738

④望得无人拾,将这草科儿遮,将乳食来喂些。　　1.296

⑤我把这衣袂来忙遮,俺孩儿浑身上绵茧儿无一叶。　　1.295

1.1.5.4 "来"用在"得"后面的宾语之后

表示前面是动作行为及其宾语(即接受结果的人),后面是动作行为对人产生的结果。如：

①你却便引的人来心恶烦。 ₂.₇₃₈

"的",相当于"得"。"得"后的"人",是动词"引"的宾语,"心恶烦"是表示结果的补语。"来"对"动得"后的宾语和补语起了区别作用,同时对结果补语也有某种加强作用。

1.1.5.5 在习惯用语中用"来"作助词,以烘托语气或补充音节。如：

①刘夫人云："小番,你要说来又不说,可是为什么来？" ₁.₂₇₁

[要·动·来·又不动]是一种惯用句式。又如：

②我昔日曾闻荷担僧,一头担母一头经,经向前来背却母,母向前来背却经。 ₁.₃₇₀

在一些固定词组中用作助词。如："大刚来"：

③咱两个堪为比并,我为那包髻白身,你为这灯火清。……俺两个大刚来不省。 ₂.₆₉₇

④十里香街咸钦敬,大刚来一日峥嵘。 ₁.₃₆₆

"大刚来",表示大凡,大都。

至于与"得"一起用在动补式中的[动·得来·补]式,将在动补一节中介绍。此外,用在句末的"来"除动词外,有些是语气词,见末章。

1.1.6 简(個)

在《变文》中"简"作量词用法多见,但很少有助词用法。助词"简"(個)大约在唐以后兴起。最常见的形式是"简"附在单音节形容词之后,如"真简"、"早简"等。如：

①某依此说去做,真简是不同。

(朱子语类·自论为学工夫)₇.₂₆₁₆

②故园若有渔舟在,应挂云帆早简回。

(罗邺:《入关诗》)

《戏曲》中的"简"(個)用法灵活,很有特点。

1.1.6.1 "简"(個)常用在一些固定词组中。如：

①当日個悔亲呵是俺父亲。 ₂.₅₇₅

231

②今年箇不敢来迟。 2.693

"当日个"、"今年箇"中的"箇"(个)是助词,似对"当日"、"今年"等时间词起强化作用。

1.1.6.2 箇(个)作为数量词的用法在《戏曲》中也很灵活,并有虚化现象

往往在一些不应用数量词的名词、抽象名词或动词和形容词前也用它,其作用几乎与助词相当。如:

①你吃個甚茶! 2.569
②打秋千……直到箇昏天黑地。 2.693
③这庄事您孩儿务要箇明白了呵便饮酒。 1.316
④认不的箇来往回归……辨不得箇东西南北……分不的箇远近高低。 1.199

1.1.7 生

"生"用作助词,常在"怎"、"偏怎"、"好(hǎo)"之后作后缀,构成固定词组"怎生"、"偏怎生"、"好生","生"在其中只有加强语气的作用,并不添加什么意思。如:

①旦向张千云:"哥哥,怎生放我孩儿吃些饭也好。" 1.463

"怎生"在这里询问方式,表示"怎样"。

②你怎生告我孩儿是杀人贼? 2.574

"怎生"意为"怎么"、"为什么"。"怎生"有"怎样"意,也有"为什么"意,要根据上下文去辨别。

③天那,偏怎生他一家儿穷暴难! 2.551

"偏怎生"意为偏偏为什么。

④可怎生黏挞挞的! 2.556

此例的"怎生"用在形容词短语前,有"怎么"意。

⑤中牟县官好生不才也。 1.456
⑥他好生的欺侮俺百姓每。 2.570
⑦有一人是裴炎,好生的方头不劣也。 2.570

例中"好生"、"好生的"都表示程度之甚,用在形容词谓语或动词谓语之前。

1.1.8 所

"所"作助词,一种用法是沿袭古汉语,用在动词前,构成[所动]结构,变成名词性短语。如:

①听了这婆子所言,始信道良贾深藏若虚。 1.459

"所言",指所言的东西。

有时动词后已有宾语,前面加助词"所"使之由动宾结构变为名词性的短语,如:

②所过城池望风而降。 1.298

"所过城池"意谓"所过之城池",与"过城池"不同。

③妾身无计所奈。 1.290

所奈,意谓办事情。无计所奈,意谓没有办法办什么事情,亦即无计可施之意。

"所"在《戏曲》中还有这种用法:

①新近来我所生了这個孩儿。 1.290

②当日所生了这個孩儿。 1.296

"所"对动词只有加强作用,没有具体含义。又如:

③眼见的所算了我那孩儿也!兀的不气杀我也! 1.400

上述第二项用法在《变文》中未见。

1.1.9 里

在《戏曲》中"里"常用在"则管"后作助词。如:

①李从珂云:"父亲,如今那個人在那里?"……李嗣源云:"说道无,则管里问。" 1.313

②则俺那父母公婆记冤仇,则管里冤家相报可也几时 2.558

"则管里",意为"只管","里"起加强语气的作用。

"里"也用在其他状语之后。如:

①我最愁是劈先里递一声唱。 1.509

"劈先"在这里是表时间的状语,"里"用在状语之后,对状语起加强作用。

1.1.10 头

助词"头"常作名词后缀。如:

①虩的我小鹿儿心头跳。　　　1.211

②员外没来由,骂我是贼头。　　2.555

"贼头"并不是贼的头领,只是一个一般的贼。看上文王员外骂他"你原是箇旧境撒泼的贼",就可明白这点。

③待不你箇小鬼头春心儿动也。　　2.722

④你把那并枕睡的日头儿再定轮。　　2.692

日头儿,指日期。

⑤玳瑁纳子交石头砸①碎。　　2.695

1.1.11 地

《戏曲》中作为副词或形容词后缀,大量用"的"(见"的"部分),但有少数用"地"作词尾,构成作状语的"地"字词组。如:

①每常我听得绰的说箇女婿,我早豁地离了坐位,悄地低了咽胫,缊地红了面皮。　　2.715

②女孩儿言着婚聘,则合低了胭颈,羞答答地禁声。　　2.699

此例"地",前为[AB]式,后为[ABB]式,由形容词 A 加重叠的 BB。整个词组是保有 A 的意义。BB 本身无义,只是配合 A,表示 A 的状态。

也有的"地"前是[ABCC]式,即 A、B 两个形容词加重叠的词,构成一个"地"字词组作状语,如:

③则见他精赤条条地在里面打斤斗。　　2.641

这种"地"字词组与"的"字词组情况相类,即在《变文》中都没有见到。

---

① 砸,原为"杂",根据刘坚《近代汉语读本》所选《诈妮子调风月》校正为"砸"。见该书273页正文及275页注[25]。

1.1.12　儿

《戏曲》里助词"儿"作为词缀大量出现,而在《变文》中却很难见到。"儿"作为后缀大约源于六朝,盛行于唐以后。

"儿"大都在名词后作后缀,如:

① 我如今着他两家孩儿各带他两家女儿,天下巡庙烧香。 1.403

② 绣球儿抛得风团顺,肯分的正中吾身。 1.226

③ 这刀子鞘儿见在我家里。 2.571

④ 你而今病疾儿都较痊,你而今身体儿全康健。 2.726

⑤ 风筝儿遥望眼。 2.553

⑥ 我今夜务要杀了他一家儿。 2.555

⑦ 把衣服全套儿拣。 2.551

⑧ 我车儿上有十瓶酒里。 2.650

有时用在数量词后、名词之前,如:

⑨ 出了一包儿脓。 2.638

⑩ 三口儿家属。 2.548

有时"儿"后无名词,只有前面的数量词。如:

⑪ 教俺两口儿早得团圆。 2.723

有的用在表不定量的"些"后,构成"些儿",如:

⑫ 你是必早些儿来。 2.554

⑬ 我搭伏定书案歇息些儿咱。 2.863

⑭ 你札挣着些儿。 2.856

有的是方言词语,如:

⑮ 当初嗜那埚儿各间别,怎承望这答儿里重相见。 2.726

"那埚儿",那里。"这答儿",这里。都是方言口语。

1.1.13　子

"子"作为名词后缀,在《变文》中已有,如:

235

①女子拍纱於水,举头忽见一人。　　（伍子胥变文）₁.₅

②娘子莫漫横相干,人间大有相似者。　　（同上）₁.₁₁

在《戏曲》中这种用法更为灵活,"子"可广泛用于名词之后,如：

①我着那大的儿子偿命,兀那婆子说什么？　　1.457

②这一个偌大小是老婆子抬举。　　1.458

"婆子"、"老婆子"指"老太太",与"老婆"不同,试比较下例：

③宋引章,你是我的老婆。　　2.652

"老婆",指"妻子"。在这里助词"子"有区别意义的作用。又如：

④妹子也,你为什么就要嫁他？　　2.639

⑤兀那小妮子怎生地也不扫？　　2.810

"子"还可附在许多指物的单音节名词之后,如：被子（₂.₆₄₁）、轿子（₂.₆₄₁）、镜子（₂.₆₄₂）、刀子（₂.₆₄₉）、绳子（₁.₃₂₂）、箱子（₂.₆₄₆）、骡子、驴子（₂.₆₅₂）、袄子（₂.₅₅₅）、大棍子（₂.₈₁₆）、棒子（₂.₈₁₆）等等。也可用于表处所的单音节名词之后,如：堂子（₂.₆₅₀）。

还可用于带有动作性的名词之后,如：

⑥茂公云："众将,都与我刀剑出鞘,弓弩上弦。七重围子摆的严整。"　　1.127

特别令人注意的是在个别动词后也用"子"作后缀,如：

⑦我早晨间放风筝儿耍子,不想抓在王员外家梧桐树上。

2.560

耍子,即"玩儿"。①

1.1.14　老

"老"在《戏曲》中有年老的"老",是形容词,如：老员外（₂.₅₅₉）,老阿者（₂.₆₉₅）,老夫（₂.₈₆₄）,老子（₂.₈₆₇）,老畜生（₂.₅₆₀）等。用作词头的助词"老",最常见的是用作"妻子"之意的"老婆",如：

---

① 参看《现代汉语词典》"耍子"条："玩儿。多见于早期白话。"中国社会科学院语言所词典编辑室编,商务印书馆1979年版。

· 236 ·

①（魂旦）："父亲停嗔息怒……听你女儿慢慢的说一遍咱……他道：'要官休，告到官司，你与俺老子偿命。若私休，你便与我做老婆。'你孩儿便道：'……我至死不与你做媳妇。'" 2.867

②净云："你要官休呵，我拖你到官司，你招认药死俺老子的罪犯。你要死休呵，你与我做了老婆，我便饶了你。"旦云："我心上无事，情愿和你见官去。" 2.857

"老婆"的"老"，毫无年老之意，只是一个词头，"老婆"是妻子。但若是"老婆子"，则有老意，意谓年老的女人。

"老"用在姓氏前，在《戏曲》中尚未完全虚化，如：

③不想撞见张驴儿父子两个，救了俺婆婆性命。那老张问道："婆婆，你家里有什么人？"……有张驴儿数次调戏你女孩儿。 2.866

从例中看，对父亲用"老张"，称儿子用"张驴儿"。可见"老×"中的"老"还有些形容词的作用。

1.1.15 阿

"阿"作前缀自汉经魏晋南北朝以来逐渐增多，如：

①阿爷无大儿，木兰无长兄。　（木兰诗）

②阿翁讵宜以子戏父？　（世说新语·排调）809

《变文》中也有用例，如：

③鹞鹈隔门遥唤："阿你莫漫辄藏！"

（敦煌变文集·燕子赋）1.250

《戏曲》中"阿"作前缀的用法很不少，如用在表示排行的数词前：

④原来我便是王阿三。 1.317

用在疑问代词"谁"前，如：

⑤哥哥撇下的手帕是阿谁的？ 2.694

用在称谓前，如：

⑥阿妈休烦恼，你孩儿认了母亲，一同的便来也。 1.320

⑦老阿者使将来伏侍你。 2.695

阿者,女真人称母亲为阿者。

⑧阿马,认得瑞兰末? 2.718

阿马,女真人称呼父亲为阿马。

用在"的"前,构成词组"阿的"。如:

⑨阿的是什么言语那? 2.722

这里,"阿"与"兀"相通,"阿的",指"这(个)"或"那(个)"。"阿的"中的"阿"不是助词。

1.1.16 家(价)

"家"作后缀,常用在数量结构之后,如:

①忍不住忍不住痛哭嚎啕,一会儿赤留乞良气,一会家迷留没乱倒。天那,痛煞煞的心痒难挠。 1.274

"一会家"与"一会儿"相对应,"家"的作用与"儿"相当。

②奇怪也,兀那道傍边一个妇女人,抱着一个小孩儿,将那孩儿放在地上,哭一回去了。他行数十步可又回来,抱起那孩儿来又啼哭。那妇人数遭家恁的,其中必是暗昧。 1.296

用在介宾短语之后,如:

①着他每按月家请着俸钱,谁着他无明夜趱家缘。 1.370

②我逐日家把您相试。 1.501

③休交我逐宵价握雨携云过今春。 2.692

1.1.17 然

"然"作后缀的用法早已有之。"然"与副词的结合如"忽然"、"既然"、"尚然"等,《戏曲》中用得很多。如:

①忽然一事上心来。 1.460

②既然你会吟诗,你就指这雪为题,作诗一首可不好? 1.208

③小人是个读书之人,把笔尚然腕劳,怎敢手持钢刀杀人? 2.562

"然"用在形容词、动词之后如"真然"、"撒然"等,如:

④天色儿真然向晚。　　2.553
⑤撒然梦惊觉,张千报午时。　　1.453

1.1.18　其

"其"作助词,用在形容词或名词前,起加强的作用,如:

①这大夫好调理,的是诊候的强。……阿的是五夜其高,六日向上。　　2.717
②我其实负屈衔冤。　　2.754
③今日无其事,在衙门闲坐。　　2.753

这些"其"都很难作代词解释。

1.1.19　他

"他"作为动词后缀,大约在魏晋以后逐步发展起来。它前面的动词一般都是单音节,动词的受事都在"他"后面,很难说"他"起指代作用。初期的用例①如:

①终不能如曹孟德、司马仲达父子,欺他孤儿寡妇,狐媚以取天下。　　(晋书·石勒载记)② 9.2749

《戏曲》中的助词"他"有位于动词后、系词"是"后等用例,如:

②恁时节船到江心补漏迟,烦恼怨他谁?　　2.639
③便是他龙孙帝子,打杀人也吃官司。　　1.450

1.1.20　你

"你"作助词的用法与"他"大致相当,如:

①则被这清风明月两闲人,送了你玉堂金马三学士。　　1.450

同时期的其他作品中也可见到,如:

---

① 参看吕叔湘先生《近代汉语指代词》中《三身代词》的"'他'虚指"P.28—P.32。
② 廿四史校点本,中华书局1958年版。

②许来大个东岳神庙,他管你什么肚皮里娃娃!

(元曲选·蝴蝶梦)①₆₃₂

有时"你"后还有助词"个",如:

③告你个提牢押狱休埋怨。 1.463

1.1.21 取

"取"作动词后缀大约自唐起,如:

①请君问取东流水,别意与之谁短长?

(李白:金陵酒肆留别诗)_{2.728}

②趁取老来犹健,登临莫放空杯。

(周紫芝:朝中措·登西湖北高峰作)_{2.882}

《戏曲》中的例子如:

③我往常笑别人容易婚,打取一千个好嚏喷。 2.692

1.1.22 之

"之"在《变文》中除作代词外,还有很多用作助词。助词"之"主要用法是把修饰语与中心语连结起来,如"鶺鸰之鸟"(前汉刘家太子传)_{1.203};"追捉之事"(同上)₁₆₁;"乳哺之恩"(秋胡变文)_{1.158}等。另一用法是表示领属关系,如"朕之叶净能"(叶净能诗)_{1.227},"国王之位"(太子成道经一卷)_{1.293}。

相比之下,"的"在《戏曲》中大量出现,而"之"用得不多,但在四字格式的名词短语中,"之"常把前面双音节的修饰语与后面的中心语连在一起,这种用法的"之"很少用"的"替代。如:

①这一个小厮必是你乞养过房螟蛉之子。 1.458

②我窦家三辈无犯法之男,五世无再婚之女。 2.865

③则俺这不义之门,那里有买卖营运。 2.806

---

① 明·臧晋叔编,中华书局1958年版。

1.1.23 上

助词"上"附在"因此"之后作词缀,构成一个有后缀的连词,如:

①都只为聪明智慧,因此上辛苦无辞。 1.501

②不想我那夫主亡逝,无钱埋殡,因此上将这孩儿但卖些小钱物,埋殡他父亲。 1.290

③他在圣人前妄奏,说我贪花恋酒,不理正事,要摽我首级……我因此上烦恼。 2.744

"因此"是介宾结构作连词。《戏曲》中助词用在介宾结构之后的有"来"、"家"、"上"等,并不是一个孤立的、偶然的现象。

1.1.24 当①

用在动词之后,对动词有加强作用。如:

①常言道相逐百步尚有徘徊,你怎生便交我眼睁睁的不问当。 2.719

②你心间索记当,我言词更无妄。 2.720

1.1.25 灵活多样的双音节助词

在《戏曲》中有这样的用例:

①这泥污了我这鞋底尖,红染了我这罗裤口,可怎生血浸湿我这白那个袜头。 2.557

我们对照上文的"我这鞋底尖","我这罗裤口",就可知"我这白那个袜头"中的"那个"是助词,其作用在于加强语气和陪衬音节。"那个"的这种助词用法一直保留在现代汉语里,如"北风那个吹,雪花那个飘",其中的"那个"就是起烘托语气和陪衬音节的作用。

《戏曲》中有很多双音节助词附在单音节形容词 A 之后,构成"A·BC"词组。这些双音节助词本身没有什么意思,其作用是从音节

---

① 参看费秉勋《"当"字释例质疑(一)》,《中国语文》1980.6. P.464。

和声音上来加强形容词的效果。这大概是口语生动化的一种手段,可能也是当时大都地区的一种习惯说法。特别在唱曲中用得多,有煊染并加强效果的作用。如:

　　①醋支剌走向前来,恶支煞倒退回去。① 　　1.86
　　②好个个舒心,乾支剌没兴。　　2.697
　　③好轻乞列薄命,热忽剌姻缘,短古取恩情。　　2.697
　　④燕燕不是石头鐫铁头做,交我死临侵身无措,错支剌心受苦。　　2.70

例②"乾支剌"作状语,"乾"表示"空白","白白地";"支剌"助字,无义。意谓小千户和莺莺他们个个很舒心,唯有我白白地没有兴致。例③"轻乞列"取"轻"义,修饰"薄命";"热忽剌"取"热"义,修饰"姻缘";"短古取"取"短"义,修饰"恩情"。例④"死临侵"形容因内心痛苦而半死不活的样子,"死"有形容词的作用;"错支剌",错也写作"措",表示举止失措的样子。② 它们修饰"身无措"和"心受苦"。

又如:

　　⑤那好人家将粉扑儿浅浅匀,那里像咱乾茨腊手抡着粉。
　　　　　　　　　　　　　　　　　　　　　　　2.647

此例中的"乾",意谓乾燥、粗燥,"茨腊",助字,无义。"乾茨腊"作定语,修饰"手"。在河南方言里,至今还有"干茨腊"的说法。

1.2　语气词

首先让我们通过下表比较一下《变文》与《戏曲》中的语气词:

---

① 顾学颉《元曲释词》第一册 538 页:"恶支煞,凶狠貌。支沙,支杀,支煞,同音通用,助词,无义。"

② 后三例中对"A·BC"式的解释都参照刘坚《近代汉语读本》中的注释。上海教育出版社 1988 年版,P.278,P.283。

	也	乎	哉	矣	耶	兮	阿	哩	波	者	呢	么	那	吧	咱	则	来	呵	了
变文	∨∨	∨	∨	∨	∨	∨	∨	∨	∨										∨
戏曲	∨∨	∨	∨		∨		∨	∨	∨	∨	∨	∨	∨	∨	∨	∨	∨	∨	∨∨

表中用"∨"表示有，用"∨∨"与"∨"相比表示数量的多少。《变文》中的语气词除有部分"了"外，并没有跳出古汉语"也、乎、矣、哉、兮、耶"的范围。而《戏曲》却有很大变化。古老的语气词"也"仍十分活跃，居于首位，但"乎、矣、哉、兮"等都用得不多，大都出现在历史故事或历史人物的唱白中，特别应该指出的是，在大量的对话中运用了许多《变文》所没有的语气词。现按表中顺序扼要介绍于下：

1.2.1 也

"也"是《戏曲》中出现最多的语气词。它可以配合文义表示多种语气，用途广泛。

表示感叹，如：

①兀的不欺侮杀我也！ 2.563

②好是奇怪也！ 2.565

表示陈述语气，如：

③来到门首也。 2.560

④我来到这后花园中也。 2.557

表示判断语气，如：

⑤这梅香好不会干事也。 2.556

⑥必要经官动府也。 2.558

表示劝告或请求语气，如：

⑦你休吃酒也！ 2.716

⑧恕小生之罪也！ 2.552

表示说话人自言自语的语气，如：

⑨我觅个死处也！ 2.744

⑩(我)隔壁人家吃疙疸茶儿去也！　　　2.549

表示责怪语气,如：

⑪兀那婆子,你这一日在那里来？你死也！　　1.321

表示疑问语气,如：

⑫可是那苍蝇救了我也？　　2.565

⑬着谁人救我也？　　2.561

⑭贼禽兽,我的言语可是中也不中？　　1.461

表示呼叫语气,如：

⑮端云孩儿也！是你父亲出於无奈。　　2.848

⑯相公也！你便辞了姑姑,咱便索长行也！　　2.739

用在复句中表示原因的偏句之末,在表示判断语气的同时,还有提起下文的作用。如：

⑰为我悔了亲事也,他杀了我家梅香。　　2.559

"也"与其他语气词的连用,如"也啰"、"了也"、"也波"、"（了)也呵"、"也么哥"、"也那"等,配合文义,加强语气。如：

⑱我猜着也啰！　　2.722

⑲他如今消乏了也！　　2.547

⑳拼了由他咒也波咒！　　2.645

㉑我也猜着了也呵！　　2.742

㉒兀的不苦杀人也么哥！　　1.463

"也那"常用于选择问句中,如：

㉓我看你便羞也那是不羞？　　1.359

㉔知他俺那状元郎在云里也那是雾里？　　1.367

㉕我有个同窗故友姓韩,名辅臣,不知进取功名了也那可是游学於四方？　　2.803

1.2.2 乎

配合文义表示反问或感叹语气。如：

①想君侯……待玄德如骨肉,觑曹操若仇雠,可不谓之义乎！　　1.18

②且将军仁义礼智俱足,惜乎!止少个信字,欠缺未完。
1.19

1.2.3 哉

配合文义表示反问或感叹语气。如:
①你个孝顺的石和安在哉!   1.467
②据先生如此大量,当来发达於事,岂不壮哉!   1.217

1.2.4 矣

配合文义表示感叹语气。用例甚少。如:
①末:"哥哥,这是国家公堂,不是您兄弟坐的去处。"钱:"贤弟差矣!"   1.503

1.2.5 兮

配合文义表示慨叹语气。例很少见。如:
①山东宰相山西将,彼丈夫兮我丈夫。   1.1

1.2.6 阿

配合文义表惊叹语气。如:
①好阿!两手鲜血,还不是你哩!正是杀人贼!   2.561

1.2.7 里(哩)

在《戏曲》中用得较多,配合文义表示各种语气。
表示要引人注意某种事实的语气,如:
①哥哥,你丢我时放仔细些,我肚子上有个疖子里!   1.465
表示猜测语气,如:
②莫不还早哩!   2.638
表示询问语气,如:
③谁唤你里?   2.849

1.2.8 波

常配合文义表示劝说语气。如：

①你歇息去波！ 2.722

有时表示一种似怒非怒或似怒实喜的责怪语气，如：

②钱："这厮是到聪明着哩！"张千："也颇颇的。"钱："你看这厮波！" 1.508

1.2.9 者

"者"本是个历史悠久的语气词，特别在《史记》中多见，常用于君王命令语句之末或朝廷文告之中。但在《戏曲》中却可用于各种人物各种场合，其基本用法仍是表示命令语气，如：

①你快招了者！ 2.572
②你若不实说，张千，与我打着者！ 1.458

有时表示劝说语气，如：

③好儿也！不枉了。将酒来，孩儿也，你满饮一杯者！ 1.351

有时表示央求语气，如：

④父亲，你看那蜘蛛罗网里打住一个苍蝇。父亲，你与我救了者！ 2.564
⑤母亲嫁了您孩儿吧，孩儿年纪大了也！……母亲，嫁了你孩儿者！ 2.808

拿"嫁了您孩儿吧"和"嫁了你孩儿者"相比，"者"表示的语气似更为恳切而坚决些。

有时表示一种肯定的允诺语气，如：

⑥李庆安云："父亲依着你孩儿，替我救了者。"李老儿云："依着你，我与你救了者。" 2.564
⑦我与你唤出姆姆者！ 2.557

1.2.10 呢

配合文义表示疑问语气。如：

①旦:"哥哥,那第三个孩儿呢?"张:"把他盆吊死。" 1.464
②孤:"兀那小的呢?"旦:"这一个是我的亲儿。" 1.458

1.2.11 么

配合文义表示疑问或请求语气。如:

①你见了这大的儿子,你欢喜么? 1.464
②你为什么这般烦恼,你说么! 1.395

1.2.12 那

在《戏曲》中用得较多。常用于反问句,配合文义表示反问语气。如:

①甚么言语那! 2.738

有时表示感叹或无奈语气。如:

②天那!偏怎生他一家儿穷暴难! 2.551
③可着谁人救我那? 2.816

有时表示猜测、询问语气,如:

④敢是前妻寄书来那? 2.743

有时不在全句之末,而用于句中,在两个动词结构之间,如:

⑤上朝进取功名那走一遭去。 1.349

1.2.13 吧(罢)

配合文义表示乞求、劝说、允诺等语气。如:

①饶了我吧! 2.575
②你不如休和他争,忍气吞声吧! 1.389
③既是这等,将就他吧! 2.562

1.2.14 咱

常用于第一人称打算作某种活动的话语之末。如:

①我将这文卷先看几宗咱。 2.863

也表示对对方的请求或叮嘱语气,如:

②望小娘子宽恕咱。 2.552
③鞍马上小心咱。 2.713

又如：

④小闲接了马者。且在柳阴下歇一歇咱。 2.647

此例第一句表示命令语气，用"者"；第二句表示说话人自己的打算，用"咱"。

1.2.15 则

用法与"咱"同。表示打算或请求语气。如：

①我开开这门试看则。 2.636
②老相公再说一遍则。 1.3

"则个"连用作语气词，如：

③先交黄文请的乔公来商议则个。 1.2
④望婆婆看觑则个。 2.848

1.2.16 来

常用于表陈述事实的动词谓语句之末，表示曾做此事的语气。如：

①在城有王半州和俺父亲指腹成亲来。 2.549
②你吃了我的酒来。 2.653

有时表示将要去做某事的语气，如：

③我有两个压被的银子，咱两个拿着买休去来。 2.644
④小闲，拦回车儿，咱回去来。 2.650
⑤咱后花园中闲散心走一遭去来。 2.550

以上三例都有趋向动词"去"作补语，可知"来"在句中不是趋向动词而是语气词。

有时表示要求对方去做某事的语气，如：

⑥父亲开门来！ 2.560
⑦众将与我慢慢地追袭将去来！ 1.295

有时表示判断语气，如：

⑧这刀子不是俺家的来！ 2.571

"不是,"意谓"是"。

⑨"是你打死俺父亲来!""就是我来!" 1.450

⑩当初改了文书,是我父亲来,如今折倒他母亲也是我来,朝打暮骂他母亲也是我来。 1.323

这种判断多用于对过去某事的判断。有时表示对过去某事的否认,如:

⑪小官不是负心的人,那得那前妻来! 2.743

1.2.17 呵

在《戏曲》中用得很多。常配合文义和其他语气词一起表示陈述或疑问,如上面例中的"好京师也呵"、"好低微也呵"。

又如:

①我错呵了! 2.724

②你若吃酒呵呢? 2.746

"呵"单独使用时,常用在复句的前一分句之末,配合文义表示假设或感叹语气,同时也有引出下文的作用。如:

③我若吃酒呵,害疔疮。 2.746

④他若与我荆州,万事罢论;若不与荆州呵,我将他一鼓而下。 1.4

⑤儿呵! 我这一去呵,几时再得相见也! 2.849

⑥杀了这丑生呵,天平地平。 2.572

有时用在表条件的分句之后,加强语气,并起引出下文的作用,如:

⑦这个妇人原来是你的亲娘! 这等呵,我死也! 1.323

⑧这三个小厮必有名讳。更不呵,也有个小名儿。 1.456

⑨这庄事您孩儿务要个明白了呵,便饮酒。 1.316

有时"呵"用于句中,在"介宾"短语之后,如:

⑩我则是为夫呵受苦辛。 2.576

有时"呵"用在动词之后,把动词与宾语隔开,如:

⑪如今有呵,十八岁也。 1.312

这样就把说话人的推测语气明显地表达出来,同时也更增强了语言的口语性。

1.2.18 了

"了"作为语气词在《戏曲》里用得很多,主要用法是用在句子的末尾表示某一行为的结束,或表示情况有变化,表示出现新的情况。如:

①如今唐元帅往京师去了,你守着营寨。 1.131
②绣毯打着状元了,请状元下马接丝鞭就亲。 1.226
③他如今有了亲儿,不要我做儿子了。 1.262

有时用在复句中分句之末,表示停顿或表示出现新的情况,如:

④等俺五虎将来全了,阿者要来犒赏俺哩。 1.310
⑤两个孩儿得了状元回来了,则有三哥不曾回来。 1.357

"了"与其他语气词的连用,上面介绍其他语气词时已举例介绍,不再重复。关于助词"了"与语气词"了"的区别,请参看助词"了"。

1.3 介词

《戏曲》中的介词共35个①,按其分布的位置可分为三类:

第一,在谓语动词(以下简称D)前出现的介词。有②:把,将,与、与同,替,从、一从,望、望着,往,打(答),问,因,和,对、对着,投、投到、投至,共,用、用着,随、随着,逐,就,并,临,趁,乘,迳(绕)着,比及。

第二,可出现在D前后的介词。有:③在,於,为,以,自、一自、自从,到,向,按,依。

第三,出现在D后的介词。有:及,乎。

下面分别介绍。

1.3.1 出现在D前的介词

1.3.1.1 把

用在D前。

---

① 为了使统计准确一些,我只计算了单音介词和个别独用的复音介词,如《变文》的"及乎",《戏曲》的"比及"。

②③ 凡介词下有"·"者,未统计在介词总数之内。

介词"把"在《变文》中只是初露头角,仅有少数用例。如:

①即三具火把铛脚且烧。　　　(舜子变)₁₃₂

《变文》里更多的"把"尚不是典型的介词用法,还有较明显的动词含意,表现出"把"由动词向介词的过渡,如:"把草遮面"(韩朋赋)₁₃₉,"把镜照看"(破魔变文)₃₅₃。在《戏曲》里,介词"把"有了长足的发展,动词"把"已较少见到。介词"把"用法大致如下:

(1)较多的用例是〔把·宾·动〕,"把"将动词的宾语提前,起到对宾语的强调作用。如:

①自桃园初结义,把尊兄辅佐。　　1.54

②把虎头金牌腰内悬。　　2.728

③不知甚麼人把他梅香杀了。　　2.560

④教他把天机休泄漏。　　2.645

⑤紧揪住不把我衣裳放。　　2.719

⑥天也,却不把清浊分辨。　　2.860

(2)还有一种句式是"把"将动词的直接宾语提前,动词后还有间接宾语。如:

①我把女儿娇儿与外甥做媳妇罢。　　1.405

②把那大的小厮拿出去与人偿命。　　1.457

③把我浑家与你吧。　　1.400

(3)更多见到的是〔把·宾·动补〕句式。如:

①故意的把我饿瘦了。　　1.305

②把泪眼揉开。　　1.322

③把偷马贼赵顽驴盆吊死。　　1.468

④却把谁家尸首背将来。　　1.468

⑤把他赶出去了。　　2.806

关于动补式在"动补"节专门讨论,这里不多谈。以上例子是动词后带有表结果、趋向的补语,还有一些用例的动词之后带有处所补语,如:

⑥我把你罚在阴山永做饿鬼。　2.866

⑦一霎儿把这世间愁都撮在我眉尖上。　2.719

⑧把那杀人贼推下望乡台。　1.467

最后一例动词"推"后边,不仅有表处所的"望乡台",还有表结果(和趋向)的动词"下"作补语。

从以上各种句式可以看出"把"到宋元时期已发展为成熟的介词,它本身很少动词性,同时,"把·宾"已和动补式相结合,这是十分值得注意的变化。

1.3.1.2 将

用在D前。

介词"将"在《变文》中出现已不少,至《戏曲》则更多,它的用法明显地分为两种:表示"拿"意与"把"意。

(1)表示"拿"意的"将",在"将·宾"后大多是不及物动词如"来"、"至"等。如:

①小娘子将我的鞋儿来。　2.552

②张千将枷来。　2.563

③你将耳朵来,则除是怎的。　2.744

④多管是将妻将书至。　2.742

有时动词"来"后还有"动宾"。如:

⑤我无钱,将是麽来娶你。　2.552

有时"将·宾"后面无动词"来",有"动宾"。如:

⑥因此上将这孩儿但卖些小钱物埋殡他父亲。　1.290

"将着"连用,介词的标志更为明显。表示"拿"意,如:

⑦我如今将着一把银壶瓶去他家整理。　1.386

⑧俺员外着我将着这十两银子、这双鞋儿,直至李庆安家悔亲走一遭去。　2.548

(2)表示"把"意的"将",其宾语可视为后面及物动词的宾语而被"将"前置。如:

①说那个鲁斋郎胆有天来大,他为臣不守法,将官府敢欺压,将妻女敢夺拿,将百姓敢蹅查。 1.389
②我且回身将杨衙内深深拜谢。 2.752

还有不少用例在 D 后有处所补语,如:
③我将这两个孩儿也留在家中。 1.402
④我才将这文书分明压在底下。 2.864
⑤他将毒药放在汤里。 2.861

"在家中"、"在底下"、"在汤里"都是介宾结构作处所补语。
"将"和"把"常互相配合使用,如:
⑥汉献帝将董卓诛,汉皇叔把温侯灭。 1.20
⑦我常把伊思念,你不将人挂恋。 2.727
⑧把心猿意马紧牢拴,将繁华不挂眼。 2.737

有时 D 为"动补"(结果补语、程度补语或趋向补语),如:
⑨你在城外将那婆子要勒死。 2.854
⑩他把世间毒害收拾徼,我将天下忧愁结揽绝。

可见表"把"意的"将"与介词"把"的用法一致。介词"将"的两种含义较易区别,"将"的出现频率也比"把"更高。

1.3.1.3 与,与同

"与"在《变文》和《戏曲》里都只出现在 D 前。
(1)"与"在《变文》中已有"为"、"给"、"替"意,如:
①皇帝闻奏,拍按大惊:"与寡人诏张良。" (汉将王陵)₄₆
②佛语难陁道:"我缘今日斋去,是汝且与我看院。"
(难陁出家缘起)₃₉₇

这种用法的"与"似乎是为同类用法的介词"给"的产生准备条件。在《戏曲》里,"与"的这类用法更多,如:
①兄弟,与我拿住这妇人者。 2.570
②令人与我拿下白士中去。 2.753

像这类表示"给"意的"与",用例很多。"与"的宾语为"我"时,其中不

少是命令句;如上两例,命令的语气就很明显。但也有少数用例并不表示命令,而表示乞求:

　　③大人可怜见,有杨衙内在半江心里欺骗我来。告大人与我做主。　　2.754

　　④李庆安云:"父亲,你看那蜘蛛罗网里打住一个苍蝇。父亲,你与我救了者。"李老儿云:"孩儿,你的命也顾不的,且救他。"李庆安云:"父亲依着你孩儿,替我救了者。"李老儿曰:"依着你,我与你救了者。"　　2.564

在这段话里,李庆安先说"父亲,你与我救了者",后又说:"替我救了者",表明"与"有"替"意。

"与"的宾语为"你"或表示对方的词语时也常有"替"或"给"意,如上例的"我与你救了者"。又如:

　　⑤我与你唤出姆姆来者。　　2.557

有时"与"有"为"或"给"意,如:

　　⑥我与你高阜处招魂魄。　　2.467

"与"的宾语为表示第三人称词语时,"与"多表示"为"或"给"意。如:

　　⑦我那亲娘在那里与人家担水运浆。　　1.319

　　⑧有闰香孩儿亲手与李庆安做了一双鞋儿。　　2.547

　　⑨自从与俺那儿女失散了十年光景,知他有也无?来到这云台观里,与俺姐姐夫并两个孩儿做些好事咱。　　2.403

　　⑩把那大的小厮拿出去与人偿命。　　2.457

有时"与"有"为"或"替"意,如:

　　⑪老夫智斩了鲁斋郎,与民除害。　　1.403

以上例中的"与·宾"所表示的都是施动者发出动作以后受益的对象。这种用法古已有之,如:

　　⑫今子与我取之,而不与我治之;与我置之,而不与我祀之,焉

可? 　　（韩非子·外储说左上）①

⑬后若有事,吾与子图之。　　（国语·吴语）②

至元杂剧中这种用法更多,同类介词"给"迟至明清以后才兴起。如:

⑭湘云道:"我给他带了好东西来了。"

（红楼梦卅一回）③

⑮你想什么吃,回来好给你送来的。　　（红楼梦卅五回）④

"给"作为介词兴起以后即迅速发展,很快成为这类用法中最重要的一个介词。而在"给"兴起之前,在很长的历史阶段中,"给"的这种用法主要都是由"与"来承担的。

（2）"与宾"表示施动者在发出动作时跟谁共同行动。有"跟"、"和"、"同"意。如:

①等我孩儿来家与他商量。　　2.548

②周舍杖六十,与民一体当差。　　2.654

③逐朝每日来俺这清庵观里与贫姑攀话。　　2.735

这是介词"与"的最古老的用法,在隋唐以前漫长的历史时期中也是它最重要的一项用法。但在《戏曲》中,"与"表示"给"、"为"、"替"的用法却大量出现,占了上风,一直到介词"给"兴起之后,这种用法才逐步减少。

（3）以下用法的"与"为动词。如:

①我有文书,我念与你听。　　2.753

②把你这眼前厌倦物件分付与他别人请佃。　　2.728

③我写一封书,寄与引章去。　　2.644

我认为以上三例中的"与"是动词,因为在介词"与"所在的〔与·宾·动〕式中,"动"是主语的动作行为,如"我与你救了者","救"是主语"我"的动作;或者"动"是主语与介词"与"所带宾语的共同行为,如

---

① 上海人民出版社 1974 年版。
② 上海古籍出版社 1982 年版。
③④ 人民文学出版社 1972 年版。

"(他)……与贫姑攀谈","攀谈"是主语"他"和介词"与"的宾语"贫姑"共同的行为。而在例①"我念与你听"中,"听"的施事主语是"你"而不是"我"。这是一个兼语式,"念与"是动^1,"听"是动^2,"你"是动^{1}的宾语,动^{2}的主语。例②的分析大致与例①同。例③"寄与引章"之后是用作趋向补语的动词"去",可知"寄与"是主要动词。

还有以下情况:

①那里父老送与我一段孩儿锦。 1.368

②你可不好瞒着父亲母亲送与他些金银钱钞。 2.551

这是动词"送与"带有直接宾语和间接宾语的双宾式。这种双宾式可以变换成:

那里父老把一段孩儿锦送与我。

也可以变换成:

那里父老送一段孩儿锦与我。

其中的"送与"和"与"都是动词。

(4)"与"、"同"两个介词连用,如:

①不期黄河中有数只苍鸭在水浮泛,小鸭在岸忽见,都入水中,与同众鸭游戏。 1.319

1.3.1.4 替

用于 D 前,引进动作行为为之而发的对象。有"给"或"为"意。如:

①您孩儿着左右人替那婆婆儿捞出那桶来与他。 1.312

②我替你盖个苍蝇菩萨庙儿。 2.565

③家中有一本《四书》,卖了替父亲做些经忏。 1.464

在下面例中的"替"只能解作"为"意:

④遇时辰我替你忧,拜家堂我替你愁。 2.852

《变文》中没有遇到"替"这个介词,但在唐以前和唐代的其他作品中已出现过,多为代替意。如:

⑤愿为市鞍马,从此替爷征。　　(木兰诗)①₁.₁₃₆

⑥蜡烛有心还惜别,替人垂泪到天明。

(全唐诗·杜牧:赠别二首)②₁₆.₅₉₈₈

在《戏曲》中,"替"更多的用法是表示"给"或"为"。有少数表示"代"(替)意,如:

⑦告的姑娘得知,您侄儿径去与那学士说了,今日是吉日良辰,将这玉镜台权为定物,别使官媒人来通信。央您侄儿替那学士谢了亲者。₁.₇₇

⑧老夫人小娘子放心,玉带我替你收着里。　　₁.₂₁₅

上例的"替"表示"代";下例的"替"可表示"代",也可表示"为"或"给"。

1.3.1.5　从,一从

用在 D 前。

(1)《世说新语》和《变文》中的"从"引进处所的用法都占多数,而《戏曲》中却多用于引进时间,如:

①我从未拔白悄悄出城来。　　₁.₄₆₆

"未拔白"意谓天未亮。

②从生来谁曾受他这般烦恼。　　₂.₇₁₇

③从去年问我借了五两银子。　　₂.₈₄₇

④从小里恨不声名贯人耳。　　₁.₅₀₁

⑤从三岁上亡了他母亲。　　₂.₈₄₇

(2)"从"引进处所,如:

忽从西北天兵起。　　₂.₇₁₄

(3)"从"引进人物,如:

教那厮把盏,先从大哥把了盏。　　₁.₃₆₄

(4)"从前、以往"、"从头儿"、"一从"、"从头至尾"等固定词组。

---

① 宋·郭茂倩编《乐府诗集》,中华书局点校本。
② 《全唐诗》,中华书局1979年版。

如：

  ①想窦娥从前已往干家缘。 2.861

  ②我一星星的都索从头儿说。 2.723

  ③一从贤弟去了，老夫差人打听。 1.519

  ④你有是麽冤枉，在此觅死，你从头至尾说一遍咱。 1.213

介词"从"在现代汉语里用得很多，"从此"、"从前"、"从小"、"从头儿"、"从头至尾"等介宾词组随处可见。

1.3.1.6 望,望着

用于 D 前。

(1)引进动作行为朝向的处所,用法和意义与"往"同。如：

  ①单雄信棄槊如秋练,正望心穿。 1.145

  ②我跳过这墙,望家中走。 2.556

  ③圣明主加官赏赐,一齐的望阙谢恩。 1.469

(2)引进动作行为朝向的对象,有"往"或"对着"、"朝着"之意。如：

  ①相公每日坐罢早衙,便与妾身闲攀话。今日这早晚不见来,我亲自望相公走一遭去。 2.742

  ②新人绣毯望着状元打,永远相守到白头。 1.227

上例"望相公"表示"往相公那里","相公"虽为人物,在这里有表处所之意。下例"状元"表示对象,"望着"有"对着"、"朝着"之意。

(3)"望"的前种用法在《变文》中已经出现,如：

  ①夜望西北,晓望东南,取路而行。 （李陵变文）1.86

  ②燕子到来……望风恶骂。 （燕子赋）1.252

"望风恶骂"与"望空恶骂"意义相近,都表示朝向的处所[①]。在《变文》中没有见到"望"引进对象的用法,也没有见到"望着"。

  "望"作为介词,自隋唐兴起,经宋元明清,一直保留下来。"望"和"往"的用法在《戏曲》中已有差别,"望"可引进处所也可引进对象,

---

① 参看拙文《敦煌变文与〈世说新语〉若干语法特点的比较》介词部分的"望"。见程湘清主编《隋唐汉语研究》,山东教育出版社1990年版。

"往"只引进处所。这种差别在现代汉语里依然存在:若表示"朝着"、"对着"某一对象,常用介词"望",一般都出现在动词之前,如"望我点点头","望他笑了笑"等。若表示动作行为朝向的方向,这种用法的介词"望",也可写作"往",如"望(往)北走","望(往)前看","水望(往)低处流"等;且可用于 D 前后,如"大河流往(望)东北"等。它们之间的分工趋于明显。

1.3.1.7　往(wàng)

用在 D 前,引进动作行为朝向的处所。

(1)有"向"、"到"意。如:

①学士,你先往衙门中去。　　1.81
②我往家中去也。　　2.854

(2)有"从"、"打"意。如:

孩儿往潞州长子县过,见一个老婆婆儿。　　1.315

(3)比较值得注意的是,"往·宾"后的 D 中,常有趋向动词"去"作趋向补语,如:

①两个孩儿同两个女儿明日往云台观烧香去。　　1.403
②咱往后堂中吃庆喜酒去来。　　1.402

此例中的"来"是语气词。

趋向动词"去"的配合,可能是"往"由动词变化为介词的一个重要标志。因动词"往"原本有"去"意,现在 D 中有趋向动词"去"作补语,就表明"往"的动词性已大大削弱,它主要用作介词,起着表示方向的作用。

(4)介词"往"在宋元时期用得较频繁,元杂剧中多见,如:

①但得那腔子里的热血往空泼。　　(元杂剧)15
②咱三口儿洛阳居住,往曹州曹南探亲来。　　(元杂剧)170

(5)《变文》中已有"往"这个介词,且有用于 D 后者,如:

①今欲进发往江东。　　(伍子胥变文)1.10

但难见到趋向动词"去"作补语与之配合的用法。到明清时,"往"不仅常有用于动词后者,且有补语"去"的配合,如:

②里边碧浏的清水流往那边去了。　　（红楼梦）①₅₁₂

在现代汉语里,"往"常用于表示动作行为的朝向,可用于D前后,如"一个往南走去了,一个往北跑去了","这趟火车开往北京"。

1.3.1.8　打(答)

用在D前,引进与动作行为有关的处所。具体用法:

(1)表示动作行为的起点或来源。如:

真个打墙处撅出一窖金银来。　　1.344

(2)表示经过的处所,如:

①某领三千军马后哨行将去,打这潞州长子县过。　　1.306

②俺大哥头一年做了官,摆着头答街上过来。　　1.359

在宋元小说中亦有用例,如:

③方才打清湖河下过,见崔宁开个碾玉铺。

（京本通俗小说）②₃₆

以上例句中的"打"都是"从"意。有时"打从"连用,如:

④只见一个安童,托着盒儿,打从面前过去。

（京本通俗小说）③₅₄

"打"这个介词在《变文》中没有见到。大约自宋元兴起,经明清,直到现代。在现代汉语中多表示动作或时间的起点,如:"打这儿往东,再走二百米左右就到我家了。""打明儿起,我每天都要锻炼一个小时。"等等。

1.3.1.9　问

用于D前,引进动作行为向之而发的对象,有"向"意。如:

①问家尊要下马钱共起马钱。　　1.207

②我问他借了拾两银子。　　2.849

③从去年问我借了五两银子。　　2.847

④问你要那图财致命的杀人贼。　　2.567

---

① 人民文学出版社1972年版。
②③ 上海东亚图书馆,1951年版。

这个介词在《变文》中未见。大约是宋元时兴起,在现代汉语中用得很多,如:"我问他要本书"等等。

1.3.1.10 因

"因"在D前。

(1)引进动作行为的原因,如:

①(小生)因放风筝儿耍子,不想落在你家梧桐树上抓住了。 2.552

②小生因无盘缠,曾借了这婆婆五两银子。 2.848

在《变文》里,"因"的宾语多为代词,如"因他得活"、"因此立功"、"因何至此"等。《戏曲》中,"因"的宾语常为一个动宾结构,如以上例中的"放风筝"、"无盘缠",表现出"因"的用法更为灵活。

(2)在《变文》里,有"因何"也有"何因",在《戏曲》里已只有"因何",疑问代词宾语前置的现象已不见了。如:

你因何不来娶我? 2.55.2

(3)《变文》里有"因此",《戏曲》里有"因此上",如:

①……我因此上烦恼。 2.744

②不想我那夫主亡逝,无钱埋殡,因此上将这孩儿但卖些小钱物,埋殡他父亲。 1.290

"因此上"介宾词组常用于复句中,作为因果复句中的一个连词。"因此上"中的"上"是一个助词。

1.3.1.11 和

用在D前,引进与动作行为密切相关的一方。

(1)有"跟"意,如:

①则你这东吴国的孙权,和俺刘家却是甚枝叶。 1.20

②在城有王半州和俺父亲指腹成亲来。 2.549

③我和你做个亲眷可不好? 1.297

④我和俺那虔婆颇闹一场去。 2.806

有"对"意,如:

⑤阿妈和你孩儿说了吧! 1.317

(2) 在不少用例中，"和"前有状语，如：

①笑吟吟齐和凯歌回。　　1.16

②我不和你一般见识。　　1.392

③你不如休和他争。　　1.389

④我便和他做亲家。　　2.547

⑤我每常几曾和个男儿一处说话来。　　2.715

⑥我每日在清庵观和白姑姑闲攀谈。　　2.736

(3) 有时主语不出现，"和"前只有状语，如：

①须索和他说一声去。　　1.500

②要和你悔了这门亲事。　　2.548

(4) 有时"和"前无主语，也无状语。如：

①和媳妇儿拜母亲两拜。　　1.363

②如今无甚事，和俺那一般老姊妹茶房中吃茶去来。　　2.808

(5)《变文》中的"和"主要用于引进与动作行为有关的事物，例较少，如：

言讫捻刀和泪剪。　　（捉季布传文）1.60

在《杂剧》中"和"的用法有较大发展，不仅以人物为它引进的主要对象，而且作为介词，在运用中有较强的规律性，表现出介词与连词的明显区别。比如"和"前可以出现各种状语，"和"前可以不出现主语或状语，单独带宾语位于 D 前等，都是介词的特点。反映出"和"在元代已发展成为一个条件完备的介词。

1.3.1.12　对，对着

只用在 D 前。

(1) 引进动作行为对之而发的对象，这项用法在《变文》中已有。《戏曲》的用例如：

①老阿者，对您孩儿说了罢。　　1.317

②到家对儿夫尽说那一场欢悦。　　2.752

(2) "对着"连用，这项用法在《变文》中未见。如：

今日对着老阿者与众将在此,着王阿三出来,您孩儿见他一面,怕做是麽。 1.316

例中"对着"的宾语是"老阿者与众将在此"。"对着"有"面对着"之意,在介词用法之中还兼带有动词的意味。同时,"对着"的宾语是一个主谓结构,比"对"的宾语要来得复杂。

1.3.1.13 投,投到,投至

都用于D前。

(1)"投"有"往"意,如:

我投夫人跟前回话去也。 1.81

(2)"投至"、"投到"连用表示"及至"、"到"义,表示动作行为是在"介宾"所表示的时间之后进行的。如:

①投至得这个千战千赢尉迟恭,好险也万生万死唐元帅。
1.127

②投到安伏下两个小的,收拾了急急走来,五更过也。
1.395

在《元曲选》中也有用例,如:

③恨天涯空流落,投至到玉关外,我则怕老了班超。

(荐福碑二折)[①] 2.582

例①、③是唱曲,用"投至";例②是对话,用"投到"。可见唱曲中保有更多的文言成分,对话则更为口语化。

《变文》中有复音介词"及乎"引进与动作行为有关的时间,没有见到"投到"或"投至"。

1.3.1.14 共

用于D前,表示施动者在发出动作时与之共同行动的对象。如:

①自桃园初结义,把尊兄辅佐,共敌军擂鼓鸣锣,谁不怕俺弟兄三个。 1.54

②我也不共你争。 2.698

---

① 《元曲选》,明臧晋叔编,中华书局1958年。

介词"共"的用法大约始自隋唐,《变文》中较多,如：

③与子娶妇,自纳为妃;共子争妻,可不惭於天地。

（伍子胥变文）₁.₂

"共"与上文的"与"互相配合,用法与意义都相同。与《变文》相比,《戏曲》中的"共"有减少的趋势。

1.3.1.15　用,用着

（1）位于 D 前,引进动作行为的工具,如：

①老夫用心智斩了鲁斋郎。　₁.₄₀₃

"用"的介词用法古已有之,如：

②齐氏用戈击公孟。　（左传·昭公二十年）₄.₁₄₁₁

③是时越欲与汉用船战逐。　（史记·平准书）₄.₁₄₃₆

"用"的宾语为抽象名词,在《史记》中已见过,如：

④卫青、霍去病亦以外戚贵幸,然颇用才能自进。

（史记·佞幸列传）₁₀.₃₁₉₆

《变文》中的"用"除承继《左》、《史》用法外,还更灵活：

⑤下马存身用耳听。　（汉将王陵变）₁.₄₀

⑥侧耳用心听。　（燕子赋）₁.₂₆₃

"用耳听"、"用心听"都是表示"听"的全神贯注。"用心"这个介宾词组到了今天,几乎已是"注意"、"认真"、"仔细"之类词语的同义语。不过"用心智"还是运用工具（"心智"）之义。"用心"和"用心智"并不能等同。

还有一点值得指出的是,《戏曲》中"用"的出现频率比之《变文》,并不是增长的趋势,其原因有待进一步考察。

（2）"用着"连用作介词,如：

东庄里姑娘家有喜庆勾当,用着这个时辰,我和你行动些。

₁.₃₉₃

"用着"有"趁着"义。介宾短语"用着这个时辰"出现在主谓结构"我和你行动些"前面。"用着"作介词,在《变文》中未见。

1.3.1.16　随,随着

用在 D 前。

(1)《变文》中的介词"随"主要用以引进动作行为依随的处所或对象。如:重斩平王白骨,其骨随剑血流。(伍子胥变文)$_{21}$ 在《戏曲》中仍有这种用法,如:

　　今奉圣人命……着某随处体察采访。　$_{1.206}$

(2)在《杂剧》中还常用"随后"表示时间,如:

　　我前行,他随后赶将来。　$_{1.468}$

"随后"逐渐形成一个固定的介宾词组,用作副词,表示紧接某种情况或行动之后,它在现代汉语里更为活跃,常与"就"连用,如"你先走,我随后就来"。

(3)《杂剧》里已有〔随·他·动〕的句型。如:

　　随他嚷闹去。　$_{1.358}$

在这里,"随他"不是表示别人随他而行动,而是表示任他吵嚷去,不要理他。"他"是一个兼语,既是"随"的宾语,又是"吵嚷去"的主语。"随"是兼语句中的动^1,而不是介词。

(4)"随着"作介词,用于D前,如:

　　道东呵,随着东去,说西去随着西流。　$_{1.9}$

"随着"的宾语是方位词"东"和"西"。"随着"在《变文》中没有。

(5)《变文》中"随"有用于D后者,如:

　　出门入户随周氏。　(捉季布变文)$_{1.61}$

但在《戏曲》中未见用于D后者。

1.3.1.17　逐

"逐"用在D前,在《戏曲》中出现次数不多,常以"日"、"朝"为宾语,表示动作行为的一种规律性的行动:是每日发生的。如:

　　①小生逐日定害,何以克当。　$_{1.201}$

　　②逐朝每日来俺这清庵观里与贫姑攀话。　$_{2.735}$

"逐朝家"与"逐朝"意思相同,如:

　　③逐朝家如暴囚。　$_{2.645}$

"逐朝家"也作"逐日家","家"是助词。《元曲选》中有例:

　　④我逐日家把你相试。　(谢天香一折)$_{1.143}$

《变文》和《世说新语》中都没见到介词"逐",但《史记》及汉魏以后其他一些古籍中却有用例,"逐"带宾语表示动作行为所依据的条件,如:

①赵军逐胜追造秦壁。 (史记・白起列传)7.2334

"逐胜"有"乘胜"意。

②山中咸可悦,赏逐四时移。

(文选・锺山诗应西阳王教)

"逐朝(家)"、"逐日(家)"这种类似固定词组的用法可能是在宋元时期形成的。

1.3.1.18 就

用在 D 前。

"就・宾"常表示动作行为发生的处所,如:

①就那里与我培埋了者。 1.344

②自从俺父亲就那客店上生扭散俺夫妻两个。 2.720

在宋元时期,除《戏曲》外,其他的例子如:

③就轿子里不见了秀秀养娘! （京本通俗小说）

"就"的介词用法在《变文》中已有,如:

④请来就船而食。 (伍子胥变文)1.22

⑤远来就父同诛。 (同上)1.3

在现代汉语里,"就"作为介词,形成了一些固定词组,如"就近"(在附近),"就中"(在其中),"就手儿"(顺手),"就势"(趁着便利的形势)等。

1.3.1.19 并

用于 D 前,引进与动作行为密切相关的对象。如:

①来到这云台观里,与俺姐姐、姐夫并两个孩儿做些好事咱。

1.403

这种用法与《变文》中的用法一致,如:

②取得平王骸骨,并魏陵昭帝,并悉总取心肝。

(伍子胥变文)1.21

1.3.1.20 临

用于 D 前,表示动作发生的处所,如:

则今番临绣床有些儿不奈烦。 2.551

"临"在《史记》中,用以引进与动作行为有关的处所或时间。在《变文》中都用于表示时间,如"临去"、"临至"、"临时"、"临死"、"临推入火坑之时"…等。在《杂剧》中"临"虽主要引进处所,但并不等於失去了引进时间的用法。实际上"临"的这两种用法在现代汉语里都依然存在,如"临机应变"、"临渴掘井"、"临危不惧"……其中的"临"引进有关的时间;而如"临床实验","临阵磨枪"等,则引进有关的处所。

1.3.1.21 趁

用在 D 前。表示趁机会去做某事,如:

第一计趁今日孙刘结亲,以为唇齿,就江下排宴设乐,修一书以贺近退曹兵。 1.1

1.3.1.22 乘

用于 D 前。表示乘机做事。如:

领兵大举,乘机而行。 1.6

1.3.1.23 遶(绕)着

用于 D 前。表示环绕某处。如:

俺遶着这花园内是看咱。 2.551

1.3.1.24 比及

复音介词"比及"在《戏曲》中又有两类用法:

(1)常用在偏正复句的偏分句前,用作连词,连接表示比较的偏句。如:

①比及你在花街里留意,且去你那功名上用心。 1.506

"比及"句是偏句,也是对现实情况的比较,后面的分句是主分句,常表示通过比较,提出的更好的解决办法。整个复句有"比起 A,不如 B",或"与其 A,不如 B"之意。又如:

②兀那妇人,比及你要丢在这荒郊野外呵,与了人可不好。 1.297

在主分句"与了人"之后有"可不好",明显地表示与前一分句作比较。

(2)在少数用例里,"比及"有"由于"、"想到"之意,如:

"我见个银匠铺里一个好女子,我正要看他,那马走得快,不曾得仔细看。张千,你曾听来么?"张千:"比及大人有这个心,小人打听在肚里了。"　1.385

在《变文》中没有见到"比及"。

1.3.2 可出现在D前后的介词。

1.3.2.1 在

"在"用在D前后。

《变文》(上册)的"在"共238例,"於"共437例,到《戏曲》中发生了重要变化,《戏曲》(上册)的"在"共389例,"於"64例。在过去漫长的历史时期里,"於"曾是介词中特别是引进处所的介词中一直居于首位的介词;到了元代,终于把首席位置让给了"在",这是"於"、"在"在历史发展过程中的重要转折,也是介词阵营内部乃至汉语面貌的重大变化。

(1)"在"用在D前,表示动作行为发生或进行的处所

表示在什么地方发生什么事情,如:

①"兀那婆子,你这一日在那里来,你死也!""我在井边打水饮牛来。"　1.321

②我也不敢回家去,到家里又是打又是骂。罢,罢,罢,就在这里寻个自缢。　1.306

③我那亲娘在那里与人家担水运浆。　1.319

④有杨衙内在半江心里欺骗我来。　2.754

⑤你在城外将那婆子要勒死。　2.854

表示在什么地方进行什么动作行为,如:

⑥你为何抱着这小的在此啼哭?　1.290

⑦永远在我家使唤。　1.292

⑧那大蝴蝶两次三番,只在花丛上飞,不救那小蝴蝶。　1.453

⑨你在我家三年也。　1.515

⑩我在这太湖边等候。　　　　　2.555

⑪在这荆州开着生药局。　　　　2.849

有时"在·宾"在 D 前究竟表动作行为的"发生"或"进行",很难区别清楚,也没有必要硬去区别,但与 D 后的"在"有一个总的不同,就是位于 D 前的"在"一般不能解为"到"、"到达"。如下例:

⑫雌鸡引小鸭来至黄河岸边,不期黄河中有数支苍鸭在水浮泛,小鸭在岸忽见,都入水中,与同众鸭游戏,雌鸡在岸回头,忽见鸭雏飞入水中,恐怕伤损性命,雌鸡在岸飞腾叫唤。　　　　1.319

这段中的四个"在·宾·动"虽不必一一区别 D 是"发生"在某地或"进行"在某地,但都不宜解为"到(达)"。而例中第一句在动词"来"后用介词"至"表示"到达"。

"在·宾"用于 D 前,在少数用例中还表示"从什么地方",如:

⑬孩儿也,你在那里来?　　　　1.405

⑭十八年前你阿妈大雪里在那潞州长子县抱将你来。　　　　1.317

还有少数用例表示动作发生的时间,如:

⑮则在这两日内立你做个小夫人。　　　　1.515

(2)"在"用在 D 后

"在·宾"常表示动作行为到达某处或某一具体位置,并常有方位词与之配合。如:

①买了个风筝放将起去,不想一阵大风刮在这家花园内梧桐树上,抓住了。　　　　2.550

②一个苍蝇落在笔尖上。　　　　2.565

③都绷在我那睡裹肚薄绵套里。　　　　2.715

④要丈二白练挂在旗铃上,若刀过去,一腔热血休落在地下,都飞在白练上。　　　　2.867

⑤我才将这文书分别压在底下。　　　　2.864

比较一下就会发现,D 前的"在·宾",宾语大都比较简短,所表示的处所范围也较大,而 D 后的某些"在宾",宾语结构和文字都较冗长,所表示处所的范围也较具体而微。

另一方面也要指出,D后的"在·宾"也有一些表示动作行为发生或进行的处所,如:

⑥是一个人害急心疼倒在地下。　1.388
⑦少不的号令在街头。　2.558
⑧几度相持在战场。　1.306

问题在于,位于D后的"介·宾"可表动作发生或进行的处所,也可表动作到达的处所、动作的趋向所至或最后结束时所在的具体位置。而D前的"介·宾"则一般只表示动作发生或进行的处所。

D后的"介宾"也有表示时间的,如:

⑨我摽他首级在片时。　2.741

还有表示在某一方面的,如:

⑩这药死公公的罪名,犯在十恶。　2.863

(3)"在·宾"在前后两个动词之间,如:

①娶在我宅中为姬妾。　1.519
②走在井底躲。　2.566

(4)通过以上对"在"用法的分析可以看到,"在"的主要用途,无论位于D前或D后,大多数都是引进处所。虽然还有些其他用法,如表示时间或方面,所占比例都很小。从总的发展趋势看,"在"的数量虽比"於"增多,但它并不是要全面地取"於"而代之,主要是对"於"引进处所的用法有取代之势。"於"这个古老介词中的"多面手",它的多项用法正逐渐被多个介词所代替,只留下它独有的一个范围。《戏曲》中有个例子很有趣:

老夫在此为理三年,治百姓水米无交,於天香秋毫不染。　1.520

如果我们把例中的"在"换成"於",并不影响对文义的理解;但若把"於"换为"在","在天香秋毫不染",就不可解了。可知"於"的运用范围比"在"大,意义和用法都灵活多变,"在"是不可能全面代替它的。但"於"原有的最主要作用是引进处所,由于这一主要用法逐渐被"在"替代,而使汉语的面貌都有所变化。因而我认为这也可以作为汉语发生了重大变化的标志之一。
1.3.2.2　於

在《变文》中,"於"出现的频率比"在"高,位于 D 前者约占 47%,在 D 后者约占 53%;而在《杂剧》里,"於"出现频率比"在"少得多,在 D 前者约占 7.5%,在 D 后者约占 92.5%。

(1)"於"在 D 前的用法

1. 主要是引进有关的人物,如:

　　①蚕腹有丝,於民润国。　　1.362
　　②治百姓水米无交,於天香秋毫不染。　　1.520

2. 有时用於问句中,如:

　　①谁想贤母着四个状元抬着兜轿,敢於理不可么?　　1.369
　　②刘封那厮於礼如何?　　1.56

3. "之於"连用,位於两个相对待的事物之中,如:

　　麒麟之於走兽,凤凰之於飞鸟,泰山之於丘垤,河海之於行潦,
　　出乎其类,拔乎其萃。　　1.520

在此例中,上文是四组相对待的事物:"麒麟"和"走兽","凤凰"和"飞鸟","泰山"和"丘垤","河海"和"行潦"。下文是两个并列的谓语:"出乎其类,拔乎其萃。"主语是"麒麟"、"凤凰"、"泰山"、"河海","於"引进与四个并列主语相对待的四种事物。此例源出於《孟子·公孙丑上》:

　　"麒麟之於走兽,凤凰之於飞鸟,太山之於丘垤,河海之於行
　　潦,类也。圣人之於民,亦类也。出乎其类,拔乎其萃。自生民以
　　来,未有盛於孔子也。"

在《孟子》里,四组相对待的事物后面,谓语是"类也"。"出乎其类,拔乎其萃"是另外一个句子。在关汉卿的笔下,却略加改动,把"出乎其类,拔乎其萃"代替"类也",直接作为此句谓语。这样似更易使人理解四组相对待事物的内部关系,在[A 之於 B]中,A 既与 B 是同类,又出乎其类,拔乎其萃。同时,《孟子》用此话比喻圣人,关汉卿却用此话比

喻妓女①。我们可以看出,富于表现力的言语往往有着时间上的持续性和使用范围的广阔性,因而具有不朽的生命力。而一些古老的虚词也就随着这类言语而辗转流传,永不消失。如此例中的"之於"就是一个证明。

(2)"於"在 D 后的用法

1."於"引进处所。如:

①正是运斧於班门。 2.804

②破曹兵於赤壁之间。 1.19

"於"引进处所也可用于形容词之后,如:

③老夫将此一事切切於心。 1.403

2."於"引进有关的人物。如:

①我怎肯嫁侍於人。 1.291

②见足下留心於谢氏。 1.519

3."於"引进有关的方面。如:

①见足下留心於谢氏,恣意於鸣珂。 1.519

②数载不见,失於拜望。 2.804

4."於"引进原因,如:

①是我出於无奈也。 1.290

②是你父亲出於无奈。 2.848

"出於无奈"形成固定格式,流传至今。

5."於"还有一种特殊用法:

嘱咐你个爷爷……后将文卷舒开,将俺屈死的於伏罪名儿改。

2.869

这末句似应理解为"将俺屈死於伏罪的(罪)名儿改"。"的"似应在"伏罪"与"名儿"之间。

6."於"引进比较的对象。如:

---

① 请看《关汉卿戏曲集·钱大尹智宠谢天香》第四折,P.520。这几句话是钱大尹用来称赞歌妓谢天香的。

敬亲者不敢慢於人,享富贵必有异於人。 1.228

这种古老的比较句式在《戏曲》中仅有此例,在《比较句》部分将谈到。

(3)复音介词"在於"、"到於"。

可用在 D 前后。用于 D 前的如:

①今朝无甚事,衙门中已回,在於前厅上闲坐。 2.741

②自与谢天香分别之后,到於帝都阙下,一举状元及第。

1.517

用于 D 后的如:

③有大哥在於门首。 1.355

④不想游学到於此处。 1.499

1.3.2.3 为

"为"可用于 D 前 D 后。

(1)"为"绝大多数用于 D 前,引进动作行为的为之而发的对象或原因,如:

①你休为我误了你功名。 1.499

②我则是为夫呵受苦辛。 2.576

表原因时"为"的宾语常是动词结构或主谓结构,明确表示是因为什么事情而行动。如:

③为你受了孩儿锦,母亲着你倘着,要打你哩。 1.368

④谁想杨衙内为我娶了谭记儿,挟这仇气,奏了圣人,要枭取我首级,似此如之奈何? 2.742

《变文》的介词"为"用法虽与《戏曲》大致相同,也以引进动作行为的原因为主,但"为"的宾语极少有这样复杂的结构。

(2)在《变文》里,疑问代词"何"作"为"的宾语,都还位于"为"前,如:

①何为今见儿来,忽尔今朝不喜? (秋胡变文) 1.158

而在《杂剧》中,都变成了"为何",如:

②你为何抱着这小的在此啼哭? 1.290

③可是为何? 2.550

④我为何不留裴度在我家里住。 1.199

这是一个值得注意的变化。

(3)"为甚么"在《变文》中没有见到,在《戏曲》中也出现了:

①为甚么倒在地下? 1.388

②为甚么不回后堂中去? 2.742

有时作"为是么":

③父亲为是么烦恼? 2.549

"为什么"在现代汉语里已成为询问原因的惯用语。

(4)"为因"两个介词连用,引进动作行为的原因。如:

为因黄巢手下徐党草寇未绝,今奉阿妈将令,差俺五百义儿家将,统领雄兵,收捕草寇。 1.289

在《变文》中也未见到"为因"复音介词。

(5)、介宾词组"为头"有"当初""开头"之义,在《变文》中未见,如:

这一宗文卷我为头看过。 2.864

(6)用于"是"后。

在《戏曲》中介宾"为·宾"有时出现在"是"后,表示原因,如:

原来是为这般。 2.744

这样的句式在《变文》中未见,而在现代汉语中却常用。

(7)用于 D 后,如:

①某今奉元帅将令,为与李克用家相持。 1.298

前句表结果,后句表原因。这种用法在《变文》中也有,如:

②王陵斫营为高皇。 (汉将王陵变) 1.42

1.3.2.4 以

用于 D 前后。

"以"在《戏曲》中出现次数很少,可能因为"把"、"将"、"因"等介词的大量运用,削弱了它的作用。

(1)用在 D 前,如:

①(裴)中立当以功名为重。 1.222

这是"以……为重"的固定句式,在现代汉语里这种说法仍很多。

　　②我夫主未曾应酬,以此傅彬怀恨。　　1.205

"以此"表示原因,形成固定词组,用作连词。

　　(2)用在 D 后 D 前。如:

　　　　都省无好官长,奏闻行移文书至本府,提下家尊下於缧绁,赔脏三千贯。事以不明,难为申诉。　　1.207

此例的"以不明"在"事"后,是对"事"说明,而"事以不明"又是"难为申诉"的原因。因此可以认为介宾结构"以不明"位于动词 D 和动词谓语 D 之间。

　　(3)用在 D 后,如:

　　　　毛诗云,投之以木桃,报之以琼瑶。焉敢忘恩人之大德也。
　　　　　　　　　　　　　　　　　　　　　　　　　　　1.216

"投我以木桃,报之以琼瑶",它是《诗经》①里的名句,由于它表达了礼尚往来的美好情谊而具有不朽的生命力,"以宾"的这种用法也就伴随着它而流传下来。

1.3.2.5 自,一自,自从

可用在 D 前或 D 后。

　　(1)"自·宾"用在 D 前,大多表示动作行为的起始时间。"自"的宾语常为动词结构,以表示动作是从什么事情开始的。如:

　　　　自与谢天香分别之后,到於帝都阙下。　　1.517

　　(2)"自·宾"用在前后两个 D 之间。如:

　　　　殿上帝王,行思坐想,正南,下望,知祸起自天降。　　1.53

"自天"在这里表示动作行为起始的处所。

　　(3)"自"的固定词组大多用在 D 前,且多表时间,如:

"自从",运用得比"自"更频繁,有的宾语也更复杂,如:

　　　　①自从母亲去了,父亲不知所向。　　1.405
　　　　②自从悔了这门亲事,老夫心中十分欢喜。　　1.554

---

① 见《诗经·卫风·木瓜》。

③自从俺父亲就那客店上生扭散俺夫妻两个,我不曾有片时忘的下俺那染病的男儿。 2.721

"一自",与"自从"意近,如:

④一自为臣,不曾把君诳。 1.53

⑤一自登科甲,金榜姓名标。 2.735

"自(从)……以来",大多表示自过去某一时间开始,到说话的时间(或某个特定的时间)为止的一段时间范围①。

⑥自到任以来,一郡黎民各安其业。 2.741

⑦自从相公履任以来,颇得民心。 2.742

"自古及今",用作固定词组,如:

⑧自古及今,那得志与不得志的多有不齐。 1.67

《变文》中的"自"虽也有各种固定格式,虽然"自从"也比"自"出现得更频繁,但"自"单独用作介词的情况仍较《杂剧》为多,同时"自"的宾语还未见有像《杂剧》中那么复杂的。固定格式中《变文》有"自…(已,之)后",《戏曲》却为"自……以来"。

1.3.2.6 到

可用于 D 前后。

(1)用于 D 前,多引进与动作行为有关的时间。如:

①我到多早晚来? 2.553

②到来朝我与伊做主。 2.868

③到晚后越思量,方信道梦是心头想。 1.54

有时引进处所,如:

④我今日到白马寺寻赵野鹤走一遭去。 1.219

(2)用于 D 后,引进动作行为到达的处所或有关的时间。如:

①自从进到钱大尹相公宅内,又早三年光景。 1.512

②来到门头也。 2.560

---

① 对"以来"所表示的时间范围,采用了江蓝生在《概数词"来"的历史考察》一文(中国语文1984,2)中的说法。

③直睡到东窗日影。 1.73

④永远相守到白头。 1.227

有时表示到达什么数量,如:

⑤半年中抄化到一千贯。 1.207

有时表示到达什么程度,如:

⑥谁想变乱到此也啊! 1.2

(3)在同时期的其他戏曲中,还有"到底"、"到头"等介宾词组,如:

①等他酒醒了啊,我到底不饶了他哩!

(元曲选·金钱记二折) 1.21

②我如今——说到底。 (元曲选·赵氏孤儿二折) 4.1495

③善恶到头终有报,只争来早与来迟。

(六十种曲·琵琶记二十六) 1.108

"到底"无论在 D 前或 D 后都表程度;"到头"表时间的终了。

在现代汉语里,"到"的这些用法大都还保留下来。表示去向的"到"多位于 D 前,如"走到学校";引进时间的"到"和表示程度的"到底"可位于 D 前后;表示到达一定数量的"到"多位于 D 后。

1.3.2.7 向

可用在 D 前后。

(1)"向·宾"在 D 前。表示动作进行时施动者动作的方向或处所。如:

①官里向龙床上高声问候,臣向灯影内恓惶顿首。 1.58

②小生慌忙向前解救二人。 1.221

③我向这屏墙边侧耳偷睛觑。 1.454

"向"也可以引进与动作行为有关的对象。如:

④今日向匹夫行伏落。 1.55

在宋元时期话本小说中也有类似用法,如:

⑤玉梅向丈夫说道。 (京本通俗小说) 174

(2)"向"用在前后两个 D 之间,如:

277

①见一个耍蛾儿来往向烈焰上飞腾。 2.697

以上这些用法在《变文》中都已见到,此外《变文》还有表示时间的用例,如:那堪向老更亡妻。(王昭君变文)106《杂剧》中"向"的用法有所简缩,主要表示有关的处所或方向,少数表示有关的对象。同时"向"出现的次数也有所减少。

1.3.2.8 按

可用于D前或D后,表示动作行为进行时的条件。用于D前者,如:

①着他每按月家请着俸钱。 1.370

意谓叫他们按月领俸钱。

"按"作为介词通常都出现在动词之前,但在《杂剧》中有很灵活的用法:

②换上这大红罗裙子绣鞋儿弯,拣的那大黄菊簪戴将时来按。 2.551

本例意谓,拣的那大黄菊按时簪戴。但可能由于押韵的需要,不仅把"按时"放在动词之后,而且用介词"将"把"按"的宾语"时"提到"按"的前边。这样变换的结果并不影响人们对语义的理解,反而使人感到上下音韵谐调,句法灵活。由此可以看出,语言的运用虽有其规律,但在不歪曲语意的前提下,允许一定的灵活性。这种灵活性常出现在人民群众的口语中或文学大师的创作中。如果它是有利于语意表达的,它就可能得到社会承认而传播开来并世代流传下去。

1.3.2.9 依

用于D前或D后。

(1)用于D前,引进动作行为所依据的对象或条件。如:

①少不的依律定其罪。 1.573

②恰才我依条犯法分轻重。 1.459

③依本分明窗纸帐,药炉经卷。 2.738

例③的谓语中心词不是动词而是名词,意谓按本分,应该是这样的情况:"明窗纸帐,药炉经卷。"

类似这样的结构在现代汉语中还有所保留,如"依样葫芦",意谓照葫芦的样子画葫芦,比喻单纯模仿,不加改变。也说"依样画葫芦"。

(2)用于 D 后的"依·宾"也表示条件,如:

①用医有斟酌,下药依本草。 2.849

《变文》中有"依"、"一依",但都用于 D 前。这种用在 D 后的例子不仅在《变文》中没有见到,在其他古籍中也很罕见。

1.3.3 只出现在 D 后的介词。

1.3.3.1 及

用于 D 后,引进动作行为涉及的对象,如:

①白士中云:"杨衙内,有人告你哩,你如今怎么说?"衙内云:"可怎么了!我则索央及你,相公。我有说的话。" 2.754

央,求也。央及你,表示向你求告。

在《杂剧》和《变文》中,"及"的用法虽然不同,但都含有"到"意。

"及"在古汉语中常用于动谓或全句或名词短语前表示有关的时间,表示"到…时",如:

②及庄公即位,为之请制。 (左传·隐公元年)$_{1.10}$

③及返,市罢,遂不得履。 (韩非子·外储说左上)$_{2.651}$

④及高祖时,中国初定。 (史记·郦生陆贾列传)$_{8.2697}$

《戏曲》中"及"用于 D 后引进对象的用法表示这一介词用法的变化和发展。

1.3.3.2 乎

用于 D 后,引进与动作行为有关的对象,如:

①出乎其类,拔乎其萃。 1.520

这是在《钱大尹智宠谢天香》杂剧中钱大尹引用《孟子》的话。因而这个古老的介词在《变文》中没有出现,却在《戏曲》中又露面了。直到现代汉语里,这两句话依然使用,其他如"合乎规律","超乎寻常","出乎意料"等语言中,都还有"乎"这个介词。

2. 值得特别注意的句子成分——状语

《戏曲》的动词谓语句在各类谓语句中仍占绝对优势,其中带状语的约占54%,带补语的约占35%。与《变文》相比,状语百分比有所下降,因《变文》D前有状语的约占70%,比《戏曲》高约16%。《戏曲》状语百分比下降的原因大致有二:一是由文体所限。杂剧是供演出之用,通过唱曲和对话来表达故事情节,这就有别于变文或小说。变文虽然也是说唱的一种文体,但它是由一人主讲,究竟不同于剧本的对话。一人主讲,对人对事都可以有更多的铺陈描绘;而对话,则要求更加口语化,要求简洁、生动,它不可能有太多用来描述的修饰语。二是因为汉语发展到杂剧话本盛行的宋元时代,句型更为多样,如"是"字句、兼语句、带"得"补语句、主谓谓语句、受事主语句以及比较句等,都有较大增长。这种种句型都对话题对象起描述作用,状语的减少毫不使人感到语言贫乏单调。以上两点,前者可以认为是语言外部因素,后者则是语言发展的内部因素。看来语言的发展变化甚为复杂多样,它决不是循着一条单一的途径前进。它不会因为状语富于表达力就无止境地增加状语。如果那样,势必使状语成为语言中的累赘而失去它的魅力。《戏曲》的语言,在适度使用状语的同时,还运用多种句型和各种结构来丰富语言的表达能力。

但我们必须注意的是,《戏曲》中有状语的动词谓语句虽然比《变文》有所减少,但仍占全部动词谓语句的半数以上,它的状语不仅很丰富,而且是很有特色的。我们扼要介绍于下:

2.1 表时间的状语

表时间的状语在《戏曲》的状语中仍居于首位,出现频率最高。将其与《变文》相比有特色的部分介绍于下:

2.1.1 带有助词词尾"地"、"儿"、"里"、"家(价)"等的状语

在助词部分已有详细介绍,这里仅举数例。如:

①忽地却掀帘,兜地回头问,不由我心儿里便亲。 2.692

②孩儿,你则着志者,早些儿回来。将酒来。　　1.344
③老夫这一会儿困倦。　　1.453
④待嫁一个老实的,又怕尽世儿难相配。　　1.637
⑤省可里高声骂得胡言。　　1.391
⑥你每日家不曾穿这等衣服,今日姐姐这般打扮着,可是为何?　　2.550
⑦小官…每日价飞鹰走犬,街市闲行。　　1.385
⑧赤紧的①他官职大的忒稀诧。　　1.389

2.1.2 表示时候长短的状语

往往由一些副词性词组充当,常用:这时候、多早晚、无明夜、每常、常川等。例如:
①这早晚不见周小哥来。　　2.652
②这早晚夫人敢待来也。　　2.736

"这早晚"还表示"到这时候"之意,常用以表示说话人认为时间已晚。如:
③因为李庆安这庄事,我着窦鉴、张弘察访杀人贼去了,这早晚不见来回话。　　2.573
④相公每日坐罢早衙,便与妾身攀闲话,今日这早晚不见来,我亲自望相公走一遭去。　　2.742

《戏曲》还用"多早晚"表示"什么时候",如:
⑤"我到多早晚来?""你等到的夜静更阑、柳影花间。"　　2.553

"无明夜"表示没有早晚,不分白天黑夜。如:
⑥着他每按月家请着俸钱,谁着他无明夜趱家缘。　　1.370

"每常"、"常川"、"逐朝每日"等表示经常,如:
⑦我每常几曾和个男儿一处说话来?　　2.715

---

① 赤紧的,意谓"当真","真个是"。参看张相《诗词曲语辞汇释》P.527。

⑧大刚来妇女每常川有些没是哏。　2.690
⑨遂朝每日在我这庵里与我攀话。　2.736

2.1.3　表示紧张急忙或紧迫的状语

常用:慌、忙、疾、急、疾忙、疾快、看看、荒急列等词语充当。如:
①我与你慌解下麻绳,急松开衣带。　1.467
②您疾忙向前来扶策。　1.467
③我这里忙呼左右,疾快收拾。　1.367
④荒急列教咱观了面色。　1.467
⑤引章不听你劝,嫁了周舍。进门去打了五十杀威棒,如今打的看看至死。　2.643

《变文》里表示这类意思常用"急手"、"火急"、"连忙"等,如:
⑥急手出火,烧却前头草。　(李陵变文)$_{1.86}$
⑦火急须去,恐王怪迟。　(燕子赋)$_{1.250}$
⑧连忙取得四个瓶来,便着添瓶。　(难陀出家缘起)$_{398}$

2.1.4　表示在过去的时间里一直如何,早已如何,或表示最终如何的状语

表示过去一直有某种情况,常用"一向"、"从来"等副词充当。如:
①本分的从来老成,聪俊的到底杂情。　2.814
②老汉自从来到蔡婆婆家做接脚,谁想婆婆一向染病,多是自己不幸。　2.854

"一向",有"一直"意。

表示最终(以后)结果会如何,常用"到底"、"终须"、"久以后"等,如上例的"到底杂情"。又如:
③常言道老实的终须在。　1.468
④久以后你受苦呵,休来告我。　2.640

表示早已如何,用"早则"、"可早"等。"早则"有"早就"之意,"可早"有"却早已"之意,对谓语有强调作用。如:
⑤杭州柳永早则绝念也。　1.511

⑥自离了我那端云孩儿,可早十三年光景。　　2.862

⑦可早来到潭州也。我将着这封书见相公去。　　2.741

又如:

⑧"辱子未曾为官,可早先受民财。"　　1.368

"可早"与上句的"未曾"相对应,表示母亲斥责儿子,尚还未曾做官,却早已先接受了百姓的钱财。虽然有"可早"也有"先",却并不嫌重复和多余。

"早是"主要不表示"早已",却有"幸亏是"①之意。如:

⑨"兀那老的,为是么叫冤屈?""大人可怜见,早是有了杀人贼,俺便无事了;若无那杀人贼呵,将我孩儿对了命了可怎了。大人可怜见。"　　1.574

⑩"早是没外人,阿的是甚来言语那,这个妹子咱。"　　2.722

⑪"小娘子早是来的早。若来的迟呵,小官歇息了。"　　2.749

"当初"(或"当日")常和"如今"(或"今日")配合,表示过去和现今对比,如:

⑫俺家当初有钱时,唤俺做李十万,如今穷暴了,唤俺做叫化李家。　　2.552

⑬当初他要嫁我来,如今却嫁了周舍。　　2.636

⑭想当日他暗成公事,今日决成仇。我当初作念你的言词,今日都应口。　　2.643

"几曾"、"不曾"、"往常"等表示过去的时间,如:

⑮休道我粗米饭几曾惯,把心猿意马紧牢拴。　　1.737

⑯我一夜不曾睡着。　　1.393

⑰往常我绣帏中独坐洞房春。　　2.575

2.1.5　表示刚刚发生

常用"刚"、"才"、"恰才"等副词作状语。如:

①你刚出门,他也上马去了。　　2.652

---

① 参见张相《诗词曲语辞汇释》卷二,中华书局1977年版,P.275。

②你这厮才来,你该死也。　　1.394

③我恰才道罢,孩儿果然来了也。　　2.736

《变文》中有"方"、"始"、"初"、"才",未见"刚"、"恰才"等。

"还"表示"仍","更"表示"再",如:

④你还在这里,你快走。　　2.651

⑤请夫人更等三年。　　2.728

2.1.6 表示时间的名词短语作状语

常用"当时"、"一时"、"一世"、"暂时"、"早年"、"来时节"、"去时节"、"恁时节"等词语充当。如:

①当时是皇亲葛彪先打死妾身夫主,妾身疼忍不过,一时乘忿争斗,将他打死。　　1.455

②我一世没男儿直甚颊。　　2.637

③老夫暂时歇息咱。　　1.435

④夫主姓宋,早年亡化已过。　　2.635

⑤来时节玉蟾出东海,去时节残月下西楼。　　1.58

⑥恁时节船到江心补漏迟,烦恼怨他谁。　　2.639

⑦有朝一日准备着搭救你块望夫石。　　2.639

⑧夏天我好的一觉晌睡,他替你妹子打着扇;冬天替你妹子温的铺盖儿暖了,着你妹子歇息。　　2.639

有时叠用表时间的短语。如:

⑨几月几日什么时生。　　1.308

2.2 表状态的状语

《变文》中表状态的状语很生动,我在《〈敦煌变文〉与〈世说新语〉若干语法特点的比较》一文①中已有较详细的介绍。《戏曲》的这类状语也很生动,这里择其最有特色者作一介绍。

---

① 见程湘清主编《隋唐五代汉语研究》,山东教育出版社1990年版。又,见本书第一部分。

2.2.1 四字短语作状语

在《变文》中可看到一些带有数词的四字格用作状语。如：

①父放母命以后，一心一肚快活，天下传名。

(舜子变)$_{1.134}$

②欲行三里二里时，虽是四回五回歇。　(八相变)$_{1.336}$

"一心一肚"、"四回五回"都是以两个数词带两个量词或名量词组成，这种格式在《戏曲》中也有，如：

③俺姐姐将着锦绣衣服一房一卧来嫁你。　$_{2.648}$

《戏曲》中有些四字格中，数词后是表示声音和衬音节的词，如：

④可又早七留七力来到我跟底。$_{1.515}$

《变文》中还有并列的动宾结构组成的四字格用作状语，如：

⑤马乃击电奔星行至子胥妻舍。　(伍子胥变文)$_{1.24}$

还有主谓结构组成的四字格作状语，如：

⑥晚日照身归远舍，晓莺啼树去开荒。

(长兴四年中兴殿应圣节讲经文)$_{2.419}$

在《戏曲》中这类四字格状语更加丰富多样，结构也更加灵活自由。如：并列的动宾结构作状语，如：

⑦我这里牵肠割肚把你个孩儿舍，跌脚搥胸自叹嗟。　$_{1.296}$

⑧我向这屏墙边侧耳偷睛觑。　$_{1.454}$

例⑦在上下两句中连续使用这类状语，例⑧在"侧耳偷睛"前还有介宾短语"向这屏墙边"作状语。

动词的偏正结构并列作状语：

⑨我这里自撅自推到三十余遍。　$_{1.465}$

动词的主谓结构并列作状语：

⑩见那厮手慌脚乱紧收拾。　$_{2.694}$

动词的动补结构并列作状语：

⑪他每都拣来拣去转一回。　$_{2.637}$

重叠的形容词并列作状语：

⑫你可休冥冥杳杳差去了。　$_{1.274}$

⑬我这里烦烦恼恼怨青天。 1.463

特别值得注意的是有许多很特别的四字格,它们主要出现在唱曲中,如:

⑭我不该必丢不答口内失尊卑。 1.515
⑮我见他出留出律两个都回避。 1.515
⑯一会儿赤留乞良气,一会家迷留没乱倒。 1.274
⑰他三个足丢没乱眼脑剔抽秃刷转,依柔乞煞手脚滴差笃速战。 1.463

这些四字格反映了民间口语的特点,因为在民间口语中常用一些绘声绘色又有方言特点的四字格作为状语。曲中运用这些状语反映了元曲的口语化,它与人民口头语言十分接近,有些现在还活在人民的口语里。

2.2.2 超过四字的动词结构作状语

《戏曲》中有一些超过四字的动词结构作状语,在《变文》中很少见,如:

①我只得破步撩衣,走到跟前。少不的屎做糕縻噀。 1.392

"只得破步撩衣"是"只得"加一个四字结构"破步撩衣";"少不的屎做糕縻"是"少不的"加四字结构"屎做糕縻"。

②怕不便脚搭着脑构成事早,久以后手拍着胸脯悔时迟。 2.636

2.2.3 "的"字结构作状语

形容词重叠加"的",是其中常见的一种。如:

①我吃酒去也,回来慢慢的打你。 2.642
②我紧紧的着身系。 2.715
③恰似邑邑的锥挑太阳,忽忽的火燎胸膛。 2.717
④战速速肉如鈎搭,森森的发似人揪。 2.556
⑤原来你深深的花底将身儿遮,搭搭的背后把鞋儿撚,涩涩的

轻把我裙儿拽,熅熅的羞得我腮儿热。 2.723

有时是〔ABB的〕式,由形容词A加重叠的词再加"的"。如:

⑥听得把古书说,他便恶纷纷的脑裂。 2.721

⑦他直挺挺的眉踢竖,骨碌碌的眼圆睁。 2.570

⑧若是贱妾晚些来,相公船儿上黑鼩鼩的熟睡者。 2.749

有时是单个名词加重迭的动词,再加"的";如:

⑨常言道相逐百步尚有徘徊,你怎生便交我眼睁睁的不问当。
2.718

有时是动词的偏正结构再加"的",如:

⑩火速的驱军校戈矛。 1.59

有时是动宾结构加"的",如:

⑪但是别人的钱钞,我劈手的夺将来我就要。 2.554

⑫却共女伴每蹴罢秋千,逃席的走来家。 2.693

⑬自无了田孟尝,有谁人养剑客,待着我折腰屈脊的将诗卖。
1.194

有时是副词或副词词组加"的"。

⑭委的啣冤负屈。 1.457

⑮姪儿除授潭州为理,一径的来望姑姑来。 2.735

⑯阿妈休烦恼,您孩儿认了母亲,一同的便来也。 1.320

有的是象声词加"的"作状语,如:

⑰呼的关上栊门,铺的吹灭残灯。 1.277

以上用法只有少数词组是"地"字结构,如助词部分"地"条例中的"精赤条条地";绝大多数都是"的"字结构。可见"的"字结构作状语最晚在元代已经形成。至于"的"在动词前作状语时变为"地",则可能是元以后逐步形成的。但在元代也已有少数用例。

2.2.4 "ABB"式词组作状语(尾上没有"的")

如:

①那一个不惨可可道横死亡,那一个不实丕丕拔了短寿。 2.644
②我眼悬悬整盼了一周年。 2.725
③我这笃簌簌连身战,冻钦钦手脚难拳。 1.305

"惨可可"、"实丕丕"都是形容词("惨"、"实")作 A,后面带重迭式。"眼悬悬"是主谓词组作状语。"笃簌簌"虽然在介宾结构"连身"前,却很明显是作动词"战"的状语。但须注意的是,"ABB"式并非都作状语,有不少是作谓语,如例③的主语是"手脚","冻钦钦"就是谓语,"难拳"表示"冻钦钦"的结果。

2.2.5 "ABC"词组作状语

如:

①好个个舒心,乾支剌没兴。 2.697
②醋支剌走向前来,恶支煞倒退回去。 1.86

2.2.6 由两字组成的主谓、偏正或动宾词组作状语

如:

①人口顺都唤我做王半州。 2.547
②出门来信步闲行走。 2.809
③谁想李克用带酒杀了存孝。 1.268
④因甚顷刻休?则伤我取次成。① 2.697
⑤我若打了谢氏呵,便是典刑过罪人也,使者卿再不好往他家去。 1.508

例①"口顺"与"都"皆作状语;例②"信步"与"闲"都作状语;例⑤"不好"与"再"、"往他家"都是动词"去"的状语。

《戏曲》中表状态的单音词也有很多,只举其最有特色者,如"厮",作状语,表"互相"。在《变文》中未见。如:

---

① 参看刘坚《近代汉语读本》278 页,注〔3〕。上海教育出版社 1988 年版。

①怎做的门厮敌、户厮对。　　　　　1.511

②他那里则是举手,我这里忍着泪眸。不敢道是厮问厮当,厮来厮去,厮掴厮揪。我如今在这里不自由。　　　1.519

③他将我厮看待,厮知厮重,厮钦厮重。　　2.814

"厮"的这种用法在今晋南、豫西、豫北、豫南等地仍然活跃在人民的口语里。

另有些状语是"……（一）般"、"……（也）似"、"似……般……"结构,这部分状语在《戏曲》中也很有特色,在比较句部分介绍,请参看。

2.3 表程度的状语

《戏曲》中表程度的状语很丰富,特别是表示程度之甚的状语更为丰富。扼要介绍其有特色者如下:

2.3.1 由"好"组成的词语充任表示程度之甚的状语

《戏曲》中常用"好、好不、好是、畅好、好生、好歹、好也要……歹也要"等词语。

①这个小娘子好面熟也。　　　2.755

②好打这老驴。　　1.448

③你好不知福。　　2.725

④好是无礼也。　　2.570

⑤好是清闲也呵。　　1.406

⑥孩儿忒少年,何日得重相见,……畅好是苦痛也么天。　　　　　　　　　　　　　　　　　　1.465

⑦中牟县官好生不才也。　　1.456

⑧好生抱着孩儿。　　1.297

⑨我好歹不许他嫁。　　2.808

⑩姐姐,你休烦恼,姐夫好歹来家也。　　2.810

⑪我好也要当,歹也要当。　　2.555

"好"表程度之甚。"好不"是程度之甚的否定式,意谓你太不知福。"好是"与"好"意同。"畅好是"表示"非常"、"多么"之意。"好生"表示"十分"、"真";有时表示"好好地",用作表状态的状语,是北京方言。① "好歹"表示"无论如何"、"一定"之意。"好也要……歹也要"表示无论如何。

2.3.2 由"大、瞰、情、越"等词语作状语,表示程度之甚

如:

①这里有个女人,乃是谭记儿,大有颜色。　　2.736
②可知瞰是也。　　2.725

"瞰"表示"的确"。

③你情知谢氏是我的心上人。　　1.517
④女娘每不省越着迷。　　2.639

2.3.3 由"这等、这般、如此般"等词语作状语,表程度之甚

如:

①怎生我这孩子儿这等瘦……偏你的孩儿怎怎这般将息的好②?　　1.293
②孔目,他是谁,你这等怕他?　　1.392
③这出家的……如此般凄凉。　　2.737
④量媳妇有何才能,着相公如此般错爱也。　　2.750

2.3.4 由"一心、至死、心心念念"等词语作状语,多表示主观愿望程度之甚

如:

①他一心待嫁我,我一心待娶他,争奈他母亲不肯。　　2.635
②我至死也不随顺你。　　2.738

---

① 参看《现代汉语词典》"好生"条。中国社会科学院语言研究所词典编辑室编,商务印书馆1979年。
② 参看《关汉卿戏曲集·刘夫人庆赏五侯宴》校勘记,头折,注〔八〕:怎怎,王本下一"怎"字校改为"的"字。注〔九〕:好,王本校改为"旺"字。

③俺女儿心心念念只要嫁韩秀才。　　　2.808

2.3.5　由"十分、十中九、一万分、一味、的(dī)是"等词语作状语,表示程度之甚

如:
①谁想此女子十分贤达。　　2.741
②昨朝与众番官饮酒,我十分带酒。　　1.272
③十分人人敢勇战。　　1.16
④这大夫好调理,的是诊候的强。这的十中九敢药病相当。
　　　　　　　　　　　　　　　　　　　　2.717

的(dī)是,的确是。末句意谓,这的确有十分之九(的把握)说药与病是相当的。"的"、"十中九"作状语。

⑤一万分好待你,好觑你。　　2.695
⑥吃饭处把匙头挑了筋共皮,出门去提领系整衣袂,戴插头面整梳篦,衡一味是虚脾。　　2.639

2.3.6　由"端的、委的、委实、其实、必然、真个(个)"等词语作状语,多表示事情或情况真实的程度

如:
①姐姐,你天生的花容月貌,这几日可怎生清减了?可端的是为何也?　　2.551
②这刀子委的是我的,你怎生打我?　　2.571
③若委实冤枉,如今是三伏天道,下尺瑞雪,遮了窦娥尺首,着这楚州亢旱三年。　　2.862
④大人,我其实饶不过这老子。　　2.574
⑤这小的便怎生拿的偌大一把刀子,这刀子必是个屠家使的,其中必然暗昧。　　2.564
⑥既然真个不说,我觅个死处也。　　2.744

2.3.7　带"的"的词组用作状语表示程度

如:

①数说起罪愆,委实的衔冤。　　　1.463
②眼睁睁有去路无回路,好教我百般的没是处。　　1.460
③兀那妇人,我还你,抱将出去,随你丢了也得,与了人也得。我则眼里不要见他。你若是不丢了呵,来家我不道的饶了你哩。
　　　　　　　　　　　　　　　　　　　　1.294
④有句话多多的苦告你老年尊,累累的嘱托近比邻。　2.807

多多的,累累的,既表次数之多,也表程度之甚。

⑤你是有福的,肯分的遇着我。　　　1.291

"肯分的"表示"正巧"、"恰巧"一类意思。①

2.3.8　表示程度少或极差的状语

《戏曲》中常用"小、轻、只、止、则、就、则管里、由闲、争些、险些儿、乾"等词语。如:

①如今有钱的相看好,无钱的人小看。　　2.552
②杀死平人怎干休,莫言罪犯难轻纵。　　1.460
③我只爱惜你那聪明才学,可怜你那烦恼哭啼。　1.516
④不吃米饭,则咽骨头。　　2.561

"则",有"只"意。②

⑤妹子也,你为什么就要嫁他。　　2.639

"就",可表示"只",也可表示坚决。

⑥老身汴梁人氏……止有这个女孩儿。　　2.635
⑦那婆婆看着您孩儿则管里啼哭。　　1.315

"则管里":只管。

⑧白日由闲可,到晚来独自一个孤恓。

"由闲":也还。

⑨父亲,是个婆婆,争些勒杀了。　　2.850

"争些":差一点儿。

⑩李庆安险些儿当重刑。　　2.572

---

①②　参看张相《诗词曲语辞汇释》P.233,P.24,中华书局 1977 年版。

⑪儿也,我乾举了你这十八年也。　　1.319

"乾":白白地。

2.4　表处所的状语

《变文》中有很多处所状语位于句首,在《戏曲》中也有不少位于句首者,如:

①大雪中一个女子提着个灰罐上这邮亭来。　　1.206
②五下里把身躯拽。　　1.272
③一壁厢碜可可停着老子,一壁厢眼睁睁送了孩儿。　　1.451
④我骑马一世,驴背上失了一脚。　　2.641

但有更多的处所状语是位于(主语之后)动词谓语之前,这是处所状语在位置上的重要变化。如:

⑤我这里猛窥视细凝眸。　　1.518
⑥往常我绣帏中独坐洞房春。　　2.575
⑦我跟前见放着你亲模。　　2.653
⑧待嫁一个聪俊的,又怕半路里相抛弃。　　2.637
⑨明日早墙底下来认尸。　　1.464
⑩我不该必丢不答口内失尊卑。　　2.515
⑪消的你请我坟院里坐一坐。　　1.392
⑫可不道肠里出来肠里热。　　1.266

2.5　表范围的状语

用作表范围的状语有"整"、"一点"、"大刚来"等。如:

①大人便食用,孩儿一点不敢吃。　　2.746
②花里整照二十年。　　2.635
③大刚来妇女每常川有些没是哏。　　2.690

"大刚来",有"大凡"、"大都"意。①意谓大凡妇女们平常有些过份凶狠。

---

① 参看刘坚《近代汉语读本》269页,注〔15〕,上海教育出版社,1988年版。

3. 几种有重要变化的句子结构、句式

3.1 动补结构

本节讨论的动补结构是指谓语动词 D（或形容词）后的结果、程度、趋向三类补语，不包括介宾补语。这三类补语在《戏曲》中有重大发展，主要表现在结构的多样和数量的增加上，结构的多样除指 D 后直接带三类补语外，还指动补之间有"将"、"得"、"的"、"了"等助词，动补式与处置式的结合等。为了叙述的方便，我们分以下四类：

(1) D 后直接带结果、趋向、程度补语。
(2) 动补式和处置式的结合。
(3) D 与补语之间有助词"得"（"的"）、"得来"（"的来"）等。
(4) D 与补语之间有助词"将"。

现分述于下：

3.1.1 D 后直接带结果、趋向、程度补语

值得注意的是用作补语的动词（或形容词）和 D 的范围都进一步扩大，动补的结合情况也更接近现代汉语。

3.1.1.1 结果补语

(1) 用作结果补语的动词有"住、开、罢、了、动、破、见、做、成、折、断、活、中、碎、着、省（醒）、为、倒、却、变、死、杀"等。例如：

住　　我扯住你的衣服。　　　　　　　　　　1.400
　　　可怎生又一个苍蝇抱住笔尖。　　　　　2.565
　　　俺二人拿住杀人贼。　　　　　　　　　2.573
　　　今日处决犯人，把住巷口，休放往来人走。　2.859
开　　他圆睁开丹凤眸。　　　　　　　　　　1.10
　　　缆解开岸边龙，舡分开波中浪。　　　　1.22
　　　一个似摔碎雷车霹雳鬼，一个似擘开华狱巨灵神。　1.144

罢	老身恰才说罢,哥哥真个来了。	1.69
	我恰才道罢,孩儿果然来了。	1.69
	却共女伴每蹴罢秋千,逃席的走来家。	2.693
动	他勒着追风骑,轻轮动偃月刀。	1.6
	我拽动这铃索则。	1.462
	怎么直起动我去。	1.352
破	打破我头也。	1.391
	贫僧我叮咛的说破,着相公备细的皆知。	1.230
	可怎生苍蝇爆破紫霜毫,这事必有冤枉。	2.562
见	呀,呀呀,猛望见,铁石人见了也可怜。	1.146
	梦见端云孩儿。	2.864
做	我交的茜茜蓑衣满染的赤,变做了通江狮子毛衣。	1.52
	身化做望夫山。	2.554
成	虽是一段玉,却是几样磨成。	1.74
	便似一团儿搭成官定粉。	2.690
	学成满腹文章。	1.202
折	单住着东吴国一员骁将,砍折俺西蜀家两条金梁。	1.53
	我不嫁你呵,我着……灯草打折朦儿骨。	2.650
断	则除是铁石肝胆,也索恼断柔肠。	1.70
	削断他那出墙花。	1.520
	两三番迸断了弓弦。	1.146
活	昨日裴中立救活我全家性命。	1.222
	得些钱钞,养活娘也。	1.748
中	绣毬打中状元郎。	1.227
碎	你击碎菱花。	1.21

	马蹄儿踏碎金陵府。	1.53
	我把这玉镜台摔碎了罢。	1.78
着	此女子身体困倦,盹睡着了。	1.221
	绣毬打着状元了。	1.226
省(醒)	忽然睡省。	1.221
为	今日恩变为仇。	1.19
倒	缸头上鲁大夫几乎间諕倒	1.4
却	则他这忠臣尽却君臣礼。	1.126
	忘却玉带,走进城来。	1.121
变	恰才则挂垂杨一抹斜阳,改变了黯黯阴云蔽了上苍。	
		1.72
死	我冻死饿死,再也不上你家门来。	(1.197)
	弟兄三人打死平人葛彪。	1.453
	他赚我到郊外勒死我。	2.852
	实指望药死你。	2.861
杀	便是他龙孙帝子,打杀人也吃官司。	1.450
	"员外可怜见,休摔孩儿。""摔杀有甚事,则使的几贯钱!"	
		1.293

从以上例句可以看到,大多数都是〔动补宾〕结构,宾语在"动补"之后,若以结构的内部关系分析,大部分是使成式,如"打破头"→打头使破;"推开门"→推门使开,"药死你"→药你使死。即主语的动作行为使宾语得到补语所表示的某种结果。还有少部分补语不是表示宾语的最后结果而是表示动作自身的结果,如"把住巷口","蹴罢秋千","梦见孩儿","化做望夫山"等。《戏曲》的〔动补宾〕结构中,使成式的比重相当大,这是很值得注意的情况。

"动补(结果)"结构除大部分是〔动补宾〕外,还有部分用例在补语后没有宾语,如以上例中的"拿住"、"摔杀"、"道罢"、"说罢"、"睡省"、"諕倒"、"冻死"、"饿死"、"望见"等。这类用例中一个值得注意的动向是介词"把"与动补式的结合。介词"把"将宾语提前,成为"把"的宾语,"动补宾"就变成了〔"把"……动补〕。这种句式在《变文》中还没有见到,它在《戏曲》中的出现是动补式的一个重大发展,我们在下面将专门讨论。

(2)至于形容词用作结果补语的,除在《变文》中已出现过的"真"、"尽"、"全"外,范围也进一步扩大,有"好"、"定"、"迟"、"损"、"正"、"慌"、"乾"、"透"、"满"、"够"、"明"、"坏"……等。例如:

好	如今人有钱相看好,无钱的人小看。	2.552
定	选定吉日送小姐过门去。	1.78
迟	今年个不敢来迟。	2.693
损	怎生饿损了我这孩儿。	1.296
正	于公改正文卷。	2.868
慌	不知是么人将梅香杀了,我害慌也。	2.560
乾	鞭梢儿蘸乾扬子江。	1.53
透	丁宁说透,分明的报冤仇。	1.59
满	等我三日服孝满,那其间我大开城门投降。	1.126
勾(够)	前后纳勾①二千贯了,如今尚有一千贯未完。	1.207
明	与朝廷辩明此事。	1.207
坏	他若来迟了,就把他杀坏。	1.393
	他则待杀坏人的性命。	2.570

形容词作补语有〔动补〕、〔动补宾〕、〔动宾补〕等结构,如"相看好"、"选定吉日"、"服孝满"等,其中也有带"了"结构,留待后面一并讨论。

(3)结果补语的否定式,一般都是把否定词"不"放在 D 和作补语

---

① 根据《关汉卿戏曲集》校勘记:"勾,王本校改为'够'字"。

的动词之前。在《变文》中已可见到,如:

① 武士道奏大王,其新妇推入火坑,并烧不煞。

(敦煌变文·太子成道经)1.296

"烧不煞",意谓"烧不死"。

在《变文》中这类否定式不多,到《戏曲》时,出现频率就高得多了。如:

② 我这里立不定,吁吁的气喘。　1.306

③ 这些公事断不开,怎坐南衙开封府?　1.461

④ 死的医不活,活的医死了。　2.849

⑤ 这件事敢隐藏不住。　2.558

⑥ 便有那一千笔,画不成,描不就。　1.360

动补的否定式一般不带宾语,如上面的例句。但也有少数带宾语,如:

⑦ 立不定身躯耸定肩,苦痛难言。　1.305

有时否定式是用一种反问结构:

⑧ 他见俺穷暴了,他要悔了这门亲事。我是个读书人,量一个媳妇打甚么不紧①。　2.549

"打甚么不紧",意谓"打甚么紧"或"不打紧"。像这种灵活的用法都反映了《戏曲》语言的口语性。

(4)结果补语和它的否定式是一种很有表现力的语言形式,因而从《变文》到《戏曲》,从唐到元,增长迅速。我们不妨举几个例子。首先,《单刀会》的结尾是这样几句精彩的唱曲:

"唤梢公慢者,缆解开岸边龙。舡分开波中浪,棹搅碎江心月。正欢娱有什进退,且谈笑不分明夜。说与你两件事先生记者,百忙里趁不了老兄心,急且里倒不了俺汉家节。"　1.291

前面连用了三个结果补语的肯定式,表示关公的动作行为;最后用了两

---

① 根据《关汉卿戏曲集》的校勘记,"打甚么不紧","徐本、顾曲斋本并作'也不打紧'四字"。见下册581页。

个否定式作为结束语,表示自己的态度和决心。

又如关汉卿的散曲《不伏老》中的名句:

"我是个蒸不烂、煮不熟、捶不匾、炒不爆、响珰珰一粒铜豌豆。恁弟子每,谁教你钻入他锄不断、砍不下、解不开、顿不脱、慢腾腾千层锦套头?"

上句连用了四个并列的、动词加结果补语的否定式把这粒"铜豌豆"百折不挠、执傲不屈的劲头儿充分显示出来。下句又连用四个并列的动补否定式把束缚人的羁绊、使人不得自由的情景描述得淋漓尽致。读来只觉生动、有力,丝毫不感啰嗦、累赘。

又如马致远《汉宫秋》里描写王昭君如何美丽的名句:

"体态是二十年挑剔就的温柔,姻缘是五百载该拨下的配偶,脸儿有一千般说不尽的风流。"

前两句用的是动补肯定式,后一句用的动补否定式,互相衬托,恰到好处。用动补的否定式作唱曲的结束语似乎能给人留下更深刻难忘的印象,因此杂剧中常把它用在唱曲结尾之处。

仅举数例就足以看出动补结构运用的频繁以及它们灵活的变式,尤其是否定式的强烈的感染力。

3.1.1.2 趋向补语

趋向补语指动词后带有表示动作趋向(或结果)的动词作补语。作趋向补语的动词很有限,这是一个相对封闭的范围。单音节动词作补语者可称为单趋补,双音节动词作补语者可称为双趋补。在《变文》中,这两种趋向补语都已随处可见,如:

① 解事把我离书来,交我离你眼去。　　(舜子变)$_{1.131}$
② 残云被狂风吹散去。　　(八相押座文)$_{2.825}$
③ 遂有一童子,过去街坊,不听打鼓,即放过去。

(前汉刘家太子传)$_{1.161}$

到《戏曲》时代趋向补语的出现频率虽仍在结果补语之下,但却有很大增长,用法也更灵活。特别是双趋补之中带宾语的用法,如"上……去","下……来","出……去","过……来"等,是趋向补语在这一时

期令人注目的发展变化。下面分别介绍:

(1)单趋补

《戏曲》单趋补的特点主要表现在补语与动词的结合范围进一步扩大,所表达的意义也更加灵活多样。用作单趋补的动词有"来"、"去"、"起"、"出"、"上"、"下"、"过"、"到"、"还"、"走"、"入"、"转"、"远"等。举例如下:

来　着他过来。　　　　　　1.13
　　等元帅回来,把这厮杀了吧。　　1.134
　　上你们家来。　　　　　　1.197
　　那里走这个胡汉来。　　　1.142
　　我起身来。　　　　　　　1.211
　　猛然省来。　　　　　　　1.214
　　小官暗想来,只得如此。　　1.76

前面4例都用"来"表示趋向,后面3例中的"来"表示动作的结果。

去　着你过去里。　　　　　　1.13
　　你先回去,我随后便来也。　　1.13
　　上演武场去。　　　　　　1.137
　　下在牢中去。　　　　　　1.131
　　我对小姐说去。　　　　　1.228
　　唐元师……取我牌印去了。　　1.131
　　他又教我将去。　　　　　2.867
　　三个孩子都教死去。　　　1.459

"去"作趋向补语大多表示趋向,但后3例则表结果。

起　没揣的举起钢刀。　　　　1.6
　　晾起这头巾,脱了这泥靴。　　1.211
　　驾起小舟。　　　　　　　2.741

惹起那五处兵刀。　　　1.2
　　　今日升起早衙。　　　2.654
　　　小生猛然思量起先生所断之言。　　　1.221
　　　采樵人荷担空回,更和那钓鱼叟披蓑卷起。　　　1.199

后4例的"起"都有表示结果之意,特别是用在表示抽象行为"思量"之后,更显出趋向补语"起"用法之灵活。

出　　听的说罢急走出城。　　　1.1214
　　　撒网打出三尺锦鳞。　　　2.747
　　　月宫拥出群仙队,试看嫦娥抛绣毯。　　　1.226
　　　见那汉不从,支楞楞扯出霜锋。　　　1.141

前3例表趋向,后2例表结果。

上　　扒上城楼。　　　2.561
　　　贴上膏药,撒上包头。　　　2.561
　　　我倒拽上这门。　　　2.565
　　　不顾性命赶上那厮。　　　1.136
　　　唱上七八盏。　　　2.568
　　　俺肚里疼上,待吃锺酒去着。　　　1.137

"上"的前两例在表趋向的同时似也兼表结果,后四例很难说表趋向,只能说是表结果。因而"上"真正表趋向的用例倒成了少数了。这种语言现象很有趣也很值得研究。

下　　琼英放下灰罐。　　　1.206
　　　吐下鲜红血。　　　2.640
　　　丢下一把刀子。　　　2.559
　　　窦秀才留下他这女孩儿与我做媳妇儿。　　　2.849
　　　亭子上结下个蜘蛛网。　　　1.453
　　　好爷好娘养下这个傻弟子孩儿。　　　1.360

不想傅彬指下夫主三千贯赃……提下夫主下於缧绁。
1.205

我不曾有片时忘下俺那染病的男儿。 2.721

你说下个誓。 2.650

剩下这一脚儿卖不出去。 2.569

第①例"下"表趋向之意较明显,第②、③例似以表结果为主,但还有表趋向之意,第④、⑤、⑥例的"下"的趋向意已很微弱而且抽象,最后四例只能视为表示结果了。

过　转过墙角。 1.216

　　我跳过这墙。 2.550

　　却被我侧身躲过。 1.136

　　貌赛过神仙洛浦。 1.84

　　吃他瞒过了我也。 1.84

　　父母早亡化过了。 1.216

头两例"过"表示趋向,第三例以表结果为主,后三例只表结果。

到　有乔公来到了也。 1.2

还　荆襄地合归还俺江东。 1.17

走　你怎么逃走了。 1.136

入　两员将扑入该心, 1.144

　　一骑马走入榆科园。 1.146

转　俺元帅勒马亲回转。 1.145

远　一朝云路飞腾远,脱却白襕换紫衣。 1.198

单趋补与 D 的结合大致有以下一些结构:

〔(施事主语)·动·单趋补〕

如"你先回去"、"父母早亡化过了"等。(这些用作例子的动补结构在前面例中已出现过,故不再列出全例和出处,下同。)

〔(受事主语)·动·单趋补〕

如"三个孩子都教死去","更和那钓鱼叟披蓑卷起"。"教死去"的是"三个孩子","卷起"的是钓鱼叟的"披蓑"。

〔动·宾(施事)·单趋补〕

宾语在逻辑上为动词的施事。如:"那里走这个胡汉来"。"这个胡汉"实际是"走"的施事,但在这里作"走"的宾语。这是口语中一种生动活泼的用法。

〔(主语)·动·宾(处所)·单趋补〕

在动词和趋向补语之间是表处所的词语。如:"上你们家来","上演武场去"等。

〔(主语)·动·介宾·单趋补〕

在动词和单趋补之间是表示有关处所或人物的介宾词组,如"走向前来"、"下在牢中去"等。

〔(主语)·介宾·动·单趋补〕

在动词和单趋补之前有介宾词组表示有关的对象。如"我对小姐说去"等。

〔(主语)·动宾(数量)·单趋补·〕

在动词和单趋补之间是表示动量的数词和量词词组。如"我下山赴会走一遭去"等。

〔(主语)·动·单趋补·宾(受事)〕

动词的受事宾语在"动补"之后。如"驾起小舟"、"打出三尺锦鳞"、"吐下鲜红血"、"赛过神仙洛甫"等。这类句式很多。

〔(主语)·动·单趋补·宾(处所)〕

在"动补"之后是表示处所的宾语。如"急走出城"、"扒上城楼"、"转过墙脚"等。这类用例也不少。

〔(主语)·动·单趋补·宾(数量)〕

表示数量的宾语在"动补"之后,如"喝上七八盏"等。

〔(主语)·动·单趋补·宾(施事)〕

宾语在逻辑上为动词的施事,如"月宫拥出群仙队"等。

由以上结构可知《戏曲》的单趋补结构灵活多样,在语言表达中起着重要作用。特别是"来"、"去"、"起"、"出"、"上"、"下"、"过"等八个趋向补语,出现频率高,用法多变,含义丰富,很值得注意。

单趋补的否定式:

常见的否定式是在动词和补语之间加"不"。如:

①你便有千员将,闪不过明明偃月三停刀。　　1.5
②拿的来便是三将军是实,拏不来便是敬德是实也。　　1.137
③便插翅也飞不过大江去。　　1.10
④小姐去了也……小官撇不下也呵!　　1.75

但也有部分用例是"不"用于"动补"之前,如:

⑤我再也不上你们家来。　　1.197
⑥他不过来,更待着我接待他那。　　1.229

例①—④表示不能实现"动补"所表示的结果,与"动补"的意义相反,闪过:闪不过;拿的(得)来:拿不来;撇下:撇不下。例⑤例⑥表示主观上不肯去实现"动补"所表示的动作行为。

(2)双趋补

《戏曲》中双趋补很多,为了叙述的方便,我们把在前者叫补^1,在后者叫补^2。补^{1}的数量有限,大致就是常见的用作单趋补的十几个动词。补^{2}的范围更小,最常见的就是"去"、"来"两个,其他还有"外"、"还"等。

双趋补比单趋补表示的活动范围更加具体明确,因而在语言中也更加活跃。它在《史记》中已可见到,经魏晋南北朝隋唐而迅速发展,到宋元时期,它们的含义也更丰富,常常超出"趋向"范围,它们的结构形式和用法有很多已与现代汉语基本一致。除双趋补外,还有少数动词带三个趋向补语。

下面我们按补^2"去"和"来"的顺序分别介绍于下:

1.补^{2}为"去"。所在句式如下:

〔动·补^1·补^2(去)〕

动词和两个补语之间没有被别的成分隔开。如:

下去　　我不拜你,拜下去就折杀了你。　　1.344

　　　　　将这厮拿下去打着。　　2.562

　　　　　大人吃下去。　　2.746

回去　　恶支煞倒褪回去。　　1.86

上去　　三将军后面单人独马赶上去。　　(1.137)

在这一时期小说平话中也可见到类似用例，如：

归去　　曹州是咱每乡故，待奔归去，又没果足，怎生去得？

　　　　　　　　　　　　　　（新编五代史平话·果史）11

出去　　任你千般考计，飞出去便是你强。

　　　　　　　　　　　　　　（七国春秋平话）134

进去　　不想到一家门首，见他门也不闩，推进去时，里面并无一

　　　　人。　　（京本通俗小说·错斩崔宁）157

开去　　今夜就走开去，方才使得。　　（同上，碾玉观音）136

〔动·补¹·宾（处所）·补²（去）〕

在补¹和补²之间有表处所的宾语，如：

过……去　　便插翅也飞不过大江去。　　1.12

出……去　　小生送出庙去。　　1.216

入……去　　状元走入房中去。　　1.227

进……去　　我走进房里去。　　1.358

这时期的平话、小说也可见到类似用例，如：

进……去　　那女儿吃郡王捉进后花园里去。

　　　　　　　　　　　　　　（京本通俗小说·碾玉观音）140

回……去　　不上街做生理，一直奔回家去。

　　　　　　　　　　　　　　（宋元话本集·沈鸟儿画眉记）145

〔动·补¹·宾（受事）·补²（去）〕

在补¹和补²之间是动词的受事宾语，如：

上……去　　将秋千板吊上那首级去。　　1.125

出……去　　救出这蝴蝶去了。　　1.453

过……去　　丢过这滚肚索去。　　　1.461

下……去　　舒下手去。　　　1.31

〔动・宾（受事）・补¹・补²〕

动词的受事宾语位于两个补语之前，如：

不放关公渡江回去。　　　1.2

"关公"是"放"的受事宾语，"渡江"是"回去"的状语。在同时期的平话中还可看到以下用例：

你不放我出去，你敢做爷娘养着我吗？

（七国春秋平话）141

你莫待要赶这两个人上去？

（清平山常话本・简帖和尚）30

尹宗……跳过墙去，接这万秀娘下去。

（宋元话本集・山亭儿）131

在同时期的平话中还可看到以下句式：

〔动・宾¹（人物）・补¹・宾²（处所）・补²〕

在这种句式中，宾¹往往是动词的受事宾语，宾²往往是补¹的处所宾语，如：

你不放我出寨去，就此处杀你。　　（七国春秋平话）141

遂救张左君、王傲入洞去了。　　（同上）154

2. 补² 为"来"，所在句式如下：

〔动・补¹・补²（来）〕

出来　　着我拖出来。　　　1.468

过来　　倒换过来做他的财礼钱。　　　2.551

下来　　那个人生下来便做大官享福贵那。　　　2.721

回来　　他有二心，领着他那本部人马要往山后去，早是我赶回来。　　　1.135

上来　　交我也怕上来了。　　　1.12

前来 　　着那女子近前来。　　1.206

起来 　　则我这睡起来云鬓儿微偏亸。　　2.551

　　　　看起来他那孩儿和您孩儿同年同月同日同时。　　1.312

〔动·补¹·宾(受事宾语)·补²(来)〕

受事宾语在补¹和补²之间。如：

过……来 　　打过这弹子来。　　1.391

　　　　抬过押床来。　　1.461

出……来 　　说出真情来。　　1.136

　　　　拔出剑来。　　1.141

　　　　送出老夫人小姐来呵。　　1.218

下……来 　　九重天飞下纸赦书来。　　1.469

　　　　我大衙门中告下你来。　　2.555

起……来 　　猛然想起玉带来。　　1.221

　　　　想起我那孩儿来。　　1.307

〔动·补¹·宾(处所)·补²(来)〕

在补¹和补²之间为处所宾语。如：

过……来 　　我跳过这墙来。　　2.550

上……来 　　与我一步一棍打上厅来。　　1.453

入……来 　　赶入这榆科园来也。　　1.140

进……来 　　走进城来。　　1.221

在同时期的杂剧、平话、小说中还有以下句式：

〔动·宾·补¹·补²(来)〕

动词后为受事宾语，位于双趋补之前，如：

　　你跟我家去，我打扮你起来。

　　　　　　　　　　　　(元曲选·陈州粜米·三折)[47]

　　若是太平时节，天生几个好人出来扶持世界。

　　　　　　　　　　　　(新编五代史平话·梁史)[7]

好歹追他转来,问个明白。

(京本通俗小说·错斩崔宁)$_{150}$

〔动·起来·宾〕

宾语在双趋补之后,如:

斋罢,济公忽思起来飞来峰住的张公,走去望他。

(古本平话小说集·济颠语录)$_{45}$

〔动补·宾(受事)·出来〕

"动补"后面有受事宾语,受事宾语后有双趋补"出来"。如:

你缘何做出这等没天理的事出来?

(京本通俗小说·菩萨蛮)$_{40}$

从里面叫出二十四岁花枝也似浑家出来。

(清平山堂话本·简帖和尚)$_{11}$

3. 补^2 为"外"

出……外　我稳情取一身跳出红尘外。 $_{1196}$

4. 补^2 为"还"

回还　不放关公回还。 $_{1.5}$

5. 动词后有三个补语,如:

近前来　将李庆安拿近前来。 $_{2.563}$

"近"、"前"、"来"都是"拿"的趋向补语。此例用介词"将"把受事宾语"李庆安"提前。

3.1.1.3　程度补语

程度补语主要有三类:

(1)最常见的程度补语是用动词"杀",表示程度之甚。如:

① 兀的不諕杀我也。 $_{2.557}$
② 苦痛杀我也。 $_{1.395}$
③ 喜欢杀我也。 $_{2.574}$
④ 兀的不痛痛快快杀我也。 $_{1.305}$

有时"杀"在 D 后作补语,"死"在 D 前做状语,如:

⑤李嗣源云:"嗨,四个兄弟,这孩儿见他那母亲来。若是他

知道了呵,我偌大年纪也,可怎生是好?"石敬瑭云:"哥哥,不妨事,俺如今先去与老阿者说知了,则死瞒杀了,不要与他说便了也。" 1.313

"死瞒杀","死"作状语,"杀"作补语。"杀"在 D 后作程度补语的很多,仅有极少数作结果补语,表示死亡。"死"在 D 后只表死亡,做结果补语,如"药死"、"毒死"、"勒死"之类。"杀"不在动前作状语,"死"可作状语,表程度。

(2)还有些程度补语由介词"到"加宾语,用于 D 后,如:

①我想汉家天下,谁想变乱到此也呵。 1.2

②想青天不可欺,想人心不可欺。冤枉事天地知,争到头竞到底。 2.859

(3)D 后有助词"得","得"后的补语大多表示程度,将在本节第三大类中谈到。这里只需要指出一点,带助词"得"的程度补语居程度补语的大多数,且增长迅速,使用的范围不断扩大。在《变文》中带"得"补语前的动词只有 8 个,出现频率最高的是"感"(敢),30 次,其次是"直"(致),8 次。而《戏曲》中这类动词有数十个,并且不集中在少数动词上,表明带"得"程度补语迅速增长的发展趋势。

3.1.2 动补式和处置式的结合

这是动补结构的一个重要发展。由于补语是表示结果的,就有条件跟那用介词"把"(或"将")提宾的处置句式结合起来,产生一种新的、富有表现力的句式。因为处置式正是一种要求表示结果的句式。①

(1)动补式和处置式结合的句式在《变文》中虽尚未见到,但《变文》中已有处置句式,即利用介词"把"、"将"、"捉"将动词宾语提前,如:

①即三具火把铛脚且烧。 (舜子变) 1.132

②夺我宅舍,捉我巴毁。 (燕子赋) 1.251

---

① 参看王力先生《汉语史稿》中册,365—370 页,商务印书馆 1953 年版。

"捉我巴毁",意谓把我打伤。"捉"有"把"意。①

　　③莫怪将哀当面报,夫人自刎楚营门。　　(汉将王陵变)₄₆

(2)《戏曲》中有不少"把"的处置式,即[把·宾·动(宾)],如:

　　①把我浑家与你罢。　　1.400
　　②教他把天机休泄漏。　　2.645
　　③五下里把身躯拽。　　1.272

"捉"作为与"把"同意的介词在《戏曲》中没有见到,"将"表示"把"意的用法不算少,但主要是运用介词"把"。处置式的大量出现,为处置式与动补式的结合准备了条件。在《戏曲》中这种相结合的句式已随处可见。如:

　　④把偷马贼赵顽驴盆吊死。　　1.468
　　⑤把泪眼揉开。　　1.322
　　⑥他若来迟了,就把他杀坏。　　1.393

有时用介词"将",如:

　　⑦你将那滥官污吏都杀坏　　2.868
　　⑧我将驾车马也选下。　　1.82

有"将"和"把"在上下文中互相呼应,如:

　　⑨他把世间毒害收拾彻,我将天下忧愁结揽绝。　　2.725

在这种句末之尾,有时有语气词"了",如:

　　⑩故意的把我饿瘦了。　　1.305
　　⑪把他赶出去了。　　2.806

有的在动补后还有宾语,如:

　　⑫他把可可二字改为已巳。　　1.510

有的用例在动补后有表示处所的词语,如:

　　⑬把那杀人贼推下望乡台。　　1.467

---

① 参看蒋礼鸿《敦煌变文字义通释》(增订本)第344页"捉"条的解说以及其举例,上海古籍出版社1981年版。

有的用例在动补后还有其他动词词组,如:

⑭把手展开便见。 1.353

⑮把那大的小厮拿出去与人偿命。 1.457

处置式与动补式的结合大约产生在宋元时代,在处置式和动补式都得到相当发展的基础上形成并迅速发展,到明清时运用得更为广泛,且在此式的动补前出现"得"、"了"等助词,如:

⑯燕青看了,便扯扁担,将牌打得粉碎。

(水浒传七十四回)3.106

⑰谁这会子又把那个筷子拿了出来。

(红楼梦第四十回)486

或在作补语的动宾之间出现助词"了",如:

⑱众人笑道:"你还不拔下来,摔到他脸上呢!把你打扮的成了个老妖精了。" (红楼梦第四十回)480

处置式与动补式结合而组成的"处置动补式"很有生命力,在语言中十分活跃,在现代汉语中它变化出更多相关的句型,大大丰富了语言的表现力。"处置动补式"的产生与运用是汉语史上有重大意义的事情。

3.1.3 D 与补语之间有助词"得"("的")、"得来(的来)"、"得个"等

《戏曲》中助词"得"、"的"在动补之间的运用大量增加,这是一个显著特点。《变文》的动补结构中已出现助词"得",上下册共44例,约占全部补语的2%。所谓"全部补语"包括介宾补语、结果补语、趋向补语、程度补语、带助词"得"补语、带助词"将"补语等。《戏曲》上下册共有带助词"得"、"的"补语342例,约占全部补语的11%,比《变文》有很大增长。自从带"得"补语形成后,就一直不断地扩大范围,在补语中的比重不断增长。

在《戏曲》中有助词"得",还有"的",当它们用在动补结构之间时,"得"与"的"是互通的。如"致令得三年不雨",也作"致令的三年不雨"。(2.868)。"谑的他七魄散、五魂消",元刊本作"谑得他……"

· 311 ·

(1.28)①。但我们在引例时仍按原文的"得"或"的"照录,不擅自改动。

"得"("的")用于动补之间大致有以下几种情况:

3.1.3.1 [动·"得"(的)·补(形)]

"得"(的)在谓语动词和做补语的形容词之间。在《变文》中仅有一、二个例句:

①骏马彫鞍穿镙甲,旗下依依认得真。 (捉季布传文)₅₃

在《戏曲》中有二十余例,如:

②你来的早,还得见我;来得迟呵,不能勾见我面了。 2.644

在此例中"的"与"得"互用。

③颇看春秋、西厢之记,念的滑熟。 2.561
④那玉砌朱帘与画堂,我可也觑得寻常。 2.720
⑤那厮他每日家吃得十分酩酊。 2.570

以上用作补语的形容词几乎都表示动作行为的程度。最后一例在"酩酊"前用了"十分",更表示程度之甚。

3.1.3.2 [动·"得"("的")·补(名词短语)]

"得"("的")用于谓语动词和做补语的名词短语之间,这种用法在《变文》中未见到,在《戏曲》中也只见到少数用例:

①我那里捱得这等打拷。 2.562
②你怎生熬的这一顿素斋食! 2.737

3.1.3.3 [动·"得"(的)·补(动)(或动词短语)]

"得"(的)用在谓语动词和表示结果或程度的动词补语之间,如:

①亏你也睡得着。 2.865
②看得直钱。 2.695

直钱,意谓值钱。

③整理的复旧如初。 1.387

3.1.3.4 [动·"得"(的)·补(主谓结构)]

"得"(的)用在谓语动词和做补语的主谓结构之间,而主谓结构中

---

① 见《关汉卿戏曲集·单刀会》校勘记,第一折,注[80]。

的谓语又是主谓结构。这类用法最多。"得"前的动词范围很广,如:"感、显、逼、拷、打、拷打、做、吹、冻、生、吁、灑、等、赶、疼、唬、送、闪、諕、惊、走、炼、消受、点、弄、逗、闪、啼哭、忧愁、烧、压、死、撒、说、补"等。例如:

① 諕得我手忙脚乱。　　1.454
② 惊的我魂飞魄丧。　　1.454
③ 雪打的我眼怎开。　　1.305
④ 风吹的我身倒偃。　　1.305
⑤ 炼的我骨髓酥。　　　2.805
⑥ 说得他儿女夫妻似水如鱼。　2.701
⑦ 疼的我战,冷汗浇流。　2.561
⑧ 諕的我魂魄消然,言语狂颠。　1.392

我们注意到以上例中的补语都是主谓结构,而且其中的谓语也都是主谓结构,如"諕得我手忙脚乱","我"是主谓结构中的主语,"手忙脚乱"是谓语,而这个谓语又由"手忙"和"脚乱"两个主谓结构组成。又如"雪打的我眼怎开","我"是主语,"眼怎开"这个主谓结构是谓语。再如末例的补语中,"我"是主语,"魂魄消然"和"言语狂颠"是两个主谓结构作谓语。至于例⑦的补语,主语"我"有两个谓语,一个是动词"战",一个是主谓结构"冷汗浇流"。

在《变文》中也有这种主谓结构作谓语的补语,但为数很少,如:

⑨ 生时百骨自开张,諕得浑家手脚忙。

(父母恩重经讲经文)　2.680

⑩ 千约万来不取语,恼得老人肠肚烂。

(欨䶏书一卷)　2.859

这类补语在《戏曲》中有明显增长,表明这是一种富于表现力的结构。

3.1.3.5 还有一些补语是一般的主谓结构。如:

① 感的园林两处分。　　1.370
② 生的模样过人。　　　2.735
③ 直逗的相公恼了。　　1.506

·313·

④烧的汤瓶儿热。 2.568

⑤你逼的我赌这般重咒。 2.650

⑥老夫为你啼哭的眼也花了,忧愁的头也白了。 2.865

⑦冻的我拿不的绳索拳挛着手。 1.305

⑧送的我有家难奔,有事难收。 2.556

例⑦的补语中,"我"是主语,"拿不的绳索"、"拳挛着手"是两个谓语。例⑧的补语主语为"我",两个谓语是"有家难奔","有事难收"。

有个别例句中的补语是由紧缩复句构成,如:

⑨直等的恩断意绝,眉南面北。 2.743

由以上分析可知助词"得"(的)作动补中的一个成分,在《戏曲》中相当活跃,数量多,句式也多,为程度补语的进一步发展准备了有利的条件。至于助词"得"与动词"得"作补语的区别,主要有三:

1. 作补语的动词"得"可单独位于动词之后,如"捉得"、"夺得"、"舍得"、"认得"等。而助词"得(的)"后面必须有其他成分。

2. "动·得(动词)"后可带宾语,如"报得阿妈得知"(1.300),这些宾语绝大多数是名词或其短语。而"动得(助词)"后的补语,除极少数用例外,绝大多数都是动词或主谓结构。

3. 从意义上看,助词"得(的)"在其中的动补句,常表示动作行为的程度达到何种程度,而动词"得"作补语的句子则仅表示已成事实。

3.1.3.6 [动·"的来"·补]

这类句式的特点是在谓语动词和补语之间有助词词组"的来"。这种句式在《变文》中没有见到,《戏曲》中共有 13 例(上册下册都在内)。如:

①临行相别时候,说的来花甜蜜就。 1.360

②他吃的来涎涎邓邓。 2.570

③打的来伤筋动骨。 1.455

④若依着咒盟言,死的来灭门户。 2.653

⑤小梅香死的来忒没影,李庆安险些儿当重刑。 2.572

⑥打的来皮开肉绽损肌肤,鲜血模糊。 1.459

⑦如今刀子根底,我敢割得来粉麻碎。 2.695

"的来"与"的"都是助词,它后面的补语绝大多数都清楚地表示程度之甚。有的虽可认为表示结果,如例③的"伤筋动骨",但仔细体会,仍表示"打"的程度严重。

用"的"与"的来"在意义上有什么区别?似乎用"的来"对补语,即动作行为的程度更有强调作用。从语言环境看,例①、④、⑦都表示发誓般的语言;例②、③、⑤、⑥都是强调已发生事情的程度之甚,其中两例表示"打"的程度严重,一例表示"死"的惨状。在以上特别的语言环境中用"的来",对补语的渲染效果可能更强一些。

在《戏曲》中用"的来"的例子没有用"得"("的")的多,可能因为"得(的)来"是口语中新兴的用法。

还有一个值得注意的现象是在这类句式中也出现了介词"将"(把)与动补的结合,如:①

⑧我将这绳头儿呵的来觉软,一桶水提离井口边。 1.306

"这绳头儿"是动词"呵"逻辑上的受事宾语。"觉软"表示程度。

有时还在"的"与"来"之间夹入其他成分,构成[动·得(的)……来·补]的形式,如:

①你却便引的人来心恶烦。 2.738

②卖弄的有伎俩,卖弄的有艳姿,则落的临老来呼弟子。 1.502

例①"的"、"来"把补语中的主语"人"与谓语"心恶烦"隔开;例②把补语中的介宾短语"临老"与动宾结构"呼弟子"隔开。这样似乎加

---

① 《戏曲》中用"得来"的例子还有5例,附记于此:

1. 这藁荐下垫的来惹高。 1.211
2. 把一个硬汉打的来浑身遍肿。 1.142
3. 我嫌棘针梢燎的来油臭。 1.518
4. 我来打鱼舡上身子儿扭得来别。 2.750
5. 死的来不如不暇蟹泥鳅。 1.57

强了对补语的煊染作用。

3.1.3.7 ［动·"得（的）箇（个）·补］

《戏曲》全书(上、下册)共 4 例。

在动词与补语之间有词组"得(的)箇"。如：

①你把肉吊窗儿放下来,可不嫁你,做个尖擔两头脱。 2.650

②天也,做得箇怕硬欺软,不想天地也顺水推船。 2.860

③兄弟,投至俺得这敬德呵,也非同容易也。怎做得箇闭塞贤路也。 1.134

④你做得箇弃旧怜新。 2.742

3.1.3.8 ［动·"得"（的）·"似"宾］

《戏曲》全书(上、下册)共 7 例。

在补语中有动词"似"及其宾语。用类比的手法来表现动作行为的程度,使之更为生动、形象。如：

①諕的我恰便似缩了头的乌龟则向那汴河里走。 1.11

②"孔目,你放心,就是我的孩儿一般看成。""看成的似玉颗神珠,终不似他娘肠肚。" 1.398

③走的我一口气似擅椽。 1.143

动词"似"的宾语可以是名词短语如"玉颗神珠"、"缩了头的乌龟",也可以是动宾短语如"擅椽"等。

这种句式中的"似"后来逐渐被"像"取代,形成［动·"得"·像……一样］,这种句式在现代汉语口语里出现频率较高,在文学作品中也很易见到。如果追溯这种句式的历史,《戏曲》中的例子也许可以作为它开始阶段的一些佐证。

3.1.4　D 与补语之间有助词"将"

在动词谓语 D 与趋向补语"来"、"去"之间有助词"将"。

《变文》共有助词"将"84 例,其中 62 例是"唱将来"、"唱将罗"。其他 22 例中有 9 例为"动将","将"后无其他成分,如：

①天下鬼神尽被净能招将　（叶净能诗）1.216

还有 3 例为[动·将·去],9 例为[动·将·来],1 例为[动·将·动宾]。

《戏曲》中带"将"的动补式共 72 例（上下册统计），未见到一例"动将"。"动将"后必有"来"或"去"。具体结构有以下几种（方括号右上角为该式在全书中出现次数）

3.1.4.1 ［动·"将"·来"］²²,［动·"将"·去"］¹¹

这类结构在"动·将"后为单趋补"去"或"来",如：

① 就将他母亲一同取将来。 1.320
② 快解了绳子扶将来。 1.322
③ 他随后赶将来。 1.468
④ "看那小厮睡中说的言语,你与我写将来。 2.566
⑤ 你姊姊被鲁斋郎夺将去了也。 1.398
⑥ 我写一封书稍将去。 2.642
⑦ 不问那里赶将去。 1.140

3.1.4.2 ［动·"将"·双趋补］¹¹

其中补²为"来"者 8 例,补²为"去"者 3 例。这种句式在《变文》中未见。如：

① 与我拿将过来。 2.561
② 你将我招状儿改将过来。 2.868
③ 都与我拿将上来。 2.869
④ 与我打将出去。 1.263
⑤ 买了个风筝放将起去。 2.549

3.1.4.3 ［动·"将"·宾·单趋补(来)］¹⁴,［动·"将"·宾·单趋补（去）］⁵

这种句式的动词带宾语。宾语都在"动·将"和单趋补之间。在《变文》中未见。单趋补为"来",如：

① 花间飞将一个蝴蝶儿来。 1.453
② 左右与我拾将那枝箭来。 1.296
③ 与我拿将杜蕊娘来者。 2.815
④ 十八年前你阿妈大雪里在那潞州长子县抱将你来。 1.317
⑤ 你抱将我那孩儿来我看。 1.292

有一例中的"宾"为表处所的宾语,如:

⑥把那状元寄将家里来我做。　　　1.352

单趋补为"去",如:

⑦将马来,我赶将他去。　　　2.652
⑧我怎肯跟将那贩茶的冯魁去!　　　2.805
⑨倘若拿将俺两个去了。　　　1.253

3.1.4.4　[动・"将"・宾・双趋补(出来)]¹

"动将"后为双趋补,仅一例:

①与我拿将他三个出来。　　　1.461

3.1.4.5　[动・"不""将"・单趋补(来)]¹[动・"不""将"・宾・单趋补(来)]²

带助词"将"的动补式,其否定式是将"不"置于动词后,"将"之前。如:

①拿不将来,必然见罪。　　　2.567
②他等不将我来,睡着了。　　　2.556
③那其间生药铺里赎也赎不将俺两个来。　　　1.253

例①的动词"拿"未带宾语,例②、③的动词都带宾语,宾语的位置都在"将"和趋向补语之间。

3.1.4.6　[动・"的将"・单趋补(去)]¹

在动词和单趋补之间有"的"、"将"两个助词,仅见1例:

①"你休出去,只守着我坐的。""休说一两日,就是一两年,您儿也坐的将去。"　　　2.649

3.1.4.7　[动・"将"・宾]¹

助词"将"在动宾之间,后面没有趋向补语,仅一例:

我如今先取纸墨,拿将笔砚,收拾完聚。　　　1.86

由以上对带"将"补语的介绍,可以看出这类动补式内容也很丰富。在单趋补和双趋补中以单趋补居多数;在"来"和"去"两个趋向补语中以"来"居多数。但和《变文》相比,《变文》的84例带"将"的动补句中仅有3例的趋向补语为"去";《戏曲》的72例中,带"去"的有20

· 318 ·

例,可知是明显增长的趋势。

《变文》中有 9 例"动·将",《戏曲》无一例。可能这种带"将"动补句是从"动·将"式开始的。

还有值得注意的一点,《变文》中带"将"的动补式有两例出现动词宾语:"掳许你将来","掳你将来"①(庐山远公话),宾语都在"动·将"之前,而在《戏曲》中,宾语都在"动·将"之后"来"之前。

3.2 被动句

在《变文》里,"被"字被动句已占压倒优势,仅上册就有 95 例,占上册有标志被动句 103 例的 92%;"於"字被动句 5 例,占 4%;"为……所……"式 2 例,占 2%;"见"字被动句 2 例,占 2%。《戏曲》的"被"字句全书共 72 例,占全书有标志被动句 81 例的 93%,"吃"字句 4 例,占 5%;"着"字句 2 例,占 2%。古老的"於"字、"见"字被动句在《戏曲》中已销声匿迹,"为…所…"式也没有见到。被动句的面貌比之《变文》有很大变化,若与《左传》相比,几乎已完全改观了。现在分以下几类来介绍:第一类,"被"字句;第二类,"吃"字句;第三类,"着"字句;附:"见"字句。

3.2.1 "被"字句

"被"字句的数量所占百分比跟《变文》差不多,都在被动句中占压倒优势。重要的是它的结构比《变文》有明显的发展变化。

3.2.1.1 "被"与动词之间不带宾语

①那个是被害,从实说来。　　　2.858

②被论人有权势,原告人无门下。　　1.389

《戏曲》中仅此两例,这两例都不是完整的被动句。例①的"被害",指被害的人;例②的"被论"作"人"的修饰语,意谓"被告人"。如果和《变文》比较,就会发现一个很大的不同,十分值得注意:《变文》中

---

① 根据曹广顺《魏晋南北朝到宋代的"动+将"结构》,唐代此式中的宾语"一般都在'动+将'之后"。(《中国语文》1990.2. P.131)但在《变文》中却有例外。

"被"不带宾语的被动句共有47例,占"被"字句的47%,几乎占一半。如:

③阎罗王被骂。　　（唐太宗入冥记）1.209
④燕子被打。　　（燕子赋）1.249
⑤忠臣谏言,遂被诛戮。　　（伍子胥变文）1.20
⑥鸿鹄好心,却被讥刺。　　（燕子赋）1.253

而在《戏曲》中,除以上2例,"被"后都有宾语,实即都有动作行为的施事者。其中有些是专名,如:

⑦他母亲被鲁斋郎夺了。　　1.402
⑧鲁斋郎被包待制斩了。　　1.404

有些是名词(短语),如:

⑨被俺五虎将困了彦章。　　1.306
⑩又被哨马赶上。　　2.718
⑪被老夫设智斩首。　　1.409

更多的是代词如"你"、"他"、"我"、"俺"等,如:

⑫则被你痛杀我也。　　1.272
⑬则被他抛杀你奶奶。　　1.467
⑭却被我侧身躲。　　1.136
⑮被俺统兵围住介休城。　　1.123

其中以代词"你"为最多,共14例,"我"次之,有8例,"俺"有2例,"他"1例。

"被"后还有部分宾语并不是人而是物,运用得相当灵活,如:

⑯则被这雾锁云埋。　　2.864
⑰则被这气堵住咽喉。　　1.356
⑱您哥哥暑风湿风寒从较些,多被那烦恼忧愁上送了也。
　　2.725
⑲我自思忆想我那从你的行为,被这地乱天番交我做不的耿俐。①

---

① 《关汉卿戏曲集·闺怨佳人拜月亭》校勘记,第一折,注[一八],耿俐,疑当作"伶俐"。

例①、②的"这雾"、"云"、"这气"都是指物。例③的"那烦恼忧愁上"更是抽象,而且还有助词"上"附在其后,甚为罕见。至于例④的"这地乱天番"则是"这"后带两个"主谓"结构,表示一种乱七八糟的情况。

"被"字句绝大部分在"被"后插入施事者,成为[被·宾(施事者)·动]式,这是一重要的发展阶段。由此我们可以看到,远在元代,"被"字句的基本模式已与现代汉语相似,因为现代汉语的"被"字句绝大多数都是在"被"后带入施事者作为宾语的。①

3.2.1.2　被动与动补结构相结合的用例迅速增长

《变文》"被"字句中,动词带补语者共 18 例,约占"被"字句的 19%。《戏曲》"被"字句中,动补结构共 64 例,约占 87%,不带补语的"被"字句仅 8 例,约占 13%。在"被"字句中的动补结构迅速增长,由《变文》的 19% 上升到《戏曲》的 87%,这是《戏曲》动补式的又一个显著特色。大致有以下几种情况:

(1) 补语表示结果,如:
　　①被俺统兵围住介休城。　　1.123
　　②可怜见一个老的被人打死了。　　1.462
　　③被你瞒过小官也。　　2.755
　　④进的门来,打了我五十杀威棒……天也,只被你打杀我也。　　2.642

(2) 补语表示趋向,如
　　①你母亲被鲁斋郎夺去了也。　　1.397
　　②又被哨马赶上。　　2.718

(3). 补语表示程度,如:
　　①引章孩儿,则被你痛杀我也。　　2.642
　　②裴炎去了,被这厮欺侮杀我也。　　2.569
　　③浑家,则被你想杀我也。　　1.399

---

① 王力先生在《汉语史稿》中早已说到:"'被'字句绝大多数插入关系语,……为现代汉语被动句奠定了基础。"见中册,426 页。

上面表结果的例④中的"只被你打杀我也","杀"表示结果,是"死"意。这里的3例,"杀"也与"死"同意,但这个"死"是表示程度之极甚。例②"被这厮欺侮杀我也"意谓这厮欺侮杀我也。而例③"被你想杀我也"却不能理解为"你想杀我",而是"你使我想杀(想得要命)"之意。例①也是你使我痛杀(痛苦之极)之意。

(4)补语为介宾结构,表示处所。如:

　　①被我下在牢中。　　1.134
　　②被我先藏在香罗袖儿里。　　2.694
　　③被他将俺婆婆赚到城外。　　2.866

3.2.1.3 "被"字句中动词带宾语的很多

《变文》的"被"字句中,动词带宾语者约占17%;而《戏曲》"被"字句中,动词带宾语者约占48%。百分比有很大增长。如:

　　①被老夫设智斩首。　　1.409
　　②被你瞒过小官也。　　2.755
　　③被鲁斋郎夺了我去。　　1.404
　　④被俺五将大破王彦章。　　1.310
　　⑤被吾儿存孝擒拿了邓天王。　　1.252

其他不带宾语的"被"字句,大部分主语是动词的受事,其动词谓语多为动补,如:

　　⑥浑家又被鲁斋郎夺去了。　　1.400

因此我们注意到,被动句发展到这一时期,动词常带宾语已是普遍现象,①若不带宾语,则带补语或状语。一般说来,被动句的动词常常不再是孤独的了。

---

① 参看唐钰明:《唐至清的"被"字句》,中国语言学会第四届年会论文。该文指出,从中古开始,"被"字句动词带宾语已是普遍现象。在该文附表所收资料的范围内,作者统计这类例句在唐宋时有253例,占他所统计"被"字句总数1527例的17%;元明清时362例,占他所统计"被"字句总数2197例的17%。这种现象可说是"被"字句进入唐代特别是进入宋元以后的重大发展。

3.2.1.4 "被"字被动式和处置式、动补式结合无间

在"被"字被动句中,"把"(将)介宾短语与动补结构相结合,构成一种结构复杂而富于表现力的新句式。在《变文》中未见这种句式,《戏曲》中虽也仅有数例,但足以证明这种句式大约在宋元期间已经形成了。例如:

① 被俺将敬德引至介休城中围住也。 1.124

在这个"被"字被动句中,表示处置的介宾结构是"将敬德",动补结构有两个,一为"动·介宾""引至介休城中",一为"动·补(结果)""围住"。

② 那期间被俺耶把我横拖倒拽出招商店。 2.724

这例"被"字句中,表示处置的介宾短语是"把我",动补结构是"横拖倒拽出招商店"。

我们知道,处置式和动补式的结合是汉语句式的一个重要发展;而被动式、处置式和动补式的结合则标志着汉语句式又一重要发展。① 因为这种句式自形成以后就日益丰富,成为汉语里一种十分生动有表现力的句式。《戏曲》里这种新的句式可以以上两例为代表,一例的处置式为"把"字式,一例的处置式为"将"字式。在同一时期的其他一些著作中还可看到类似例句:

③ 忽一日学士被宰相王荆公寻件风流罪过把学士奏贬黄州安置去了。 (清平山堂话本·五戒禅师私经莲记)② 144

④ 被那两个贼汉将我那女孩儿抢将去了。

(元人杂剧选·李逵负荆)③ 4.1525

⑤ 方入城,被一人向前将朱温扯住。

(新编五代史平话·梁史平话)④ 22

到后来,这类句式能够更加自由灵活地扩展,如:

⑥ 万中书在秦中书家看戏,突被一个官员带领捕役进来将他

---

① 参看唐钰明:《唐至清的"被"字句》,中国语言学会第四届年会论文。又,潘允中:《汉语语法史概要》,256 页—258 页,中州书画社,1982 年版。
② 上海古籍出版社,1987 年版。
③ 人民文学出版社,1959 年版。
④ 中国古典文学出版社,1954 年版。

锁了出去。　　(儒林外史·五十回)①₄₈₇

⑦那长老昏晕在地,不能言语。被他把两个青毡包袱提在手中,不知去向。　　(西游记五十七回)②₇₃₄

3.2.1.5 "被"字句中助词"得(的)"、"将"或"了"

在《变文》中只有助词"将"在被动句中出现几例,"得"和"了"都未发现。在《戏曲》的"被"字句中三个助词都有用例,很值得注意。

(1)带助词"得"的例子在《变文》中未见,在《戏曲》中也只见到两例③:

①来这里被他骂得我百节酸疼。　　2.700
②则被这枷杻的我左侧右偏。　　2.860

可能助词"得"进入被动句比"将"稍晚一些。
宋元时期或稍后时期的作品中常可见到这类例句,如:

③仁本是恻隐温厚的物事,却被他们说得抬虚打险、瞠目弩眼。　　(朱子语类·卷四)④₁.₁₂₀
④那大船小船约有四、五十只,正被这大风刮得你撞我磕。
　　(水浒全传·十九回)⑤₁.₂₄₃
⑤这个所在被我闹得血溅长空,尸横遍地。
　　(儿女英雄传·九回)⑥₂

(2)带助词"将"的几例,受事宾语都在句首作主语,如:

①你姐姐被鲁斋郎夺将去了也。　　1.398
②浑家又被鲁斋郎夺将去了也。　　1.400
③我母亲被鲁斋郎夺将去了。　　1.404

---

① 作家出版社,1954年版。
② 人民文学出版社,1981年版。
③ 此外还有一例为:"被张驴儿赚的我取盐醋去,他将毒药放在汤里。"₂.₈₆₁ 此例"的"后的成分不表程度而表结果。从上下文看,"的"应是动词"得"用作"赚"的结果补语,而非助词。
④ 中华书局,1986年版。
⑤⑥ 人民文学出版社,1954年版。

（3）带助词"了"的例子,大多数受事宾语都在"了"之后,如：
　　①被吾儿存孝擒拿了邓天王。　　　1.252
　　②被俺五虎将大破了王彦章。　　　1.309
　　③则被这清风明月两闲人,送了你玉堂金马两学士。　1.450
　　④被小夫人引了我魂灵。　　　2.700
　　⑤被我中间改做了鱼齐即。　　　1.403
以上例中的"了"都用在动词和其受事宾语中间,"了"表示动作的完成。还有少数例子中的受事宾语位于句首,作受事主语,如：
　　⑥他母亲被鲁斋郎夺了。　　　1.402
　　⑦鲁斋郎被包待制斩了。　　　1.402
这两种句式大多可互相转换,例②可转换为："王彦章被俺五虎将大破了。"例⑥可转换为："被鲁斋郎夺了他母亲。"但有的例子不能转换,如例⑤,就不能转换成"鱼齐即被我中间改做了"。这是因为"改"和"做"两个动词的受事宾语不同,"改"的宾语是"鲁斋郎","做"的宾语是"鱼齐即",在句中承上文省略了"改"的宾语"鲁斋郎"。这个例子可转换成:鲁斋郎被我中间改做了鱼齐即。

（4）在《变文》中,"将"在被动句中已有数例,大多是[被·动·将],在"将"后没有其他成分,如：
　　①燕有宅一所,横被强夺将。　（燕子赋）1.264
　　②门徒尽被眩将。　（降魔变文）1.374
　　③天下鬼神,尽被净能招将。　（叶净能诗）1.216
仅有一例的"将"后有趋向动词"去"：
　　④窠被夺将去。　（燕子赋）1.264
而在《戏曲》中未见到一例[被·动·将],"将"后都带趋向补语"去"或"来"。看来在被动句里,也是先有[动·将],然后有[动·将·补（去,来）]。

3.2.1.6 "被"字句的否定式

"被"字句的否定式仅见一例：
　　①俺这妮子一心待嫁他,那厮要娶也,中间被我不肯,把他赶

出去了。 2.806

3.2.2 "吃"字句

"吃"字句在被动句中表示"被"意,在《变文》中未见,大约出现於宋代以后,在《戏曲》中共有七例,如:

①引章吃打也。 2.648
②他那亲娘与人家担水运浆,在那里吃打吃骂。 1.318
③我可也受禁持,吃打骂。 1.292
④吃他瞒过了我也。 1.78

例①、②、③"吃打"、"吃骂"、"吃打吃骂"都是"被打""被骂"之意。例④"吃"后的宾语"他",实为动词"瞒"的施事主语,"我"为动补结构"瞒过了"的受事宾语,是一个完整的被动句。

以上两种句式在宋元时期或稍后的一些作品中常可见到。"吃"与动词紧相连接,中间未插入宾语的结构,如:

⑤若投别处去,终久要吃拿了。
　　　　　　　　　　(水浒全传·三十一回)[①] 1.417
⑥武松右手却吃钉住在行枷上。　(又,三十回)[②] 1.405

"吃"与动词之间有宾语(实际为动作行为的施动者)的结构,如:

⑦那白兔从筵前过……吃那朱友裕张着那弓,放着个箭,箭到处,那白兔死倒在地。　(新编五代史平话·梁史)[③] 35
⑧倒一觉好睡也,吃你只搅醒了我。
　　　　　　　　　　(元曲选·争报恩·楔子)[④] 1.158
⑨那女儿吃郡王捉进后花园里去。
　　　　　　　　　　(京本通俗小说·碾玉观音)[⑤] 23

[①②] 人民文学出版社,1954年版。
[③] 中国古典文学出版社,1954年版。
[④] 中华书局,1958年版。
[⑤] 上海东亚图书馆,1951年版。

3.2.3 "着"字句

《戏曲》里有两例这样的"着"字句：

①他恼将起来,咬着牙拿起那水磨鞭,照着我就打起来。哥哥,那时若是别个也着他送了五星三命,谁想是你兄弟老三,我又没甚兵器,却被我侧身躲过。 1.136

②他领着他本部人马,夜晚间私奔,要还他那山后去,早是我知道的疾,我慌领着些人马,赶到数里程途赶上,着我拿回来。 1.134

别的"着"作动词的例子,"着"前面都是施事主语(尽管有时省略),而这两例的"着"前面的成分却是受事;真正的施事者是"着"的宾语,如例①,施事者是"他",意思是,若是别人也就被他送了性命,例②的"着我拿回来",意谓"被我拿回来","着"前省略了"他"。这两例中的"着"虽是"教","叫"意,实际上都有表示被动的作用。

〔附〕"见"字句

一、《变文》中以"见"字为标志的被动句有两例：

①净能见大内一官人,美貌殊绝,每见帝宠。

（叶净能诗） 1.226

②其太子见於父母识知毫相,便欲波逃。

（太子成道变文） 1.325

其中的"见"都有"被"意。第②例的"见於"连用,作用相当于"见"。①

二、《戏曲》中也有几例"见"字句：

①这言语休见责。 1.468

②与你三日假限,拿将来有赏,拿不将来必然见罪。 2.567

③衙内见爱媳妇……衙内见爱我。 2.752

在这些例中,"见"似乎已不标志被动,而是对动词起修饰作用的副词,

---

① 见拙文《〈敦煌变文〉与〈世说新语〉若干语法特点的比较》,载于程湘清主编《隋唐五代汉语研究》,山东教育出版社,1990年出版。

表示"加"一类意思。另有一种看法,认为"见"作为助词,除表示被动外,还可表示对我怎么样,如"见告"、"见示"、"见谅"、"见教"等。可是这种说法用于例①尚可,用于例②就讲不通,因为很明显不是对我怎么样,而是对你不客气之意。至于第③例的"爱"都有受事宾语,且宾语之一就是"我",更无法把"见"解为"我"了。因此我觉得把这个"见"视为副词似较好。这样看来,在《戏曲》中已没有"见"字为标志的被动句了。因此我们把"见"字句作为这节的附录,以供参考和讨论。

最后还要说明一点的是,我们以上讨论的只是《戏曲》中有标志的被动句,至于无标志的被动句如:"大哥声冤叫屈,官人不由分诉;二哥活受地狱,疼痛如何担负;三哥打的更毒,老身牵肠割肚。"(1.456) 此例中的"三哥打的更毒"显然是被动句,像这样用例均不在本文讨论范围之内。

3.3 比较句

《戏曲》的比较句可分为等比、差比、极比三类,内容很丰富。

3.3.1 等比

在《戏曲》中表示等比,主要起标志作用的字有"一般"、"一样"、"比"、"似"。

3.3.1.1 一、由"一般"标志等比的句式

(1)"一般"和"是"配合,作[是……一般],如:
　①这个便是你姐姐一般,厮见一面怕做什么? (1.398)
　②这孩儿便是我亲生嫡养的一般。 (1.299)
　③你醉了骂他,便是骂我一般;你醉了打他,便是打我一般。 (1.396)
　④便是新的一般。 (1.387)

(2)[恰似(如同)……一般],如:
　①这个婆婆儿刚拜我一拜,恰似有人推起我来的一般。 (1.306)

②如同世人养他人子一般,养杀也不亲。　　1.319

(3)[状语·一般·D]　在状语后加"一般",去修饰动词谓语,如:

①"小姐,先前浑家止有这两个孩儿,小姐早晚看觑咱……""孔目,你放心,就是我的孩儿一般看成。"　　1.398

②"婆婆,女孩儿早晚呆痴,看小生面看取孩儿咱。""秀才,你只管放心,我做亲女儿一般看承。"　　1.848

两例上下文亦大致相同。"就是我的孩儿一般"和"做亲女儿一般"是"看成"、"看承"的状语。

③被我……顺手牵羊一般拈了他来了。　　1.137

"顺手牵羊一般"作"拈"的状语。

(4)[A(不)和B一般x]

x是比较的内容。如:

①我不和你一般见识。　　1.392

②我不和他一般见识。　　1.138

3.3.1.2　由"一样"标志等比

在《戏曲》中仅1例:

①和温峤一样身形。　　1.76

[(A)和B一样]这种句式和所用作为标志的词语都已和现代汉语相同。由"一样"为标志的等比句在《戏曲》中虽仅见一例,却可认为是这类句式的滥觞,因而是很值得注意的。

3.3.1.3　用"似"作为标志

在《变文》中已有"似"作标志的比较句,如:

①暂得身居天上,还如花下一般;却归世上为人,便似江头寂寞。　(妙法莲华经讲经文)2.510

到《戏曲》时,"似"字句大量出现,用法灵活,句式繁多,主要有以下几种:

(1)[A似B]。如:

①卖弄你诗才过李白杜甫,舌辩似张仪苏秦。　　1.362

329

②一个似摔碎雷车霹雳鬼,一个似辟开华岳巨灵神。　1.144
③光阴似骏马加鞭,浮世似落花流水。　1.18
④钢鞭县铁塔,黑马似乌龙。　1.145
⑤正青春似水。　1.394
⑥谁听你语话喧聒,闹似蜂窝,口似蜜钵。　1.408

例①的"舌辩似张仪、苏秦",意谓你舌辩像张仪、苏秦舌辩一样。A与B可以是互相对待的事物,如例①;但也常常不是,如例③"光阴"与"骏马加鞭"相比,"浮世"与"落花流水"相比;例⑤,"青春"与"水"相比;例⑥"闹"与"蜂窝"相比,"口"与"蜜钵"相比。这些都带有比喻、比拟的性质。《戏曲》的比喻常用"似",如:

⑦我和你有个比喻,似那抢风扬糓,你这等秕者先行;瓶内酽茶,俺这浓者在后。　1.347

"瓶内酽茶"前面承上省略了"似那"。

(2)[A恰便似(恰浑似、端的似、好似一似、便似、恰似、便似……)B]。如:

①我那亲娘在那里与人家担水运浆……我说罢也雨泪千行,恰便似刀搅我心肠。　1.319
②这愁烦恰便似海来深。　2.736
③唐元帅败走恰便似箭离弦。　1.144
④打得来皮开肉绽损肌肤,鲜血模糊,恰浑似活地狱。　1.459
⑤您端的似鹍鹏得志秋云长,您端的似鱼龙变化春雷响。　1.348
⑥我便似没头鹅热地上蚰蜒。　1.393
⑦浑身是口怎支吾,恰似个没口的葫芦。　1.459
⑧马一似南方火龙。　1.140
⑨你看那道人,好似你姐夫。　1.407

类似例句在《戏曲》中用得很多。

(3)[……(也)似]作状语或宾语,表示比较。如:

①笑吟吟案板似写着休书。　2.652

②寻前程,觅下稍,恰便似黑海也似难寻觅。 2.637
③倚仗着我泼天似名姓,愁什么锦片也似前程。 2.814
④围场中惊起一个雪练也似白兔儿来。 1.295

例①、②的"案板似"、"黑海也似"作状语;例③、④的"我泼天似"、"锦片也似"、"雪练也似"作定语。

（4）表示否定的比较,主要有两种句式,一是在"似"前加"不",如:
①你若外事得个年少轻狂婿,不似我这般看承敬重你。
 1.82
②全不似管鲍分金。 1.399

有时用"休",表示"不要",如:
③学士吟诗波,休似吃凉水的。 1.86

还有一种是用反问句表示否定,如:
④谁似你个探花郎,羞答答的辱末家门! 1.362
⑤那一个似卓氏般当炉涤器,那一个似孟光般举案齐眉!
 2.854

（5）[A 似 B 般 x]
"似 B 般"在句中作状语,如:
①荷叶似花子般团鑑,陂塘似镜面般莹洁。 2.721
②把你千金体似粪堆般看待,泥土般抛掷。 1.82

例①的"似花子般"、"似镜面般"作状语修饰形容词谓语;例②的"似粪堆般""（似）泥土般"作状语修饰动词谓语。

（6）[动·得(的)似宾]

在补语中用"似……"引出类比,用这种类比手法来生动地表现程度。如:
①腾的似线断风筝。 2.815

关于这部分例句在"动补结构"部分的"带'得'补语"节已有介绍,这里从略。

3.3.1.4 由"如"标志的比较句

（1）一种句式是[(A)形·如·B],在形容词谓语后用动词"如"带

进比较的对象 B。如:

①喝一声响亮如雷动。　　1.141

②则我这穷命薄如纸。　　1.196

③你明如镜,清似水。　　2.858

(2)另一种句式是[A·如(似)·B],把 A 直接与 B 相比,没有形容词作谓语。"如"常与"似"在上下文中互相配合。如:

①此人乃赵野鹤,善能丰鉴,断人生死贵贱如神。　　1.202

②坐下马似北海的毒蛟,鞍上将如南山猛虎。　　1.261

③大哥如泥中苏芥,二兄长似凌上轻尘。　　1.362

④好钢鞭也。……有如枯竹根三节,浑似乌龙尾半截。

1.145

例④的"有如"与"浑似"相对应,其意思也相当。

(3)[(A)如 B 似 C],把 A 与 B、C 两个对象相比,如:

①公人如狼似虎。　　1.456

②天保今生为眷属,但则愿似水如鱼。　　2.751

《变文》中也有"如"字句,如:

③此水东流急似轮,水中砂细细如尘。

(妙法莲华经讲经文)2.504

《变文》中"如"字句以[(A)形·如 B]式为主,但出现频率和用法的灵活都不及《戏曲》。《戏曲》中"如"作为比较句标志之一,句式更为多样。

先秦汉魏时期,在一些比较句中用"若"而不用"如",唐以后用"如"而不用"若"的例子逐渐增多。在《戏曲》中表比较的,"如"字句比之"若"字句已占绝对优势,似可看出"如"的口语化程度更高。

3.3.1.5　由"像"标志的比较句

"像"用于比较句,在《戏曲》中很少见,仅有个别用例,如:

①好人家知个远近,觑个向顺。那些个好人家风韵,那里像咱们,恰便似空房锁定个胡孙。　　2.647

"那里像咱们",承上省去了主语"那些个好人家"。"像"字比较句后来发展成为比较句中一种重要的句式,如[A 像 B]、[A 不像 B]、[A 那里像 B]等,因而它在《戏曲》中虽然用例不多,却很值得重视。

3.3.2 差比

《戏曲》中表差别的比较句式也很丰富。

3.3.2.1 用"比"标志差别,有时兼用其他标志差比的词语

(1)[A 比 B·D]

在这种句式中,两个对比的项目在前,比较的内容以及对比较的判断在后。如:

①包待制比问牛的省气力,俺父亲比那教子的少见识,俺秀才每比桥那题桥人无那五陵豪气。 1.466

在这例中,"A 比 B"都在句首,"省气力"、"少见识"、"无那五陵豪气"这三个谓语都兼有比较的内容和对比较的判断,注意这种判断是对 A 的判断,A 是比较中的主体。

②科差尤比去年稀。 2.803

这例的 D 是形容词,在"比"前加副词"尤",加强这种差别。

(2)[(A)比 B 更(又,增,越更)……]

这类句式中还有其他标志差比的词与"比"相配合,如:

[比……(越)更],有副词"更"、"越更"与"比"相配合,如:

①据文学比温峤更聪明。 1.76

②比我那初使唤,如今越更稀。 1.513

上例把比较的内容放在句首,比较的对象"A",承上文而省略,应为"他","更聪明"是对比较的判断。例②的 A 是"如今","比 B"是 A 与之相比较的对象,即把"如今"与"我那初使唤"相比,有了 B 这种比较的对象,对 A 起到衬托作用,使 D 具有更生动鲜明的效果。

③小姐比昨日打扮的又别了,真神仙中人也。 1.73

意谓小姐(今日打扮的)比昨日更别了。"又"有"更"意。

④好女人也,比夜来增十分颜色。 1.395

"增"是动词,常与"比"配合。

(3) [（A）D₁ 多比 BD₂]

①能吹弹多比人每日常伺。 1.501

②擅歌讴多比人常差使。 1.501

从上下文看出,句首省略了主语 A,"能吹弹"、"擅歌讴"都是 A 的动作行为(亦即 A 所具备的条件),"多……每日常伺"和"多……常差使"表示比较的结果。

(4) 表示否定,有几种方式:

1. 用"不比"表示差别,如:

①你休去,这相公不比其他的。 1.503

②这公事不比寻常。 1.454

③孩儿,你也不比在我跟前,我是你亲父,将就的你;你若在这里早晚若顽可,你只付那打骂里。 1.849

例①表示这相公跟其他的相公不一样;例②表示这公事跟寻常的公事不一样;例③表示你现在比在我跟前时不一样,下文是说怎么不一样。

④见天香颜色当春画,观花不比观娇态。 1.521

⑤旧恩情倒不比新佳配。 2.856

⑥我不比宋引章针指油面、刺绣铺房、大裁小剪。 2.651

例④表示观花比不上观娇态;例⑤表示,旧恩情倒比不上新佳配;例⑥,在"大裁小剪"之下,臧本有"都不晓得一些儿的"①,从比较句的句式看,似应有这句,意谓宋引章对针指油面、刺绣铺房、大裁小剪都不晓得一些儿的,我和他不一样。

2. 用 [比…不(同)]、[比…全别] 表示差别,如:

①哥哥看待我比别人不同。 1.502

②原来这做鬼的比阳人不自由。 1.57

③如何得这气色比昨日全别了。 1.220

用"难相比"、"怎比"、"怎敢比"表示不一样,如:

④自古贤愚难相比。 1.366

⑤俺梁元帅怎比黄巢,斩大将岂肯耽饶,十万兵当先敢勇,千

---

① 参看《关汉卿戏曲集》680 页注 [一四八]。

员将施逞英豪。 1.300

⑥小人怎敢比古人量作! 1.216

"A 怎比 B",有"A 不能跟 B 比"之意,如例⑥;也有"B 不能跟 A 比"之意,如例⑤。要据上下文细加分辨。

3. 用[A 比 B 那?]表示差别,如:

①"母亲,哥哥,咱家去来!""那里去?这里比你那中牟县那?" 1.454

意谓你以为这里和你那中牟县一样(可以随随便便)啊?这里和你那中牟县不一样!

4. 用[A 比 B 如何]表示比较或差别,如:

①你这三条计比曹公在灞陵桥上三条计如何? 1.6

3.3.2.2 用"似"标志差比

(1) [A·x(更,高,强,胜)似·B]

①打的来伤筋动骨,更疼似悬头刺股。 1.455

②他文章不济,他百家姓也是我教与他的。我的文章高似他。 1.348

③你心里把褐衲袄脊梁上披,强似着紫朝衣。 2.716

④这婆婆儿的福气倒敢大似我么。 1.306

⑤闻名不曾见面,见面胜似闻名。 2.804

注意在这类表示差比的句中,在"似"前有表示差别的形容词如"高"、"强"、"大"、"胜"等,或者表示差别的副词如"更"作修饰语,如例①的"更疼"。如果没有类似这些的标志,则"似"大多表示等比,有"像……一样"之意。如前面表示等比中的"闹似蜂窝",又如:

⑥他那里纵马横枪将咱来紧赶,他急似雷霆,我疾如火风。 1.140

"急似雷霆"与"疾如火风"相呼应,都是等比。

(2)"不强似……",常以反问形式表示"强似",如:

⑦"裴度,你学你姨父做些买卖……寻些利钱使,可不气概,不强似你读书有是么好处?" 1.196

335

⑧"我说咱必然得潞州,今日果应其心。若是到那潞州的丰富地面,不强似却邢州与朱温家每交战?" 1.258

以上两例中的"不强似…"句都是反问句,"不强似"意即"难道不强似",实即"强似"。

3.3.2.3 用"过"、"较"、"更"标志差比

(1) [A 过 B],如:

①卖弄你诗才过李白杜甫。 1.362

(2) [……较……],如:

①哥哥待我较别哩。 1.504

意谓哥哥待我(比待别人)较不同。

②这花园墙较低。 2.550

(3) [……更·V],如:

①人都说孟母三移,今日个陈婆婆更增十倍。 1.363

3.3.2.4 用"不如"、"不若"表示差比

①觑敌军如儿戏,不若土和泥。 1.52

②我求灶头不如告灶尾。 1.81

3.3.2.5 用"於"标志差比

①敬亲者不敢慢於人,享福贵必有异於人。 1.228

这种古老的比较句在《变文》中还有 8 例,《戏曲》中仅见此例,且用于唱曲中。"曲"保留的古语成分可能稍多一点,因在《戏曲》的对话中没有见到用"於"的比较句。《戏曲》比较句的面貌与《左传》、《史记》相比,几乎是完全不同了。

3.3.3 极比

《戏曲》中表示极比的标志字有"惟"、"绝"、"最"、"无过"等。

3.3.3.1 "惟"标志最高级

①万般皆下品,惟有读书高。 2.803

这种用法是沿袭前代,一直流传下来,直到现代汉语中还能见到。

3.3.3.2 "绝"标志最高级

①我驾一孤舟,撒网打出三尺锦鳞,细切着拖泥新鲜有味。绝

好鱼也。 ₂.₇₄₇

"绝好鱼",意谓最好的鱼。

3.3.3.3 "最"标志最高级

①最苦偏高离恨天。 ₁.₅₀₀

②休道黄金贵,安乐最值钱。 ₁.₆₇

在《变文》中,"最"也有个别例句,如:

③鱼透碧波堪赏玩,无忧花色最宜观。 ₁.₂₈₉

应该说明的是,"最"作为最高级的标志,大约在战国时期就已有用例,如:

④客有为齐王画者,齐王问曰:"画孰最难者?"曰:"犬马难。""孰易者?"曰:"鬼魅最易。" (韩非子·外储说左上)①₇₉₉

3.3.3.4 "无过":[A 无过 B]

A 为大范围,B 为大范围中的一件事。如:

①天下喜事无过夫妇团圆。 ₂.₈₁₇

"天下喜事"是大范围,"夫妇团圆"是小范围,意谓"夫妇团圆"是天下喜事中最大的喜事。

这种句式很可能是从古汉语的"莫"字句、"无如(若)"字句衍变来的,如:

②祸莫大於不知足。 (韩非子·解老)₁.₃₆₁

③盖闻王者莫高於周文,伯者莫高於齐桓。

(汉书·高帝纪下)₁.₇₁

④相人多矣,无如季相。 (史记·高祖本纪)₂.₃₄₄

当"无如"句式形成之后,至今仍保留在现代汉语里。

3.4 "是"字句

《变文》中有不少典型的判断句,即主谓齐备,主谓之间为等同关系,主谓之间有系词"是",句末语气词"也"消失。如:

①朕是百鸟王。 (燕子赋)₁.₂₆₅

---

① 《韩非子集释》,陈奇猷校注,上海人民出版社,1974 年版。

②云野鹊是我表丈人,鹁鸠是我家伯。　　(同上)₁.₂₄₉

《戏曲》中的"是"字句出现更多,且用法十分灵活,比之《变文》有很大发展。我们分四个问题介绍:

第一,"是"前后是名词性成分或相当于名词性成分("的"字结构)的句型。

第二,"是"前后,一项为名词结构,一项为动词结构,或两项都是动词结构。

第三,"是"前项是名词结构,后项是形容词结构或具有形容词性的"的"字结构。

第四,"是"前除修饰语外没有名₁,"是"后有名₂,或动词结构,或形容词结构。

3.4.1 "是"前后是名词性成分或相当于名词性成分的句型

具体来说,又有以下三种情况:

3.4.1.1 [名₁(或"代")·是·名₂]

在这种句子里,"是"前后都是名词性成分(包括代词在内)。名₁与名₂之间有各种关系,"是"对这些关系起判断作用。"是"前有不少是代词。

(1)"是"前后两项是等同关系。主要句式有(以下各种句式中的"名₁"都包括代词,特予说明。):

[名₁·是·名₂]

《戏曲》中这类例子不少。略举数例,如:

①他是杭州柳永。₁.₅₀₂
②我是王拱辰。₁.₃₅₇
③小将是黄文。₁.₁₃

[名₁·便是·名₂]

在《戏曲》中更多见的是用"便是",在"是"前加副词"便"。如:

④正旦云:"谁是李庆安?"李庆安云:"则我便是李庆安。"正旦曰:"你认的那指腹成亲的王闰香吗?"李庆安云:"小生不认的。"正旦曰:"则我便是王闰香。"₂.₅₅₂

⑤天章:"蔡婆婆,你认的我吗?"卜:"不认的大人。"天章:"则我便是窦天章。" 2.869

这类句子中的名₂在上文已出现过,当别人问到谁是名₂或名₂作自我介绍时,便常用这种句式。"便是"即"就是"之意。句首往往有"则"与之配合,表示承接上文。有时"便是"在句末,形成以下句型:

[名₁·名₂的·便是]

⑥李庆安上,云:"自家李庆安的便是。" 2.549

⑦王员外上,云:"老夫王员外的便是。" 2.554

助词"的"只有词尾性质,不表意义。当剧中人物在上文已经别人介绍过而第一次出场时,往往用这种句式向观众作自我介绍,如例⑥。或者剧中较重要人物在上场亮相之后再次、三次……上场时,也常用这种句式再作自我介绍。其中名₁在句首,"名₂+的"位于名₁之后,"便是"位于句末。意谓"名₁就是名₂。"但需要注意的是,只有在[名₁·名₂的便是]式中,名₂后才需附有助词"的",如果把它转换成[名₁就是(或"便是")名₂],虽然句子的原意并未改变,但是名₂后面的"的"却一定不能要了。

还需要指出的是,在[则名₁便是名₂]句式中,"名₁"常常是"我",在[名₁名₂的便是]句式中,名₁虽然实际指"我",却常用"自家"、"老夫"、"老汉"…等词语代替。这可能因为前者是用在对话中,常以"我"自称的缘故;而后者则是用于向观众作自我介绍。

有时在这类句式中"是"出现两次,如:

⑧老身是王员外姆姆的便是。 2.548

第一个"是"出现在名₁和名₂之间,使它们之间的等同关系更为明确,句尾的"便是"表示已出场过或已经人介绍过。又如:

⑨白士中云:"怎么得个原告人可也好也。"(正旦冲上)云:"妾身白士中的夫人谭记儿是也。颇奈这杨衙内无礼也呵!……"(正旦)云:"大人可怜见,有杨衙内在半江心里欺骗我来,告大人与我做主。"……白士中云:"杨衙内,有人告你哩,你如今怎么说?"……衙内云:"相公,如今你的罪过我也饶了你,你也饶过我吧!又一件,则说你有个好夫人,请出来我见一面。"白士

· 339 ·

中云:"也罢,也罢,张千请出夫人来。"张千云:"理会的。夫人,相公有请哩。"正旦上,云:"妾身乃是白士中的夫人是也。我如今过去,看那厮怎生意儿也。" 2.754

从这段上下文可以看出,正旦第一次匆匆冲上,自我介绍没有两个"是",第二次上场是正旦用计骗得金牌、智胜杨衙内之后,用了"乃是"又用"是",含有强调也含有得意,话说得有滋有味,若只说"妾身白士中的夫人是也",与第一次匆匆上场没有区别;若说"妾身白士中的夫人"①更显平淡。关汉卿在这两处用了不同的句式乃是很有用心的。

(2) 名$_1$和名$_2$是成员与类别的关系。名$_2$是一个较大的有概括性的类,名$_1$是其中的一个成员。"是"对这种关系起判断作用。

①俺本是汉国臣僚。 1.2
②此人乃是刘备股肱之臣。 1.5
③这"可"字是歌后韵,"已"字是齐微韵。 1.510
④我是个读书的人。 2.549
⑤我是个本分的人。 1.385
⑥小人是银匠。 1.386
⑦你是无罪的人。 1.386

(3) 名$_1$与名$_2$在数量上大致是对等的,相互之间有各种关系,如父母子女、夫妻、师生、朋友…等。"是"在其中起判断作用。《变文》中虽已有这种用法,如:

①刘寄奴是余贱朋。 (伍子胥变文)$_{1.10}$

《戏曲》中这种用法更多,如:

②则他那周瑜、蒋干是布衣交。 1.3
③你情知谢氏是我的心上人。 1.517

例中"谢氏是我的心上人"这个判断句是动词"知"的宾语。

---

① 参见《关汉卿戏曲集·望江亭中秋切鲙旦》第四折校勘记注[五一]:乃是,顾曲斋本、臧本并无此二字。又注[五二]:顾曲斋本同。臧本无此二字。

④钱大尹是我同堂故友。　　1.500

⑤兀的不是我儿媳妇！　　2.860

本例中的"兀的"是指示代词。表示这,那,这个,那个①。"不是"即"是"意。意谓："这(那)不是我儿媳妇吗！"在现代汉语中也常用这种说法。

⑥妾身乃洛阳太守的女孩儿,这个是我母亲。　　1.213

此例的上半句用了古汉语里常用作系词的"乃",下半句的名$_1$是指示代词"这个"。

⑦关云长是我酒肉朋友。　　1.11

⑧你是我的老婆。　　2.652

⑨净云："你是谁？"李从珂云："你问我是谁？这个是我的亲娘。"赵脖揪云："这个妇人原来是你的亲娘。这等呵,我死也。"　　1.323

⑩你强杀则是我外甥,我歹杀是你姨夫姨姨。你与别人递了酒也,可怎么不与我递酒？　　1.230

此例的"是"前有"强杀"、"歹杀"和"则"作修饰语,强调名$_1$与名$_2$的关系。意谓你再了不起也只是我外甥,我(们)再差劲儿也是你姨夫姨姨。

(4)名$_2$表示名$_1$的身份或职业、性别或其他特征。"是"起判断作用。有时是名$_1$表示这种特征。先说前者,如：

①街市小民闻吾怕,则我是权豪势要鲁斋郎。　　1.385

名$_2$"权豪势要鲁斋郎"是个名词短语,在人物专名"鲁斋郎"前有定语"权豪势要"表示他的身份。像这种例句也可属于名$_1$与名$_2$等同的标准判断句,但因它的用意更着重在介绍自己的特殊身份,所以放在这类。类似的用例如：

②街下小民闻吾怕,则我是势力并行杨衙内。　　2.740

③先生是客,怕做什么？　　1.9

---

① 参看刘坚《近代汉语读本·诈妮子调风月》注释[52]兀的：指示词。这的,这样的。上海教育出版社1988年版,271页。

④祖传七辈都是茈家出身。 1.304

⑤他是花花太岁。 2.744

⑥孔子为素王……他是万代天子师。 1.69

⑦贤弟差矣！一来是老夫同堂故友,二来贤弟是一代文章渊薮。正可管待学士。 1.503

此例有两个"是"字句,上句承上省略了主语"贤弟",它与名$_2$是朋友关系;下句"贤弟是一代文章渊薮",名$_2$"一代文章渊薮"表示名$_1$的身份和特长。

⑧我当初也是巨富的财主来。 2.548

⑨我须是个妇女身,我须是个裙钗辈。见别人睒眼抬头,我早先知来意。 2.743

⑩我怕不也有此心,争奈我是女孩儿家,一时间耽不下也。 2.551

⑪我昼忘饮馔夜无眠,则兀那瑞莲便是证见。 2.727

兀那,有"那"、"那个"意。"证见"在这里即指可作证明的人。

⑫那鲁子敬是个足智多谋的人。 1.14

有时是名$_1$表示名$_2$的身分特征,这类用例不多见,如:

⑬今年头名状元是王拱辰。 1.358

有时名$_1$表示某种身份,名$_2$表示对这种身份的认同和强调,或表示名$_1$的特征。在这种句式中,名$_1$和名$_2$有时完全相同,有时中心词相同。如:

⑭师父是师父,弟子是徒弟。 1.8

《变文》中有个别这样的用例,如:

⑮人是六十万之人,营是五花之营。 （汉将王陵变）1.37

此例中名$_2$表示名$_1$的特征。

(5) 名$_2$表示对名$_1$的比喻,"是"对这种比喻关系表示判断。如:

①有一个马孟起,他是个杀人的领袖。 1.10

②娘到是粪堆,你道是灵芝草。 1.360

例中"到"和"道"都起状语作用。

③从珂若认亲娘去,我便是铁人无泪也伤悲。 1.313

④"姐姐,你看笼儿中鹦哥念诗哩。""这便是你我的比喻。"
　　　　　　　　　　　　　　　　　　　　　　　　1.501
⑤您孩儿肚肠是驴马的见识。　　　2.650
⑥我是你心头病,你是我眼内钉。　　2.700
⑦这妮子是狐魅人女妖精,缠郎君天魔祟。　2.640
⑧妾身是临路金丝柳,相公是架海紫金梁。　2.511
⑨我本是沾泥飞絮,倒做了不缆孤舟。　1.521

(6)名₁为表示处所的词语。名₂表示事物或处所。整个"是"字句表示在名₁有(或存在)某物,或说明名₁是什么样的处所。如:
　①我便浑身上都是口,待交我怎分辨?　2.727
"浑身上"表示处所。句意谓全身都满是口。这是一种夸张的说法。
　②梅香,那树下不是一双鞋儿! 你取将来看咱。　2.551
　③正旦云:"梅香,树上不是个人影儿!"梅香云:"姐姐,树上可知是个人里。"　2.552
例②、③的"不是"都是"是"意。
　④"你与他一服药吃,救他性命。那里不是积福处。"　1.388
"那里不是……"意谓处处都是……。
　⑤我这里是个祝寿的道院。　2.738

(7)名₁和名₂都是表时间的词语。如:
　①"果系冤枉,如今是三伏天道,下三尺瑞雪遮了你女儿身尸。"　2.867
　②今日是母亲生日。　1.363
　③今日是个好日辰,都要欢喜饮酒,不许烦恼。　1.316
有时名₁是表时间的词语,如:
　④"今日是什么宴?""今日是五侯宴。"　1.314
有时名₂是表时间的词语,如:
　⑤则我这玉鬟环、黄梁饭则是一梦间。　2.737
例④意谓今日(的宴)是什么宴。例⑤意谓我这……都只是一梦间的事。

（8）名₂表示名₁由什么材料做成,或具有什么特征。如:

①包髻是缨络大真珠。 1.701

②额花是秋色玲珑玉。 1.701

有时名₂表示名₁穿戴的什么衣服帽子之类,如:

③夫人每是依时按序,细挣戒全套绣衣服。 2.701

这例"是"后有两个短语,一个是介宾语"依时按序",它又由"依时"、"按序"两个介宾短语并列构成,它们在这里对后面的名词短语起修饰作用,意谓夫人们有一年四季以及各种场合的漂亮衣服。

④俺则是一撒网,一蓑衣,一篛笠。 2.747

此例中的"一蓑衣"、"一篛笠"表示"俺"的衣、帽。"一撒网"似可表示一个撒网(打鱼的网)。

（9）"不是"既表示肯定,也表示否定。从句型和上下文可以区别。这些用法在《变文》中未见到。

在[名₁不是名₂!]中,"不是"常表示"是"。在前面已有少数例子是这种用法。又如:

①王大王二背尸上:"母亲那里? 这不是三哥尸首!" 1.467

②"我跳过这墙去",云:"这的不是太湖石!" 2.556

③李从珂云:"兀的吊着的不是我妳妳! 小校快解了绳子扶将来。" 1.322

从以上各例可看出,"不是"表示的是一种肯定判断。但这种肯定判断是通过反问形式来表达,这是一种加强肯定的方式。这种句式大都出现在对话中。

在[名₁是名₂,(名₁)(又)不是名₃]这种句式中,"不是"常表示真正的否定。前后两个分句并列使用,一表肯定,一表否定,互相对照。如:

④这里是官府黄堂,又不是秦楼谢馆。 1.505

⑤我是开封府尹,又不是教坊司乐探。 1.505

⑥衙内云:"亲随,你怎么自吃了?"亲随云:"大人,这个是摄毒的盏儿,这酒不是家童带来的酒。大人吃下去,若有些好歹,药杀了大人,我可怎么了?" 2.746

这例中是［名₁是名₂,名₃不是名₄］句式,虽然名₁和名₃不同,名₁是指酒杯,名₃指酒;但在这个语言环境中,它们是互相联系在一起的。"是"与"不是"并列,前者表肯定,后者表否定,意甚明显。

在［不是名₁,(则)是名₂］句式中,表示否定的在前,表示肯定的在后,如：

⑦安排下打凤牢笼,准备着天罗地网。也不是待客筵席,则是个杀人的战场。 1.14

⑧不是别人,是鲁斋郎强夺了我浑家去了。 1.389

在［也不是……也不是……,是……］中,前面两个表否定的"也不是"并列,后面一个表示肯定。如：

⑨也不是提鱼穿柳欢心大,也不是鬼使神差,是你小名儿上把命该。 1.468

通过上下文语言环境,可看出"不是"的作用,如：

⑩旦云："有鬼,有鬼!"……王三："母亲,我是人。"旦云："不是鬼,疾言个皂白。" 1.468

很明显,"不是"表示否定。

3.4.1.2 ［……的·是·名］

在这种句型中,"是"前是一个由"的"作结尾的名词性短语。在《变文》中没有这种"的"字短语,有"者"字短语。而在《戏曲》中"者"字短语已被"的"字短语所取代。如：

①我管的是那僧尼道俗乐人。 1.499

②但行处引的是花腿闲汉,弹弓粘竿,贼儿小鹞。 1.385

③"你将着的是什么?""是槐木简。" 1.359

例①从"是"后的"名"可以看出"是"前的"的"字短语是名词性的。例②"是"字后面"花腿闲汉"、"贼儿小鹞"是名词短语；"弹弓粘竿"是动词短语,在这里意指弹弓粘竿的人。例③用"什么"来问"你将着的"东西,再加上答话,很明显"你将着的"是名词性短语。又如：

④自家赵脖揪的便是。……一生村鲁,不尚斯文。伴着的是王留、赵二牛、袁牛勒。 1.304

⑤咬碎的是假休书。 2.653

345

"的"前也有形容词,如:

⑥新的是半路里姻眷,旧的是缩角儿夫妻。 2.743

3.4.2.3 〔名₁·是……的〕

在这种句型中,"的"字结构在"是"的后面。"的"字结构大多是〔主谓短语,(或动词短语)+"的"〕,也有少数是〔代词+的〕。举例于下。如:

①这刀子是我卖的。 2.571

②这鞋不是我做与李庆安的! 2.552

强烈的感叹语气正说明了"不是"意谓"是"。

③这三个小厮是打死人的。 1.454

④他不是你妳子,他是咱家里买来的。 1.304

⑤这刀子必是个屠家使的。 2.564

⑥这两个小厮必是你亲生的。 1.458

⑦那个妇人是我打怕了的。 2.650

⑧他是有丈夫的。 2.654

⑨这刀子不是俺家的来!……物见主必索取,是我的刀子! 2.571

⑩这刀子委的是我的。 2.571

⑪哥哥撇下的手帕是阿谁的? 2.694

3.4.2 "是"前后一项为名词结构、一项为动词结构的句型

3.4.2.1 〔名·是·动〕

"是"前为名词,后为动词结构或主谓结构。《变文》已有这种句式,如:

①将军实是许他念经。 (庐山远公话)1.175

《戏曲》中这类句式大量出现,且用法十分灵活。

"名"可以是名词短语,也可以是代词。如:

②你父亲是有一个孩儿来。 1.313

③你愁烦何时是了。 2.558

"了"表示"了结",是动词。

④他是不曾惯傅粉施朱。　　2.701

⑤他正是南头做了北头开,东行不见西行例。　　2.638

⑥你常好是吃赢不吃输。　　1.87

⑦李从珂云:"你那孩儿如今多大年纪?几月几日什么时生?"正旦云:"俺孩儿是八月十五日半夜子时生。年十八岁也。"　　1.308

⑧孩儿你不知道,我是讨了一个孩儿来,要早晚扶侍你。　　1.312

⑨则他那亲生娘可是图一个甚的。　　1.318

⑩我则是可怜见他母亲无主依。　　1.320

注意以下"是"的用法:

⑪兀的一族人不知看什么,我是去看咱。　　1.290

⑫兀那婆婆,你为什么树上拴着这条套绳子要寻自缢?你说一遍,我是听咱。　　1.306

⑬兀那女子……来这邮亭上有何事,你是说一遍咱。　　1.206

⑭大姐,你且休过去,等我遮着你是看咱。　　1.509

⑮那小厮到的庙中则说睡语,我都写将来了,大人是看。　　2.566

⑯街上炒闹,我是看咱。　　2.571

⑰正旦云:"哥哥不知,听三婆说一遍咱。"宝鉴云:"你说,俺是听咱。"　　2.570

以上例中的"是"也用在名词(或代词)与动词之间,但用法与例②—⑩有所不同,那些例中的"是"主要表示判断,可以是过去情况的判断,如"你父亲是有一个孩儿来";也可以是对经常性的情况的判断,如"你常好是吃赢不吃输,"还可以是对未来情况的判断,如"这愁烦何时是了。"但这些例中的"是"几乎没有这种判断作用,而是用于在句中表示将要发生的动作行为的动词"看"、"听"之前,似对这些动词有加强作用。例①、例⑤、例⑥、例⑨、⑩的"是"前可以有各种表示肯定的

347

修饰语如"实是"、"正是"、"可是"、"常好是"……,而后一类的"是"没有这种修饰语。好像前一类"是"起加强判断的作用,而后一类"是"则对动作的实现起加强作用,似有副词作用。

有时前面的名词短语表示时间,如:

⑱旦云:"并不干三个孩儿事。当时是皇亲葛彪先打死妾身夫主,妾身疼忍不过,一时乘忿争斗,将他打死。"　1.455

"是"在表时间的名词短语"当时"之后,"是"后面是复句,叙述"当时"发生的事情。"是"带有解释和判断的作用。

"这的"常位于"是"前,指代前面所说的事情,如:

⑲野鹤云:"如何?我这相法不差,你今日全然换的气色别了。为何此说,这的是莫瞒天地莫瞒神,心不瞒人祸不侵,十二时中行好事,灾星变着福星临。"　1.222

"是"后共有四句组成一个复句,是对前面所说情况的解释和判断。

⑳姑姑云:"姐姐……你出不的家也。这的是看时容易画时难。"　2.737

㉑姆姆云:"不干别人事,这的就是李庆安杀了咱家梅香来。"

2.558

3.4.2.2 [的·是·动]

"是"前面为"的"字结构,如:

①投奔我的都是矜爷,害娘,冻妻,饿子,折屋,卖田,提瓦罐爻樵运,恶劣为本,板障为门。　2.806

"投奔我的"表示"投奔我的人","都是"后面的九个动词结构表示投奔我的人都是搞这些活动(的人)。

3.4.2.3 [动·是·名]

这种句式在"是"前面是动词结构,后面是名词(短语)或代词。在《变文》中有少数这种句式,如:

①天雨霖霖是其泪,鱼游池中是其意,大鼓无声是其气,小鼓无音是其思。　(韩朋赋)　1.140

"是"前面的动词结构所代表的事情与"是"后面"名词"所代表的

事物是比喻性的对等关系。而在《戏曲》中用法更为复杂、多样。

（1）"是"前面动词结构所代表的动作行为就是"是"后面名词（代词）所代表的人物所作。也就是说，"名"是"动"的施事。这种用法在《变文》中未见。如：

①两头往来传消寄信都是我。 2.646
②当初破亲也是你来。 2.648

这种句式，"是"前后成分实际上也含有等同关系，如例①可理解为"两头往来传消寄信这些事都是我干的（事），"或"两头往来传消寄信的人都是我"。又如：

③当初改了文书，是我父亲来。如今折倒他母亲也是我来，朝打暮骂他母亲也是我来。 1.323

例②、③句末的"来"都是语气词。

（2）["有"·宾·是名]

这是一种以"有"为第一动词、"是"为第二动词的兼语式。如：

①老汉汴梁人氏……有个孩儿是李庆安。 2.548
②小生姓韩，名辅臣……今欲上朝取应，路经济南府，有我个八拜交的哥哥是石好问。 2.803
③观中有我的姑娘是白姑姑。 2.735

这例在"有"前有处所词"观中"。

④"这世上有几个李嗣源？""止有阿妈一个是李嗣源。" 1.308

（3）"是"后的名词短语表示时间。如：

①休将人小觑看，今日个穷暴了也是他无奈间。 2.551

意谓今日穷暴了，这也是他无可奈何的事。

3.4.2.4 ［动·是·动］

在这类句式中，"是"前后都是"动"。

（1）"是"在句中起判断作用，如：

①迎新送旧都是小人管。 1.499
②往常俺动脚是熬煎，回头是撞挺。 2.813

(2)有时"是"在状语和动词之间。如：

　　①老阿者,您孩儿要说,阿妈两次三番则是拦当,不知为何不要你孩儿说。　　1.315

"则是"有"只是"意。

3.4.3 "是"前为名词结构、后为形容词结构的句型

3.4.3.1 〔名·"是"·形〕

"是"前为名词或其短语,"是"后为形容词或其短语,如：

　　①这厮是倒聪明着哩。　　1.508
　　②其中必是暗昧。　　1.296
　　③俺孩儿是壮哉!　　1.322

3.4.3.2 〔名·"是"·……"的"〕

"是"后的"的"字结构是形容词性的,对主语的状态或性质作出描述。如：

　　①好是奇怪也,怎生这灯又是半明半暗的。　　2.864

"半明半暗"是对"这灯"状态的形容。

　　②你是有福的,肯分地遇着我。　　1.291

"有福的"是对"你"的性质的描述。也可以认为"的"后省略了"人","有福的"是名词性短语。

3.4.4 "是"前除修饰语外没有名$_1$、"是"后有名$_2$（或动词结构,或形容词结构）的句型

在这种句型中,"是"前没有名$_1$。有多种情况：

3.4.4.1 在问答句或对话中,多承前或习惯性地省去主语名$_1$。

　　①"这个是谁?""是陈妈妈家大的个孩儿。"……"这个是谁?""是陈妈妈第二个孩儿。"……"这个是谁?""是陈妈妈第三个孩儿。"　　1.360

　　②钱："张千,你近前来,恰才耆卿说道'好觑谢氏',必定是吾官士大夫,你与老夫说咱。"张千："禀的老爹知道,就是早辰参官的谢氏。"钱："哦,是早间那个谢氏。"　　1.504

③旦:"这上任是什么新官?"张千:"是钱大尹。"旦:"莫不是波厮钱大尹么?" 1.500

④旦:"石和孩儿呵!"王三上应云:"我在这里。"旦:"教我左猜右猜,不知是那里应来。莫不是山精水怪!"……王三云:"母亲休怕,是石和孩儿。" 1.468

即使不是对话中,在单个人的说话中,也常承上省略名$_1$,如:

⑤他那里暗暗的藏,我须索紧紧的防。都是些狐朋狗党。 1.15

⑥我临行做了一首词,词寄定风波,是商角调。留与小姐表意咱。 1.506

3.4.4.2 在"但是"、"原来是"、"可是"等词组前,不用或很少用名$_1$。

但是,表"凡是"之意,如:

①自家姓裴,名个炎字。一生杀人放火,打家截道,偷东摸西。但是别人的钱钞,我劈手的夺将来我就要。 2.554

②我在这开封府祥符县做个理刑之官,但是那驴吃田、马吃豆、斗打相争、人命等事,都来我根前申诉。 2.561

原来是,有两种用法,一种表示本来是;一种表示发现了真实情况,在这种用法前一般不出现名$_1$。如:

①正旦云:"则我便是王闰香。"李庆安云:"原来是王闰香小姐。" 2.552

可是在问话中有时表示"可就是……?";有时表示"究竟是……?"在这后一种用法前一般不出现名$_1$。如:

①则俺这不义之门,那里有买卖营运,无资本,全凭着五个字迭办金银。可是那五个字? 恶、劣、乖、毒、狠。 2.806

3.4.4.3 有时在骂人的话语中常以"是"开头。

①是个破败家私铁笤帚。 2.702

②都是那等不贤会的婆娘传槽病。 2.700

③是一个不识羞伴等。 2.699

3.4.4.4 在"是"为动₁的兼语句中,"是"前一般没有主语。

①是什么东西绊我一交! 2.556

②是那一个不晓事弟子孩儿打破我孩儿头。 1.391

③则是李庆安这个小弟子孩儿,为我悔了亲事也,他杀了我家梅香。 2.559

3.4.4.5 "是这般"、"是恁的"常用作"除"的宾语,"是"前不带其他成分。

①旦做与卜耳语科云:"则除是这般。" 2.644

②正旦云:"相公,不妨事,你将耳朵来,则除是恁的。" 2.744

3.4.4.6 [是·动][是·主谓]

"是"的前面除有副词性修饰语外,没有其他成分,后面有"动"或主谓结构。这类句式的前面常有互相关联的句子,此句常为后续句。

"是"后为动词结构。如:

①正旦:"折白道字,顶真续麻,挡筝拨阮,你都不省的;是不如韩辅世。" 2.813

②您兄弟别无他事,则是好觑谢氏。 1.503

③他这等利害,好是无礼也。 2.570

④衙内云:"亲随,你若吃酒呵呢?"亲随云:"我若吃一点酒,吃血。"衙内云:"正是休要吃酒。" 2.746

⑤母亲,你打我,则是疼你那学课钱里! 1.359

有时"是"后为主谓结构。"是"前大多有修饰语。如:

⑥我是三国英雄关云长,端的是豪气有三千丈。 1.16

⑦你一家儿都完聚了,只是俺那孔目并两个孩儿不知在那里。 1.405

⑧今观足下所为,可正是才有余而德不足。 1.506

⑨常言道人死不知心,则他这海深也须见底。多管是前妻将书至,知他娶了新妻。 2.742

这两类句子常作复句中的主分句。又如:

⑩俺孩儿堂堂状貌有人材,畅好是气概,恰便是九重天飞下一纸赦书来。
1.322

在对话中也常用这种句式,如:

⑪李从珂云:"母亲,那打你的欺侮你的安在?"正旦指净云:"是这厮打我来。"李从珂云:"原来是这厮欺侮我母亲来。"
1.322

3.4.4.7　[是·动·的·补(形)]

"是"用在以形容词为补语的动补式前,如:

①这大夫好调理,的是诊候的强。
2.717

3.4.4.8　[是·形]

"是"前除副词性的修饰语外无其他成分,如:

①想俺出家人,好是清闲也呵!
1.406

②好是奇怪也!老夫恰合眼,梦见端云孩儿,恰便似在我跟前一般。
2.864

③我如今到那里,见了今场贡主,觑我这任官,如同怀中放着一件东西,舒下手去便取出来,则是个容易。
1.353

3.4.4.9　[不是·名·动] "名(代)"是受事宾语前置如:

①周:"我那里曾见你来,我在客火里,你弹着一架筝。我不与了你个褐袖段儿?"旦:"小的不知道。"小闲:"不是他与褐袖。"
2.648

末句意谓(你)与褐袖(的人)不是他。"不是他"应连读,"与褐袖"是一个动词结构。这是口语中很灵活的用法。

4. 从谓语的角度看句型特色

《戏曲》的主要句型以及各种句型所占的百分比大致如下:动词谓语句,约占70%;"是"字句,8.5%;体词谓语句,8%;形容词谓语句,4.5%;主谓谓语句,4%;混合谓语句,3%;其他谓语句,2%。

动词谓语句在各种句型中约占70%,保持了动词句一贯居于压倒优势的历史传统,其内容也最为丰富。需要指出的是,动词谓语句在各种谓语句中占的比例由《变文》的80%下降到70%,这是由于"是"字句、体词谓语句、形容词谓语句和主谓谓语句的数量都有较大增长,还有一定数量的混合谓语句和其他谓语句;是由于汉语的发展推动了各种句型的增加。

我们对句型的讨论以动词谓语句的句型为主。动词谓语句中几种重要的结构如动补式、"介宾·动"和"动·介宾"式、被动句式,都已有专节。这里准备讨论的是:第一,简单的动词谓语句;第二,连动句;第三,并列的动词句;第四,兼语句;第五,几种特殊的动谓句;第六,两种特殊的双宾句。

除动词谓语句外,其他谓语句准备扼要介绍的有:第七,主谓谓语句和受事主语句;第八,名词谓语句。

下面我们就依序介绍:

4.1 简单的动词谓语句

简单的动词谓语句指谓语的中心成分只有一个动词或一个"动宾"结构,包括动词前的修饰语(除介宾结构以外)。

4.1.1 最简单的动词谓语句没有主语、宾语、状语,只有一个动词

例如:

① 罢。罢。罢。　　2.815

或只有一个动词加语气词,如:

② 来也。　　2.568

或者只有一个动宾结构,如:

③ 卖狗肉。　　2.569

或者是[主动宾],后面有的有语气词,有的没有,如:

④ 我有三件事。　　2.862

⑤ 员外没来由。　　2.555

⑥ 你看他波。　　1.347

"波"为语气词。

或者是〔主·动·(语气词)〕,如:

⑦你听者。　　2.567

"者"为语气词,见语气词章。

像上面这样简单的动词谓语句不多。

4.1.2　带状语的简单谓语句

最简单的状语是表否定或情态等的单音副词或助动词,例如:

①我不嫁。　　2.808
②你要招,你自招。　　2.852
③母亲休怕。　　1.468
④妹子休荒莫怕。　　2.653

《戏曲》中的简单谓语句往往有两层以上、两类以上的状语,如:

⑤事要前思,免劳后悔。　　2.639
⑥这梅香好不会干事也。　　2.556
⑦你不要大惊小怪的。　　2.560
⑧母亲不必人前羞我。　　1.366
⑨等庆安来赴期时先与他。　　2.555
⑩周舍两三日不家去。　　2.649

例⑤的状语为助动词"要"和时间副词"前";例⑥的状语为程度副词"好"、否定副词"不"以及助动词"会";例⑦为否定副词"不"、助动词"要"以及程度副词"大"和"小";例⑧为否定副词"不"、肯定副词"必"以及表处所的状语"人前";例⑨为表时间的短语"等庆安来赴期时"和时间副词"先";例⑩为时间短语"两三日"、否定副词"不"以及表处所的状语"家"。

4.1.3　简单谓语句的复杂宾语

《戏曲》的简单谓语句里最引人注意的是它的宾语,有不少动宾句都有一个结构复杂的宾语,这些宾语与动词的搭配有一定关系。带复杂宾语的动词最常见的有以下一些:

4.1.3.1　有

①有二百疋金勒马、五十辆画轮车。　　　　2.701

②有多少闲议论。　　2.807

③那里有个为老婆放刁的道理。　　2.809

④俺同姓之人也有不畏法度的。　　2.863

⑤坟头上土脉犹湿,架儿上又换新衣。那里有走边廷哭倒长城,那里有浣纱处甘投大水,那里有上青山便化顽石。　　2.855

例①"有"的宾语是两个并列的"数量词·名词"结构;例②"有"的宾语"议论"是表抽象事物的名词短语,且有"多少"和"闲"两个定语;例③的宾语也是表抽象事物的名词短语"道理",同时有量词"个"和"介宾动·的"结构(为老婆放刁的)作定语;例④的宾语是由动宾加"的"的"的"字结构,表示"不畏法度的"人;例⑤的宾语是三个动词短语,代表三种妇女,若在这三个动词短语之后加上"的",意思就更加清楚了。

4.1.3.2　知、闻知、知道、识……等

①我有个同窗故友姓韩,名辅臣,不知进取了功名了也那,可是游学於四方。　　2.803

②闻知有亡过了的李希颜夫人谭记儿大有颜色。　　2.740

③可知道福无重受日,祸有併来时。　　1.451

④妾身须识个撇、竖、点、划。　　2.751

例①"(不)知"的宾语是一个选择问句"进取了功名也那,可是游学於四方"。例②"闻知"的宾语是一个兼语句,其中动₁是"有",兼语是"亡过了的李希颜夫人谭记儿",它是动₁"有"的宾语,是动₂"有"的主语。动₂"有"所在的动词短语"大有颜色"是兼语"……谭记儿"的谓语。例③"知道"的宾语是一个并列复句"福无重受日,祸有併来时。"例④"识"的宾语是数量词"个"加上四个并列的名词"撇"、"竖"、"点"、"划"。

4.1.3.3 看、见

①老汉在家闲坐,看有什么人来。 2.548

②父亲,你看那蜘蛛罗网里打住一个苍蝇。 2.564

③他见俺家穷暴了也,他数次家要悔了这门亲事。 2.548

④我到房里,只见被子到高似床。 2.641

例①"看"的宾语"有什么人来"是一个兼语式,其中"什么人"是兼语。例②"看"的宾语是一个动补结构,前面有处所状语"那蜘蛛罗网里",动补结构"打住"带有宾语"一个苍蝇"。例③"见"的宾语是一个主谓结构,谓语是形容词"穷"加程度补语"暴了"。例④"见"的宾语是一个比较句"被子到高似床"。

4.1.3.4 想、觉、量、念

①不想天地也顺水推舟。 2.860

②谁想此人背我之恩。 2.745

③不想一阵大风刮在这家花园内梧桐树上,抓住了。 2.550

④谁想杨衙内为我娶了谭记儿,挟这仇气,奏了圣人,要枭取我首级。 2.472

⑤量一个媳妇打什么不紧。 2.549

⑥不觉一阵心疼。 1.387

例①是关汉卿《感天动地窦娥冤》中的千古名句,"天地也顺水推舟"这个主谓结构作"(不)想"的宾语。表示了对天地的愤慨与不满。例②"想"的宾语也是主谓结构。例③"想"的宾语是一个复杂的主谓结构,第一个谓语动词"刮"后面有介宾短语"在这家花园内梧桐树上",它同时又位于第二个谓语动词"抓"之前;在"抓"之后还有结果补语"住"。如果在"一阵大风"前有"被"字,或者在"一阵大风"后有"将风筝儿"介宾短语,意思就更清楚了,可见宾语的复杂在这里毫不多余,反而还有再复杂一点儿的需要。例④"想"的宾语是一个因果复句,"要枭取我首级"是果,由"杨衙内"到"圣人"是因。在表原因的话语内部又是一个复句,"为我娶了谭记儿,挟这私仇"是因,"奏了圣人"是果。例⑤

"量"的宾语是一个主谓结构,谓语"打什么不紧"是对主语的评论。例⑥"(不)觉"的宾语是一个有数量词的名词短语。

4.1.3.5 说、道

①听的说石和孩儿盆吊死了。 1.466

②俺员外说着你选吉日良辰,下财置礼,娶的小姐去。 2.548

③报复去,道有王彦章来了也。 1.299

④张千报复去,道窦鉴张弘拿的杀人贼来了也。 2.573

例①"说"的宾语是主谓结构"石和孩儿盆吊死了",其中谓语动词"吊",前有名词状语"盆",后有结果补语"死"。例②"说"的宾语是一个复杂的兼语句,动$_1$是"着",兼语是"你",动$_2$是"选",动$_3$是"下",动$_4$是"置",动$_5$是"娶",最后还带趋向补语"去"。例③"道"的宾语是兼语句"有王彦章来了"。例④"道"的宾语是一个主谓结构,其中谓语动词"拿"后有结果补语"的"(得),"拿的"后有宾语"杀人贼",还有趋向补语"来"。这样的例子还有很多。

4.1.3.6 推、许、管

①你还推不知道里。 2.561

②不许一个人泄漏了。 1.298

③我也不管你们是的不是的。 2.562

例①"推"的宾语是一个表否定的动词词组"不知道"。例②"许"的宾语是一个主谓结构"一个人泄漏了"。例③"管"的宾语是"你们是的不是的",一个选择问句。

4.1.3.7 如、似(恰似、便似、好似、恰浑似、端的似)

①则不如觅死处,眼不见鳏寡孤独,也强如没归着、痛煞煞、哭啼啼,活受苦。 1.460

②我便似没头鹅热地上蚰蜒。 1.393

③恰似秋风过耳休休。 2.644

④看了这官人那中珠模样,好似我那王阿三孩儿也。 1.307
⑤恰浑似活地狱。 1.459
⑥全不似管鲍分金,到做了孙庞刖足。 1.399
⑦您端的似鹍鹏得志秋云长,您端的似鱼龙变化春雷响。
1.348

例①第一个动词"如"的宾语是一个条件复句"觅死处,眼不见鳏寡孤独";第二个"如"的宾语是由四个动词结构组成的并列复句"没归着、痛煞煞、哭啼啼、活受苦。"例②"似"的宾语是两个并列的名词短语"没头鹅"和"热地上蚰蜒"。例③"似"的宾语是一个主谓结构"秋风过耳休休"。例④⑤"似"的宾语是名词短语"我那王阿三孩儿"和"活地狱"。例⑥"似"的宾语是主谓结构"管鲍分金"。例⑦两个"似"的宾语分别是两个并列复句"鹍鹏得志秋云长"和"鱼龙变化春雷响。"

4.1.3.8 经

表示经历过什么事。如:

俺破黄巢血战到三千阵,经了些十生九死、万苦千辛。……俺可经了些个杀场上恶哏哏捉将擒人。 1.262

第一个"经"的宾语是不定量词"些"和两个并列的名词短语"十生九死"、"万苦千辛"。第二个"经"的宾语是不定量词"些个"("个"是后缀助词)和动词谓语结构"杀场上恶哏哏捉将擒人",这个动词谓语结构前面加上"些个",实有名词结构性质,意谓经历了一些杀场上捉将擒人的事。

由以上分析可以看到,《戏曲》中简单动词谓语句最重要的特色是部分感知动词以及表示类似的动词常带动词结构、主谓结构或复句作宾语。这就使简单动词谓语扩展开来,比《变文》的同类句式,增多了字数,增加了长度。但宾语无论如何复杂,从其整体来看仍然只是动宾结构中的一个宾语成分,因此仍应归入简单动词谓语句。

《变文》的简单动词谓语句也有不简单的表现,那主要是状语和定语等修饰语在起作用①,虽然也有动宾结构中宾语扩展的现象,却远不像《戏曲》中的宾语结构扩展得这样自由而灵活,如此复杂而多样。

4.2 连动句

连动句式是指动词或动词结构连用,它们之间有时间先后或主次之分,都为同一施事主语发出的动作,一个连动结构形成一个句逗。

《戏曲》里的连动结构不少,主要情况如下:

4.2.1 单音动词或动宾结构组成的连动式

《变文》中连动结构很多,大多为动词或动宾相连,结构比较简单,如:

①远公向西坡上止宿。　　（庐山远公话）1.174

②是时远公来至市内,执标而自卖身。　　（同上）1.175

③伍奢……触圣情而直谏。　　（伍子胥变文）1.2

④舜子叉手启阿娘。　　（舜子变）1.132

《戏曲》中两个光杆动词连用的连动式很少见,大多带状语或补语。两个动宾结构组成的连动式较易见到,如:

⑤我上树取这风筝咱。　　2.550

⑥观中怕惹风情事,故使机关配俊郎。　　2.740

⑦你跟我庄上取银子还你。　　2.849

"取银子还你"的主语是省略了的"我",而不是句首的"你"。

有时状语只属前一个动词,如:

⑧你家去吃饭,我看着。　　1.461

⑨明日早墙底下来认尸。　　1.464

---

① 参看拙文《〈敦煌变文〉与〈世说新语〉若干语法特点的比较》中的状语、定语部分。载程湘清主编《隋唐五代汉语研究》,山东教育出版社1990年版。又,见本书第二部分。

例⑧的"家"修饰"去",例⑨的"墙底下"修饰"来"。这种用法可与下面的例句作比较:

⑩"一时那里寻你去?""你来粉房里寻我。""粉房里没有呵?""赌房里来寻。""赌房里没有呵?""牢房里来寻。" 2.646

由"来粉房里寻我"到"赌房里来寻"、"牢房里来寻",可知在戏曲里,连动式中第一动词"来"前的处所词大都是这个动词的修饰语,可位于这个动词后作它的宾语而意义基本一致。把处所词置于这些动词前可能有强调处所之用意。"来"与"寻"构成连动式。

有时两个以上动词连用,这种情况在《变文》中也有,大多是下面例句中的情况,如:

⑪按剑悲歌而叹曰:……　　　(伍子胥变文)1.12

⑫季布幕中而走出,起居再拜叙寒温。　　　(捉季布传文)1.66

在《戏曲》中也有部分类似用例,如:

⑬俺孩儿李庆安上学来家吃了饭,不知那里去了。 2.560

⑭我好意将着车辆鞍马茔房来断送,你划地将我打骂。

2.649

但在《戏曲》中更多的连动式是与动补式或兼语式相结合,构成更为复杂的、更富于表现力的句子结构。这些句式在《变文》中是很少见到的。

4.2.2　连动式与动补式的结合

《变文》中动补结构很多,常可见到一段中多处补语,如:

①捋出脊背,拔却左腿,揭却脑盖。　　　(燕子赋)1.250

②连忙取得四个瓶来,便着添瓶。才添得三个,又倒却两个。又添得四个,倒却三个,十遍五遍,总添不得。难陁恶发不添,尽打破。　(难陁出家缘起)1.398

但《变文》的连动式与动补结构连用成句者很少,偶而可见,如:

③老母便知是舜,牵挽出之。　　　(舜子变)1.132

·361·

《戏曲》中不仅动补结构大量出现,与《变文》相比有增无已,详情请参看"动补结构的重大发展"部分;同时连动式与动补式的结合也有长足发展。

4.2.2.1 连动式与结果补语结合。如:

①你去当街里拦住新状元柳耆卿。 1.517

②怎生看闰香孩儿的面饶过俺父亲咱。 2.575

4.2.2.2 连动式与程度补语结合。如:

①我不拜你,拜下去就折杀了你。 1.344

连动式中两个动词都有补语,"拜"的补语"下去"是趋向补语,"折"的补语"杀"是程度补语。又如:

②两口儿吃的醉醺醺紧相偎。 2.752

连动式的前一动词"吃"带"的(得)"补语,由"得"引出"醉醺醺",既表结果,也表程度。

4.2.2.3 连动式与趋向补语结合。如:

①"张千,你说与亲随张梢,驾起小舟直到潭州,取白士中首级走一遭去。" 2.741

②"咱后花园中闲散心走一遭去来。" 2.550

③你买个风筝儿放耍子去。 2.549

④老身将着银子鞋儿去李员外悔亲走一遭去。 2.548

⑤拿着这件衣服去王员外解典库里当些钱钞使用走一遭去。 2.554

最后一例是由"拿……"、"去……"、"当……"、"使用"、"走……"五个动词短语组成的连动式加最后的趋向补语"去"。

4.2.3 连动式与兼语式的结合

在"兼语式"部分有详细介绍,这里只略举两例:

①是赵盼儿设计混赖我媳妇宋引章。 2.654

兼语式的第一动词是"是"(也可叫系词),兼语是"赵盼儿",后面的"设计混赖……"是连动式。又如:

②三兄弟,母亲的言语,说你不过去,待着母亲来接你那。　　1.358

"待着"是第一动词,"母亲"是兼语,"来"、"接"是连动。又如:

③我写一封书稍将去,着俺母亲和赵家姐姐来救我。　　2.642

4.3 并列的动谓句

并列结构指同一个主语联系两个或两个以上的动词短语,彼此不是先后或主次关系,而是同等的、并列的。一般情况下如果前后逆转,不至于影响原意。但由于语言习惯等因素并不是都可以任意逆转使用。

4.3.1 《戏曲》中两个并列的光杆动词不多见

并列的动宾结构却出现较多,这是与《变文》不同的。如:

①与他无明夜过药煎汤。　　2.717

②员外息怒息怒。　　2.555

③您孩儿受十年苦苦孜孜、博一任欢欢喜喜也。　　1.348

④您孩儿顶天立地,噙齿带发、带眼安眉。　　1.366

例③两个动宾结构"受……"和"博……"并列,作"您孩儿"的谓语。例④的主语有三组由并列结构组成的谓语,每组由两个动宾结构组成。

《戏曲》并列式更重要的特点是它们大多与动补式、兼语式等其他动词结构组合在一起,构成更为复杂、含义更丰富的句子。

4.3.2 并列式与结果补语的结合

①有了杀人贼也,将这厮绑缚定。　　2.52

②打拷杀咱家谁做主?　　1.293

③我数次索取这银两,他兑付不起。　　2.847

4.3.3 并列式与程度补语结合

①兀的不欢喜杀老身也。　　1.351

②烦恼杀了我也。　　2.645

③我想汉家天下,谁想变乱到此也呵!　　1.2

"到此",介宾结构表示程度之甚。

④怎当那绷扒吊拷难禁受。　　2.558

"难禁受"作前面四个并列动词的补语,表示程度之甚。

4.3.4 并列式与带"的"(得)补语结合

①"与我整理的好,着银子与你买酒吃。""整理的复旧如初,好了也。"　　1.387

"的"与"得"通用。并列动词"整理"与带"的"(得)补语相结合。

②今日个亲蒙圣主差,审问的明白。　　2.868

4.3.5 并列式与趋向补语结合

这种用例最多,如:

①小生目下进取功名去。　　2.848

②我自家收拾了家去。　　2.563

③我迎接哥哥来,怎敢躲了?　　2.569

4.3.6 并列式与兼语式和动补式结合

①张千门首觑者,若来时,报复我知道。　　2.573

"我"为兼语,"知道"为"我"的谓语。这是并列动词"报复"与兼语式的结合。

②他不过来,敢教我接待他去那。　　1.358

在兼语式"敢教我接待他"后面还有趋向动词"去"。

③大人教我狱神庙里歇息去。　　2.565

此例在兼语"我"和第二动词语"歇息"之间还有处所状语"狱神庙里",在并列动词"歇息"之后有趋向补语"去"。

④我着窦鉴张弘察访杀人贼去了。　　2.573

4.3.7　并列结构作补语

①将军死的苦痛,见了的那一个不伤嗟。　　1.272

②打的我魄散魂飞,命掩泉石。　　2.859

③你做的个弃旧怜新。　　2.742

并列结构作补语的更多用例请参看"动补结构的重大发展"中"带'得'补语"部分。并列结构大多出现在由"的"(得)引出的补语中,多表示程度,也有部分表示结果。因为无论是同义并列或反义并列,都有助于加强语言的表现力,使人更能感到程度之甚,或使人对事情的结果有更深刻的印象。

4.4　兼语句

《戏曲》中兼语句大量出现。《戏曲》的兼语式与《变文》相比,明显的特点有三:一是兼语句大量出现。使用频率比《变文》有很大提高;二是兼语句与其他句式的广泛结合;三是兼语句中的第一动词在不断的淘汰和更新之中有相对集中的趋势。我们分以下几个问题介绍。

4.4.1　兼语句的主要类别

4.4.1.1　使令劝戒类

这类句子的动$_1$含有使令、派遣……一类意思。在《戏曲》中常见的有:着、教、使、交、唤、劝、差等。例如:

①俺家闰香姐姐着我将这一包袱金珠财宝送与李庆安去。　　2.555

②我褡护上掉了一根带儿,着他缀一缀,他道:"我缀了。"我

道:"在那里?"他道:"我缀的牢牢的里,着我衣裳高处看。"

2.64

兼语句中"衣裳高处看"意谓看衣裳高处。

有时施事主语和兼语为同一对象。如：

③我着这粉脸儿搭救你个女眷牛。　　2.645

施事主语"我"和"这粉脸儿"都是同一人。

有时"着"的"施事者"为某种情势,如：

④鼻凹上抹上一块砂糖,着那厮哝又哝不着,吃又吃不着。

2.645

使那厮吃不着、哝不到的是这样一种情况:在他鼻凹上抹上一块砂糖。当然,也可认为主语是"我"。

⑤到来日裴炎不死呵,教谁偿命。　　2.572

②我将这知心书亲自修,教他把天机休泄漏。　　2.645

此例中兼语式与处置式相结合。

⑥我便浑身上都是口,待交我怎分辨。("交"通"教")

2.727

⑦哎,你,你,交我没想没思,两心两意。　　2.693

⑧天使游魂先惊动。　　1.460

⑨使老夫悬悬在念。　　1.500

⑩唤窦娥做些羊肚儿汤与婆婆吃。　　2.854

⑪当初赵家姐姐劝我不信。进的门来,打了我五十杀威棒。

2.642

⑫某今差王彦章领十万雄兵去搦李克用家名将出马。

1.299

此例兼语式中套着兼语式,第一个兼语为"王彦章"第二个兼语为"李克用家名将"。

⑬有了杀人贼也。大人爷放俺还家中去。　　2.574

⑭愿天下心厮爱的夫妇永无分离。 2.723

⑮等俺到的潞州,别寻取存孝一庄事,调唆阿妈杀坏了存孝。
1.258

⑯他若认了本姓,咱搬唆阿妈,杀了存孝,方称我平生之愿也。
1.258

4.4.1.2 有无类

《戏曲》中以"有"、"无"作兼语第一动词的例句较多,这类兼语句大多是无施事主语句。

①雨后有人耕绿野。 2.654

这类兼语句无施事主语,常表示存在和泛指。有时在某人的专名第一次出现时用"有"作第一动词,如:

②在城有王半州和俺父亲指腹成亲来。 2.549

有时"有"的主语为"我",如:

③我有个张阿娘要与大人切鲙。 2.748

有时"我"或"俺"作兼语的定语,则"有"前的主语省略,如:

④有我女孩儿从嫁了周舍。 2.642

⑤有俺白士中大人在潭州为理。 2.741

[无]①无人报复,我自过去。 2.742

②无人抬举他。 1.291

③那其间墙里无人看。 2.554

这类兼语句一般不需主语。而且兼语常为"人"。

4.4.1.3 褒贬评论类

动$_1$表示施事者主观的态度或看法,大多带有褒或贬的倾向性;"动$_2$"大多表示施事者看法的具体内容,或者是施事对此褒贬的原因或理由。这类兼语式的"动$_2$"有时为名词或形容词谓语。常见的动$_1$有:量、笑话、夸、论、欺侮、说、嫌、告、骂……等。如:

①他见俺穷暴了,他要悔了这们亲事。我是个读书人,量一个

媳妇打甚么不紧！ 2.549

②一般的学生每笑话我无个风筝放。 2.549

③休夸你四百座军州、八十里汴京。 2.569

④论此人之学不在老夫之下。 1.500

⑤你只说我不认的你哩。 2.854

⑥你也嫌他穷。 2.551

⑦如今李员外告我妄告不实。 2.575

此例的"告"不是"告诉",是向上告发之意。

⑧他骂我是歇案的贼。 2.555

⑨你休欺侮关云长年纪老。 1.4

例③的"动"₂为名词谓语,例⑥、⑨为形容词谓语,例⑧为"是"字谓语。

4.4.1.4 以"是"字为第一动词的兼语句

①是那一个不晓事弟子孩儿打破我孩儿头。 1.391

②则是李庆安这个小弟子孩儿为我悔了亲事也,他杀了我家梅香。 2.559

此例的兼语是"李庆安这个小弟子孩儿",另一兼语是"他",承上省略了"是"。

③是什么东西绊了我一交。 2.556

《戏曲中》用作兼语句第一动词的常常是"随、让、为、立、换"等。如：

①随你留了也得,与了人也得。 1.294

②让他轿子先行。 2.641

③今日为官不大古柱教你坐黄堂。 1.460

④则在这两日内立你做个小夫人。 1.515

368

4.4.2 兼语句与其他句式的广泛结合

兼语句与其他句式广泛结合是《戏曲》兼语句的重要特色。我们在谈到其他句式时已涉及到这种现象。以下我们再举例说明：

①这里有个大姐赵盼儿着我收拾两箱子衣服行李往郑州去。 2.646

这是"有"字兼语式与"着"字兼语式和动补式的结合，有两个兼语"个大姐赵盼儿"和"我"。句末还有趋向补语"去"。

②我今夜晚间收拾一包袱金珠财宝着梅香送与你。 2.553

此例的兼语格是"着梅香送与你"，"着"是句中连动式里的第二动词。

③小官嫌官小不做，嫌马瘦不骑。 1.385

这例兼语式的第二"动词""小"、"瘦"是形容词，是对兼语的状态的描绘。此例是兼语式与连动式的结合，"嫌……不做"、"嫌……不骑"是连动式。"官"和"马"是"嫌"的宾语，是形容词谓语"小"、"瘦"的主题主语；又是"不做"、"不骑"的受事主语。

④着这厮恼了我这一场。 2.555

这种兼语式里，"着"的主语就是"我"，"着"有"叫"意，与现在的被动句相似。又如：

⑤那时若是别个也着他送了五星三命，谁想是你兄弟老三。 1.136

此例"是"是第一动词，"别个"是第一兼语，"着"是第二动词，"他"是第二兼语，"着他……"也有"被他……"之意。

⑥枉教你坐黄堂，带虎符，受荣华，请俸禄。 1.460

此例是兼语式与并列式谓语的结合，兼语后有四个并列结构作谓语。

⑦有阿妈李克用见某有打虎之力招安我做义儿家将，封我做十三太保飞虎将军李存孝，就着我与邓大户家为婿。 1.254

这是"有"字兼语式加连动式再加三个兼语式。"见……招安……"，是连动式。"招安我……"，"封我……"，"着我……"为三个兼语式。

4.4.3 兼语句第一动词的变化

兼语式的第一动词在《戏曲》中淘汰了一些比较古老的动词,如:俾、遣、麾、诏、敕、拜、迁、诫、贤、视、誉……也增添了一些口语中的动词,如:着、夸、论、嫌、骂、笑话、放、是、差……特别是第一动词相对集中,像"着"、"教"、"有"、"是"等,出现的频率非常高,这是很值得注意的。

4.5 几种特殊的动词谓语句

《戏曲》中有几种句式在《变文》里未曾见到,可能是唐以后逐步形成和发展起来的,值得注意。

4.5.1 ［动"一"动］、［动宾"一"动］

在前面这种句式中,前后两个相同的动词中间有"一"。如:
　①消不的你请我坟院里坐一坐,教你祖宗都得生天。　　1.392
　②我褡护上掉了一根带儿,着他缀一缀。　　2.641
　③小官鲁斋郎,因这壶饼跌漏,去那银匠铺里整理一整理。
　　　　　　　　　　　　　　　　　　　　　　　　　1.386
　④若是不肯写休书,我将他掐一掐,拈一拈,搂一搂,抱一抱……赚得那厮写了休书。　　2.645

另一类是在第一个动词后有宾语,如:
　⑤消不得拜我一拜。　　1.392
　⑥你怎敢骂我,你不认的我?觑我一觑,该死。你骂我该什么罪过?　　1.392
　⑦父亲,如今那个人在那里?唤他出来,我见他一见。着他去见他那亲娘一见去,可不好?　　1.312
　⑧等我一等,我张千也来送柳先生。　　2.506
　⑨谁敢道是汤他一汤,谁敢是触他一触。　　1.293

从以上例句可以看到,在[V(D)一V]前面可有介宾,如例④的"将他"等;在它前面也可以有兼语式的第一、二动词和兼语,如例②的"着他"、例⑦的"着他去";此式可在兼语句中做兼语后的两个动词,如例②、⑦;同时在此式的第二个动词后面也可有趋向补语"去",如例⑦。因两个动词似具有同样作用,若去掉"一",[V一V]就成了[VV],如"坐坐"、"缀缀"、"整理整理"、"搂搂"、"抱抱"……等,意义上并无大的差别。但加了宾语之后,不能略去"一"而说"拜我拜"、"觑我觑"、"见他那亲娘见"、"等我等"等。如果把宾语放在两个动词之后,那就既可说"拜拜我",也可说"拜一拜我"。不过在《戏曲》中还没有见到这两种句式。

4.5.2 [动"便"动]、[动"则"动]

在前后两个相同的动词中间有副词"便"或"则"。这种[动"便"动]可能是由[动"则"动]变化而来,在《变文》中没有见到[动"便"动]式。在《戏曲》中"便"字句比"则"字句多。在现代汉语里有"便"句,还有[动"就"动]句。"则"、"便"、"就"在用法和意义上都有共同之处,它们的变换反映了这种句式的历史演变过程是一步一步随着口语的变化而更新其中的虚词,而古老的形式若还有它特定的作用,也能得以保存。如:

①旦:"三个都是我的孩儿,着我说些甚么?"孤:"你若不实说,张千,与我打着者!"旦:"大哥,二哥,三哥,我说则说,你则休生分了。" 1.458

②正旦云:"既然真个不说,我觅个死处也!"白士中云:"住,住,住,夫人,你死了,那里发付我那!我说则说,夫人休烦恼。"
2.744

③官人云:"果然是裴炎,兀那厮,是你杀了王员外的梅香来么?"裴炎云:"大人,委的不干李庆安事,是我杀了王员外的梅香来。饶便饶,不饶便杀了罢。" 2.573

④周舍:"我向前打那抬轿的小厮道:'你这等欺侮人!'举起

371

鞭子就打,问他道:'你走便走,晃怎么?'" 2.641

⑤衙内云:"将酒来,小娘子满饮此一杯。"正旦云:"相公请。"亲随云:"你吃便吃,不吃我便来也。" 2.749

⑥裴炎云:"一个妇人来也,我先杀了他。黄泉做鬼休怨我。"裴炎云:"我杀便杀了。我是看咱,一包袱金珠财宝。罢,罢,罢,也勾了我的也。不杀王员外了。背着这包袱,跳过这墙去,还家中去也。" 2.556

由以上数例可以看出:

1.用"则"字式或"便"字式与人物身份和语言环境有关。例①的"旦"是三个孩子的母亲,她曾教孩子们"看诗书"、"习经史",她要"学孟母当时教子",是一位饱读经书的知识人①;例②的白士中是一位"一自登科甲,金榜姓名标"的官员②,因此他们都用书面语"则"字式。而例③、⑥的裴炎是一个"一生杀人放火、打家截道"的强盗③;例④的周舍是一个"酒肉场中三十载,花星整照二十年。一生不识柴米价,只少花钱共酒钱"的浪荡公子④;例⑤的"亲随"是花花太岁杨衙内的贴身侍员。⑤ 他们大都属于社会的普通阶层甚或下层,所操语言是以当时口语为主,所以都说口语的"便"字式。

2."则"字式和"便"字式有其共同的含义和用法,它们常用作递进复句的偏句,表示让步,为表示递进的分句作准备;表递进的分句常有转折之意,如例①意谓"我说就说吧,(但)我的三个儿啊,你们不要(因为我说的话)而和我生分了"。例②意谓"我说就说吧,(但)夫人(听了)不要烦恼"。例④意谓"你们(抬着轿子)走就走,(但你们)晃什么?"其中表递进的主分句都含有转折之意。

3.这种句式的用法也有新的变化。如例③、④,主分句都是"不

---

① 见《关汉卿戏曲集·包待制三勘蝴蝶梦》第一折,452页。
② 见同书《望江亭中秋切鲙旦》第一折,735页。
③ 见同书《王闰香夜月四春园》第二折,554页。
④ 见《关汉卿戏曲集·赵盼儿风月救风尘》第一折,635页。
⑤ 见同书《望江亭中秋切鲙旦》第三折,745页。

动""便……"式,意思是"如果不是这样,就如何如何"。从反方面来谈结果。这可能是原来用法的一种发展变化。

再看例⑥,"我杀便杀了"。它不是偏正复句中的一个偏句,而是一个单句。表示一种对已经做的事情无所谓的态度。以上这些用法我们在现代汉语中都能见到。

4.5.3 [动·"不"·动]、[动"也"·"不"·动]

前式在同样两个动词(或形容词)之间有副词"不",如:

①衙内云:"多谢小娘子来意。抬过果桌来,我和小娘子饮三杯。将酒来,娘子满饮一杯。"亲随云:"吃不吃?请,请,请。"
2.749

②旦:"你如今嫁人,莫不还早里!"外旦:"有什么早不早?"
2.638

很明显,"吃不吃"是一种选择问句,意谓"吃或不吃?"例②是把这种选择问句作为动词"有"的宾语,而用"什么"作为修饰语,这是一种保留至今的惯用句式,意谓没有什么考虑其早或不早的必要。

[动·"也"·"不"动]在选择问句的两部分之间加上语气词"也",就使其两部分更清楚,选择问的语气也更明显,更郑重其事。如:

③净官人云:"你招也不招?"李庆安云:"大人可怜见,打死小人并不知情。"外郎云:"再与我打着者!"李庆安云:"罢罢,罢。父亲,我那里捱的这等拷打!我招了罢,是我杀了他家梅香来。"
2.563

④正旦云:"相公,你说也不说?"白士中云:"夫人,我无前妻,你着我说什么?"正旦曰:"既然真个不说,我觅个死处也。"
2.743

例③"你招也不招?"的下文有"再与我打着者!"例④的"你说也不说?"的下文有"既然真个不说,我觅个死处也",可知这种句式常用于形势比较严峻的场合,问话人常是在发出这问话之前即已有进一步的打算,一旦达不到目的,就提出进一步的措施或手段。因此[动·也·不动]句式增加了语气词"也"之后,作用有所加强。在现代汉语里,"也"有时变为"啊",有时仍为"也"。

有时在[动·也·不动]前加"可是",有"究竟"之意。如:

⑤孤:"张千,你近前来。可是怎的。"张:"可是中也不中?"　1.461

⑥旦:"一个道'你爷先吃',一个道:'你娘吃。'这言语我听也难听,我可是气也不气?"　2.855

例⑤意谓"(这办法)究竟行不行?"是正面提问。例⑥意谓"我究竟生不生气"意即我怎能不生气,是一种反问。

4.5.4 ["一"动·"一"动·"的"]

同一动词前出现两个副词"一",后面有助词"的"。如:

①今日是吉日良辰,着这妇人上了轿先行。……则见那轿子一晃一晃的,我向前打那抬轿的小厮道:"你这等欺辱人!"　2.641

"一晃一晃"是两个并列的动词的偏正结构,加上"的"以后,变成形容词性质,描述主语的状态。这种句式在《变文》中未见,在《戏曲》中用例也很少。但由于这种用法能通过动态描写事物,很有特点,因之得以发展,在现代汉语里常可见到这种句式。

4.6 两种特殊的双宾句

关于双宾语句的目的表示法。

所谓双宾语句的目的表示法指的是在这些结构后面附加一个谓语形式来表示这双宾结构的目的①。这类句式大约在魏晋南北朝时已经出现,如:

---

① 贝罗贝在《双宾结构从汉代至唐代的历史发展》一文中把这种现象称之为"双宾语句的复化"。见《中国语文》1986,3,204—226页。

①借府君前笔砚书符。　　（搜神记·卷一）①,7

在《戏曲》中也有类似用例，如：

②再借与你二两银子做盘缠。　　2.846

后来一直沿续下来，如：

③我再与你十四五两银子做本钱。

（水浒传·二十六回）②

④但他饥时，与他铁丸子吃。　　（西游记·三十七回）③

⑤跑堂的提着开水壶来，又给他些汤水喝。

（儿女英雄传·十五回）

4.6.1　目的类的双宾句

在《戏曲》中这类用法还有进一步的发展，即在双宾语结构之后，有一个主谓结构表示其目的，这样就构成了一种目的复句。如：

⑥我与你二百钱，你买个风筝儿放耍子去。　　2.549

⑦我着梅香送与你一包袱金珠财宝与你，你倒换过来娶我。

2.560

下例的双宾语结构后面又有"与你"，可能为了表示强调。两例中的"你买个风筝儿放耍子去"和"你倒换过来娶我"都是主谓结构表示目的。

在《戏曲》中还有这种句式：

⑧与你一匹马不会骑，与你一张硬弓不会射。　　1.257

如果只有"骑"、"射"，是表示其前面双宾结构的目的，而"不会骑"、"不会射"则表示某种结果。

除双宾语结构外，有些动宾结构后面也紧连着一个主谓结构表示目的。如：

⑨你说那茶名来我听。　　2.569

---

① 中华书局 1980 年版。
② 人民文学出版社 1954 年版。
③ 人民文学出版社 1972 年版。

⑩你套一床被我盖。 2.641

在与双宾式密切相关的处置式后面也有表示目的的动词结构,如:

⑪如今将孩儿窦端云送与蔡婆婆做儿媳妇。 2.848

在宋代话本中也有类似用例:

⑫殿直把那简帖儿和两件物事度与浑家看。

(清平山堂话本·简帖和尚)₁₁

以上这些句式究应如何分析?它们是什么样的结构?我考虑似视为复句(或压缩复句)较好。因为在表目的动词谓语前大都可以补出主语,如"再借与你二两银子做盘缠"可变换为:"再借与你二两银子你做盘缠";"与你一匹马不会骑"可变换为:"与你一匹马你不会骑"。另一方面,表目的主谓结构也可省去主语,变为一个动词或动词结构,如"你说那茶名来我听"可变换为"你说那茶名来听"。可见这种表目的动词结构与主谓结构在用法上大多是一致的。

少数例句不易补出主语,如例⑪,在"做儿媳妇"前不能补"窦云孩儿"或"她"做主语。但实际上动词"送与"与"做"的主语是不同的,因此似仍可视为一种特殊的压缩复句。不知当否,请大家赐教。

4.6.2 致使类的双宾句

这类双宾式中前一个宾语(即近宾语)有兼语的作用,是动作的发出者。后一个宾语(即远宾语)是动作的承受者。如:

①不知什么人把他梅香杀了,摸了我两手血。 2.560

②这妮子兀的不吃酒来,更吐了那,摸了我两手。有些胧胧的月儿,我是看咱,可怎生两手血! 2.557

这种双宾式中的动词都带助词"了"作词尾。例①意谓使我摸了两手血。例②"摸了我两手",承上文意谓使我摸了两手梅香呕吐出来的东西。但后来在月色下一看,才知道原来是两手血。这种双宾式中的近宾语"我"既是兼语,又是动词"摸"的使动者,也可理解为"被我摸了两手血"。这是与古汉语中致使类双宾语不同的。《左传》中有这样的例子:王弗听,负之斧钺,使巡于诸侯。(昭公4年)₄.₁₂₅₃意谓(王)使之负斧铖。动词"负"的使动者是王。不能理解做"被他负斧铖"。像"摸了我两手血"这种句式常可见于现代汉语,但在《变文》中尚未见到。

4.7 主谓谓语句与受事主语句

4.7.1 主谓谓语句的特点

《戏曲》中主谓谓语句出现较多,这些谓语与主语的关系密切,主语大多是逻辑上的受事。如:

①小姐之恩小生不敢有忘。 2.553
②往常我冰清玉洁难侵近。 2.691
③似别的那等歹勾当我也不做他。 2.554

主谓谓语中的宾语"他",复指主语"似别的那等勾当"。"冰清玉洁"是两个并列的主谓谓语,他们和"难侵近"这个动词谓语一块做主语"我"的谓语。

④你的浑家我要带往郑州去也。 1.387

主谓谓语中的谓语是一个动补结构。

有些主语是主谓谓语描述的对象,不是受事关系。如:

⑤这个阿娘,我有些面熟也。 2.747
⑥这一个是我的亲儿。这两个我是他的继母。 1.458
⑦我再自己剔这灯咱。 2.864
⑧这厮心狠毒,这厮家豪富。 2.654
⑨月过十五光明少。 1.447

"过十五"为介宾短语,"光明少"为主谓谓语。

⑩那小千户酒性歹。 2.699
⑪庆安孩儿当初我曾与王员外家指腹成亲。 2.548
⑫将的你孩儿去了的那个官人他姓甚名谁。 1.315

主语是"将的你孩儿去了的那个官人",主谓谓语是"他姓甚名谁"。

⑬他百家姓也是我教与他的。 1.348

"他"是主语。"百家姓"是主谓谓语中的主语,"是"是主谓谓语中的系词,系词后的谓语又是主谓谓语"我教与他的"、其中的"他"复指句首的主语"他"。

⑭着那厮通身酥,遍体麻。　　　2.645

"那厮"是兼语句中的兼语,"通身酥"、"遍体麻"是两个并列的主谓结构作谓语。

⑮我见他出留出律两个都迴避。　　　1.515

此例动词"见"后为主谓结构作宾语,"他"为其中的主语,"两个都迴避"是主谓结构作谓语,其中的"两个"是"迴避"的受事者。意谓我见他悄悄地迴避(我们)两个。

4.7.2 受事主语句的特点

《戏曲》中受事主语句数量亦多,且用法灵活。

在《变文》中已有较多的受事主语句,如:

①成谋不说,覆水难收。　　(伍子胥变文)1.2
②营已入得,号又偷得。　　(汉将王陵变)1.38

《戏曲》中这类句子更多,而且句式也更灵活,如:

③鲁云:"道童,先生有么?"童云:"俺师父有。"　　1.8
④窦鉴云:"茶博云,茶三婆有么?"茶博士云:"有"。　　2.568
⑤此恩异日必当重报。　　2.848
⑥此一庄事不敢隐讳。　　2.559
⑦但是那驴吃田,马吃豆,斗打相争,人命等事,都来我根前申诉。　　2.561

"但是",意同"凡是"。"但是……等事"为一个复杂的名词性短语,其中列举的四件事有两件是主谓结构,"驴吃田","马吃豆";一件是动词结构"斗打相争",还有一个是名词短语"人命"。这个受事主语是个复杂的结构。

⑧一领绵团袄,当便当,不当便罢。　　2.555

这例的受事主语后面有两个谓语逗。

⑨俺这里忠言不信,他则把逸言信。　　1.262

前一句为受事主语句,后一句为处置式。

有的受事主语句后面的动词还有宾语,如:

⑩鞋儿银子交付与你。　2.549

动词"与"有两个宾语,直接宾语"鞋儿、银子",位于句首作受事主语,间接宾语位于动词后。

⑪四脚儿狗肉卖了三脚儿。　2.569

动词"卖了"后面有受事宾语:"三脚儿"。主语"四脚儿狗肉"是谓语陈述的对象。

⑫我这个兄弟为他能办事,唤他做魔眼里鬼。　2.567

在这个例子里,受事主语受到介词"为"的宾语"他"和动词"唤"的宾语"他"复指。

有的主语既是受事主语又是施事主语,如:

⑬莫不这杀人贼赶的慌,投井而死吗?　2.566

"这杀人贼"是"赶的(得)慌"的受事主语,意谓"赶得他慌";又是"投井而死"的施事主语。

4.8　名词谓语句

《戏曲》里名词谓语句的数量有较大增长,可能与杂剧剧本的文体有关。常见的有以下几类:

4.8.1　人物自我介绍时的套语

例如:

①贫道复姓司马,名徽,字德操,道号水鉴先生。　1.7
②某姓关,名羽,字云长,蒲州解良人也。　1.12
③老夫姓包,名拯,字希文,庐州金斗郡四望乡老儿村人氏。
　　　　　　　　　　　　　　　　　　　　　　1.402

4.8.2　表示赞美或感叹的名词谓语句

例如:

①好年光也!　2.568
②好京师也啊!　2.568
③好茶也!　2.569

④好肥狗肉！ 2.569

⑤绝好鱼也！ 2.747

这类句子常常出现在对话中。把描述的对象变成名词谓语的中心词，把描述其性质的用语变成定语，这样就形成无主语的名词谓语句。

4.8.3 〔数·量·名〕名词谓语句

名词谓语前有数量词"一个（筒、個）"，或数词加其他量词。这类句子也常常无主语。例如：

①一個妇人也。 2.748

②一個娘子也。 2.748

例①意在强调对方是一个女人；例②意在强调对方是一个年青的女人。着重点在名词语上。

③一包袱金珠财宝。 2.556

④一杖下，一道血，一层皮。 2.858

例③意在强调包袱内是金珠财宝；例④名词谓语由并列的"数·量·名"构成，意在强调"血"与"皮"。数量词的修饰作用使语言表达得更具体而生动。

如果有形容词，则句意的着重点常在形容词上。形容词常位于数量词之后、名词语之前。如：

⑤一个好妈儿也。 2.748

⑥一所好花园也。 2.550

"数·量·名"名词谓语前有时加处所词作定语，一般都位于"数·量·名"之前。如：

⑦衙内云："亲随，你做什么？"亲随云："相公鬓边一个虱子。" 2.745

⑧衙内云："张稍，你也怎的？"张稍云："相公鬓上一个狗鳖。" 2.745

⑨树木上面一筒黄莺儿。 1.391

"相公鬓边"、"相公鬓上"是偏正结构，"相公"是修饰语表示领属，与"树木上面"的结构一致。

4.8.4 系词"是"字句中的名词谓语句

例如：
　　　　①他是个医士人家女儿。　　1.387
有些是无主语的，如：
　　　　②是好春景也呵！　　1.390
详见"是"字句部分，这里从略。

4.8.5 有副词性成分的名词谓语句

有时名词谓语前有副词性成分。如：
　　可怎么两手血！　　2.556

5. 复句与语段

复句和语段。我们在这里不准备作具体的分类和描写，只想通过《变文》和《戏曲》的比较，对照一下两书对复句和语段的运用。

1. 对妇女的描绘常是作家用笔着力之处，单复句的选择和遣词造句方面也常常具有代表性。我们且做一对照于下：（复句、单句均编号，便于说明）

在《变文》的《难陀出家缘起》中，对难陀妻的美丽是这样描写的："其妻容貌众皆知，更能端正甚希奇①。脸似桃花光灼灼，眉如细柳色辉辉②。颜容端正实难比，美貌论情世上稀③。"　　1.395
在这个语段里用了①、②、③三个复句。①是个递进复句，②、③是并列复句。

再看《破魔变文》中对魔王三个女儿的描绘："侧抽蝉鬓，斜插凤钗①。身挂绮罗，臂缠璎珞②。东邻美女实是不如，南国娉人灼然不及③。玉貌似雪，徒夸洛浦之容；朱脸如花，漫说巫山之貌④。行风行雨，倾国倾城⑤。人漂五色之衣，日照三珠之服⑥。"　　1.351
这个语段由六个并列复句构成。在④这个并列复句内部，是两个偏正复句，偏句表条件，正句表结果。

下面我们看《戏曲》里的一个例子,这是在《温太真玉镜台》中对倩英小姐相貌的几段描绘:

"兀的不消人魂魄,绰人眼光①。说神仙那的是天上,则见脂粉馨香,环佩丁当,藕丝嫩新织仙裳②。但风流都在他身上,添分毫便不停当③。见他的不动情,你便都休强④。则除是铁石肝胆,也索恼柔断肠⑤。" 1.70

"我这里端详他那模样⑥。花比腮庞,花不成粧;玉比肌肪,玉不生光⑦。宋玉襄王,想像高唐,止不过蝶梦悠扬,朝朝暮暮阳台上,害的他病在膏肓⑧。若还来此相亲傍,形消骨化,命丧身亡⑨。"
1.70

"纵然道肌如雪,腕似水,虽是一段玉,却是几样磨成⑩。指头是三节儿琼瑶,指甲似十颗水晶⑪。稳坐的有那稳坐堪人爱,但举动有那举动可人憎⑫。他兀自未揎起金衫袖,我又早听的玉钏鸣⑬。" 1.74

在这个戏曲里,用了几个语段来描写倩英。在这些语段里有单句也有复句,但以复句占压倒多数。

单句如⑥:"我这里端详他那模样。"

复句内容丰富。有并列复句,如:①、⑦、⑪、⑫、⑭。其中①和⑭都是第二分句承上省略了"兀的不"。并列复句⑦内部含有两个偏正复句,偏句表条件,正句表结果。有条件复句,如:③、⑤、⑬。有假设复句,如:②、④、⑨。有因果复句,如:⑧。有递进复句,如:⑩。有多种复句构成的综合复句,如⑩、⑪的内部:"纵然道肌如雪,腕似水"是一个表示让步的偏分句,其中动词"道"的宾语是一个并列复句"肌如雪,腕似水"。"虽是一段玉,却是几样磨成"表示递进,它本身又是由递进复句构成,"虽是一段玉"是让步分句,"却是几样磨成"是递进分句。同时"却是几样磨成"对复句⑪来说又是一个总的描述,⑪所含的两个分句"指头是三节儿琼瑶","指甲似十颗水晶"是一个表示分述的并列复句。

2. 我们再看《戏曲》中《单刀会》里关云长单刀赴会,在渡江前的唱曲:

"大江东去浪千迭,引着这数十人驾着这小舟一叶①。又不比九重龙凤阙,可正是千丈虎狼穴②。大丈夫心别,我觑这单刀会似赛春社③。" 1.17

"水涌山迭,年少周郎何处也?不觉的灰飞烟灭④。可怜黄盖转伤嗟,破曹的樯橹一时绝⑤。鏖兵的江水犹然热,好教我情惨切,二十年流不尽的英雄血⑥!" 1.18

一方面写出他把单刀赴会视如赛春社的英雄气概,另一方面又写出他忆昔比今的悲壮情怀。两个语段从两方面描述了他复杂的内心活动。第一个语段由三个复句构成。①是个顺承复句,先写大江的气势,再写自己引着数十人在大江上驾着一叶小舟。②是个并列复句,用对比的手法写出自己此去的前景。③是个条件复句,写出作为大丈夫的关公,对这种危险前景的泰然态度。第二个语段也由三个复句构成,④是由问答句构成的复句,"水涌山迭,年少周郎何处也?"是问句,它本身又是一个偏正复句。"不觉的灰飞烟灭"是答句。⑤是用一个因果复句写出当年战斗的情景。⑥是一个因果复句。"鏖兵的江水犹然热,好教我情惨切"表示结果,它内部又是一个因果复句,原因分句表示当年鏖战的江水今日依然沸腾,结果分句则表示此情此景使我的心情无限惨切。最后一个分句依然表示原因,它承接上文而来:我为什么感到如此惨切?因为当年鏖战的江水犹然热,更因为它其实不是江水啊,它是二十年流不尽的英雄血!从最后这复句的内部结构来看,"鏖兵的江水犹然热"是一个形容词谓语句;"好教我情惨切"是一个兼语句;"二十年流不尽的英雄血"是一个名词谓语句,这个句子的中心词是一个"血"字,"二十年流不尽的"和"英雄"这两个定语配合上文赋与这个句子震撼人心的力量。

3.再看《感天动地窦娥冤》中被冤判死刑的窦娥在受刑前的两段唱曲:

"没来由犯王法,葫芦提遭刑宪①。叫声屈,动地惊天②。我将天地合埋怨,天也,你不与人为方便③。" 2.860

"有日月朝暮显,有山河今古监;天也,却不把清浊分辨,可知道错看了盗跖颜渊①。有德的受贫穷更命短,造恶的享富贵又寿延②。天也,做得个怕硬欺软,不想天地也顺水推船③。地也,你不分好歹难为地,天也,我今日负屈衔冤哀告天④。空教我独语独言⑤!" 2.860

第一个语段由三个复句构成。①是并列复句表窦娥遭冤判刑;②是因果复句,表示她的冤屈足可惊天动地;③是因果复句,"我将天地合埋怨"表结果,"天也,你不与人为方便"表原因。

第二个语段由四个复句和一个单句构成。①是转折复句,"有日月……有山河……"表示情况或条件,它本身又是一个并列复句。"却不把……"和"可知道……"两个分句表示转折。两个分句相互之间又构成因果关系,前一分句表原因,后一分句表结果。②是并列复句,把"有德的"和"造恶的"进行对照,表达窦娥对黑暗现实的愤怒控诉。③是因果复句。④是并列复句。③、④都表示窦娥对天地的责怨。⑤是一个对整个语段有总结性的单句:"空教我独语独言!"表达了窦娥的绝望和悲愤。这两个语段把各种复句紧密组织起来,并与单句巧妙结合,采用呼天喊地直接咒骂天地的对话方式。细细读来,这些语言多么铿锵响亮,何等惊心动魄!

4. 通过以上分析我们可以大致看到,语言的发展达到能运用多种复句构成精彩的语段,准确生动地描绘客观事物,表达复杂的思想感情。当然,这决不意味着在《变文》中没有多种复句,我在《〈敦煌变文〉与〈世说新语〉若干语法特点的比较》一文中已对《变文》的复句有所介绍。这里的分析是想要表明,在《戏曲》中,无论在复句的多样化上还是出现频率上,都比《变文》有更加明显增长。同时语段在表达中心内容上,也起着更加精彩有效的作用。元杂剧中的唱曲大都是为表达某一中心思想而精心运用语句构成的语段。它们既与当时人民的口语接近,又经过语言大师的加工,在语言运用上有很高的典型性。因此本文在分析复句和语段时,选了一些唱曲作代表。

5. 在《戏曲》中由于道白和唱曲相结合,道白常常起到对人物介绍、说明的作用,因此唱曲对人物的描写常常没有被描写的人物作主语。而一个语段中可以有多种复句、多种谓语结构变换使用,都为描述这个人物服务。其他描写心理活动或抒发感情的语段也常常是如此,主题主语往往隐而不现。但一读上下文,就知道说的是谁。

6. 语言面貌的变化

　　如果我们拿《戏曲》与《变文》的语言从整个面貌上做个比较,就会发现,从《变文》到《戏曲》,汉语的面貌从整体上发生了变化。这里我从《戏曲》的对白中举出少数单句、复句和语段与《变文》的散文作比较。我们知道杂剧中的对白几乎是当时纯粹的口语,是非常珍贵的元代语言材料。同时我觉得在对《戏曲》的重要语法特点作过分析的基础上,在全书语言风格前后一致的条件下,在这里只需要取几个片断就够了。因为这不是统计,也不需以量取胜,只需要有一个总体的印象和认识。

　　1. 单复句的例子。如:

　　　《变文》:妾是公孙锺鼎女。　　（伍子胥变文）1.10
　　　《戏曲》:妾身是王半州的女孩儿。
　　　　　　　　　　　　　　　　　2.550

《变文》这个判断句有系词"是",这使它与古汉语有重大区别。但《戏曲》与它相比,更有变化:单音词变成了复音结构,如"妾"——"妾身";有的名词后面有儿化的助词"儿",如"女"——"女孩儿";有表示所属关系的助词"的",如"公孙锺鼎女"——"王半州的女孩儿"。这样一来,两句话的语言面貌就有很大不同。又如:

　　　《变文》:适来驱过者便是陵母。　　（汉将王陵变）1.44
　　　《戏曲》:我管的是那僧尼、道俗、乐人。
　　　　　　　　　　　　　　　　　　1.499

《变文》中随处可见的"者"字结构,在《戏曲》里大都已被"的"字结构取代,这也是语言面貌的一个重大变化。同时在名词或其短语前常有指示代词"那"、"这"等,使其口语性更为明显。

　　又如:

　　　《变文》:秋胡启娘子曰:"……今蒙娘教,听从游学。未知娘子赐
　　　　　　　许已不?"　　（秋胡变文）1.155
　　　《戏曲》:钱大尹:"嗨！可知柳耆卿爱他哩！老夫见了呵,不由的
　　　　　　　也动情。"
　　　　　　　　　　　1.510

这两段对白中都是一个复句一个单句。《戏曲》的道白有感叹词"嗨",单句里有语气词"哩",复句里有"了呵"。此外还有"可知"、"不由的"等惯用词语,读起来颇有白话口语的味道。而相比之下,《变文》的文言气息则较多。

2. 我们再对比几段对话。

以下是两段有关买卖的对白:

《变文·庐山远公话》:牙人引入远公,直至厅前,遂见相公,折身便拜,立在一边。相公一见,唯称大奇,我昨夜梦中见一神人入我宅内,今日见此生口,莫是应我梦也。相公问牙人曰:"此是白庄家厮儿,为复别处买来?"牙人咨相公:"是白庄家生厮儿。"相公曰:"既是白庄家生厮儿,应无契券。"相公问牙人曰:"此个厮儿,要多小来钱卖?"牙人未言,远公进步向前启相公曰:"若要贱卖奴身,只要相公五百贯钱文。"相公曰:"身上有何伎艺,消得五百贯钱?至甚不多,略说身上伎艺看。"

《杂剧·王闰香夜月四春园》:裴炎云:"卖狗肉,卖狗肉,好肥狗肉!自家裴炎的便是。四脚儿狗肉卖了三脚儿,剩下这一脚儿卖不出去。送与茶三婆去。可早来到也。茶三婆,你今日怎生躲了我?"正旦云:"我迎接哥哥来,怎敢躲了?这个是何物?"裴炎云:"是肥狗肉。"正旦云:"三婆吃七斋。"裴炎云:"你吃八斋待怎的?收了者!"正旦云:"三婆这些时没买卖。"裴炎怒云:"我回来便要钱!你也知道我的性儿。我局子里扳了你那窗棂,茶阁子里摔碎你那汤瓶。我白日里就见个簸箕星。我吃酒去也!" 2.563

再列举两段有关夫妻关系的对白:

《秋胡变文》:秋胡唤言道:"娘子!不闻道,採桑不如见少年,力田不如丰年。仰赐黄金二两,乱綵一束,暂请娘子片时在於怀抱,未委娘子赐许以不?"其妇下树,敛容仪,不识其夫,唤言郎君:"新妇夫婿游学,经今九载,消息不通,音信隔绝。阿婆年老,独坐堂中,新妇宁可冬中忍寒,夏中忍热,桑蚕织络,以事阿婆。一马不被两鞍,单牛岂有双车并驾?家中贫薄,宁可守饿而死,岂乐黄金为重?忽而一朝夫至,遣妾将何申吐?纵使黄金积到半天,乱綵堆

似立山,新妇宁有恋心,可以守贫取死。"其秋胡闻说此语,面带羞容,乘车便过。　1.158

《赵盼儿风月救风尘》:"自家周舍是也。我骑马一世,驴背上失了一脚。我为娶这妇人呵,磨了半截舌头。今日是吉日良辰,着这夫人上了轿先行。我骑了马,离了汴京,来到郑州。让他轿子先行,怕一般的舍人说周舍娶了宋引章,怕人笑话。则见那轿子一晃一晃的。我向前打那抬轿的小厮道:"你这等欺辱人!"举起鞭子就打。问他道:"你走便走,晃怎么?"那小厮道:"不干我事,妳妳在里边不知做什么。"我着鞭子挑起轿帘一看,则见他精赤条条地在里面打斤斗。来到家中,我说"你套一床被我盖"。我到房里,只见被子倒高似床,我便叫:"那妇人在那里?"则听的被子里答应道:"周舍,我在被子里面哩!"我道:"被子里面做什么?"他道:"我套棉被,把我番在里头了。"我拿起棍来,恰待要打,他道:"周舍,打我不打紧,休打了隔壁王婆婆。"我道:"好也,把邻舍都番在被里面!"我褡护上掉了一根带儿,着他缀一缀,他道:"我缀了。"我道:"在那里?"他道:"我缀的牢牢的里!"着我衣裳高处看,无有。可那里去了?拿过镜子则一照,把根带儿缀在肩头上!兀的是你的生活!"　2.641

在这几段对话中,以下几点似乎给人的印象特别深:

"是"字句。《变文》的两段里有"此是白庄家厮儿","是白庄家生厮儿","既是白庄家生厮儿,应无契券"等,表示出系词"是"在《变文》里用法已较多样,出现频率也较高;而《戏曲》里则更为灵活,如"自家周舍是也","兀的是你的生活"。又如"这个是何物","是"前的主语用"这个"代替了"此"等。

动补结构。《变文》的例子如"买来"、"消得……"、"隔绝"、"积到半天";《戏曲》的例子更多,花样更新。如"卖不出去"、"送与茶三婆去"、"来到家中"、"迎接哥哥来"、"回来"、"摔碎你那汤瓶"、"吃酒去"、"拿起棍来"、"挑起轿帘"、"我缀的(得)牢牢的里"等等。

处置式。《变文》的两段中未见,全书也未见"把"字处置式。《戏曲》的例子如:"我套棉被,把我番在里头了"、"把邻舍都番在被里面"、

"把根带儿缀在肩头上"等。

兼语句。《变文》两段中仅有一例,"遣妾将何申吐?"《戏曲》的例子较多,如"着这夫人上了轿先行","让他轿子先行","着他缀一缀","着我衣裳高处看",等。

问句。《变文》中的选择问句"此是白庄家生厮儿。为复别处买来?""未委娘子赐许以不?"以"为复"、"以"作为选择连词,在《戏曲》中未见。其他问句如:"此个厮儿,要多小钱来买?""身上有何伎艺,消得五百贯钱?""岂乐黄金为重?"等。

《戏曲》的问句如"你今日怎生躲了我?""我……怎敢躲了?""这个是何物?""你吃八斋待怎的?""你走便走,晃怎么?""那妇人在那里?""被子里面做什么?""在那里?""可那里去了?"我们不难看出,"怎生"、"怎敢"、"怎的"、"怎么"、"那里"、"(做)什么"等口语中的疑问词大大超过"何"、"岂"等文言词的用法。

助词。《变文》中的助词如"厮儿"的"儿","多小来钱"的"来","阿婆"的"阿";《戏曲》中的助词如"自家裴炎的便是"中的"的"以及其他多处的"的";"卖了三脚儿……"的"了";"怎生"的"生";"性儿"、"四脚儿狗肉"、"三脚儿"、"一根带儿"中的"儿";"局子"、"茶阁子"、"轿子"、"鞭子"、"被子"、"镜子"中的"子";"精赤条条地"的"地"……等。

语气词。《变文》中有"也",《戏曲》有"者"、"也"、"了"、"呵"、"哩"等。

副词。《变文》有"直"、"遂"、"便"、"唯"、"大"、"既"、"应"、"未"、"只"、"不"、"甚"、"略"、"暂"、"独"、"宁可"、"岂"、"忽而"、"宁"……等。《戏曲》有"好"、"便"、"不"、"可"、"早"、"怎生"、"怎敢"、"也"、"就"、"先"、"这等"、"一"、"只"、"倒"、"恰"、"要"、"休"……等。口语中单、双音节副词都颇有增加。

人称代词。《变文》虽然有"我",但用得很少。《戏曲》有大量的"我",还有"你"、"他"。

总之,诸多因素的综合运用,使《戏曲》的语言面貌从整体上有所改观。《变文》读来还是半文半白,而《戏曲》已是白话口语了。

7. 概 论

通过对《戏曲》和《变文》的比较，我们看到，《戏曲》语言的特色概括地说就是它的口语化程度大大加强，出现了许多与现代汉语相接近的语法特点。主要表现在：

(1)《戏曲》中出现许多白话口语中的助词与语气词，其中有不少与现代汉语一致。

《戏曲》的助词共约三十余个，其中古老的"然"、"其"、"之"、"所"出现的频率已较《变文》减少很多。其他如"着"、"了"、"将"、"得"、"来"、"子"、"阿"、"儿"等助词，《变文》虽有，却远没有《戏曲》那样丰富多样。至于其他许多助词则是《变文》所没有的或罕用的，如"的"、"地"、"老"、"家（价）"、"（箇）"、"生"、"里"、"上"、"当"、"那个"、"得来"等等。特别是"的"，在助词中出现频率最高，是汉语发展史上具有划时代意义的一个标志；《变文》中尚未出现，而在《戏曲》里却比比皆是。至于语气词的变化也很大。《变文》除部分"了"外，并没有跳出古汉语"之"、"乎"、"也"、"矣"、"哉"的范围。在《戏曲》里，虽然"也"仍然十分活跃，但其他古老的语气词都用得不多，大都只出现在历史故事或特殊人物的唱白中。在大量的对话中则运用了很多充满口语气息的"阿"、"呵"、"哩"（里）、"那"（哪）、"呢"、"么"、"吧"（罢）等语气词。还有用于句首的"嗨"、"哟"、"哎"、"呀"等感叹词。现代汉语口语里的许多助词、语气词、感叹词在《戏曲》里已经亮相，这就不能不形成元代语言的一个明显特色。

据我的初步观察，汉语词类的变化，似乎是副词、介词、动词发展速度较快，助词和语气词（还有感叹词）则比较缓慢。因而《戏曲》中这一变化是令人瞩目的，它反映汉语行将完成一次具有历史意义的转变。

(2)《戏曲》介词的主要特点表现为介词阵容的更新，"把"字句（处置式）的大量运用以及"於"、"以"的锐减。

《变文》的介词如同它的副词一样，是一个包罗古今的阵容。就好像在介词这一滴水里也要反映出盛唐景象似的，它兼容并包，容纳了由古代到唐代的许多介词。由《变文》到《戏曲》,淘汰了不少与时代距离久远的古汉语介词。有的古老的介词虽然还保留在《戏曲》里,但已无法与昔日相比了。其中最突出的是介词"於",由《左传》经《史记》而《世说新语》,都是出现次数最多的介词之一,一直到《变文》里,"於"和"在"的百分比还分别为57%和43%;但到了《戏曲》中,比例逆转为17%和83%。因为很多引进处所的用法都被介词"在"取代了,且有"望"、"往"、"打"、"(答)"、"从"、"问"、"对"、"与"、"替"等介词共同承担"於"原来的各项用法,这就使"於"一身多用的特征趋于结束。还有"以",长期以来也是一个多功能、高频率的介词,但由于"把"的兴起与迅速发展,"把"字句(处置式)的大量运用,再加上"将"、"用"、"因"等介词对"以"其他功能的分担,它也就没有那么大神通了。"於"让位给"在","把"领先于"以",这都是介词发展史中具有里程碑性质的变化。

(3)结果、趋向、程度三大补语在《戏曲》中有重要发展。

《变文》的介宾补语约占补语的40%,三大补语约占57%,带助词"得"、"将"补语约占3%。《戏曲》的三大补语约占73%,介宾补语仅占9%,带助词"得"、"将"、"见"补语占18%。联系历史的发展,我们看到,《左传》的介宾补语占绝对优势,三大补语为数极少;《史记》介宾补语虽仍居首位,而三大补语有较大增长;《世说新语》三大补语已多于介宾补语,其中居第一位的是程度补语;《变文》三大补语多于介宾补语,其中以结果补语最多;至《戏曲》三大补语取得绝对优势,其中趋向补语居第一,与现代汉语一致。汉语动词谓语句中的补语以介宾补语为主转变到以三大补语为主,三大补语中以趋向补语为主,这个重大变化在《戏曲》中已明显地表现出来。

在三大补语的增长中,趋向补语居第一位。在趋向补语中,双趋补远超过单趋补,百分比大致是70%和30%。而在《变文》中,情况恰恰相反,单趋补与双趋补的百分比分别是30%和70%。趋向补语其中很多还有表示结果的作用,能明确表示动作的方向,这可能是它迅速增长的一个原因。从现代汉语的情况看,趋向补语的运用也是十分灵活的。

带助词"得"的补语大都表示程度,在《变文》全书共44例,约占其全部补语的2%;在《戏曲》全书中共342例,占补语的11%。带"得"补语这种迅速增长的发展趋势表明它是一种很有表现力、富于生命力的语法结构。

处置式和动补式的结合这种新的句式在《变文》中尚未见,而《戏曲》中却已是随处可见。

(4)从动词谓语的前后布局看,《戏曲》的补语有上升的趋势。

如果我们追溯一下历史的发展就会发现,《左传》时D后的修饰语比D前多;《史记》D前的修饰语已多于D后;《世说新语》的D前有状语者约占76%,D后有补语者约占7%,这也许是状语与补语相差最大的时期。主要是因为D后的介宾补语减少,而三大补语尚未充分运用,带"得"补语也还未产生。《变文》时,由于三大补语的发展和带"得"补语的增加,补语开始回升,D前有状语者约有70%,后有补语者约有15%。到《戏曲》时,D前有状语者54%,后有补语者约达35%。补语数量由于三大补语和带助词"得"等补语的发展而回升,并与状语保持一定比例。这种回升并不是简单的重复,而是在阵容上有重大变化,即以介宾补语为主变为以三大补语为主了。

同时动词谓语句中大量兼语句的出现、动宾结构中宾语的复杂化以及一些具有口语特色的特殊句式的运用,都是十分值得注意的。

(5)以["被"·宾·动]为主要形式的被动句的发展日趋完备和成熟

《变文》"被"不带宾语的被动句约占一半,《戏曲》中仅有2例,仅占3%。《变文》中被动与动补相结合的例子约占"被"字句的1%,《戏曲》中约占87%。此外,"被"字句中谓语动词前后成分的复杂化,谓语动词带宾语者居于多数,被动式、处置式、动补式相结合这种新兴句式的出现,都是"被"字被动句日趋完备与成熟的标志。

(6)"是"字句,在《戏曲》中变化纷纭,灵活多样,已具有现代汉语"是"字的多种功能。

(7)比较句摆脱了古老的[A·形·"於"·B]句式,无论是等比、差比或极比,都有了现代汉语比较句的大致规模。

由于以上诸多因素的综合运用,《戏曲》语言与《变文》相比,语言面貌从整体上有了改观,《戏曲》极大程度地摆脱了传统书面语的束缚。尤其是《戏曲》中的对白,几乎是当时纯粹的口语。关汉卿是大都(北京)人,他的作品主要反映当时北京口语,现代汉语普通话也是以北京方言为基础的。可以看出,虽然《戏曲》语言与现代汉语还有一些重大差别,如介词"给""叫"……等尚未出现;以"给""叫"为标志的被动句尚未见到;"被"字被动句的发展还远不如现代汉语完备;动补句、带"得"补语句和比较句也不如今天那样丰富多样等等,但现代汉语的大致面貌在元代已经具备了。由此我们不难想像,宋代语言必然不会与它相去太远,实际上宋代的话本小说也说明了这点。宋元时代汉语书面语相当真实而全面地反映当时的口语,这究竟为什么?其社会原因是很值得探讨的。

我初步认为,由唐而宋,社会经济的发展,已为市民阶层的兴起以及他们日益增长的文化需要创造了条件。唐的变文、宋的话本、金的戏曲……都是时代的产物。蒙古人在公元1234年灭了北部的金国,1279年灭了南宋,统一了中国,继承了包括南北的文化宝藏。在北方流行的戏曲"杂剧"趁此机会传播到南方,成为一个规模空前的普及的戏曲运动。元代的统治是残酷的,但从文学史、语言发展史的角度来看,元代却又是一个十分重要的时期。因为这种新的政治形势促使社会发生激烈的变化,从而使文学也摆脱旧的束缚得到新的发展,前人所鄙视的市民文学大大流传开来,代替了正统文学的地位。在新兴的文学形式中,最受群众喜爱的就是杂剧,它最大程度地反映了当时的口语,成为元代文学的主流。市民和农民成为这种文艺形式的基本群众。剧作家为了使作品为人民欢迎、能广泛流传,就力求其语言通俗易懂、生动活泼。从当时一个大作家杜仁杰写的散曲"庄稼不识勾栏"来看,连这个头次进城的普通农民都看懂了杂剧的内容,怪不得剧场里如此拥挤,"层层叠叠团圈坐","往下觑却是人旋窝"。当时看戏也很自由,构栏(剧场)在城里设置甚多,交二百钱就能进去,没有任何限制。不像唐代的变文主要是在寺院里宣讲,听众有限,也不是舞台演出与对话的文艺形式。从《庐山远公话》变文的记载可知,唐代即使仅在寺院宣讲,且有种种限制,一个寺院每日也有二三万听众,提高入场价格之后,还有三五千人。而在元代,看戏自由,除了低廉的入场费没有其他任何限制,由此可以推想,观众当是如何踊跃了。没有这样的时代,就不可能产生如此众多的优秀作家,其作品也不可能如此确切生动地反映当时人民的口语。关汉卿和其他一些剧作家不仅忠实地反映了元代语言,他们还对语言进行了艺术加工,使元代语言特色得到充分展示,而且进一步提高了汉语的表达水平,从而使文学作品更受人民的喜爱。正是由于观众的热爱、作家的努力、经济的发展、时代的剧变等多种因素,形成了元代的戏曲运动,推动了元代书面语的口语化,也促进了汉语的发展和提高。可以说,这是汉语书面语高度口语化的时代,是汉语大发展的时代。汉语从总体面貌上看,已迈入现代汉语的前期。

语言的发展一般情况下是稳步而逐渐演变的,但在一定的历史时期,在特定的历史条件下,伴随着具有群众性的文娱活动和文学作品的繁荣兴旺,语言也会加快发展速度,从总体上产生较大的、深刻的变化。元代这个历史时期在汉语发展过程中所起的重要作用,值得深入探讨。

——1992年写于瑞士苏黎世大学

附：

汉语史断代专书研究方法论

程湘清

我同何乐士、王绍新、杨克定、冯春田、张鸿魁等同志合作进行汉语史断代专书研究,从1980年起,迄今已有十多个年头了。这十多年中,在语言学界一些专家和读者的热情支持和鼓励下,在山东教育出版社直接帮助下,经过大家齐心协力,先后出版了《先秦汉语研究》(1982年)、《两汉汉语研究》(1984年)、《魏晋南北魏汉语研究》(1988年)、《隋唐五代汉语研究》(1990年)。现在即将奉献给读者的是第五集,也是最后一集——《宋元明汉语研究》。在这项工作将要告一段落的时候,对汉语史断代专书研究的工作,作一小结和探讨也许是有意义的。

在《两汉汉语研究》后记中,我曾讲到,在各部论集中的文章各自独立成篇,学术观点也不尽一致,但按照断代、专书、专题研究的要求,却采取了大体相似的研究方法,即：

Ⅰ.解剖"麻雀",由点窥面；

Ⅱ.历史比较,鉴别异同；

Ⅲ.分门别类,静态描写；

Ⅳ.定量分析,从数求质。

现在看来,上述概括虽然不完全准确,但大体反映了我们在从事这项工作的基本研究方法。下面,我们就从四个方面加以讨论。

一、选好专书,作穷尽式解剖。

汉语史断代专书研究的首要工作是确定断代,选好专书。确定断代,是从汉语发展的历史长河中横切一刀,选定个横断面。这同汉语史的分期不是一回事,但是进行断代研究无疑有助于汉语史的科学分期。选好专书,是从每个横断面——通常都包括一个相当长的历史时代,选择适当的汉语书面材料。是否"适当",需要具有三个条件:第一,要看口述或撰写某部专书的作者是否属于该断代,这需要作一番专书及其作者的辨伪的工作。例如《尚书》一书,经考证除了《大诰》等十三篇属西周作品,其余则为后人拟作,不能选为研究西周语言的依据。第二,要看专书的语言是否接近或反映该断代的口语,这是最重要的一条标准。因为有书面记载以来的整个汉语史都是口语和文言并存的历史,只有接近或反映口语的书面语言才能比较真实地记录汉语的历史面貌。例如,东汉唯物主义思想家王充立足于"疾虚妄"、"求实诚"的进步主张,提倡"文字与言同趋","口则务在明言,笔则务在露文",乃至"直露其文,集以俗言",以力求达到"言无不可晓,指无不可睹",因此其语言虽经作者书面加工,仍在一定程度上反映当时的口语面貌,选择《论衡》作为专书研究对象是适当的。第三,要看专书的篇幅大小是否具备相当的语言容量。篇幅太小,不足于对词汇、语法、语音各要素进行描写和分析,则不宜确定为专书研究的语料。如明代刘基撰《诚意伯文集》,卷首收录了朱元璋召见刘基子刘仲璟的口语谈话,按前两项标准衡量都无问题,但因其份量有限,则不宜确定为专书研究的对象。

根据上述要求,我们把汉语发展的历史划分为五个断代,每个断代选择了部分专书作为主要研究对象。必须说明,我们选择的专书只是比较有代表性的部分著作。事实上各断代都有大量可供研究的专书语料。例如,先秦时期有:《尚书》(西周作品部分)、《诗经》、《楚辞》、《论语》、《墨子》、《孟子》、《庄子》、《荀子》、《左传》、《战国策》、《韩非子》、《吕氏春秋》等。两汉时期有:《史记》、《论衡》、乐府民歌以及近年出土的西汉帛书等。魏晋南北朝时期有:《抱朴子》、《世说新语》、《搜神记》、《搜神后记》、《百喻经》以及部分东汉佛经译文等。隋唐五代时期有:敦煌变文、敦煌曲子词、禅宗语录、《祖堂集》以及部分唐诗包括李白、杜甫、白居易、寒山等诗人的诗作等。宋元明时期有:宋元话本(包括《大宋宣和遗事》、《全相平话》五种、《古今小说》),宋儒语录(包括《二程集》、《朱子语类》),部分宋词和宋诗(包括苏轼、黄庭坚、晁补之、辛弃疾等词人的词作及苏轼、陆游等诗人的诗作),蒙译汉著作(包括《元朝秘史》、《元典章》),元曲(包括《元刊古今杂剧三十种》、《脉望馆钞校古今杂剧》及明人臧懋循编《元曲选》),朝鲜人学习汉语的会话书(包括《老乞大》、《朴事通》)以及长篇小说《水浒传》、《西游记》、《金瓶梅》等。

专书研究的一个形象的说法是"解剖麻雀",意思是对每部分作穷尽式的研究,从一个一个的典型来观察某一个时代的语言面貌。正如有的同志指出的,根据对一部书全面研究而得出的结论,当然要比只根据若干例句作出的结论更有价值。将这些专书的语言现象弄清楚了,对各个历史时期的语言面貌就有了比较具体的了解。再把各个历史时期联系起来,就能比较全面地(而不是片断地)比较清晰地(而不是模糊地)勾画出汉语历史发展的轮廓①。1983年3月,我应邀出席全国语言学科规划会议。与会同志在讨论汉语史研究现状时指出,汉语史的研究,过去已经取得了不少成绩,但是基础研究做得很不够。要在汉语史研究方面取得重大进展,必须对历史上的许多重要著作从语言学角度做比较详尽的研究,写出专书词典或专书语法。专书词典应包括全部语汇。专书语法应包括全部句型②。这里说的专书研究要包括"全部词汇"、"全部句型",指的就是穷尽式的研究。当然,所谓"穷尽式"也是相对的,它既包括专书词典的全部词汇,专书语法的全部句型,也包括某一词汇、语法、语音现象在专书中的详尽情况。总之,要从基础工作上下笨功夫。

二、分门别类,进行系统的静态描写。

专书研究最基础的工作是对汉语进行共时静态描写。只有描写得具体、全面,结论才比较可靠,揭示规律才能够深入。

静态描写要求具体、全面,当然不是随随便便、杂乱无章、自然主义的描写,而是要在理论指导下,经过分析和综合,分门别类,进行科学描述。对语料分门别类,是一个去粗取精、去伪存真、由此及彼、由表及里

---

① 参见蒋绍愚《汉语史研究的回顾与前瞻》,载《语言教学与研究》1989年第2期。
② 见《全国监测学学科规划会议纪要》

的探求过程。分门别类的结果,就把语料区别为具有一定从属关系的不同层次的大小类别,从中可反映出各种语言现象的本质区别和内在联系。可见,分门别类要以语言现象的本质的内在的属性为标准,决不是以非本质的外部特征为依据。这需要作深入细致的观察和提炼才能做到。如何乐士在《〈左传〉的单句和复句初探》一文中,把单句按谓语的性质分为动词谓语句、名词谓语句、形容词谓语句、数词谓语句、副词(或助动词)谓语句、主谓谓语句等六种单句句型。每种句型又按谓语构成情况的复杂程度分成若干小类。动词谓语是单句中谓语构成最复杂的句型,文章按动词的作用和以动词为中心的内部结构分为十二个小类。其中有的小类,如"'介宾'·动式",又在"介宾短语作状语"小节中,把"介宾"分为"'于'·宾"、"'以'·宾"、"'与'·宾"、"'自'·宾"、"'为'·宾"、"'及'·宾"、"'从'·宾"、"'由'·宾"、"'因'·宾"、"'用'·宾"、"'当'·宾"、"'循'·宾"、"'代'·宾"、"'逮'·宾"等十四种情况,并对每类介宾短语的作用和每个介词通常所带的宾语作了细致的分析。读了以后,不仅觉得描写细致,而且还有一定的层次感①。

分门别类要科学,必须有一定理论指导。事例从观察得,理论从事实来。正确的理论会引导你善于观察和发现事实。我在讨论《论衡》、《世说新语》和敦煌变文的复音词时,运用了现代语义学的理论和义位、义素分析的方法。对此,有的评论文章给予了基本肯定性的评述,兹摘取其中的一段:

"程湘清《〈论衡〉中联合式复音词的语义构成》②在确立构词模式基础上对联合式复音词'深层'进行语义分析。根据联合式中'由基本词汇中的单音词同一般词汇中的单音词联合构成'的两个语素贡献的意义份量的差异,从语义上划分出不平等联合的类型,并将音位学的区

---

① 参见洪成玉《一部富有特色的汉语断代研究论集——读〈先秦汉语研究〉》,载《语文研究》1984年第4期。
② 本文系收入《两汉汉语研究》一书的《论衡》复音词研究》的一部分,载《中国语文》1983年第5期。

别性特征原理运用于义素分析,从语义的微观层次阐明了不平等的根源。例如在'糠皮''皮肤'联合词中,基本词"皮"和一般词'糠''肤'的义素构成分别如下:

'皮＝属于人或其他生物＋附在人体或其他生物表面＋呈平面形或圆壳形＋一层薄的组织

糠＝属于谷稻麦等作物＋附在子实表面＋呈圆壳形＋一层薄的组织

肤＝属于人＋附在人体表面＋呈平面形＋一层薄的组织'显而易见,'糠'和'肤'的义素都可囊括在'皮'的义位中,组成合成词后'糠'和'肤'一方面同'皮'的相同义素融合,组成新的语义结构,另一方面排斥了'皮'义位中与已相悖的义素,规定、制约了'皮'的义位,'从而显示出既是联合又是不平等的特点'。《构成》揭示了联合词内部隐含的语义差别,阐明了联合式深层语义关系的辩证统一:互相融合,彼此制约。这就对目前一般认为联合式中并列成分是等量齐观的看法进行了重大的修正;并且还从基本词汇角度说明构词活动性(能产性)特征对扩大联合词法造词功用的影响。基本词多义位的特征使得'每个义位都有可能同一般词的相同相近义位构成不平等联合词',这说明两汉时期联合式构词法比前期间有发展,此是此期间联合式复音词大量出现的原因之一。《构成》的缺点是没有进一步注意到这种语义不平等关系在一定条件下可向偏正式语义关系演化,从而揭示语义同构词法间存在内在的制约转化关系,但其不满足对词汇表面形式的分类、描写,设法透过结构描写去揭示隐藏在现象背后的错综关系,力图把构词法研究和语义研究结合起来的努力是值得肯定的①。"

静态描写其所以要科学、全面,是由语言本身是一个系统而决定的。王力先生指出:"普通语言学还有这样一个原理:语言的历史发展也是系统的。从一个时代变到另一个时代,是一个新的系统代替一个旧的系统。它不是零零碎碎地变的。所以我们研究语言史决不能零敲碎打。而必须对整个语言系统进行全面的审查②。"这也是我们在进行

---

① 颜洽茂《古汉语词汇研究的反思和创新》,载《语文导报》1986 年第 8 期。
② 王力《我的治学经验》,载《语言学论文集》商务印书馆 1985 年版第 10 页。

共时静态描写时的重要指导原则之一。例如我们在研究专书词汇时，不着重在一词一义的诠释上，而是把词汇作为一个系统，从结构、意义、词性、语序乃至修辞等诸方面进行综合研究。只有一个时代一个时代、一本书一本书地从多方面描写整个词汇的面貌，才能摸索出汉语词汇发展的特点和脉落。

三、探源溯流，作纵向历史比较。

"静态的研究对汉语史来说，是必经的阶段，但是单靠静态的研究并不能达到建立汉语史的目的①。"还必须抓住某一断代的汉语某一现象上探源、下溯流，作纵向的历史比较和动态分析。

这里有一个如何正确对待静态和动态的关系问题。按照辩证唯物主义的观点，世界万物都处在不停的运动之中，运动停止了，事物也就消失了。语言也不例外。但由于语言的发展取渐变方式，从某一个断代看似乎是静而不动的，即呈相对静态，实际上它随着社会的发展和人类交际活动的需要，又无时不处在发展变化之中，即呈绝对动态。我们研究汉语史的时候，一方面要把静态描写作为基础，放在首位；另一方面又不能把静态体系作为僵死的东西，既要向古代追上去，也要向现代追下来，进行历史的动态的纵向比较。通过比较不同时期汉语现象的异同，来把握汉语的历史发展。

在我们的断代专书研究中，何乐士特别注意运用历史比较的方法：在研究《史记》语法时同《左传》比较；在研究《世说新语》语法时同《史记》比较；在研究变文语法时同《世说新语》比较；在研究元曲语法时同变文比较。在《〈史记〉语法特点研究》一文中，她的具体做法是：一方面，把《史记》中记载史实与《左传》相同的部分跟《左传》进行对照，从司马迁的古今对译和引文变化中找出《史记》语法的一些特点；同时也对《史记》的全部篇章进行调查分析，尽力找出全书在语法上的主要特征。下面将作者比较《左》《史》异同的做法摘举几例：

（一）将主语补出。

---

① 王力《汉语史稿》，见《王力文集》第9卷第20页。

《左》：十二月戊申，（　）缢于新城。（僖 4）
《史》：十二月戊申，申生自杀于新城。（《晋世家》）

《左》：及期而往，（　）告之曰："帝许我罚有罪矣，敝于韩。"（僖 10）
《史》：及期而往，复见，申生告之曰："帝许罚有罚矣，樊于韩。"（《晋世家》）

《左》：壬戌，（　）战于韩原。（僖 15）
《史》：九月壬戌，秦穆公、晋惠公合战韩原。（《晋世家》）

《左》：（　）改馆晋侯，馈七牢焉。（僖 15）
《史》：于是秦穆公更舍晋惠公，馈之七牢。（《晋世家》）

《左》：（　）无施于民，无援于外；去晋而（　）不送，归楚而（　）不逆，何以冀国？（昭 13）
《史》：子比无施于民，无援于外；去晋，晋不送；归楚，楚不迎。何以有国！（《楚世家》）①

(二)将宾语补出。

《左》：秦伯诱（　）而杀之。（僖 24）
《史》：秦缪公诱吕、郤等，杀之河上。（《晋世家》）

《左》：王使（　）召之，曰："来，吾免尔父。"（昭 20）
《史》：于是王使人召之，曰："来，吾免而父。"（《楚世家》）

《左》：弗听。使（　）于齐。（哀 11）
《史》：王始不从，乃使子胥于齐。（《越王句践世家》）

《左》：卫侯请盟（　），晋人弗许。（僖 28）
《史》：卫侯请盟晋，晋人不许。（《晋世家》）

(三)用名词(或短语)代替代词"之"。

《左》：夷语诉之，公使让之。（僖 5）
《史》：夷吾以告公，公怒士蒍。（《晋世家》）

---

① 原文举例证较多，现只摘引部分，详见《两汉汉语研究》中《〈史记〉语法特点研究》一文。

《左》:秋九月,晋侯饮赵循酒,伏甲,将攻之。(宣2)
《史》:九月,晋侯饮赵循酒,伏甲将攻盾。(《晋世家》)

《左》:公问之,子家以告。(宣4)
《史》:灵公问其笑故,具告灵公。(《郑世家》)

(四)偏正结构的名词短语明显增加。

《左》:夏四月辛巳,败秦师于殽,获百里孟明视、西乞术、白乙丙以归。(僖13)
《史》:四月,败秦师于殽,虏秦三将孟明视、西乞秋、白乙丙以归。(《晋世家》)

《左》:秦伯纳女五人,怀嬴与焉。(僖23)
《史》:缪公以宗女五人妻重耳,故子圉妻与往。(《晋世家》)

(五)"者"字短语的增加和复杂化。

《左》:宣子与诸大夫皆患穆嬴,且畏偪,乃背先蔑而立灵公,以御秦师。(文7)
《史》:赵循与诸大夫皆患穆嬴,且畏诛,乃背所迎而立太子夷皋,是为灵公。发兵以拒秦送公子雍者。(《晋世家》)

《左》:寺人披请见。(僖24)
《史》:始尝欲杀文公宦者履鞮知其谋,欲以告文公,解前罪,求见文公。(《晋世家》)

(六)"所"字短语的大量增加与复杂化。

《左》:为之娶于齐,而美,公取之。(桓16)
《史》:右公子为太子娶齐女,未入室,而宣公见所欲为太子妇者好,说而自取之。(《卫康叔世家》)

《左》:先王违世,犹诒之法,而况夺之差人乎?(文6)
《史》:且先王崩,尚犹遗德垂法,况夺之善人、良臣、百姓所哀者乎?(秦本纪)

(七)连动式作谓语有明显增加。

《左》:初,郑武公娶于申,曰武姜。(隐1)
《史》:武公十年,娶申侯女为妇人,曰武姜。(《郑世家》)

> 《左》：乞食于野,野人与之块。(僖23)
> 《史》：饥而从野人乞食,野人盛土器中进之。(晋世家》)

(八)兼语式有明显增加。

> 《左》：初,卫侯游于郊,子南仆。(哀2)
> 《史》：灵公游于郊,令子郢仆。郢,灵公少子也,字子南。(《卫康叔世家》)

> 《左》：余无子,将立女。(哀2)
> 《史》：我将立若为後。(《卫康叔世家》)

经过比较研究和全面分析,作者对《史记》的语法特点得出以下结论:(一)句子成分进一步完备。(二)名词短语这个局部明显发达,不仅数量增加,结构也更加复杂。(三)名词的修饰语更为丰富。(四)动词谓语在各类谓语中占压倒优势,这一特点从《左》到《史》保持不变,但复杂谓语的百分比由《左》的39%上升为《史》的60%,动词谓语更加复杂化。(五)状语更加生动多样,介宾状语大量出现。(六)介宾补语减少,无介词补语增多,结果补语、趋向补语、程度补语发展迅速。(七)虚词的分工趋于明确,用法逐步规范。(八)如果说并列式、连动式的发展,兼语式的滋生,"介宾"作状语的句式之增加等现象反映了句子结构的扩展,而由连动、并列结构变化为动补式,则表示了句子结构的简缩。这种简缩,实际上是把动作行为及其结果在一个简化的动词结构中体现出来,包含着复杂的语法关系,是在高一级水平上的简化。正是句子结构的扩展与简缩的矛盾斗争,推动着句子的发展。

对于这种用严密的方法把不同时期的共时态进行比较的工作,有的评论文章给予了充分的肯定。许国璋先生在评介何乐士这篇文章时热情洋溢地称赞说:"这一工作具有普通语言学的意义,因为它和本世纪初瑞士语言学家索绪尔提出的一项主张(把共时的语言态弄清楚了,历时的语言史才能写好)不约而同。不仅如此,它已经得出有意思的结论:'由以上各点可以看出,《史记》语法较之《左传》有重大的发展变化,它们各有自己的显著特色。因而在汉语史分期的问题上,我们初步考虑,先秦与汉似应划分为两个时期。'这就是说,过去的分期显得不够精确。本书可以说是近时汉语语言学界较多地注意断代研究的一个例证①。"

我们运用历史比较的方法进行断代专书研究,不但将一个共时态同上一个时代对比,而且注意向下溯流,主要是同现代汉语对比。如《〈论衡〉复音词研究》一文中,就把《论衡》中流传至今的1275个复音词从词义、词形、词性各方面进行了追踪调查,探讨了词义方面由单义向多义、由具体到抽象,词性方面由动词到名词,词形方面由不稳定到比较稳定的历史演变规律,同时阐明了两汉时期的复音词对丰富、发展汉语词汇的重要作用和在词汇史上的重要地位。

四、采用数学方法,把定性分析同定量分析结合起来。

在现代科学中运用数学的程度已成为衡量一门科学发展程度的重要标志。在断代专书研究中,我们还在采用数学方法方面进行了尝试。这表现在两个方面:一是运用统计方法,二是提炼形式化的数学模式。

运用统计方法,就是以大量的观察为基础,通过数量统计总体,揭示从量变到质变的规律性。这是因为构成统计总体的许多个体存在着共同的规定性,只有经过大量统计才能使个别的偶然性抵消,使集体的必然性显现出来,从中可以看出一个大致的发展趋向。例如,对《论衡》中九种结构形式的复音词,我们基本上是按照数量统计来观察和分析其发展趋势的。这就是:

(一)九种结构形式的复音词,可归纳为语音造词和语法造词两大类。据统计,语法造词数共计2199个,占全书总词数的95.61%;语音造词共计101个,只占4.39%。这表明语法造词已经占了绝对优势。

(二)语法造词中运用词序方式造词数共计2136,占语法造词数的97.14%;运用虚词方式造词数共计63个,只占语法造词数的2.86%。这说明语法造词中又以词序方式造词为大宗。

(三)运用词序方式造词的五种结构复音词,其发展也是很不平衡的:联合式1404个,占词序造词数的67.24%;偏正式517个,占词序造词数的24.765;而补充式101个,支配式52个,表述式14个,三种合计

---

① 见许国璋《计量的语言态对比研究》,载《外语教学与研究》1987年第1期。

167个,只占词序造词数的8%。

(四)在联合式和偏正式中,先秦与两汉的"产量"对比起了变化。在《论语》中联合式复音词共计60个,占总复音词数的32.8%,占词序造词数的45.1%;偏正式复音词共计67个,占总复音词数的36.6%,占词序造词数的50.3%。在《论衡》中联合复音词共计1404个,分别占总复音词数和词序造词数的61%和67.2%;偏正式复音词共计517个,分别占总复音词数和词序造词数的22.5%和24.8%。这说明,进入两汉以后,联合式同偏正式的地位发生了向对立面的转化。

(五)联合式复音词的大量出现,是同上古汉语词汇意义的发展、演变有直接关系的。因为联合式复音词两个语素的关系是辩证统一的关系:既有彼此融合的一面,这就是说复音词的词义决不是两个单音语素意义的简单相加;又有相互制约的一面,即把双方的意义制约在一定义位上。而语言的发展,既要求词的丰富性、多样性,又要求表达的单一性、明确性。为解决这一矛盾,在单音词义不断发展、丰富的基础上,能够使语义表达更为单纯明确而且容量更大、更能满足交际需要的联合式复音词大量出现就是题中应有之义。

何乐士的语法研究更常常运用数量统计的方法来说明问题。例如《〈左传〉的单句和复句初探》一文仅就否定句中代词宾语的前置和后置就作了几项统计和比较。其中一项统计是:

否定副词	前置例句数	后置例句数	后置数占百分比
不	22	24	52%
莫	14	2	12.5%
未	16	1	6%
无	4	2	33%
毋	1	0	
弗	0	4	100%
勿	0	1	100%
总计	57	34	37.4%

文章通过统计和分析得出结论:《左传》否定句还是以宾语前置占优势,并且纠正说,周光午先生在《先秦否定句代词宾语位置问题》(见

《中国语文》杂志社编《语法论集》第三集)一文中说先秦时期否定句中代词宾语基本上是后置优势,是不尽符合《左传》的实际情况的。但另一方面,宾语后置的比例确实比较大,占否定句总数的37.4%,有人说后置宾语仅占极少数的比例(《马氏文通》卷四:"有弗祥而代字不先置……仅见也"),更与《左传》的实情相背。不经过细致的计量,是很难就学术界的不同争议作出判断的。

又如《从〈史记〉和〈世说新语〉的比例看〈世说新语〉的语法特点》一文,作者统计出《世说新语》的复句共2755个,又从《史记》第八册不加选择地取2755个复句,对双方所含谓语读(分句)的多少作了分类统计和对比。见下表:

	二谓语读复句	三谓语读复句	四谓语读复句	五谓语读复句
《史记》	1415(51.4%)	762(27.6%)	413(15%)	165(6%)
《世说新语》	1067(38.7%)	916(33.2%)	538(19.5%)	234(8.6%)

统计表明,《世说新语》的二谓语读复句比《史记》有所减少,但三谓语读以上复句均有增加。从而得出结论:两书相比,在句法结构上最重要的变化之一是句子(主要是复句)所含谓语读数量的扩展。

冯春田《魏晋南北朝时期某些语法问题探究》一文中为证明"为……所……"式是"为……"式的发展,对先秦、汉代以至魏晋南北朝时期的11部专书作了统计。结果是:《论语》、《庄子》、《墨子》、《管子》未见"为……所……"式被动句。《荀子》有"为……所……"式被动句1例。《韩非子》有"为……"式被动句32例,"为……所……"式被动句仅1例。《论衡》有"为……"式被动句8例,"为……所……"式被动句却有67例之多。《三国志》全书"为……所……"式共出现249例,"为……"式仅出现19例;该书裴松之注"为……所……"式共出现282例,而"为……"式仅出现15例。《搜神记》"为……所……"式有35例,"为……"式只有3例。《世说新语》未见"为……"式被动句,而"为……所……"式共有32例;该书刘孝标注"为……"式有13例,"为……所……"式则有127例。《百喻经》"为……"式只有6例,"为……所……"式则有34例。通过统计,揭示了"为……所……"式萌生于战国后期、习用于东汉以后的历史发展。

张鸿魁《〈世说新语〉并列结构的字序》一文对《世说新语》中1611个双字并列结构的字序作了统计,发现符合调序规则的正序结构共1000条,占62%;同调结构433条,占27%,这两部分均属不违背调序规则者,共1433条,占89%。违反调序规则的逆序结构只有178条,占11%。从而在一定程度上证明了并列结构的字序主要由字调决定,调序规则是客观存在。

运用数学方法进行专书研究,除了上述计量方式,还采用提炼类似数学模型和公式的方式。即运用一套形式化的数学语言来表示各汉语现象之间的变化和关系。这里要求所提炼的模型或公式既可使各种复繁因素得到必要的简化,又能反映问题的本质和要害。例如冯春田《从王充〈论衡〉看有关词词"是"的问题》一文,就把《论衡》中的形容词"是"以及它转化来的另外两种类型的"是",归纳为 A 型、B 型、C 型三类,并根据"是"在句中充当的成分及与其他成分的关系,又把三型区分为 A_1、A_2、B_1、B_2、C_1、C_2、C_3。经过研究,作者把三型之间的关系提炼为以下模式:

A→B→C

$[A_1]→[B_1]$

$[A_2]→[B_2]→[C_1、C_2、C_3]$

作者以此表示 A 型(即形容词)"是"转化为 B 型"是":其中 A_1 转化为 B_1,A_2 转化为 B_2 以及 B_2 与 C 型(包括 C_1、C_2、C_3)之间的转化。通过语义转化关系的讨论、分析,得出系词"是"不是来源于指示代词"是",而是来源于形容词"是"。

杨克定在《李白诗歌中的自然 V》一文中研究动词和名词性成分的搭配关系,也注意提炼出一些程式。如:

吹(李白诗)——[Ⅰ风$_{62}$、Ⅱ乐$_{33}$、Ⅲ鼻息$_1$]

动词"吹"后括号中的文字表示该动词所在语料,破折号后方括号中文字表示与该动词搭配的名词性成分,Ⅰ、Ⅱ、Ⅲ表示频率的先后次序,名词成分右下角的数字为搭配次数。作者还利用这个程式同杜甫诗作比较,发现从杜诗提炼出的程式与李诗大致相同,即"吹"的风吹义不仅占多数,而且几乎是吹乐义的两倍。作者又统计了唐以前的《诗经》、《尚书》、《左传》、《公羊传》、《谷梁传》、《论语》、《孟子》、《庄子》、《荀子》、《墨子》、《韩非子》、《礼记》、《论衡》、《世说新语》、《搜神记》等15部书。发现有一些书根本没有出现"吹"字,在有:"吹"字的书中,吹乐义总是占多数,风吹义总是占少数,即上述程式中Ⅰ和Ⅱ正处于相反的地位,从而可以看出动词"吹"的义位在不同时代的发展和变化。研究动词的搭配关系很重要,吕叔湘先生曾说过:"怎样研究动词?可以就动词本身研究动词,但更重要的是研究句子里边的动词和有关成分,主要是名词成分的关系①。"作者用程式化的形式研究动词与名词搭配关系的变化,尽管难度很大,仍不失为一种有益的尝试。

1991年初于北京

[附记]

回想我写这篇文章时,正是我们几人通力合作多年的《汉语史断代语言研究丛书》的最后一册行将付梓的1991年,此文就是该书的"代序"。我们这套书共含五册:先秦汉语研究、两汉汉语研究、魏晋南北朝汉语研究、隋唐五代汉语研究、宋元明汉语研究。它出版后受到国内外语言学界同仁的广泛关注和热情鼓励,评价较好,据说学者的引用率也较高。1993年这套书荣获第七届中国图书奖。

荣誉的取得固应归功于参加写作的全体学者,然而饮水思源,终难忘怀恩师们的殷切教导和辛勤栽培。本书的作者大都出自语言学界大师王力、吕叔湘、丁声树、陆志韦、杨伯峻、殷焕先等先生门下,今天的研究成果与师传的治学精神和研究方法是密不可分的。我写这篇文章就是尝试总结这些研究方法,以期薪火相传,并随着时代的发展不断发扬光大。

程湘清
2006年3月26日于北京

---

① 见《中国语文》1986年第2期载《句型和动词学术讨论会》。